Todos los libros de Linkgua Ediciones cuentan con modelos de Inteligencia Artificial entrenados por hispanistas. Pregúntale al chat de tu libro lo que desees acerca de la obra o su autor/a.

Para **ebooks**: Accede a nuestro modelo de IA a través de este enlace.

Para **libros impresos**: Escanea el código QR de la portada con tu dispositivo móvil.

Obtén análisis detallados de nuestros libros, resúmenes, respuestas a tus preguntas y accede a nuestras ediciones críticas generativas para una experiencia de lectura más enriquecedora.

La transparencia y el respeto hacia la autoría de las fuentes utilizadas son distintivos básicos de nuestro proyecto. Por ello, las respuestas ofrecen, mediante un sistema de citas, las fuentes con las que han sido elaboradas.

Félix Varela y Morales

Obras

Tomo III

Barcelona **2024**
Linkgua-ediciones.com

Créditos

Título original: Obras.

© 2024, Red ediciones S.L.

e-mail: info@linkgua.com

Diseño de cubierta: Mario Eskenazi.

ISBN tapa dura: 978-84-1126-539-3.
ISBN rústica: 978-84-9007-941-6.
ISBN ebook: 978-84-9007-639-2.

Cualquier forma de reproducción, distribución, comunicación pública o transformación de esta obra solo puede ser realizada con la autorización de sus titulares, salvo excepción prevista por la ley. Diríjase a CEDRO (Centro Español de Derechos Reprográficos, www.cedro.org) si necesita fotocopiar, escanear o hacer copias digitales de algún fragmento de esta obra.

Sumario

Créditos	4
Brevísima presentación	9
La vida	9
Primera parte	11
Prólogo	13
IMPIEDAD	13
Carta primera. La impiedad es causa del descontento individual y social	13
Carta Segunda. La impiedad destruye la confianza de los pueblos y sirve de apoyo al despotismo	25
Carta Tercera. Causas de la impiedad	53
Carta Cuarta. Extensión de la impiedad. Modo de tratar los impíos	66
Carta quinta. Quejas justas e injustas de los impíos	99
Carta sexta. Furor de la impiedad	110

Segunda parte
Cartas a Elpido sobre la impiedad, la superstición y el fanatismo en sus relaciones con la sociedad por el presbítero don Félix Varela — 125

Superstición	125
Carta primera	125
Carta segunda. Cómo usa la política de la superstición	150
Carta Tercera. Cómo debe impedirse la superstición	166
Carta Cuarta. Influjo de la superstición según los pueblos	177
Carta quinta. Tolerancia religiosa	206
Apéndices	232
I. Lutero	233

II _____ 237
    La universidad de París _____ 239

III _____ 241

IV. Extractos de las actas, de la asamblea de Escocia _____ 243

V. Extractos del Código penal de Inglaterra _____ 244

VI. Intolerancia enseñada por Voltaire _____ 246

VII. Tolerancia enseñada por Santo Tomás _____ 247

VIII. Persecución de los católicos por los calvinistas en Francia _____ 249

Tercera parte
Escritos, documentos y cartas de Félix Varela (1835-1852) _____ 251
    Epistolario de Félix Varela (1835-1839) _____ 251
    Carta a José de la Luz y Caballero Nueva York _____ 251
    Carta a Tomás Gener _____ 252
    Carta a José del Castillo señor don José del Castillo _____ 252
    Carta a Dña Guadalupe del Junco de Gener _____ 252
    Carta a José del Castillo _____ 253
    Carta a sus hermanas _____ 253
    Carta a sus hermanas _____ 254
    Carta a José de la Luz y Caballero _____ 254
    Carta a José de la Luz y Caballero _____ 255
    Carta a José de la luz y Caballero _____ 256
    Carta a José de la Luz y Caballero _____ 257
    Carta a José de la Luz y Caballero _____ 259
    Carta a José de la Luz y Caballero _____ 259
    Polémica filosófica _____ 260
    Carta a José de la Luz y Caballero _____ 261
    Carta a Anastasio _____ 262

Carta a un discípulo sobre su posición ante la polémica filosófica Nueva York, 22 de octubre de 1840 _____ 262

Ensayos filosóficos _____ **273**
   Distribución del tiempo _____ 273
   Prácticas religiosas _____ 274

Epistolario personal (1842-1848) _____ **299**
   Carta a su hermana Nueva York 30 de diciembre de 1842 _____ 299
   Carta a su hermana Nueva York 26 de julio de 1844 _____ 299
   Carta a su hermana Nueva York 12 de marzo de 1845 _____ 300
   Carta a su hermana San Agustín de la Florida 20 de julio de 1848 _____ 300

Reflexiones sobre la enseñanza de la filosofía en Cuba (1845) _____ **302**
   Crítica al Programa Oficial de Estudios de la Facultad de Filosofía de la Universidad de La Habana _____ 302
   Nota introductoria escrita por Joaquín Santos Suárez _____ 302
   Texto de Félix Varela _____ 305

Varela visto en sus últimos años _____ **310**
   Entrevista con Varela (Alejandro Angulo) (1850) _____ 310
   Carta de Lorenzo de Allo al señor Francisco Ruiz Saint Augustine, Fla. Diciembre 25 de 1852 _____ 315

Libros a la carta _____ **321**

Brevísima presentación

La vida

Félix Varela y Morales (teólogo, sacerdote, investigador cubano). Hijo de un militar español. A los seis años vivió con su familia en La Florida, bajo dominio española. Allí cursó la primera enseñanza. En 1801 regresó a La Habana, donde, al año siguiente, entró en el Seminario de San Carlos y San Ambrosio. En 1806 obtuvo el título de Bachiller en Teología y tomó los hábitos. Recibió el subdiaconato en 1809 y el diaconato en 1810. Ese mismo año se graduó de Licenciado en Teología. En 1811 hizo oposición a la cátedra de Latinidad y Retórica y a la de Filosofía en el Seminario de San Carlos. Obtuvo ésta tras reñidos y brillantes ejercicios y pudo desempeñarla gracias a una dispensa de edad.

También en 1811 se ordenó de sacerdote. A partir de entonces y hasta 1816 desplegó una intensa labor como orador. En 1817 fue admitido como socio de número en la Real Sociedad Económica, que más tarde le confirió el título de Socio de Mérito. Por estos años aparecieron sus discursos en *Diario del Gobierno*, *El Observador Habanero* y *Memorias de la Real Sociedad Económica de La Habana*. Cuando en 1820, a raíz del establecimiento en España de la constitución de 1812, fue agregada la cátedra de Constitución al Seminario de San Carlos, la obtuvo por oposición mas solo pudo desempeñarla durante tres meses en 1821, porque fue elegido diputado a las Cortes de 1822. El 22 de diciembre del mismo año presentó en éstas, con otras personalidades, una proposición pidiendo un gobierno económico y político para las provincias de ultramar. También presentó un proyecto pidiendo el reconocimiento de la independencia de Hispanoamérica y escribió una Memoria que demuestra la necesidad de extinguir la esclavitud de los negros en la Isla de Cuba, atendiendo a los intereses de sus propietarios, que no llegó a presentar a las Cortes.

Votó por la regencia en 1823, por lo que, al ser reimplantado el absolutismo por el rey Fernando VII, tuvo que refugiarse en Gibraltar. Poco después fue condenado a muerte. El 17 de diciembre de ese año llegó a Estados Unidos. Vivió en Filadelfia y después en Nueva York, donde publicó el periódico independentista *El Habanero*. Redactó, junto a José Antonio Saco, *El Mensajero Semanal*.

En 1837 fue nombrado vicario general de Nueva York. En 1841 el claustro de Teología del Seminario de Santa María de Baltimore le confirió el grado de Doctor de la Facultad. En unión de Charles C. Pise editó la revista mensual *The catholic expositor and literary magazine* (1841-1843). Publicó con seudónimo la primera edición de las *Poesías* (Nueva York, 1829) de Manuel de Zequeira.

Murió en los Estados Unidos.

Primera parte
Cartas a Elpidio sobre la impiedad, la superstición y el fanatismo en sus relaciones con la sociedad por el presbítero don Félix Varela
 Tomo primero Imp. Nueva York
 En la imprenta de don Guillermo Newell Calle de Nassau, n.º 162, 1835

Prólogo

Las *Cartas a Elpidio* no contienen una defensa de la religión, aunque, por incidencia, se prueban en ellas algunos de sus dogmas. Mi objeto solo ha sido, como anuncia el título, considerar la impiedad, la superstición y el fanatismo en sus relaciones con el bienestar de los hombres, reservándome para otro tiempo presentar un tratado polémico sobre esta importante materia. No creo haber ofendido a ninguna persona determinada, pero no ha sido posible prescindir de dar algunos palos a ciertas clases. Quisiera que hubieran sido más flojos; pero estoy hecho a dar de recio, y se me va la mano.

Aunque puede decirse que cada tomito forma una obra separada, he creído conveniente presentarlos como partes de una sola, por la relación que entre sí tienen. Como mi objeto no es exasperar, sino advertir, quedarán inéditos el segundo y tercer tomos, si por desgracia no tiene buena acogida el primero; y éste deberá, entonces, considerarse como una obra separada.

Preveo que este avechucho puede acarrearme algunos enemigos, pero ya es familia a cuyo trato me he habituado, pues hace tiempo que estoy como el yunque, siempre bajo el martillo. Vivo, sin embargo, muy tranquilo; pues, como escribía yo a un amigo, el tiempo y el infortunio han luchado en mi pecho, hasta que convencidos de la inutilidad de sus esfuerzos, me han dejado en pacífica posesión de mis antiguos y nunca alterados sentimientos.

[F. V.]

IMPIEDAD
Carta primera. La impiedad es causa del descontento individual y social

Pasan los tiempos, y con ellos los hombres, mas la verdad inmóvil observa los giros de su mísera carrera hasta verlos precipitarse con pasos vacilantes en el abismo de la eternidad, dejando signos indelebles de que solo convinieron en la impotencia... Sí... No hay duda...

La voz unísona de los sepulcros eleva al cielo la triste confesión de la flaqueza humana, y las bóvedas celestes arrojan sobre los mortales el eco aterrador, que los detiene y enerva en sus locas empresas e infaustas ilusiones. Este aviso de la Divinidad fija nuestra atención en un mundo subterráneo, donde yacen los ídolos del amor, los objetos del odio, los despojos del guerrero y las cenizas del sabio, las víctimas del poder inicuo y los mismos poderosos; que todos, sí, todos, en perpetua calma, advierten a los ilusos que sobre ellos caminan, que la verdad está en lo alto, es una e inmutable, santa y poderosa, origen de la paz y fuente del consuelo; que habita en el seno del Ser sin principio y causa de los seres.

Así pensaba yo, mi caro Elpidio, en unos terribles momentos en que mi espíritu, angustiado por la memoria de los que fueron y no son, meditaba sobre la historia lamentable de los errores humanos, de los funestos efectos de pasiones desenfrenadas, de los sufrimientos de la virtud siempre perseguida, y de los triunfos del vicio, siempre entronizado. Recorriendo al través de los siglos los anales de los pueblos, el orbe nos presenta un inmenso campo de horror y de exterminio, donde el tiempo ha dejado algunos monumentos para testimonio eterno de su poder asolador y humillación de los soberbios mortales. Mas, entre tantas ruinas espantosas, se descubren varios puntos brillantísimos, que jamás oscurecieron las sombras de la muerte: vense, querido Elpidio, los sepulcros de los justos, que encierran las reliquias de aquellos templos de sus almas puras, que volaron al centro de la verdad; cuyo amor fue su norma y por cuyo influjo vivieron siempre unidos y tranquilos. Sobre las losas que cubren estos sagrarios de la virtud, resuelven sus imitadores el gran problema de la felicidad y arrojan miradas de compasión sobre los que, fascinados por míseras pasiones, corren tras sombras falaces, y, burlados, se dividen; divididos, se odian, y odiados, se destruyen.

¿Por qué, me decía yo a mí mismo, por qué unas ideas tan claras y unos ejemplos tan nobles no atraen todos los hombres hacia el verdadero objeto del amor justo? ¿Por qué no siguen la majestuosa y palpable senda de la felicidad? ¿Por qué esparcen la muerte los depositarios de la vida? ¿Por qué aborrecen los que nacieron para amar? ¿Por qué cubre la tristeza unos rostros en que debe brillar la alegría? ¿Qué causas funestísimas convierten la sociedad de los hijos de un Dios de paz, en inmensas hordas de ministros del furor? ¡Ah!, mi amado Elpidio, estas interesantes preguntas hallaron muy pronto su respuesta. Vense estampadas sobre las ruinas de tantos objetos apreciables, las huellas de tres horribles monstruos que los derrotaron, y que aun corren por todas partes inmolando nuevas víctimas. Vense la insensible impiedad, la sombría superstición, el cruel fanatismo, que por diversos caminos van a un mismo fin, que es la destrucción del género humano.

Estos monstruos han sido el constante objeto de mis observaciones; he procurado seguir sus pasos, observar sus asechanzas, notar sus efectos y descubrir los medios que emplean para tantas atrocidades. Bien se echa de ver que estas tristísimas meditaciones deben haber llenado mi alma de amargura; y como la amistad es el bálsamo del desconsuelo, y la comunicación de ideas el alivio de las almas sensibles, permíteme que deposite en la tuya los sentimientos de la mía, y que en una serie de cartas te manifieste los resultados de mi investigación. Ocupémonos, por ahora, de la impiedad.

Si la experiencia no probara que hay impíos, no podría la razón probar que puede haberlos. Cuando la naturaleza inspira el amor —y éste va necesariamente hacia las perfecciones con más fuerza que el acero al vigoroso imán, o que los cuerpos celestes hacia el centro de su circulación— ¿cómo puede dejar un Ser perfectísimo de atraer la voluntad humana, y por qué anomalía inexplicable puede ésta convertir en objeto de odio el bien por esencia? Pero, no, el supuesto es imposible, el hombre nunca odia al Ser Supremo; si bien, en su delirio, procura disimular los sentimientos de su espíritu. He aquí una de las pruebas más evidentes de que la impiedad es un monstruo, puesto que sus operaciones contrarían la naturaleza, que puede ser desatendida pero jamás conquistada. Observa, mi amigo, que entre la multitud de los impíos hay varias clases, porque el error es el principio de la división; pero jamás se encuentra uno que confesando la existencia del Ser Infinito, y principio de toda bondad, pretenda odiarlo. Procuran unos cohonestar sus desvaríos negando que existe el mismo Ser que siempre les ocupa, y cuyas perfecciones los acometen por todas partes y en todos momentos; mas ellos pretenden desconocer su origen, para llevar a cabo unas ideas que jamás pudieron satisfacerlos; semejantes a un demente que, por extraña manía, no quisiese levantar los ojos de la tierra, y viéndola toda iluminada, dijese: «no existe el Sol». Confiesan otros que hay un Ser Supremo; pero quieren que reciba sus órdenes, que todo sea conforme a sus ideas, que todo halague sus pasiones; y concluyen por confesar un Dios que no es Dios, un infinito ilimitado, un Ser Supremo sujeto al capricho de sus criaturas. Hay otros que, obstinados en sus vicios, confiesan que hay un Dios, y que ha dado una ley, mas movidos por una horrible desesperación, no quieren obedecerle y renuncian a su felicidad eterna.

Entremos en la consideración del terrible estado del espíritu humano, en los tres casos que acabamos de exponer, y veremos que la impiedad es más una corrupción que una ignorancia. Por más que diga el impío que no sabe si hay Dios, es muy fácil descubrir que él no sabe que no lo hay; quedando, de este modo, convencido de que su aserción positiva de la no existencia del Ser Supremo no es el resultado de un convencimiento. Tenemos, pues, que el ateísmo no puede pasar de una duda, y que darle el carácter de una doctrina fundamental y norma de operaciones en el más importante de todos los negocios, no puede ser sino efecto de pasiones desarregladas. Considerémosle ahora en el estado de mera duda, y veremos que es puramente negativa, puesto que se funda en la imposibilidad de percibir el objeto y no en su repugnancia. Es cierto que el impío afirma que repugna un Ser sin principio, pero advirtamos que él tiene que admitir una materia eterna, o un mundo que empezó a existir antes de existir; de modo que operaba sin existir, puesto que se supone que se dio la existencia, lo cual es una operación infinita. ¿Puede haber algo más repugnante que una materia eterna? ¿Puede darse una ficción más ridícula que la de un ser operando antes de existir? Solo un desvarío del entendimiento humano puede servir de excusa a tan repugnantes aserciones, pero jamás un sano juicio podrá abrigarlas. Queda, pues, desvanecida toda duda. El Ser sin principio no repugna, puesto que el mismo impío que pretende probar su repugnancia admite una materia eterna; y publica, con este aserto, que no le convence su argumento y que solo le mueve su pasión.

Dejemos, pues, a la miseria humana seguir su delirio; cúbrase de todos modos el horrendo cáncer que devora el corazón del impío; no pretendamos convencerle; él lo está, para su tormento. Un mal corrido velo deja percibir los signos de la inquietud, y entre las ponderaciones de un profundo saber, se escapan algunas dudas, cual chispas de un volcán reprimido. Figúrate un orgulloso piloto que habiendo hecho gran ostentación de su pericia, empieza a dudar de sus cálculos y a temer la proximidad de un peligro cierto, que en vano pretende suponer imposible; mas, por una obstinación lamentable, no quiere confesar su error; antes da pábulo a una infundada esperanza, fruto de su vanidad, y se entrega a la suerte, que ya por signos bien sensibles indica que ha decidido su ruina. Obsérvalo confuso y pensativo, ora silencioso y triste, ora iracundo y arrojado, ya procurando disimular su agitación, ya dando pruebas evidentes de ella: los libros no dicen lo que él quiere, y la naturaleza dice abiertamente lo contrario; el tiempo, juez inflexible, va muy pronto a dar su irrevocable sentencia; los que por desgracia están bajo su dirección y le han confiado el precioso tesoro de sus vidas, empiezan, a dudar unos, a temer otros y muchos a decir abiertamente que los lleva a la muerte. Agitado por el temor y el remordimiento, procura separarse de todos, esperando que una idea feliz, un acaso inesperado, pueda sacarlo con honor de tanta empresa; y otras veces, no hallando en la soledad el consuelo, va a buscarlo entre sus desgraciados compañeros, a quienes procura alucinar de mil maneras. Sus preguntas le embarazan, sus miradas, cual penetrantes saetas penetran hasta su corazón; siéntese inclinado a abrirlo, para desahogar su pena, mas al momento se acusa de debilidad y precipitación; hace un esfuerzo de despecho, que él llama de heroísmo, y determina aparecer siempre sereno, sea cual fuere el lastimoso estado de su espíritu. ¿No es la imagen que acabo de presentarte la del hombre más desgraciado sobre la tierra? Pues tal es la imagen del impío. Compárala con el original y te convencerás de su exactitud.

¿No ves con cuánto empeño procura obtener sufragios? Pues no es otro su objeto sino encontrar probabilidad en sus ideas, por su difusión. Reconoce su debilidad, y para acallar las inquietudes que ella le causa, quiere convencerse a sí mismo probando que es un recelo infundado, pues no es probable que muchos entendimientos perciban del mismo modo, sin que haya sólidas razones para esta unidad. No es por cierto el amor de sus semejantes, el que le mueve con tanta constancia, no; su fin es otro. Los hombres, según los principios de la impiedad, no son más que instrumentos de que debemos servirnos sin cuidarnos mucho de ellos, y los impíos saben, por su propia conciencia, que los que se les asemejan no pueden ser de alguna utilidad. Por otra parte, si todo termina con la vida y la felicidad consiste en pasar contentos los pocos días que estamos sobre la tierra, ¿por qué tanto empeño en convencer a los hombres del error de sus ideas? La felicidad, en tal caso, es un término relativo, y si el piadoso la encuentra en su piedad, ¿por qué privarle de ella para que sea feliz? ¿No es ésta uno contradicción palpable? Los hábitos llegan a formar parte de la naturaleza, y el impío conoce que es imposible, o por lo menos muy difícil, que los sentimientos religiosos nutridos desde la infancia, no produzcan una terrible agitación en el alma de sus prosélitos y que los golpes del remordimiento no pueden permitir que continúe la serenidad momentánea que pueda conseguirse a fuerza de capciosos argumentos y vanas reflexiones. No es, pues, la felicidad de los hombres el objeto de tantos esfuerzos, ¿Qué interés, me dirás, puede tener el impío en fingir que no cree? ¿Por qué hemos de suponerle agitado por esos terribles remordimientos? Más justo sería confesar que, dotado de un espíritu fuerte, ha vencido las preocupaciones que introdujo la ignorancia y confirmó la malicia. ¡Ah!, querido amigo, con éstas y otras reflexiones semejantes han procurado alucinar a muchos, empezando por alucinarse a sí mismos. Bastaría responder que del mismo modo se disculpan el fanático, el supersticioso y el hipócrita. Todos aseguran, y aun prueban, que su conducta solo les proporciona sufrimientos, pero ¿no es cierto que a veces se encuentra un interés en sufrir? Esa misma victoria sobre las preocupaciones, ese mismo título de espíritu fuerte, esa superioridad sobre los demás hombres ¿no son un interés, y muy marcado? Sucede con los espíritus fuertes como con los duelistas, que van a batirse haciendo esfuerzos para contener el temblor, y afectan una serenidad de que carecen.

Nadie habla más de religión que los que no la tienen, y al paso que aseguran que es una quimera, tratan de ella día y noche. No hay lugar ni circunstancias en que no procuren introducir cuestiones religiosas los mismos que ridiculizan a los creyentes por cuidarse de ellas. ¿No es ésta una prueba de que el asunto les interesa? ¿Y cómo puede un espíritu ocupado siempre de un negocio de tanta importancia, y según ellos sujeto a tantas dudas; cómo, repito, puede conservar esa tranquilidad que afectan con tan poco tino los impíos? Es muy de notar que la ignorancia de los hombres en materias de ciencias naturales y en otros varios puntos interesantísimos a la sociedad, no llama la atención de los incrédulos, y muy pocos de ellos vemos que se aplican a la ilustración del pueblo en tales materias, y en caso de hacerlo no demuestran tanto interés como en las cuestiones religiosas. Si la religión fuese, como dicen ellos, un vano fantasma, ¿no sería muy ridículo darle preferencia a objetos reales y de utilidad evidente? Ni se diga, mi amigo, que quieren disipar las sombras de un error funesto, que causa males infinitos; pues claro está que la idea de un castigo eterno, lejos de inducir al crimen, será siempre un freno que detiene al criminal; y por más esfuerzos que ha hecho la impiedad para probar que la religión es ominosa, solo ha conseguido demostrar que es benéfica al linaje humano. Un pueblo religioso y criminal es como un círculo cuadrado, que solo tiene existencia en los labios que pronuncian las palabras. Esto sabe, y aun palpa el impío, y en vano procura cerrar los ojos a la luz de la verdad, pues su influjo penetra hasta el agitado corazón, y para arrancar el cáncer que lo consume, causa necesariamente intensísimos tormentos.

Mientras las doctrinas de una religión que se dice venida del cielo puedan ser ciertas, la felicidad no existe para el impío; y siendo por lo menos probable su futura y terrible desgracia, no podemos creerlo cuando nos dice que está satisfecho y tranquilo. Prescindiendo de la evidencia de los argumentos que se le proponen, y que nunca ha podido satisfacer, su razón le indica que ni posee ni puede ostentar infalibilidad. Esto sería admitir el mismo principio religioso y declararse ridículamente una divinidad, al paso que niega la existencia de un ser semejante. Si sus ideas no son infalibles, las contrarias son probables, o por lo menos posibles; y he aquí al miserable convencido por sí mismo; he aquí una confesión de su delirio. Encuéntrase, sin saber cómo, haciendo un papel bien ridículo; encuéntrase dogmatizando sin infalibilidad, y pretendiendo probar que nada teme, cuando sus mismos principios prueban que debe temer, o ha perdido el juicio.

Las pomposas declamaciones de los incrédulos me han parecido siempre como los quejidos de un doliente, que mientras más agudos, mayor daño indican en las entrañas del miserable a quien deseamos ver curado, mas no quisiéramos acompañar en la suerte. Lejos, pues, de convencernos de la utilidad de su doctrina, nos predicen el deber de no admitirla, y se convierten en objetos de compasión los que vanamente pretendieron serlo del aplauso. Nada se sabe en materias religiosas, nos dicen estos apóstoles de la ignorancia, que seguramente debemos creer que están guiados por el principio que predican, y que por lo menos en esta parte, han querido ser justos haciendo un homenaje a la verdad. Las nubes del error, conducidas y condensadas hacia un punto por el soplo de la soberbia, roban la vista del Sol de la justicia y dejan en tinieblas a estos miserables, que llegan a tal grado de obstinación y de demencia, que hacen a la ignorancia árbitro de su suerte. Mas no, mi amigo, no es posible tanta degradación en la obra del Omnipotente; el hombre nunca pierde el sentimiento de justicia y el feliz impulso que lo dirige hacia la verdad; mas de aquí resulta un choque terrible y continuo entre la razón y las pasiones, y una inquietud lamentable en el alma del impío, quien más que nadie quisiera verse libre de su impiedad. ¡A cuántos he oído decir que quisieran creer, porque, sin duda, serían felices! ¿Y no es ésta una franca confesión de que la felicidad está en la creencia y de que el infiel vive en tormentos? Esta prueba irrefragable, que he tenido varias veces, me ha convencido de que los impíos son los primeros que en secreto detestan la impiedad. ¿Y por qué la sostienen? ¿Por qué la propagan, si tanto la detestan? Porque estos espíritus fuertes son muy débiles cuando entran en lucha con sus preocupaciones, aunque tanto se glorían de haber destruido las ajenas.

Si volvemos la vista a la segunda clase de impíos, que admitiendo la existencia de un Ser Supremo quieren sujetarle a sus ideas, no podremos menos de creer que, o están locos, o viven en una constante ansiedad. La misma idea de supremacía que confiesan, les prueba que deben recibir la doctrina y no inventarla; que constituirse oráculos de la Divinidad, cuando pretenden negar que los tienen, no es más que descubrir un trastorno mental el más ridículo, o un estado el más triste. De aquí la variedad de sentencias, de aquí las contiendas religiosas, y la infinidad de sectas. La duda es el acíbar de la vida, y si admitida la existencia del Ser Supremo no tuviéramos otra prueba que la necesidad de unas verdades conocidas, determinadas e infalibles, nos bastaría, para creer que las hay, el horroroso estado de un hombre vacilante en tales materias; pues jamás podremos persuadirnos que un Ser infinitamente sabio y justo, pudiese destinar al género humano a vivir en tanta pena, y por muy poco que se reflexione sobre esta situación dolorosa, conoceremos que no es compatible con la bondad divina.

Volvamos el rostro para no ver la espantosa imagen del impío que admitiendo que hay un Dios, y que ha dado una ley, no quiere obedecerla, antes la considera irracional e injusta. ¡Qué delirio! Hay un Dios, éste ha dado una ley, y al darla dejó de ser Dios, puesto que la ley es injusta. No continuemos, no, en más investigaciones sobre el estado de un espíritu semejante. Es presa de la desesperación y víctima de la ignorancia; a sus solas se desprecia a sí mismo y no duda del desprecio de los hombres.

La contradicción de la mayor parte del género humano es otra de las causas del descontento del impío, que pierde la esperanza de reducirlo a seguir sus delirios, y no puede sufrir sus constantes y poderosos ataques. Conoce que es un ser raro, y la rareza casi siempre es compañera del ridículo. Queriendo sacar ventajas de los hombres, no puede serle favorable el horror con que éstos le miran, y el amor propio mortificado no le deja tranquilo. Verdad es que parece encontrar ventajas y placeres en esta misma contradicción, mas nunca pueden compensarse los terribles sentimientos causados por el desprecio. Un estado tan violento da pábulo a pasiones funestísimas. Odia el impío, detesta y maldice y se llena de agravios, solo por conocerse su origen. Conoce que los hombres no se afectan al oír sus insultantes frases, porque no le tienen en rango de los humanos; antes le asemejan a los irracionales, cuyos golpes deben evitarse, mas nunca causan ofensa. Créese, pues, rodeado de enemigos, teniendo por tales a cuantos no aprueban su locura, y la sociedad se convierte para él en un lugar de tormentos.

Si mis ideas parecieran inexactas, o acaso se creyese que doy realidad a meras sospechas, yo apelo a la historia de los filósofos impíos, y a las páginas de los inmensos volúmenes en que han dejado estampados inmensos errores acerca de la sociedad; que todos, bien examinados, demuestran, no solo que jamás vivieron contentos en ella, sino que la detestaron, no por virtud, sino por desesperación. Un delirante que por desgracia ha tenido muchos imitadores se empeñó en probarnos que el hombre no es un ente social.

El célebre Grocio, a quien no clasificaré entre los impíos, y aun no sé si me atreva a contarle entre los católicos, pero que ciertamente participaba del delirio de aquellos miserables; este hombre, por otra parte ilustre, sostiene que hemos nacido para la guerra, y por consiguiente que el estado de paz es contra la naturaleza. ¿Puede darse mayor absurdo? ¿Y qué pudo inducir a este filósofo, sino el descontento, a dejar en sus obras, donde brilla su talento, esta prueba evidente de su miseria y de la confusión de su espíritu? No ignoras que un iluso se constituyó abogado de la ignorancia a impulsos de la soberbia; y que haciendo la guerra a las ciencias, la hacía a la sociedad; que sin ellas, queda reducida a una masa inorgánica, y viene a ser como un gran conjunto de piedras y diversos materiales; que aglomerados sin orden jamás podrán formar un edificio y mucho menos una hermosa ciudad.

Observa a los impíos en su conducta individual y en el carácter de sus juntas, y verás que los miserables jamás están contentos; y que no es su desavenencia con los oyentes la causa de este mal, puesto que lo sufren, y aun mayor, cuando están por sí solos y proceden enteramente según sus principios. Sus sociedades siempre han terminado con escándalo, después de haber sido objeto de la risa del pueblo, pues aun los más ignorantes perciben su vehemencia. No leerás la vida de ninguno de estos infelices sin encontrar mil anécdotas que le ponen en ridículo, mil lances en que descubres su flaqueza; y, en fin, toda la serie de sus acciones te indicará que su espíritu está en tormento y que la paz huye tanto más de sus sociedades cuanto más se desvían sus ideas del cielo. Enemigos de todos y tiranos de sí mismos, viven temiendo y odiando... ¿Quieres más, Elpidio? El cuadro es lastimoso, y nada más se necesita para convencernos.

No puedo, sin embargo, pasar en silencio una de las mayores pruebas de la verdad que hasta ahora he expuesto. Quiero, mi amigo, quiero que observes al impío en la desgracia, y palparás que jamás fue feliz, puesto que nunca poseyó los medios de impedir el dejar de serlo. El contento es fruto de la seguridad, y mientras dudamos de la permanencia del bien, nos causa tanta mayor inquietud cuanto más perfecto. Cuando enervado el cuerpo se niega a los placeres, o adversa la fortuna no da los medios de proporcionarlos, se encuentra el impío sin consuelo ni recurso alguno, a la manera de un incauto navegante que previendo un naufragio no preparó los medios de salvarse, y entregado a las enfurecidas olas no encuentra objeto alguno de qué asirse, al paso que para más tormento ve a otros boyantes por haberse preparado. Da entonces pábulo al furor, maldice, blasfema y ódiase a sí mismo, como autor de su desgracia. La vida humana nos presenta, Elpidio, más lances de dolor que de placer, y el número de los desgraciados excede en mucho al de los que viven en próspera fortuna. ¡Qué frecuente y funesto es, por tanto, este horroroso efecto de la impiedad, y qué miserable es la vida del impío! Descríbenos Virgilio las furias de los vientos que reprimidos y encadenados logran al fin libre salida, y arrojándose sobre el mar Tirreno levantan olas formidables, que conmueven, precipitan y destruyen los bajeles del príncipe troyano. Todo presenta confusión y ruina; pero una divinidad pone término a tantos males, restablece la calma, y vuelve el contento. El alma del impío en la desgracia nos presenta una imagen de aquel agitado mar y las violentas e indómitas pasiones son más formidables que aquellos desatados vientos; mas como el impío nada admite divino, el cuadro es aun más espantoso, pues el consuelo es imposible y el desastre inevitable.

Medita, Elpidio, sobre las doctrinas destructoras de la libertad humana, examina su origen, y verás que solo tuvieron por autores, y solo tienen por partidarios, a los impíos, que no pudiendo superar sus pasiones se declararon esclavos de ellas. Entregándose a las olas como nave sin gobierno, después de muchos y repetidos esfuerzos para contrarrestarlas, y queriendo sucumbir con decoro inventaron un Hado ciego y tirano; los mismos que no quisieron admitir un Dios sabio y clemente. ¡Oh vana ilusión! ¿No hay un principio universal, un Ser todopoderoso, y sin embargo hay un poder a que todo cede, y que subyuga aun la misma voluntad del hombre? ¡El destino opera sin someterse a nadie, ni ser formado por nadie! ¡Esto admite el impío que se atreve a decirnos que repugna que haya un Dios! Esparcidas en la sociedad por los impíos estas doctrinas desoladoras, se produce un fatal descontento, que inutiliza a los hombres privándoles de toda esperanza. Tales absurdos encuentran muchos y decididos impugnadores; y en la tremenda lucha, interrúmpese la paz, enciéndese el odio, excítase la venganza, halla disculpa el vicio, pierde su precio la virtud, el trabajo parece inútil y la inacción medida prudente, todo se trastorna y, para mayor pena, se cree imposible el remedio. ¿Por qué, pues, invocan el nombre consolador de la filosofía, los que con sus doctrinas se privan a sí mismos y a sus semejantes de todo consuelo? ¿Aman la sabiduría, son filósofos, lo que niegan existe? Los que se degradan hasta cohonestar su flaqueza declarándose esclavos de un ciego destino ¿cómo pueden persuadirnos de que poseen aquella santa libertad filosófica, que eleva al hombre sobre los seres materiales, le hace superior a la adversidad y le conserva firme en medio de los peligros? ¡De todo dudan y sobre todo deciden, nada saben y todo lo enseñan; la desgracia, dicen, es necesaria y exhortan que se evite; constitúyense guías del género humano y confiesan que ignoran el camino de la felicidad y que en vano le han buscado toda su vida! Entréganse a la suerte estos malhadados, y seguidos de millares de incautos empiezan a recorrer el escabroso campo de la sociedad, envueltos en la densa nube del error y vendados los ojos por la mano de la soberbia. Aquí resbalan, allá tropiezan, ora caen, ora se levantan; desríscanse unos, sumérgense otros; sepáranse varios; pero no siendo más prudentes que sus antiguos guías, entran sin reflexión y quedan enredados en espesos bosques, de donde en vano pretenden salir; y vense, por último, muchos miserables luchando con la muerte que recibieron de la desesperación. Pero ¡ah! mientras estas turbas de obcecados, siguiendo a sus infaustos caudillos, discurren por todas partes, sin fijarse en ninguna, y hollan las fragantes flores que la virtud había sembrado en el campo social; dos hijas hermosísimas del Eterno, mi querido Elpidio; sí, la santa religión y la amable filosofía, dadas las manos y rodeadas de un iris de paz, observan desde el alto cielo este campo de dolor, siguen con la vista los pasos del horrendo monstruo de la impiedad, y compadecen la miserable suerte de los que, por no conocerlas, han creído dividirlas.

¿Por qué funesta desgracia se ha procurado dar diverso origen a estas dos emanaciones de la sabiduría divina? De aquí el trastorno de los principios sociales; de aquí la desconfianza mutua; de aquí la debilidad de las leyes; de aquí, en una palabra, la ruina de la sociedad. Una religión irracional y una filosofía irreligiosa son dos monstruos del abismo, que en vano procurarán ataviarse con ajenos vestidos y tomar el lugar de aquellas dos hijas de la luz; y ángeles de paz que, siempre unánimes, envían al espíritu humano rayos de diversa naturaleza, pero de un mismo origen, y le llenan de consuelo.

Compara el cuadro lamentable que acabo de describir con el que presenta una sociedad piadosa: imagínate aquel mismo campo recorrido, no por unos furiosos y obcecados que todo lo destruyen, sino por una multitud de justos que, sin renunciar a las prerrogativas de hombres, no tienen la locura de desconocer su origen y respetan la divinidad. Mira aquella misma filosofía, cuyo nombre profanaron los impíos; mírala cuán alegre los conduce, advirtiéndoles hasta el más ligero precipicio y corrigiéndoles el menor desvío de la senda del saber. Observa la religión aplaudiendo la actividad humana, gloriándose en los progresos de las luces; pero, al mismo tiempo, señalando al cielo, donde les promete una ciencia perfecta y un bienestar eterno. Vivid, les dice, vivid como hermanos; investigad como filósofos; adorad como creyentes; y cuando estos seres, que por su naturaleza deben terminar, os abandonen, un Ser inalterable debe recibiros. A la vista de estos dos cuadros, ¿será difícil distinguir el de la felicidad? La voz de los pueblos aun da más fuerza a los argumentos de la sana filosofía y declara que la impiedad ha sido siempre detestada por sus perniciosos efectos; y que el orden social y la paz de los hombres han sido siempre víctimas de los impíos, como lo han sido también de los supersticiosos y de los fanáticos. Considerando, pues, la impiedad solo en sus relaciones con la política, y sin respeto alguno a los bienes eternos, debe evitarse como funesta; a no ser que un argumento, de experiencia en tantas generaciones, sea desatendido por seguir las teorías de algunos alucinados. Los mismos argumentos con que el impío quiere introducir la impiedad prueban que debe detestarse. Un poeta visionario, como casi todos ellos, aseguró que el temor fue el autor de los dioses; y esta sentencia, que pudo ser cierta en cuanto a las falsas deidades, se ha aplicado con impiedad a la creencia del Ser Supremo. Mas ¿no prueba la misma invención de nuevas deidades el convencimiento y experiencia de los pueblos acerca de los efectos de la impiedad? El mismo remedio que buscaron indicaba la causa del mal que padecían. ¡Ah! Si se dijese que el temor ha inducido a muchos a quererse persuadir a sí mismos de que no hay Dios, sin duda se acertaría. Pero concedamos lo que ni el entendimiento ni el corazón pueden conceder; sí, concedamos que todo es una invención humana. ¿No dicen los que la suponen, que fue fruto de la necesidad de gobernar los pueblos? Luego en el estado de impiedad no pudieron gobernarse, y es claro que sin gobierno no hay orden, y sin orden no hay contento.

Pongamos término a tan tristes reflexiones, aunque no al sentimiento que ellas causan. Puedan los pueblos desechar la impiedad, pueda la filosofía descubrir este monstruo, cuyo aspecto horrible basta para detestarlo. Tú, piadoso Elpidio, sé feliz.

Carta Segunda. La impiedad destruye la confianza de los pueblos y sirve de apoyo al despotismo

Al descontento que causa la impiedad le sigue, querido Elpidio, la desconfianza de los pueblos; mal terrible que destruye todos los planes de la más sabia política y anula los esfuerzos del más justo gobierno. Persuadidos los hombres de la necesidad de una garantía contra la malicia, y no pudiendo encontrarla en las leyes, que como dijo un sabio de la antigüedad, nada valen sin las buenas costumbres, claman por un principio que las produzca y asegure. La vida de los impíos es un testimonio irrefragable de que no siguen este deseado principio y que la relajación está, casi siempre, unida a la impiedad ¡Cómo pueden inspirar confianza! El sagrado juramento es en sus labios una ficción ridícula y una mofa la más insultante. Jurar por un Dios en que no se cree, o de quien nada se espera y nada se teme, es tratar a los demás hombres como a niños, o a dementes; cuyas ideas suelen aprobarse solo por complacerlos y acallarlos.

¿Puede darse mayor insulto? Los que empiezan por mentir en la misma promesa, ¿podrá creerse que tienen ánimo de cumplirla? Preséntanse como creyentes y juran como ellos, dando a entender que tienen las mismas ideas y los mismos sentimientos, al paso que en su mente contrarían cada una de sus mismas palabras; resultando que ni ellos se creen mutuamente, ni nadie los cree, por muy bien que desempeñen su papel cómico-político.

Difundida, pues, la impiedad en el cuerpo social destruye todos los vínculos de aprecio, y a la manera de un veneno corrompe toda la masa y da la muerte. El honor viene a ser un nombre vano, el patriotismo una máscara política, la virtud una quimera y la confianza una necesidad. ¿Crees que exagero, Elpidio? Reflexiona, y verás que solo copio. Sí, en la historia de los pueblos encontrarás el original de la imagen, verás los partidos políticos, que cual densas nubes impelidas por contrarios vientos, chocan con furia, mas no teniendo cohesión entre sus partes se deshacen y desaparecen; o bien se mezclan formando otras nuevas, que a impulso de distinto viento van a chocar con las más lejanas, repitiendo allá la misma escena; y de este modo observan un denso velo que roba a nuestra vista los rayos luminosos del Sol de justicia. Pero ¡qué!, me dirás, ¿es siempre la impiedad la que forma los partidos? No; pero siempre se mezcla en todos ellos sin pertenecer a ninguno, y a todos los corrompe. El impío es hombre del momento, mas el justo es hombre de la eternidad. Tienen, pues, consistencia las sociedades de los justos y son deleznables las de los perversos. Mas cuando por desgracia se reúnen elementos tan contrarios, como la justicia y la impiedad, basta un ligero impulso para separarlos; e interrumpida la acción, por sólidas que sean algunas de las partes, el todo queda disuelto. ¡He aquí el pernicioso efecto de la impiedad! Si los partidos tuvieran el derecho de expulsión, y si pudieran ser conocidos todos los que la merecen, sin duda que llegarían a formarse cuerpos políticos homogéneos. Mas un partido es una casa abierta y sin propietario, donde entra y sale el que le parece, y donde muchos suponen haber estado, sin que pueda probárseles su impostura. De aquí el descrédito de la generalidad por unos pocos; que fingen haberse separado en consecuencia de crímenes que observaron en sus antiguos compañeros, que acaso nunca lo fueron; de aquí la facilidad de producir gran confusión y entorpecer las operaciones ordenadas; de aquí, en fin, la oportunidad para asechanzas políticas. Paréceme, querido Elpidio, que estas ligeras observaciones bastan para explicar un fenómeno que algunos creen tan raro, quiero decir, cómo pueden hombres de virtud y mérito hallarse en partidos detestables; y cómo se encuentran tantos perversos en partidos los más santos. Hállanse, a veces, estos seres extraños a la cabeza de los mismos partidos; y he aquí una gran prueba de que no siempre las ideas de las clases convienen con las de sus principales.

¿Para qué, me dirás, hablar tanto de partidos? Para hacer ver, mi Elpidio, que por más justa que sea su causa y más sagrado su objeto, su ruina es inevitable si prevalece en ellos la impiedad; y como el género humano está necesariamente compuesto de partidos, resulta que la impiedad, enemiga de la virtud, siembra la desconfianza en los pueblos e impide su felicidad. Solo un vínculo interno puede unir a los hombres cuando no pueden ser sometidos a los externos. ¿Y quién no ve que las leyes y la opinión jamás podrán contener los desvaríos y perfidias, cuando una multitud de hombres diseminados en la sociedad saben evitar sus golpes, y aun se fingen sus más fieles observadores? No se funda, pues, la confianza de un partido sobre otra base que el sentimiento de justicia, de sensatez y de honor, que supone en los demás el que de buena fe profesa unos principios.

Convencidos de estas verdades, y conociendo la necesidad de inspirar confianza a los hombres, si queremos vivir en paz con ellos, han pretendido algunos demostrar que la moralidad no depende de la religión; y aunque horrorizados de su misma doctrina, no se han atrevido a deducir las consecuencias, es claro que de ella se infiere que los impíos pueden ser virtuosos. Puestos ya en contacto los dos términos, virtud e impiedad, creo, mi caro amigo, que es palpable la contradicción, y tamaño absurdo queda completamente refutado. La materia, sin embargo, es de tal importancia que conviene ilustrarla con algunas reflexiones.

Respecto de la vida eterna no hay más que una religión y una moral derivada de ella y meritoria por este sagrado principio; mas, respecto a la sociedad, pueden unas religiones nominales, quiero decir, unas falsas doctrinas religiosas, inspirar una moral correcta; que, como su principio, solo tiene mérito ante los hombres. Vemos, pues, en las sectas religiosas, hombres caritativos, sobrios y justicieros; que por estos actos merecen aprecio, excitan admiración, sin que tampoco se diga que por ello desmerecen ante Dios; pues caeríamos en el absurdo de afirmar que todas las operaciones de los pecadores son pecado.¹ Estas dos líneas deben marcarse perfectamente, para no incurrir en errores funestos acerca del influjo de la religión en la sociedad, confundiéndolo con el productivo del mérito para la vida eterna. Distinguiendo, pues, la moral social y la religiosa diremos que ésta no es legítima y perfecta sino cuando proviene de la única y verdadera religión; mas aquélla puede ser perfecta aunque tenga por origen una falsa religión. En cuanto a la impiedad, es destructora de ambas clases de moral, por más que digan sus apologistas.

Un incrédulo vive solo para gozar en este mundo cuanto pueda; y según sus principios, es un tonto si pudiendo gozar no goza por voces insignificantes de virtud y honor; mas, según sus mismos principios y los de la sana moral, son mucho más tontos que él los que tienen la simpleza de fiarse de sus palabras. Es una fiera encadenada por las leyes; mas si está a su alcance una víctima, o si fallan las cadenas, la destrucción es segura.

Temen, pues, los buenos de todos los partidos, y aun los mismos impíos temen, cuando estas fieras con aspecto humano discurren por todas partes y se mezclan con los hijos de la paz solo para devorarlos. Entran los recelos, empiezan las pesquisas, auméntanse las inquietudes, falta el sufrimiento, la prudencia falta, sucede el furor, síguense los ataques, y empezada la matanza, concluye con la desolación. De las fieras que la causaron, unas se retiran saciadas; otras rugen, porque les ha cabido poco; y otras, cubriéndose con ajena piel, van con apariencia de ovejas a introducirse en los rebaños, para preparar nuevo exterminio. Tal es, mi amado Elpidio, la importante lección que la experiencia ha dado en todas las vicisitudes de los pueblos, y sabes que yo he sido uno de los oyentes de esta severísima y sabia maestra...

¡Ah, qué profundas son las heridas que causan en el cuerpo social las emponzoñadas garras del monstruo de la impiedad! Extinguidos o aminorados los sentimientos religiosos y no hallando consuelo alguno sobre la tierra, se entregan los ánimos a una lamentable indolencia, o a una desesperación espantosa; dase de mano a todos los proyectos y parece que los pueblos renuncian a toda tentativa de prosperidad. El siglo pasado nos presentó, en una de las

---

1 Este fue uno de los errores de Lutero.

más florecientes naciones de Europa un ejemplo de estas terribles verdades; sí, un ejemplo, Elpidio, que jamás se borrará de la memoria de los hombres; pero que, desgraciadamente, no ha bastado a escarmentarlos. Era la Francia un delicioso albergue de la industria y un magnífico alcázar de la ciencia; cubrían sus campos mieses abundantes y blanqueaban sus colinas rebaños numerosos; veíanse sus puertos poblados de mástiles y sus caminos sellados de carros. Pero ¡ah! En medio de tantas delicias iba haciendo progresos la impiedad, y ya sabes cuál fue el funesto resultado. No renovemos la memoria de tantas miserias y solo copiemos de aquel horroroso cuadro algunos ligeros rasgos que puedan servir a nuestro intento.

Sabes que jamás se ha visto más difundida y poderosa la impiedad, pero, ¿te acuerdas haber visto jamás tan difundida la injusticia? Pero, qué digo la injusticia, ¿no se vio aquel sabio e ilustre pueblo reducido a la barbarie? ¿En qué pecho habitaba entonces la confianza? Los mismos asesinos temían ser asesinados; ni el amor conyugal, ni el filial, ni la antigua y pura amistad producían efecto alguno, desde que una turba impía los calificó de necedades. Cerrar los ojos para no percibir una verdad tan clara es aumentar la desgracia con el tormento de haberla causado, pero ¡cuántos de estos ciegos voluntarios no hallamos por todas partes! Hay, sí, una clase, o, mejor dicho, una multitud dispersa de hombres más perversos que ignorantes, cuyo placer es la discordia, cuya ciencia es el engaño y cuyo objeto es la destrucción; mas con suma perfidia invocan, para cohonestar sus depravados intentos; invocan, sí, los nombres respetables de los más célebres patriotas, a quienes suponen autores de los más desatinados proyectos; declaman contra el destino que los ha frustrado y quieren cubrir con el velo del heroísmo aquella escena memorable de la degradación de la especie humana. De este modo impiden los efectos saludables de tan terrible experimento e inducen a los pueblos a emprender otros semejantes.

Afortunadamente, el sentido común popular, aquel instinto que tiene la muchedumbre para dirigirse a ciertos objetos que la favorecen y separarse de otros, que la perjudican, no está enteramente extinguido; y a pesar de todos los esfuerzos de los impíos, la multitud sencilla conoce la tendencia y palpa los frutos de la impiedad, a la cual hace responsable de los raudales de sangre que inundaron la Francia; y de aquí el odio con que son mirados por los pueblos los apóstoles del exterminio. Ocurren éstos a los insultos y denuestos; declaman contra la ignorancia popular y ponderan la corrupción del pueblo que le hace incapaz de empresas nobles (empresas a que ellos mismos sirven de obstáculos); y pasan de este modo una vida de tormento, causándoselo a otros. El pueblo, por su parte, irritado por tanto insulto, odia más y más a sus calumniadores, y crece rápidamente la desconfianza, al ver que la impiedad se extiende y que sus ataques son alevosos y tremendos. Prodúcese un temor pánico en ciertas clases y un furor bélico en otras, y advirtiendo ellas mismas sus contrarias disposiciones, entran nuevos recelos y tómanse nuevas precauciones. Cada hombre ve en su semejante un enemigo, que al momento supone un impío; y como estos monstruos nada respetan, procura vivir en continua observación, fruto de una justa desconfianza.

¡Qué triste idea atormenta mi espíritu! ¡Qué infausto resultado, si bien debía esperarse de tales elementos! Temo, querido Elpidio, que no acertaré a presentar con sus propios colores al monstruo de la impiedad ejerciendo la mayor de sus crueldades y la más baja de sus perfidias: quiero decir, abriendo el camino para que le siga otro monstruo no menos horrendo y destructor: el bárbaro despotismo. ¿Te sorprende mi aserción? ¿Crees que la impiedad solo se amista con los libres? ¿Piensas que no hay déspotas impíos? No; tu alma grande no puede abrigar unas ideas tan degradantes de la especie humana; y tu sano juicio afirmará, como el de todos los buenos, que jamás hubo un hombre libre que fuese impío, ni un déspota que dejase de serlo. La impiedad desata todos los vínculos del amor arreglado y deja expeditos todos los movimientos de las pasiones; que muy pronto degeneran en furias que ejercen en el corazón humano el más insufrible de todos los despotismos, convirtiendo al oprimido en el opresor de sí mismo. Esta cruel opresión experimenta el déspota; sus desenfrenadas pasiones le arrastran por todas partes y como fiera maltratada se ceba en cuantas víctimas encuentra en su malhadada carrera. Mientras mayor es el número de sus injusticias, mayor es la inquietud de su corazón, y mayor es su compromiso con los agentes de sus crueldades. Es un esclavo cubierto de oro para hacer más visibles los signos de su esclavitud. ¿Y crees que la santa piedad, por esencia bienhechora, pacífica y amorosa; crees, Elpidio que esta suave y deliciosa emanación del cielo, habita en un monstruo esclavo de las furias y ministro del infierno? Si es que conserva alguna fe, ¿no es semejante a la de los demonios? ¿No es un impío práctico, de cuyas nociones especulativas tenemos mucho derecho para dudar? Los dos santos principios de la felicidad humana, la justa libertad y la religión sublime, están en perfecta armonía y son inseparables. Una hipocresía política pretende desunirlos, pero un estado tan violento no puede ser duradero, y el tiempo corre al fin el velo y descubre al hipócrita. De aquí tantas alteraciones políticas en ambos sentidos; de aquí tanta sangre vertida, tantas riquezas malgastadas, tantos pueblos arruinados y tantos crímenes, cuya memoria sirve de castigo a sus autores. Después de tantos escarmientos y de experiencia tan dilatada, qué diremos de nuestros libres que quieren ser impíos y de nuestros religiosos que quieren ser esclavos? Mi respuesta franca sería que ni los unos son libres, ni los otros son religiosos, sino unas hordas de ilusos y de pícaros que con distinto vestido sirven a un mismo amo, quiero decir, al demonio.

¡Ah! mi caro amigo, estas masas, al parecer tan heterogéneas, convienen perfectamente en atraer el crimen y repeler la virtud; y de aquí resulta que inundado el orbe por un diluvio de males, pierden los buenos la esperanza de purificarlo y todos se desalientan. Su inacción dejó expedita la ominosa influencia de la tiranía, a la cual muy pronto ofrecen sus inciensos los pérfidos que se fingieron sus enemigos mientras no pudieran ser sus compañeros; y fatigados los pueblos, deben al degradante despotismo.

No creas que hablo solo de los reyes entre los cuales ha habido padres de los pueblos y fieras que los han devorado; mis observaciones se dirigen al despotismo en todos sus estados, y verás que en todos ellos es favorecido por el monstruo de la impiedad. Existe, sí, existe un despotismo popular no menos detestable que el monárquico; y los pueblos han sido sus víctimas, obligándolos, para mayor pena, a votar su injusta sentencia. En nombre de los pueblos se han destruido sus riquezas, muertos sus hijos, destruido sus ciudades y, lo que es más, hollado sus leyes. A este lamentable estado no pudo conducirle sino la impiedad; que alejando las virtudes a quienes el pueblo había confiado su suerte y que fieles conservadoras de tan estimable depósito impedían la entrada a sus enemigos; alejando, sí los ángeles tutelares del género humano, los genios que la Divinidad envía para consuelo de los mortales oprimidos; queda franca la entrada al monstruo, que muy pronto elige sus satélites y principia sus devastaciones.

Con oprobio de la naturaleza humana se empieza a predicar por todas partes la necesidad de oprimir los pueblos, en vez de predicar la de no exasperarlos. No se omite sofisma de ninguna clase para alucinar a la multitud, cuya razón poco ejercitada cede a los impulsos de la imaginación, que se procura acalorar con las terríficas imágenes de tantos desastres. Recuérdanse los gemidos de las víctimas, pero no se recuerdan los golpes de sus inmoladores; no se recuerdan las causas de tantos sacrificios, antes se inventan otras que sean menos odiosas y que cubran con el velo de la prudencia los efectos de la perversidad. De este modo, se encadenan y aprisionan los pueblos, mi caro amigo, e importa nada que las llaves de esta horrenda cárcel estén en una o muchas manos.

Por muy poco que reflexionemos sobre las operaciones del despotismo en todas sus especies, conoceremos, mi amado Elpidio, que este aborto infernal no puede avenirse con la piedad, que es hija del cielo; antes procura destruirla para poder reducir a los hombres al estado de barbarie y crueldad absolutamente necesarias para sus criminales procedimientos. Solo hallándose el hombre privado de todo temor de Dios puede despreciar su ley divina, desatender los dictámenes de la conciencia y arrojarse como un tigre sobre sus semejantes para devorarlos. ¿Y qué otra cosa hacen los déspotas? Ni las lágrimas de la vida, ni los gemidos del huérfano, ni las quejas lastimosas del honrado padre de familia, ni los avisos del sabio bastan a separar al déspota de sus crueldades. Sufrimiento, virtud y ciencia, estos tres resortes de la simpatía, son insignificantes para un hombre cuyo bárbaro placer consiste en ser temido. Nada más análogo a la impiedad, que priva de aquel vínculo agradable de sumisión a un Ser Supremo y vengador, pero, al mismo tiempo, padre amoroso de los mortales, a quienes promete una dichosa inmortalidad.

Permíteme, querido amigo, que aun detenga tu atención por algunos momentos, y sigamos los rastros de esta víbora que ha causado y está causando tantos daños a los pueblos. Investigaremos, aunque con suma pena, los distintos medios que emplea para disfrazarse y para hacer agradable su activo veneno.

Declaman los déspotas contra la impiedad que les abrió el camino y llevando al colmo su hipocresía hacen creer a los pueblos que solo aspiran a verla destruida. Invocan el sagrado nombre de la religión, pero con un semblante que deja entrever sus contrarios sentimientos, si bien no autoriza para pronunciarlos impíos. Cuentan, pues, con los ignorantes e irreflexivos, que por desgracia son muchos; y sostienen su influjo conservando en ambos partidos una ligera esperanza de un total pronunciamiento. Piensa el hombre religioso, pero incauto, que los resquicios de impiedad que aun se observan en el déspota podrán ser destruidos por la abundancia de sus buenas cualidades, y llama buenas todas aquellas cuya malicia él no alcanza a percibir. Anímase el impío al traslucirse una identidad de sentimientos y no duda que pronto se conseguirá una identidad de sabias y francas operaciones y llama tales, los ataques descarados e infructuosos contra la religión. El déspota, entre tanto, saca partido de ambas clases de hombres alucinados y se vale de la impiedad como instrumento que sabe manejar de distinto modo. Extraño fenómeno, mi caro amigo: el odio y temor de la impiedad subyuga al devoto y el deseo de propagarla contiene al impío, quedando ambos encadenados por la mano infausta del despotismo ilustrado, que para asegurar más víctimas, se vale de la ignorancia que en los unos toma el nombre de prudencia y en los otros el de ilustración.

También suelen valerse los déspotas de otro medio aun más infame para su inaudita perfidia. Suponen la impiedad mucho más difundida de lo que, por desgracia, se encuentra y pintan un porvenir el más funesto y casi inevitable, y afectando la imaginación en sumo grado, preparan los ánimos para sufrir cualquiera medida, que toman con una afectada pena y como por fuerza, cuando no es sino el resultado de una maquinación infernal. Los impíos, por su parte, caen también en el lazo, pues creyéndose más fuertes de lo que son, se descubren y atacan sin reserva; pero destruidos en sus primeras tentativas aumentan las glorias del despotismo y lo radican por los mismos medios que emplearon para destruirlo, creyéndolo identificado con la piedad; sin advertir que ellos mismos eran los agentes de que se valió para la ruina común y la elevación de su sangriento y detestable trono.

Sirve también el despotismo de la impiedad para hacer nulo el poder de las leyes, que son sus enemigas. Quiere destruirlas, mas su origen es tan noble y tan grande su influencia en las almas piadosas, que la tentativa es arriesgada y es menester prepararlas despojando al corazón humano de unos sentimientos celestiales que jamás pueden avenirse con las perversidades de los déspotas. Temen éstos perder en la lucha si no encuentran compañeros en sus crímenes, y no pudiendo ser los justos, les es preciso acogerse a los impíos, a quienes pueden comprar a poco precio porque nada valen y nada respetan. Infringidas las leyes por un gran número, llega el pueblo a habituarse a estas infracciones y poco a poco va preparándose el terreno para levantar otro monumento al crimen. Acúsanse de injustas o inadecuadas las leyes, preséntase como efecto de un sentimiento popular e instinto benéfico la osadía de una descarada desobediencia y empiezan los aduladores de los déspotas a formar las coronas con que se proponen premiar su perfidia, dándola el nombre de alta prudencia e ilustrado celo, que superior a inertes documentos remueve los obstáculos de la prosperidad. ¿No has oído varias veces este lenguaje? ¿Y crees que puede salir de los labios de la piedad? Anuladas las leyes y sueltas las pasiones entran los hombres en una guerra funestísima e inevitable, por no tener campo determinado, ni bandera marcada para reconocerse los enemigos. Es guerra de perfidias, de asechanzas y de vileza, y en esta clase de combates el despotismo conoce la superioridad de sus armas y cuánto pueden servirle los impíos. El triunfo es cierto, y según la máxima de los déspotas, los medios son justos. Convencidos, sin embargo, de la naturaleza versátil e infame de los agentes que han empleado, se ven en la dura necesidad de halagarlos por una parte y reprimirlos por otra; quiero decir, que los déspotas, para cimentarse, permiten a veces los excesos de la impiedad, y otras contienen sus demasías, sometiéndola al mismo cetro de hierro con que gobiernan al pueblo inocente. La historia antigua y moderna presenta pruebas convincentes de esta verdad y entre otros ejemplos bástanos recordar la vida del impío Federico, pues jamás ha habido un príncipe tan déspota y que con más destreza haya manejado a sus hermanos los impíos, para hacerles servir a sus intentos. El mismo filósofo de Vernay, el soberbio Dios del gusto, no se escapó de ser azotado como un canalla por orden de aquel astuto príncipe, que tanto sabía fomentar su orgullo con favores extraordinarios. Vióse la impiedad exaltada y reprimida alternativamente, pero siempre sirviendo a las miras del despotismo más desenfrenado, si bien con oprobio de la filosofía tomó aquel sabio tirano el título de filósofo.

    Abortando monstruos semejantes consigue la impiedad levantar monumentos al error, cimentándolos sobre una ciega fama que trasmite a la posteridad, como objeto de honor y gloria, estos seres inicuos, cuyos nombres deberían borrarse de los anales de los pueblos y de la historia de los tronos. Una brillante esclavitud, una miseria disfrazada y una ignorancia ilustre son los medios más a propósito para alucinar a los incautos y producir esclavos míseros e ignorantes, propios súbditos del infernal despotismo. Los elogios que tributa la impiedad a estos célebres impíos y los especiosos argumentos de que se vale para hacer menos odiosa su infausta memoria, son unos escollos en que naufragan los pueblos y sobre los cuales levantan sus tronos los tiranos. Sí, querido amigo, sobre la roca de la impiedad está elevado, en medio de un mar de pasiones y miserias humanas, el suntuoso fuerte de la tiranía, cuyos cimientos ocultan las agitadas olas, dejando solo visibles sus robustas murallas. Diríjense a este interesante objeto las naves mal gobernadas y creen no solo aproximarse sin riesgo, sino encontrar abrigo, pero ¡ah! míseras corren a un naufragio lamentable.

La desgracia es mucho más sensible cuando a ella se une el engaño, y aunque no pueda vencerse un enemigo, sirve de consuelo el conocerlo. Cae el engaño en cierta degradación, que lleva consigo el ridículo, y la naturaleza humana jamás deja resentirse de esta herida por más que el tiempo llegue a cicatrizarla. Recuerda el hombre desgraciado la serie de sus sufrimientos sin que le causen nueva pena, y aun a veces causándole placer por serle honrosos; mas nunca recuerda sin rubor la historia de sus ilusiones y de los engaños de que ha sido víctima. Válese, pues, la soberbia humana de todos los medios posibles para ocultar estas pruebas de su debilidad, que tanto deshonor le causan, y no siendo posible ocultar los hechos se hace preciso desfigurarlos. Este es el origen de la que podemos llamar obstinación política, por la cual procuran los hombres llevar adelante sus ideas aun cuando perciben que son equivocadas, y sin cuidarse del bien de los pueblos, solo atienden a la gloria de su nombre. Yo podría presentarte, Elpidio, infinitos ejemplos, mas es difícil darlos sin hacer alusiones ofensivas, y los creo, por otra parte, innecesarios, si meditas sobre la marcha de la política.

Ya percibirás la tendencia de mis observaciones, conociendo que el más cruel de los despotismos es el que se ejerce bajo la máscara de la libertad; y como rara vez los impíos son déspotas de otro modo que fingiéndose amigos de los libros, su tiranía es la más insoportable, pero desgraciadamente es la más bien cimentada. Es muy difícil que la conozcan los pueblos, antes se dejan arrastrar de contrarias apariencias y toda tentativa para contenerla tiene el aspecto de una defección de las banderas de la libertad.

Entra, pues, el temor en los buenos, y notando este funesto efecto los impíos, cobran ánimo y representan con más descaro su papel y para favorecer a los déspotas se fingen sus enemigos. De este modo se encadenan los pueblos, mi querido Elpidio; mas no creas he terminado la triste enumeración de las tramas de la impiedad en favor del despotismo; yo no pretendo indicarlas todas, porque nunca acabaría; mas permíteme que no pase en silencio una de las más terribles, formada por un corto número de pícaros ilustrados y practicada por una infinidad de infames ignorantes.

Sabes cuánto ridiculizan los impíos las obras de los padres de la Iglesia y no ignoras que la mayor parte de ellos ni siquiera han visto los estantes que las contienen. Habrás advertido muchas veces cuán fastidioso se hace para ellos todo el que se atreve a citar algún autor piadoso y bien adviertes que de este modo van separando los hombres de toda veneración hacia aquellos antiguos maestros de la virtud y limitando la instrucción de sus secuaces a la lectura de algunos folletos que forman el intento. Nada más favorable a las miras de los déspotas. Saben que los pueblos, por más extendida que esté la corrupción, reciben siempre con sospecha las doctrinas que vienen por el órgano de la impiedad, y se alegran al ver odiada la lectura de las obras de los padres, cuya santidad tiene un gran influjo en los corazones justos; y así es que sus sentencias serían unas barreras a las atrocidades. Todas las máximas de los pueblos libres, todas las doctrinas de civilización han sido enseñadas por los padres y se hallan en esos mamotretos que condenan sin haber leído. Temblarían los déspotas, mi amado Elpidio, si pudieran ponerse en la mano de los pueblos las páginas en que sin consideración ni rebozo se les acusa y condena por hombres a quienes la Iglesia ha declarado santos, y a quienes la más astuta malicia no ha podido negar el mérito de la virtud más acendrada; por hombres que fueron la admiración de su siglo y son ahora el desprecio de los necios que se han abrogado el título de filósofos.

Entre otros varios ejemplos que omito, me limitaré a traducir un artículo interesantísimo de Santo Tomás cuya lectura te sorprenderá, pues seguramente no esperas que hable en términos tan claros y tan fuertes. Dice, pues (1.2 ae. q:q 105 art. 1): Dos cosas deben atenderse en el establecimiento de los príncipes en una ciudad o nación. Primero, que todos tengan alguna parte en el principado; pues de este modo se conserva la paz del pueblo, amando todos semejante institución y sosteniéndola; segundo, en cuanto a la especie de gobierno o establecimiento del principado, que es de diversas especies; siendo las más notables el reino, en que manda uno según la virtud; la aristocracia, esto es, el poder de los óptimos en que gobiernan unos pocos según la virtud. Por lo tanto, la mejor institución de los príncipes en una ciudad o reino, es cuando uno manda según la virtud y bajo él mandan otros, también según la virtud; y, sin embargo, este principado pertenece a todos, porque todos pueden elegir y ser electos. Tal es todo cuerpo político mixto de reino en cuanto a que uno manda, de aristocracia en cuanto a que muchos mandan según la virtud, y de democracia, esto es, de la potestad del pueblo, en cuanto a que de los individuos del pueblo se pueden elegir los príncipes, y porque al pueblo pertenece elegirlos. Esto fue establecido por la ley divina. Moisés y sus sucesores gobernaron al pueblo como con un imperio singular sobre todos, y esto es una especie de reino. Elegíanse setenta y dos ancianos según la virtud, pues se dice (Deut. 1,14): Saqué de vuestras tribus varones sabios y nobles y los constituí príncipes; y esto era aristocrático. Pero era democrático el elegirse éstos de entre todo el pueblo, pues se dice (Exod. 18,21): Probé de toda la plebe varones sabios y también porque el pueblo los elegía.[2] En el

---

2   Respondeo dicendum, quod circa bonam ordinationem principum in aliqua civitate, vel gente duo sunt attendenda. Quirum unum est ut omnes aliquiam partem habeant in-principatu: per hoe enim conservatur pax populi, et omnes talem ordinationem amant, et custodium, ut dicitur II Polit (cap. 1). Aliud est quod attenditur secundum speciem regiminis, vel ordinationis principatuum: cujus cum sint diversae species, ut Philosophus tradit in III Polit. (cap. V), praecipuae tamem sunt Regmun in quo unus principatur secundum virtutem; et Aristocratia, id est potestas optimorum in qua aliqui pauci principantur secundum virtutem. Unde optima ordinatio principum est in aliqua civitate, vel regno, in que unus praeficitur secundum virtutem, qui omnibus praesit, et sub ipso sunt aliqui principantes secundum virtutem: et tamen talis principatus ad omnes pertinet, tum quia ex omnibus eligi possunt; tum quia etiam ad omnibus eliguntur. Talis vero est omnis politia bene conmixta ex Regno, in quantum unus praeest; et Aristocratia, inquantum multi principantur secundum virtutem; et ex Democratia, id est potestate populi, in quantum ex popularibus possunt eligi principes, et ad populum pertinet electio principum. Et hoc fuit institutum secundum legem divinam. Nam Moyses, et ejus successores gubernabant populum, quasi singulariter omnibus principantes, quod est quaedam species regni. Eligebantur autem septuaginta duo seniores secundum virtutem: dicitur enim Deut. 1.15. Tuli de vestris tribus viros sapientes et nobiles, et constitui eis principes: et hoc erat aristocraticum. Sed democraticum erat quod isti de omni populo eligebantur. Diciturenim Exod. 18.21. Provide de omni plebe viros sapiente, etc., et etian quod populus eos eligebat: unde decitur Deut. 1.13. Date ex vobis viros sapientes, etc. Unde patet quod optima fuit ordinatio principum quam lex instituit.

37

mismo artículo propone Santo Tomás un argumento diciendo que «el reinado representa el gobierno divino en que un Dios gobierna al mundo desde el principio. Luego la ley no debió dejar al pueblo la institución de los reyes sino establecerlos ella misma.» Es muy notable la manera en que el santo doctor responde a este argumento. «El reino —dice— es el mejor de los gobiernos si no se corrompe. Mas por la gran potestad que se concede al rey es fácil que degenere en tiranía, a menos que no tenga una perfecta virtud el individuo a quien se concede este gran poder. Pero la virtud perfecta se encuentra en pocos, y los judíos eran crueles y avaros. Por este motivo no instituyó Dios al principio un rey con plena potestad sino un juez y gobernador que los custodiase; mas después, como indignado por la petición del pueblo, les concedió un rey según consta. 1. Reg. 8:7.

«No te desecharon, sino a mí, para que no reine sobre ellos. Sin embargo, al principio determinó Dios en cuanto al establecimiento de los reyes, primero el modo de elegirlos, disponiendo dos cosas: que esperasen el juicio divino en la elección y que no eligiesen por reyes a extranjeros, porque semejantes reyes suelen no tener afecto a los pueblos que vienen a mandar y por consiguiente no se cuidan de ellos. En segundo lugar, ordenó Dios, en cuanto a los reyes constituidos, el modo con que deben comportarse; a saber, que no multipliquen sus carros y caballos, que no tengan muchas mujeres, ni acumulen inmensas riquezas; porque la codicia de estos objetos hace inclinar a los príncipes a la tiranía y abandonan la justicia. También determinó el Señor el modo de comportarse los reyes respecto de Dios, esto es, que leyesen y meditasen siempre su ley y permaneciesen siempre en su temor y obediencia. En cuanto a los súbditos les mandó que no los despreciasen y oprimiesen soberbiamente y que no se separasen de la justicia».[3] Propone el Santo doctor

---

3   Praeterea Otimis est optima adducere, ut Plato dicit (in Timaeo) (aliquant. A princ.) Sed optima ordinatio civitatis, vel populi cuiuscumque est ut gubernetur per Regem: quia huiusmodi regnum maxime repraesentat divinum regimen, quo unus Deus mundum gubernat a principio. Igitur lex debuit Regem populo instituere, et non permittere hoc eorum arbitrio, sicut permittitur Deuteron. 17.14. Cum dixeris, Constituam super me Regem... Eum constitues, etc.
Ad secundum dicendum, quod regnum est optimun regimen populi, si non corrumpatur. Sed propter magnam potestatem, quae Regi conceditur, de facili regnum degenerat in tyrannidem, nisi sit perfecta virtus ejus cui tales potestas conceditur, quia non est nisi virtuosi bene ferre bonas fortunas, ut Philosophus dicit in X Ethic. (cap. 8). Perfecta autem virtus in paucis invenitur: et praecipue judaei crudeles erant, et ad avaritiam proni:

otro argumento en estos términos: «Así como el reino es el gobierno más perfecto, así la tiranía es la mayor corrupción de un gobierno. Mas el Señor, al establecer los reyes, les dio un derecho tiránico, pues leemos (1. Reg. 8: 2): Este será el derecho del rey que mandará: cogerá vuestros hijos, etc. Luego la ley no estableció los príncipes de un modo conveniente.» Oye la respuesta, Elpidio, y te admirarás de la solidez, claridad, y firmeza con que el Ángel de las Escuelas sostiene la angélica doctrina de la libertad de los pueblos: «Debe responderse —dice— que semejante derecho no corresponde al rey por institución divina, sino que más bien se pronosticaba la usurpación de los reyes, que se abrogan un derecho inicuo, degenerando en tiranos y robando a sus súbditos; lo cual es claro, porque al fin del texto se agrega: seréis esclavos, lo cual pertenece propiamente a la tiranía, porque los tiranos gobiernan a sus súbditos como esclavos; de donde se infiere que Samuel solo quería aterrar al pueblo para que no pidiese rey, pues el texto continúa: mas el pueblo no quiso oír la voz de Samuel, etc., etc.»[4] Tratando de la rapiña presenta y resuelve el

---

    per quae vitia maximae homines in tyrannidem decidunt. Et ideo Dominus a principio eis Regem non instituit cum plena potestate, sed judicem, et gubernatorem in corum custodiam; sed postea Regem ad petitionem populi quasi idignatus concessit, ut patet per hoc quod dixit ad Samuelem I. reg. 8:7. Non te abjecerunt, sed me, ne regnem super eos. Instituit tamen a principio circa Regem instituendum, primo quidem modum eligendi, in quo duo determinavit, ut scilicet in ejus electione expectarent judicium Domini, et ut non facerent Regem alterius gentis: quia tales Reges solent parum affici ad gentem cui praeficintur, et per consequens non curare de ea. Secundo ordinavit circa Reges institutos, qualiter deberent se habere quantum ad seipsos, ut scilicet non multiplicarent currus, et equos: neque uxores neque etiam inmensas divitias: quia ex cupditate horum principes ad tyrannidem declinat, et justitiam derelinquunt. Instituir etiam qualiter se deberent habere ad Deum, ut scilicet semper legerem, et cogitarent de lege Dei, et semper essent in Dei timore, et obedientia Instituit etiam qualiter se haberent ad subditos suos, ut scilicet non superbe eos contemnerent, aut opprimerent, neque etiam a justicia declinarent.
4 Praeterea. Sicut regnum est optimum regimen, ita tyrannis est pessima coruptio regiminis. Sed Dominus Regem instituendo, instituit justyrannicum: dicitur enim 1. reg. 8:2. Hoc erit jus Regis qui moderaturus est vobis: filios vestros tollet, etc. Ergo inconvenienter fuit provisum per legem circa principum ordinationem. At quintum dicendum, quod illud ius non debebatur Regis ex institutione divina, sed magis praenuntiabatur usurpatio Regum, qui sibi iusiniquum constituunt, in tyranndem degenerantes, et subditos depraedantes, et hoc patet per hoc quod in fine subdit: Vosque eritis ei servi: quod proprie pertinet ad tyranniden: quia tyranni suis subditis principantur ut servis: unde hoc dicebat Samuel ad terremdum eos, ne Regent peterent: sequitur enim: Noluit autem audire populus vocem Samuelis. Potest tamem contingere quod bonus Rex absque

mismo santo doctor este argumento (Segunda, 2 ae. q. 66, art. 18): «Los príncipes quitan a sus súbditos muchas cosas por violencia, lo cual parece una especie de rapiña; y sería cosa muy grave decir que los príncipes pecan en esto, porque entonces serían condenados casi todos los príncipes. Luego parece que no es ilícito tomar alguna cosa por rapiña.»La respuesta es tremenda: «Si los príncipes —dice el santo doctor— exigen de sus súbditos lo que les corresponde para conservar el bien común, aunque usen de violencia no es rapiña; pero si los príncipes quitan algo indebidamente por violencia, es rapiña y latrocinio. Por esto dijo San Agustín (lib. IV Civ. Dei. Cap. IV, in princ.): Separada la justicia, ¿qué otra cosa son los reinos sino unos grandes latrocinios? Porque los latrocinios, ¿qué otra cosa son sino unos reinos pequeños? Y en Ezequiel (22:27) se dice: sus príncipes en medio de ella como lobos que roban la presa. Por tanto están obligados a la restitución y son ladrones, y pecan tanto más gravemente cuanto más peligrosa y común es su acción contra la justicia pública, para cuya custodia están puestos.»[5] El texto de San Agustín citado por Santo Tomás merece particular atención y no creo disgustarte insertándolo todo entero. Después de las palabras citadas, continúa San Agustín: «El mismo ejército es de hombres, rígese por el imperio de los príncipes, sujétase al pacto de la sociedad y divídese la presa al capricho. Si llega a crecer este mal por la adición de hombres depravados, en términos que se apodere de lugares, fije su asiento, ocupe ciudades y subyugue pueblos; toma evidentemente el nombre de reino, que le da en público, no la codicia removida sino la impunidad agregada. Con elegancia y verdad respondió a aquel gran Alejandro un pirata que había prendido; pues preguntándole el rey qué le parecía su crimen de infestar los mares, él respondió, con libertad y descaro: «lo que a ti respecto del orbe de la tierra; pero como yo lo hago con un

---

tyrannide filios tollat, et constituat tribunos, et centuriones, et multa accipiat a subditis suis propter comunne bonum procurandum.

5   Ad tertium dicendum, quod su Principes a subditis exigant quod eis secundum justitiam debetur propter bonum commune conservandum, etiamsi violentia adhibeatur, non est rapiña. Si vero aliquid Principes indebite extorqueant per violentiam, rapiña est, sicut et latrocinium. Unde dicit Augustinus in IV de Civ. Dei (cap. IV in princ.): Remota justitia, quid sunt regna nisi magna latrocinia? quia et latrocinia quid sunt nisi parva regna? Et Ezechiel (22:27) dicitur. Principes ejus in medio ejus, quasi lupi rapientes praedam. Unde ad restitutionem tenentur, sicut et latrones: et tanto gravius peceant quam latrones, quanto periculosius, et communius contra publicam justitiam agunt, cujus custodes sunt positi.

buque pequeño me llaman ladrón; y porque tú lo haces con grandes ejércitos te llaman emperador». (Aug., De Civ. Dei, lib. IV, cap. IV.)[6] ¿Puede hablarse con más firmeza y pueden darse golpes más terribles al despotismo? ¿Cómo puede decirse que la Iglesia lo fomenta, cuando coloca en sus altares y venera las imágenes de estos portentos de ciencia, de virtud y de libertad cristiana, cuyas obras inmortales son la norma de todos sus teólogos? ¿Y por qué — dirás— no prohíben estas obras los déspotas? ¡Ah! mi Elpidio, ellos están seguros del efecto sin correr el riesgo de ser su causa; ellos han confiado este encargo a los impíos, que por todos medios hacen odiosa la lectura de dichas obras, y este odio es más poderoso que la más severa prohibición. Consiguen, pues, los déspotas que muchos incautos e ignorantes crean que efectivamente su despotismo está fundado en las obras de los padres, y por la veneración en que les tienen, no se atrevan a sospecharlo injusto y mucho menos a resistirlo. Por otra parte, desprecian los tiros de la misma impiedad que les ha servido de instrumento; pues siendo tan ominosa, bástales declarar impío a todo hombre ilustrado que se atreva a oponerse, y lo consiguen fácilmente propagando que es enemigo de los Santos padres. Es un triunfo para el despotismo el presentarse como blanco de los tiros de la impiedad, y así es que a veces la provoca; pero tiembla cuando se ve acometido por la virtud. ¿Quién sino un varón de la ciencia y eminente virtud de San Ambrosio se hubiera atrevido a marchitar las glorias de un emperador triunfante, tratándole como a un criminal, reprendiéndole por su cruel despotismo y sujetándole a pública penitencia? Después de la cruel matanza cometida en Tesalónica, venía el gran Teodosio a entrar en el templo como un tigre ensangrentado que busca un asilo en que reposar por un momento, evitando el horror que le causa la vista de los restos palpitantes de sus víctimas. El santo prelado le sale al

---

6   Remota itaque justia quid sunt regna, nisi magna latrocinia? quia et ipsa latrocinia quid sunt, nisi parva regna? Manus et ipsa hominum est. imperio principis regitur, pacto societatis adstringitur, placiti lege praeda dividitur. Hoc malum si intantum perditorum hominum accesibus crescit, ut et loca tenear, sedes constituar, civitates occupet, populos subjuget, evidentius regni nomen assumit, quod el jam in manifesto confert non adempa cupiditas, sed addita impunitas. Eleganter enim et veraciter Alexandro illo Magno quidam comprehensus pirata respondit. Nam cum ídem rex hominem interrogasset quid ei videretur, ut mare haberet infestum: illi libera contumancia. Quos tibi, inquit, ut orbem terrarum: sed quia id ego exiguo navigio facio, latro vocor; quia tu magna classe, imperator.

encuentro y le detiene con la terrible espada de la palabra divina, semejante al ángel guarda del Paraíso, cuyos frutos se conservan en el sagrado templo; y aquel príncipe, a cuya voz obedeciendo, las águilas romanas conducían la muerte por toda la tierra, subyugándola a su imperio, se humillan ante el sacerdote del Señor, en cuyo rostro resplandece la virtud como destello de la luz eterna. Oye, Elpidio, las enérgicas frases del elocuentísimo Ambrosio: «¿Con qué ojos te atreves a mirar, ¡oh! emperador, el templo del que es Señor de todos nosotros? ¿Cómo presumes de elevar a Dios unas manos que aun están humeantes con la sangre injustamente derramada? ¿Cómo te atreverás a tocar el sagrado cuerpo del Salvador del mundo con esas mismas manos manchadas en la carnicería cometida en Tesalónica? ¿Y cómo te atreverás a recibir aquella sangre preciosa en una boca que, en la furia de una pasión, pronunció las injustas y crueles palabras que han hecho que se derrame la sangre de tantos inocentes? Retírate, pues, y mira bien como agregas un crimen a otro crimen.» (Vide Teodoreto, Eccl. Hist., cap. 17.) Estas terribles palabras aterraron de tal modo al emperador Teodosio, que se retiró vertiendo lágrimas; y sujetándose a una penitencia de ocho meses, dio una satisfacción a la humanidad ofendida y sirvió de ejemplo a todos los gobernantes. ¿Hubiera causado tan saludable efecto la más enérgica imprecación en los labios de la impiedad? No, mi amigo; las reconvenciones de los impíos son como las de los cómicos, que pierden toda su fuerza luego que recordamos el papel que representan. El despotismo jamás se ha contenido por las sátiras e inventivas de los pretendidos filósofos, antes por el contrario, ha adquirido siempre más vigor para continuar sus opresiones; semejante a un caballo desbocado, que aumenta la velocidad de su carrera y no respeta objeto alguno, mientras mayor es la algazara de los que tuvieron la imprudencia de desenfrenarlo. Sí, querido Elpidio, el freno santo de la religión es el único que puede subyugar las pasiones humanas, cuando el poder garantiza la impunidad; y los que pretenden destruir este vínculo sagrado dejan al género humano sin defensa alguna contra la tiranía, que se burla de las leyes y desprecia las declamaciones de los ilusos, que intentan que sirvan de barrera cuando ellos mismos las han desvirtuado y reducido a frases pomposas pero de poca consistencia, a la manera de las bombas de aire con que suelen divertirse los niños.

No así las palabras del justo. Ellas indican su divino origen, y por grande que sea el poder y elevación de los mortales, un sentimiento que en vano procuran acallar no cesa de repetirles que más poderoso y elevado es el cielo; y faltan las fuerzas para resistir cuando es inútil la resistencia. A la manera que el rayo del Olimpo estremece y detiene al guerrero, cuyo valor siempre encontró pábulo en los ataques de sus semejantes, así la voz del justo conmueve al inicuo exaltado, cuyas perversas intenciones siempre fueron fomentadas por los esfuerzos que sus desgraciadas víctimas hicieron para distraerlas. La impiedad, conociendo su peligro, ha procurado siempre que el confuso estruendo de las pasiones humanas impida que se oiga esta voz celestial; mas siendo ella eterna, se deja percibir en los intervalos que hacen sus fatigados antagonistas. Oye, entonces, el impío la reprobación de su impiedad, oye el déspota la sentencia contra su crimen y oye el tirano el celestial decreto de su exterminio. Sin embargo, con una fatal obstinación, disfrazada con el nombre de fortaleza, continúan estos miserables en su criminal intento; excitan nuevamente las pasiones, para no oír aquella voz divina que los condena, y llega a tanto su delirio que se creen enemigos, cuando todos tienen un mismo origen y aspiran a un mismo fin. No hay duda, el impío, el déspota y el tirano son tres clases de rebeldes contra la divinidad, cuyo motivo es la soberbia, y todos se dirigen a romper los vínculos que unen a los hombres con el Ser Supremo. Rómpelos el impío negando su existencia; rómpelos el déspota, despreciando los divinos mandatos; y rómpelos el tirano, que es un déspota destructor en alto grado, sustituyendo a la Divinidad y haciéndose dueño de la vida de los hombres y árbitro de su fortuna y de su suerte.

Es, por tanto, evidente que la impiedad facilita los medios necesarios al despotismo y a la tiranía y podemos decir que prepara el camino de tal modo, que no deja obstáculo de ninguna clase. ¿Cómo puede haberlo, si no existen tales vínculos y si aun no existe el ser que podía constituirlos? El déspota y el tirano quedan libres de todo cuidado y ni siquiera deben pensar en unas quimeras semejantes. ¡Qué consecuencias tan horrorosas se derivan de este principio! Y ¿qué diremos de los que se empeñan en inculcarlo? Una y mil veces lo repito, Elpidio: los impíos que con una ignorancia solo igualada por su perversidad, han procurado y procuran ridiculizar la religión y retraer a los hombres de la lectura de las obras de los maestros de la virtud y de la ciencia de la felicidad, no han hecho ni hacen más que favorecer la tiranía. En un pueblo virtuoso es imposible que se erija un tirano. Estos monstruos son abortos del infierno y solo pueden nutrirlos y halagarlos las hidras infernales: mas entre los hijos del justo cielo, entre los verdaderos cristianos, se encuentran abandonados y mueren de hambre. Preciso es que haya pícaros y necios para que haya tiranos, y no son las obras de los padres de la Iglesia las que pueden formar tales elementos. Fórmanse, sí, por una multitud de apologías de un ridículo pirronismo, que con el equivocado título de obras filosóficas corren por todas partes, arrancando aplausos de una chusma de tontos brillantes, que con todos los refinamientos de la culta sociedad exceden en barbarie al salvaje de las selvas. Fórmanse por una porción de tunantes vestidos de clérigos, que con desdoro de su sagrado ministerio y con lágrimas de los verdaderos eclesiásticos, dan pábulo a la impiedad con su total abandono, y acaso son ellos los primeros impíos. Fórmanse por una multitud de monos fajados y sin faja, a quienes por mal nombre llaman militares, solo porque se visten como lo que son, aunque no se cuidan del honor del vestido; y así es que permiten que sea deshonrado, y le mudan con facilidad, porque su intención no es otra que sacar partido sin atender a los medios. De estos ilustres traidores a la causa de los pueblos que los mantienen, apenas hay uno que no sea impío; ¿y cómo puede dejar de serlo el hombre que profanando una profesión protectora de la justicia y de los derechos nacionales; una profesión introducida sabiamente en la sociedad para contener el crimen y dar vigor a las leyes; cómo, repito, puede dejar de ser un detestable impío el que abusando de tan inestimable depósito, faltando a la confianza pública se erige en ministro del despotismo e infringe todas las leyes divinas y humanas? ¿Habrá quien crea que en su corazón tan depravado hay una sola chispa del sagrado fuego de la piedad? ¡Con cuánta pena se ven mezclados y alternando con esta condecorada canalla, cuya osadía e impunidad se fundan en el abuso de las armas que se pusieron en sus manos para defender la patria; con cuánta pena se ven, querido Elpidio, formando un cuerpo estos deformes miembros de la sociedad; los verdaderamente ilustres militares, o, mejor dicho, los únicos militares que en medio de los aplausos de sus conciudadanos, marchan por la senda del honor hacia el templo de la gloria! Conocidos más por sus virtudes e importantes servicios que por las distinciones e insignias de su clase, reciben las miradas del aprecio de todos los buenos; pero ¡ah! muy pronto son atacados por el monstruo de la impiedad, que teme que su ejemplo pueda proporcionar a los pueblos una santa milicia. Válese, pues, de todos los medios, y estos dignísimos militares son representados por sus compañeros en vestido como unos tontos ilusos, esclavos del despotismo; como unos hombres gobernados por clérigos y frailes, con quienes no puede contarse para nada noble; deberían decir, para nada impío.

Resulta, pues, que privados los pueblos del apoyo de una justa milicia se ven entregados en manos de los déspotas, que mandan sus célebres asesinos a que maten y destruyan a su arbitrio, siempre que consigan remachar las cadenas que oprimen a la humanidad contra la voluntad del Ser Supremo. Eleva la impiedad varios de estos hijos suyos predilectos, y los coloca en altos destinos confiándoles su causa, a la cual siempre son fieles, así como infieles a la noble causa de la justicia y santa libertad, inconciliables con los sentimientos impíos y las miras ambiciosas de estos cobardes. Sí, lo repito, de estos cobardes; pues desconocen el valor ordenado, que es el único virtuoso, y los vemos entregarse al furor, o a la condescendencia y debilidad, siendo en ambos casos completamente vencidos por una pasión degradante. No tienen, no, aquel santo valor que constituye a un digno militar como un ángel de justicia enviado del cielo para conservar sus derechos sobre la tierra, cuando pierden las leyes su poder y no son obedecidas por la perversidad, o el delirio de los hombres. Aquel valor que no teme la muerte por la justicia, pero sí teme darla sin ella; aquel valor imperturbable por las amenazas del crimen, pero siempre sumiso y sensible a la voz de la virtud.

¡Qué pocos militares encontramos hoy día que posean este santo valor! Y ¿cuál es la causa de tanta pérdida, sino la impiedad? ¿Quién sino este monstruo del Averno ha puesto a disposición de los déspotas esas furias desvastadoras, con que oprimen la inocencia, se burlan de la justicia, extinguen el saber, destruyen la libertad, profanan la religión, y para decirlo de una vez, todo lo aniquilan? La obediencia es la primera ley de una buena milicia, pero los déspotas no se atreverían a dar órdenes inicuas a militares honrados; y si éstos tuviesen la desgracia de ser compelidos a operar injustamente, nunca irían más allá de lo que exige la obediencia y jamás tendrían el bárbaro placer de agregar nuevas crueldades y mayores injusticias a las intentadas por sus perversos mandarines. Los pueblos verían en ellos unos hermanos que con dolor y solo por necesidad los atacaban, mas no unos tigres que se aprovechan de la ocasión de devorar y quisieran no poner término a la mortandad. Un ejército justo será siempre un consuelo para el pueblo, así como uno inicuo será siempre su infortunio.

Fórmanse también los necios y los pícaros por el mal ejemplo de otros de la misma clase, pero que para más oprobio de la religión toman la más sagrada insignia como distintivo de su solapada impiedad. Toman, sí, toman la adorada cruz del Salvador del mundo y tráenla colgada sobre el pecho precisamente para indicar que la detestan. Estos notorios impíos, cuyas intrigas y maquinaciones contra la religión y cuya infamia en los medios empleados para adquirir tales decoraciones son bien conocidas: estos impíos se llaman caballeros de tal o cual cruz, y deshonran a los verdaderos caballeros; que no pueden serlo sino los hombres de bien, y de los cuales muchos por sus virtudes y heroicas acciones han merecido tan ilustre distintivo como es la cruz del Señor, que la patria agradecida ha puesto sobre su pecho para indicar la habitación del honor y de un santo patriotismo. Estas son las cruces que el pueblo considera en su altar legítimo, pero la generalidad de ellas solo se presentan profanadas en una farsa burlesca. Usamos los cristianos el signo de la cruz para ahuyentar al demonio e impedirle la entrada, mas parece que muchos de estos caballeros traen la cruz sobre el pecho para impedir la salida, por temor de que hasta el mismo demonio se horrorice de habitar en semejante corazón y trate de escaparse. ¡Cuántas de estas cruces de salida, conocerás tú, mi amado Elpidio! La impiedad es muy varia en sus disfraces y nunca es tan peligrosa como cuando se cubre con el velo de la virtud y de la religión misma que pretende destruir. Bajo los amables nombres de heroísmo, nobleza, y otros semejantes, alucina a una multitud de incautos y excita las pasiones más terribles. Los mismos que han sido víctimas de la ambición, se convierten en ambiciosos cuando falta la virtud, y así es que la impiedad proporciona satélites al despotismo aumentando el número de estos caballeros de la cruz de la salida. ¿Te ríes? Y ¿por qué no he de dar yo su propio título a una orden tan extensa y notoria? Sin duda, esperarás que notando la impiedad en las diversas clases que componen el cuerpo social, no pase en silencio la judicatura con todos sus agregados; mas permíteme que nada diga acerca de estos traficantes de justicia, ladrones legales, corruptores de la moral, opresores de los pobres, estafadores de las viudas, asesinos de toda honra y enemigos de la paz y felicidad de los hombres. Confundidos con estos perversos se encuentran varones beneméritos por su ciencia y virtud, que como verdaderos órganos de la justicia, difunden el consuelo difundiendo la inocencia y oponiéndose al crimen; pero estos seres benéficos son tan raros, que vienen a ser como los monstruos de una clase, que parece que es depravada por naturaleza. ¡Qué felices serían los pueblos si la impiedad no hubiera corrompido un estado no solo tan útil sino tan necesario! Pero ¡qué desgracia cuando los intérpretes y depositarios de las leyes son sus impunes infractores! ¿Y crees que puede serlo un letrado verdaderamente piadoso o que puede dejar de serlo uno verdaderamente impío? No creas, mi caro amigo, que las observaciones que acabo de hacer tienen por objeto desacreditar las clases a que se refieren, pues muy al contrario, solo es mi ánimo indicar lo que dichas clases sufren por la influencia de la impiedad, que siempre es un cuerpo extraño, que jamás se amalgama con las otras partes. Sí, querido Elpidio, el mayor tormento que puede darse a un hombre de bien es confundirle con los pícaros; y mucho más cuando algunos signos adoptados por la sociedad como indispensables en una clase, imposibilitan la distinción entre buenos y malos y hacen necesaria esta desgracia. Un militar honrado debe vestirse como todos los pícaros de su clase y entrar en sus filas; un eclesiástico digno de este nombre se viste los mismos hábitos que los inicuos que por desgracia ejercen el mismo ministerio; y de aquí resulta que el descrédito es general, y sufre toda la clase, cuando solo deberían sufrir ciertos individuos.

He aquí uno de los males más graves que produce la impiedad. Corrompidas por ella todas las clases del Estado, pierden todas su verdadero prestigio, que consiste en el aprecio, y confianza de los pueblos, y solo conservan el prestigio de apariencia, o mejor dicho, el privilegio de usar los signos de condecoración, que ya han pasado a ser signos de ignominia. Los buenos se ruborizan de usarlos, pero se ven compelidos a hacerlo, y los malos tratan de sacar todo el partido que pueden de este vano esplendor, convencidos por el testimonio de su conciencia de que no tienen nada que esperar de parte del pueblo que los detesta. Queda, pues, desvirtuada la sociedad y reducida a un gran teatro en que diversas clases de farsantes ejecutan diversos papeles por el dinero que les pagan. En un teatro semejante, y no en una sociedad bien organizada, es donde puede presentarse con todo descaro y osadía el funesto despotismo; estando seguro de ser sufrido por la desconfianza que inspiran todas las clases, que son las bases del Estado, y así es que el pueblo no cree encontrar en ellas ningunos defensores de sus derechos; y por otra parte, se persuade que es imposible contrarrestar la acción de tantas y tan perversas corporaciones. Los verdaderos amantes del pueblo gimen al ver tanto engaño, mas no pueden remediarlo, pues para vivir en sociedad es menester pertenecer a cierta clase, o ser inútil, a menos que no se trate de un hombre extraordinario que por sí solo equivalga a una clase, o por lo menos que no necesite de ellas.

Esta es la razón por qué ningún sistema político, sea el que fuere, puede ser duradero en un pueblo semejante. Un sistema de gobierno es como un plano en arquitectura, que bien ejecutado forma un hermoso edificio; mas supone la solidez de las piedras, pues si éstas se deshacen la magnificencia de la obra solo sirve para hacer más espantosa su ruina. No hay duda que las instituciones políticas, y las leyes civiles sirven de protección y de estímulo, pero no bastan para consolidar los pueblos; antes son como los vestidos, que protegen el cuerpo y le libran de la intemperie, mas si está corrompido no pueden sanarlo. Una prudencia social, fruto de la moralidad y de la ilustración, es el verdadero apoyo de los sistemas y de las leyes, que en consecuencia adquieren todo su vigor contra los perversos. ¿Y quién será tan demente que espere hallar esta prudencia en una sociedad de impíos? No; jamás podrán tenerla, pues han socavado su fundamento, que es la virtud, y de aquí resulta que ningún sistema puede consolidarse por ello. Solo el despotismo puede establecerse con tales elementos, porque no es sistema sino barbarie; y así es que necesita de pícaros y de bárbaros y los halla en abundancia entre los impíos, que bajo diversas denominaciones inundan la sociedad.

¡Ah! mi Elpidio, qué lúgubres ideas excita en mi alma el tristísimo cuadro que he empezado a describir, y que no puedo continuar: la pluma se desliza de mi trémula mano y una nube de lágrimas empaña mis ojos... Mi imaginación me arrebata a regiones bien distantes y mi espíritu recorre campos inmensos cubiertos de tinieblas, que interrumpidas a veces por suaves destellos de una luz celestial descubren horrendos precipicios donde ya miles y miles perecieron, y otras tribus numerosas corren incautas a la misma suerte. ¡Oh! pueda esta luz divina esparcirse uniforme y constantemente sobre la superficie de la tierra; descúbranse estas simas espantosas, estas bocas por donde el infierno vomita sus furias sobre la tierra; reciban éstas la impresión de los rayos del Sol de justicia y retrocedan ciegas y confusas al tenebroso averno de donde salieron; véanse con toda claridad estos monstruos disfrazados, no se confundan por más tiempo con los seres perfectos a quienes vanamente imitan. ¡Oh, mi Elpidio! ¡Qué feliz sería la sociedad, si poniendo freno a las pasiones y obedeciendo a una ley divina, se guiasen los hombres por los sentimientos de justicia y de amor mutuo! Las diversas clases no serían entonces unos ejércitos que prueban sus fuerzas y emplean todos sus recursos para destruirse; sino por el contrario, serían unas familias numerosas y bien gobernadas, que siendo partes de un cuerpo social perfecto y noble, conservarían un mutuo interés y aprecio, como animadas por un mismo espíritu. Trataríase siempre de curar los males y no de aumentarlos con una hipócrita crueldad que toma el nombre de celo. No se destruirían los hombres por meros caprichos, antes como hermanos procurarían su conservación y el bien general de la gran familia. Desaparecerían las injustas pretensiones, los insultos, el desprecio, la sátira mordaz, la injuria y el denuesto. Huiría la envidia de la tierra y la discordia no se atrevería a asomar su horrible cabeza; la paz hija de la inocencia extendería su feliz reinado, y los hombres libres de inquietudes trabajarían de acuerdo en la promoción del bien social. Veríanse las ciencias y las artes cultivadas por almas que habiendo despejado las nubes de las preocupaciones, podrían percibir sus bellezas y apreciar sus tesoros. Encontrarían las flaquezas humanas, en vez de fieras que se prevalen de ellas para destruir al débil, encontrarían, sí, amado Elpidio, seres benéficos, en cuyos pechos excitarían una justa piedad y de quienes recibirían una dulce corrección y eficaz remedio. Aparecerían las virtudes, cesando el huracán de la soberbia, y bajo un cielo que publica la gloria de un Dios de clemencia, viviría una gran familia tranquila y contenta, uniendo su voz a la de esos astros obra de la omnipotencia y a la de los espíritus que viven ya seguros en la fuente del amor. Este sería un pueblo verdaderamente libre, ilustrado y dichoso; éste sería, para decirlo de una vez, un pueblo cristiano.

No es vana imaginación, no es un mero efecto de mis sentimientos religiosos; yo pongo la causa en las manos de los enemigos de mi creencia; yo constituyo juez a esa misma impiedad que tanto la odia y combate; mas, tal es la evidencia de los hechos, que de sus inicuos labios espero la más justa de las sentencias. Ábranse las páginas del Evangelio, de ese Sagrado Testamento del autor del Cristianismo, y cada palabra brotará mil virtudes y destruirá mil crímenes. Aun el incrédulo, que niega su origen divino, advierte que la caridad movió la pluma desde la primera hasta la última sílaba de este santo libro. Las pasiones no reciben en él la más ligera lisonja, antes son siempre refrenadas. Los hombres se presentan todos iguales, y sin derecho alguno; ni el más ligero pretexto para ser injusto; los vicios son corregidos sin consideración a las personas, y la naturaleza jamás aparece vejada, pero siempre dirigida. Foméntanse las buenas obras con premios y atérranse los vicios con castigos eternos. La franqueza y generosidad, el desprecio de los bienes temporales, la sincera amistad, el amor puro, la paz y la alegría, la obediencia sin bajeza y la superioridad sin orgullo, la ciencia con humildad, la riqueza sin avaricia, la pobreza sin envidia, el sufrimiento con heroísmo, la grandeza de alma, la elevación de ideas, en fin, todos los dones celestiales, brotan de este código divino. ¿Y no será el que conviene al pueblo feliz que yo había descrito? ¿Podrá haber un pueblo verdaderamente feliz sin este código de salud? No; es el único en su naturaleza y origen; no es la obra de los hombres, que no son dueños de la felicidad: viene de las manos del único ser que puede darla. El tirano se estremece al abrirlo, mas el hombre libre encuentra su placer en leerlo; el criminal se aterra y el justo se consuela con su vida; éste es el código, dice, de los hijos del cielo; éstas son las leyes de la ciudad de paz y de alegría; éste es fruto del árbol de la vida; éstas son las arras del más santo desposorio, en que una grey dichosa se une al más benéfico de los pastores, a cuyo lado descansa sin temor de los asaltos de lobos carniceros.

Varias veces he meditado, mi caro Elpidio, sobre la analogía entre la Iglesia Católica y las sociedades libres, y siempre he concluido que el Cristianismo y la libertad son inseparables; y que ésta, cuando se halla perseguida, solo encuentra refugio en los templos del Dios de los cristianos. En los umbrales de estos sagrados asilos quedan detenidas las obras del orgullo humano, y solo entra la obra de Dios-el hombre. Recibe, pues, la santa religión a todos sus hijos con igual afecto, concédeles las mismas prerrogativas, convídalos al mismo banquete y en nada se cuida de las distinciones, justas o injustas, que el mundo ha establecido entre ellos. Háblales con un lenguaje amoroso y al mismo tiempo severo, para reprenderles sus vicios y predicarles amor y justicia. Fórmase, pues, en el santo templo una junta celestial, en que reina una santa libertad unida a una justa sumisión, y aprenden los hombres a ser iguales sin dejar de ser diferentes, puesto que los ricos y los pobres, los sabios y los ignorantes, los poderosos y los débiles, y aun los mismos príncipes, unidos con sus vasallos, todos forman una familia, todos se consideran sujetos a las leyes y libres de opresión y de injusticia. La augusta madre de esta unánime familia despide a sus hijos con las bendiciones del cielo, recomendándoles la paz y la benevolencia, la mutua caridad, que más enérgica que las leyes, suple los defectos de éstas y conserva los pueblos en perfecta armonía. Incúlcales todos los deberes sociales y recomiéndales que jamás falten al amor mutuo; que lejos de perseguirse deben prestarse todo auxilio, como hijos del padre Celestial, que a todos ama, a todos sustenta y a todos protege. Díceles, en fin, que conserven fuera del santo recinto los cristianos sentimientos que en él han nutrido, y que volviendo al mundo no olviden que han vivido en el cielo. Sí, en el cielo, por la unión espiritual con el Dios del cielo, por las sublimes ideas y virtudes celestiales, que han recibido como don gratuito en la augusta Casa y ante el trono del Eterno.

Con tales sentimientos salen del santo templo los verdaderos cristianos, y si los conservasen, ¿crees, mi amigo, que podrían ser déspotas? ¿Crees que hollarían las leyes, infringirían los derechos, destruirían la paz y encenderían la guerra? Es, pues, evidente que el Cristianismo es irreconciliable con la tiranía y que toda sociedad verdaderamente cristiana es verdaderamente libre. Una nación cristiana forma un inmenso templo, cuya extensión no disminuye su regularidad, antes se aumenta el sagrado fuego del justo amor, aumentando el número de los seres virtuosos. La libertad nada teme cuando la virtud está segura; y el poder se ejerce con aprobación, y sin obstáculos, cuando la justicia y no la perversidad guía a los que mandan.

En vano procura la impiedad presentar planes espaciosos de sociedades quiméricas; en vano inunda el orbe de libros visionarios para suplir los benéficos efectos de la santa religión; la base es deleznable y el coloso social no puede cimentarse sobre ella. No hay sociedad perfecta sin amor perfecto, y el de los impíos jamás puede serlo. Depende la perfección del amor de la del objeto amado y de la constancia y manera del que ama; y solo hay un ser perfecto, que es Dios; solo un modo constante, que es la luz inalterable de la religión; y solo hay una manera justa de amar, y es refiriendo todo al Ser Supremo. ¿Podrá hacer esto la impiedad? Ella nos brinda con unos placeres muy pronto acibarados, con una ciencia muy pronto desmentida y con un ostentoso poder, que al soplo de virtud queda desvanecido, cual desaparece una densa nube a

51

la acción del contrario viento, sin dejar otra cosa que la memoria de su ridícula soberbia. No puede ser, no, el principio del amor justo y del bienestar de los hombres; no puede ser el fundamento de una sociedad libre, y solo puede nutrir las hidras sobre que descansa el detestable trono de la tiranía.

Interrumpamos estas serias reflexiones para divertirnos un poco recordando las monadas, los gestos y torneos de los sabios de tertulia, que tantas veces habrás observado. Figúrate uno de estos farsantes filosóficos entrando en una gran concurrencia, tan hinchado de orgullo, que éste lo eleva del suelo, que apenas toca ligeramente con la punta de un zapatito lustroso y ajustado; de manera que bien podría correr sobre frágiles cristales sin quebrarlos. La elegancia, compostura y aderezo de sus vestidos, sus rizados cabellos y los perfumes que exhala, indican el tiempo que ha empleado en el tocador; y sus miradas con estudio y misteriosas, sus pasos simétricos, y sus gestos y movimientos sistematizados acaban de completar los signos de la ligereza de su espíritu y de la ociosidad de su vida. No bien toma asiento cuando da a conocer que es todo un filósofo y un liberal de marca, y sin más garantías ni prueba que su dicho, asegura que no puede haber libertad mientras haya necios que crean en la religión y que ésta fue inventada para sostener el despotismo. Repite con afectado entusiasmo los nombres de algunos célebres impíos, mas no cita sus obras, pues ni aun éstas ha leído. Habla de las contradicciones de la Biblia, que jamás ha abierto, y declama contra clérigos y frailes ociosos, siendo él mismo un tipo de ociosidad. Ridiculiza a todo el mundo, sin advertir que él es un dechado del ridículo. Fijan los concurrentes la vista sobre este necio refinado, y él, tomando las burlas delicadas por justos elogios, continúa vomitando sublimes sandeces; y después de haber malgastado el tiempo, sale ufano del concurso, creyendo haber descubierto los arcanos de la más profunda filosofía y hecho un gran servicio a la causa de la libertad.

Si estos locos serio-gracioso-filosóficos fueran tratados como tales, poco importaría a la sociedad que continuasen en su delirio; mas, desgraciadamente, encuentran muchos tan tontos como ellos, aunque no tan vanos, que no perciben su demencia y siguen sus consejos, tomándolos por modelos. Yo los considero como los más eficaces agentes del despotismo, pues que no son sospechosos a sus incautos enemigos, si bien no se ocultan a los más expertos, que siendo en corto número, no pueden ser temibles. Son estos sabios figurines como los mosquitos, pues siendo débiles e insignificantes, consiguen con sus primeras picadas y suma petulancia inquietar una sociedad la más numerosa, e interrumpir los más útiles trabajos. Debemos, pues, espantarlos al soplo de una indiferencia y menosprecio, más nunca golpearlos por evitar sus picadas. A la segunda morisqueta político-religiosa que hagan, sin ser atendidos, desisten de la tercera, conociendo que es mala especulación. Bien sabes que estos camaleones políticos se mantienen del aire de la vanidad, y cuando ésta no encuentra pábulo, se retiran desconcertados. ¡Cuánto perderían los déspotas si tomasen otro oficio estos saltimbanquis eruditos! Solo es verdaderamente libre el que no puede ser esclavo, y esta prerrogativa solo conviene al virtuoso. Gózala, Elpidio, pues el Cielo te la ha dado para consuelo de los buenos y gloria de la Patria.

Carta Tercera. Causas de la impiedad

Investigando, querido amigo, las causas de la impiedad, creo poder reducirlas a dos clases bien distintas. Unas están en el corazón humano y otras son fruto del entendimiento.

Es el vicio como un cáncer que hace insensibles las partes de que se apodera, y de aquí la indiferencia con que oye el criminal los consejos de la sabiduría y lo poco que se cuida de los ejemplos de la virtud. Llegan sin embargo, a serle importunos y quiere verse libre de ellos, mas advirtiendo que es imposible conseguirlo sin destruir la religión, se declara su enemigo sin examinarla. No cree necesario este trabajo, pues se halla resuelto a no perder unos placeres que no pueden ser compensados por los sentimientos virtuosos, para los cuales falta, o es muy débil, su sensibilidad. El hábito de resistir los remordimientos llega a hacerlos mucho menos eficaces; y juzgando de su naturaleza por sus efectos, empieza el hombre a sospechar que su origen es quimérico. He aquí el primer paso a la impiedad.

Atrévese el vicioso a hacer frente a la virtud, que solo antes había desatendido, y su osadía lo conduce muy pronto al templo de una pomposa ignorancia que usurpa el nombre de filosofía. Hállanse en éste los ídolos que su corrompido corazón adora y que han tomado nombres sacrosantos, como para hacer un homenaje a la verdad en el mismo atentado del engaño. Llámase, Elpidio, «el templo de la razón», solo porque en él se halla aprisionada; y a su vista se ofrecen inciensos al monstruo de la impiedad, usurpador inicuo de su augusto trono. Muy pronto se ve el vicioso en el número de estos necios idólatras, y cree estarlo en el de los filósofos.

Desde este momento cesa de pensar y se entrega a un dogmatismo impío, solo por sacudir el religioso. La analogía entre sus nuevas ideas y los sentimientos de su corazón es un gran argumento en favor de aquéllas, y llegando el hombre a querer ser impío, consigue serlo. Empieza a desechar como malos pensamientos las ideas de religión, y teme entrar en su examen, por no exponerse a perder el delicioso estado en que se encuentra. Lo repito, mi caro Elpidio, es un dogmático impío, al par que ridiculiza los dogmas de la santa religión, y se halla encadenado por la impiedad como el creyente por la fe divina. Pero ¡qué diferencia entre estas cadenas! Un Ser infinitamente sabio y justo manifiesta sublimes verdades por signos indudables, por obras cuyo origen no puede ser el poder creado, y dada esta razón suficiente, exige una creencia la más racional por ser la más fundada. Desde este momento, no pueden presentarse sino evidentemente falsas las ideas contrarias a estas doctrinas evidentemente ciertas, y un hombre de sano juicio, un verdadero filósofo puede y debe creer sin repugnancia; considerándose más libre que nunca, pues lo está de caer en error, y adora la providencia de un Dios de bondad, que le advierte los precipicios en que hubiera perecido.

¡Qué distinta es la situación del impío! Niega, porque no comprende; y convencido por mil experiencias de que no puede comprenderlo todo y que es muy poco lo que entiende, su razón, a pesar suyo, clama y le avisa que es vano el fundamento de su incredulidad, y para mortificar su soberbia le recuerda que es ignorante. Quéjase de las trabas que pone a su entendimiento la religión benéfica, como un niño que se queja de la severidad de su cariñosa madre, que no le permite correr hacia un derriscadero; y para completar su demencia, consiente que la impiedad le prive de todo guía, y que entregado a sí mismo, le oscurezca con una nube de pasiones desarregladas y le invite a correr sin precaución. ¡Qué pesadísimas cadenas, mi amado Elpidio, las que agobian y fijan contra la tierra un espíritu emanación del cielo! En este miserable estado no puede el hombre percibir otros objetos que los terrenos, y llega a creer que son los únicos —porque la existencia se conoce por la acción— y no hay otros que la produzcan en su alma aprisionada. Concluye, pues, que es un absurdo el fingir seres que no dan signo alguno de su existencia y que es una lastimosa debilidad el llenarse de vanos temores, privándose de los placeres de la vida. Por infundado que sea este discurso, se presenta a su entendimiento como una demostración; y adquiere nuevo brío para continuar con toda confianza en la impiedad, que ha honrado con el nombre de ciencia. Quedan, por tanto, remachadas las cadenas, y el mísero ya no hace esfuerzo alguno para romperlas; antes las ama, para mayor desgracia.

Sin embargo, los destellos de la luz divina iluminan a veces esta oscura cárcel y sus horrores se presentan con toda claridad; pero no pudiendo sufrirla, los ojos del impío se cierran por debilidad que él llama naturaleza, y elevando la soberbia una nube de las más desarregladas pasiones restablece la amada oscuridad y vuelve con ella el funesto reposo. Forma entonces nuevos planes y toma nuevos recursos para impedir la entrada a esta luz importuna, que interrumpe el agradable sueño de sus placeres, y se declara enemigo de todo el que atente a introducirla. Sí, querido Elpidio, de aquí viene el odio que tienen los impíos a las personas religiosas, cuya existencia los alarma, al paso que las miran con el más alto desprecio. Creen que serían felices, si esta luz fatua de la religión dejase de perturbarlos, y si una multitud de ilusos no se empeñase en difundirla. Para engañarse a sí mismos de un modo más plausible, consideran como efecto de una mala educación y de los hábitos adquiridos desde la infancia, el descontento, y los remordimientos que a veces los agitan; y entrando en lucha con su corazón, hacen que fatigado ceda y se tranquilice. Bien conocen que no puede durar esta tranquilidad si no se evita la reflexión, y de ahí el empeño en distraerse y la vida ligera que pasan la mayor parte de estos pretendidos filósofos. Es preciso divertirse en la prisión y el medio es figurarse que no existe, sino que por el contrario es el alcázar de la libertad.

Sigamos los pasos de este infeliz esclavo de las pasiones, y nos compadeceremos más y más de su miserable situación. Adquiere una especie de irritabilidad, que es excitada por la más ligera causa, y de aquí proviene que su entendimiento jamás se halla en estado de discurrir con calma y acierto. Experimenta un furor continuo, que produce todo su efecto luego que no es mitigado por una ligereza y aun chocarrería la más ridícula; y como no le es posible conseguir sus fines, vive en un estado lastimoso. La obstinación toma el lugar de la prudencia, y de este modo, queda radicada la impiedad. No hay duda, Elpidio, este horrible crimen no se presenta con toda su deformidad a la vista del impío; porque éste se encuentra siempre en un estado brutal, que él llama filosófico, quiero decir, en una apatía fruto de la insensibilidad de que ya he hablado, o en una agitación frenética que le convierte en un loco respetado. Es, pues, un mármol, o una fiera, y por consiguiente, solo sirve, o para monumento de ignorancia, o para ejemplo de furia. Bien conoces que llegando a ser habituales aunque alternativamente interrumpidos estos lamentables estados del espíritu, deben alejar la piedad como también la ciencia.

Sin duda, me responderás que hay sabios impíos, y que por tanto mi observación es infundada. Examinemos este punto, mi caro amigo, y no me acuses de animosidad, pues mi alma está libre de ella, y poseída solo por un sentimiento de aprecio y compasión hacia una gran multitud de mis semejantes, que sufren la más peligrosa enfermedad, que es la que se presenta como un estado de salud perfecta. Sabes que una ciencia no es un conjunto de conocimientos varios, y aun opuestos, sin orden ni enlace; antes bien, debe formar un hermosísimo cuadro, donde la verdad está representada con colores vivos y durables, que causan gran placer sin atormentar la vista. Por este motivo no pertenecen a las ciencias las disputas, antes se suscitan por falta de ellas, y solo sirven como materiales brutos, puestos a prueba para ver si pueden usarse en el gran edificio. Recordando estas nociones, examina las obras de los impíos y verás que nada hay fijo sino la constante aserción de impiedad, como podría un loco repetir su tema. Observaras que no serán tan acordes entre sí, ni consigo mismos sobre ningún punto; que sus escritos son un tejido de disputas, o de negociaciones, signos evidentes de la ignorancia. La verdad, sin embargo, les viene a los labios, y con frecuencia dicen que nada se sabe, haciéndose tan ridículos como los antiguos pirrónicos.

De aquí resulta, mi amigo, la gran diferencia que se observa entre las obras de los impíos sobre ciencias naturales y las que tratan de religión. En aquéllas observarás más orden y solidez que en éstas, porque no tocan la tecla de la locura, y así dan tiempo a una tranquila meditación. Mas el hábito de delirar sobre materias religiosas, les hace perder mucho tiempo a los impíos, aun en las que no lo son, y así verás que entre los célebres filósofos y matemáticos se encuentran muy pocos impíos. Aunque ya es ridículo hablar de Voltaire, permíteme que lo cite para recordarte que pobre cosa es su Filosofía de Newton, sembrada de cuando en cuando de muy buenos disparates y sin contener nada que indique sino unos conocimientos muy superficiales en la materia. Los que han perdido el tiempo, y algo más, en la lectura de sus obras, no habrán encontrado cosa alguna que pruebe gran instrucción en las ciencias naturales, ni en otros ramos, sino literatura (no muy rica), y en el funestísimo de la difusión del pirronismo y de la impiedad.

No creas que es mi ánimo disminuir el aprecio en que tienen muchos las obras literarias de los impíos. Poco importa el engaño sobre esta materia y en cuanto a Voltaire, yo podría referirme al buen Pirrón, que era tan malo o peor que él; pero a quien, sin embargo, hizo un acto de justicia al despojarlo del fatuo esplendor que le adquirió su estudiada y violenta agudeza, y la redujo a la línea de los genios medianos, aunque en el rango de los más soberbios. Pero dejando aparte el mérito científico, real o fingido, de los que, por desgracia, son víctimas de la impiedad, me limitaré a observar que ella se radica por este mismo medio; cuya idea es siempre exagerada, en el entendimiento del impío, por los impulsos y deleites de una vana gloria. He aquí nuevas cadenas, he aquí, mi amigo, un obstáculo para la verdadera ilustración, que siempre es fruto de la imparcialidad. Nada gusta sino lo que aumenta este pretendido mérito, y como el hombre rara vez contempla con detenimiento los objetos que no le agradan, resulta necesariamente una aversión al estudio de las máximas religiosas y un deleite en los sofismas con que son impugnadas.

Da, pues, el impío un paso, el más imprudente, en la carrera de sus atentados, y se atreve a asegurarnos que solo hay placer en la impiedad y que son quiméricos los encantos de la virtud; que el bienestar de los hombres es irreconciliable con las privaciones que ha inventado la religión; y poco a poco va enajenándose, siguiendo estas ideas, hasta que, semejante a un sonámbulo, corre por todas partes sin advertir él mismo, ni tampoco los que le rodean, el sueño que le ocupa y las monstruosas imágenes que forma su extraviado entendimiento. Necesítase, pues, un gran estímulo para sacarle de este ridículo y lastimoso estado; y como no es posible encontrar este eficaz agente sino en la misma religión que él desprecia, llega su mal a ser incurable, por no consentir la aplicación del remedio.

En tan lamentables circunstancias suele producirse un efecto no menos perjudicial que la indiferencia o el furor: hablo, Elpidio, de la opresora tristeza. No ignoras el fatal influjo de esta pasión en la moral, y así no dudo que convendrás conmigo en que no puede avenirse con la verdadera piedad, que es la fuente más pura de alegría. Prodúcese la tristeza del impío no solo por la incertidumbre de su suerte, sino por la falta del que podemos llamar sustento del espíritu, esto es, la adquisición de la verdad. Llega a fastidiarse el incrédulo de sus mismas impiedades, y no se cree feliz porque no encuentra la verdad; sin que baste a satisfacerle el demostrar (allá, a su modo) que los otros no la han encontrado. Mas observa, Elpidio, la diferencia entre la tristeza que a veces asalta al justo y la que se apodera del impío, y conocerás claramente el origen de ambas.

   Cede el justo a uno de los afectos de la naturaleza humana y se entrega a la tristeza, pero solo para que le sirva de amparo y de barrera que le obligue a retroceder con más prontitud, y sin repugnancia, de los límites de la región del infortunio, que es el siglo corrompido, la deliciosa de la paz que es su corazón. Sí, mi amigo, parece que el alma del justo, disgustada por la horrorosa vista del crimen y del conjunto de las miserias humanas, retrocede, y conservando una santa firmeza vuelve inalterable a entregarse en los brazos de un Dios de consuelo, que jamás podrán robarle sus más encarnizados enemigos. Hállase el justo ratificado más que nunca en una santa alegría al ver que la conserva en medio de las tribulaciones; y que éstas son para su alma como los vestidos respecto del cuerpo, que pueden desfigurarle, mas no alterar su naturaleza, ni privarle de su robustez. Sirve para aumentar su impiedad, y como oprobio de la naturaleza, ratificarle en ella. Nada hay en su corazón que pueda consolarle, pues de él mismo provino la tristeza; el mundo nada le ofrece, y hallando por todas partes un gran vacío, fúndase en este hecho como en una prueba de experiencia, ratifícase en su idea, sin advertir su delirio, y cree que su impiedad es el resultado de una demostración más correcta. No se contenta ya con decir que ignora, no presenta ya dudas, sino que con un tono decisivo afirma que todos son unos fanáticos que viven de ficciones. He aquí radicada la impiedad por la tristeza.

   Otra fuente de impiedad es el placer que causan a un espíritu malévolo el sarcasmo y la invectiva. Como los objetos religiosos nada tienen de común con los mundanos, y se hallan además rodeados de una noche misteriosa, dan materia a un truhán para mil anécdotas, burlas y cuchufletas, que él mismo cree injustas, pero que le divierten sobremanera, y mucho más si percibe que han producido el efecto intentado. Llegan algunos a adquirir este hábito maligno, y a la manera de niños traviesos e incorregibles, no pierden ocasión de mortificar a los devotos con alguna mofa o calumnia ridícula. Suelen éstos corresponder también con burlas, que lejos de convencer al impío, solo sirven para exasperarlo; y he aquí un gran incentivo para la impiedad y un obstáculo casi insuperable para una justa libertad filosófica. Bien se echa de ver que esta clase de impíos lo son más por venganza que por sistema; pero, sin embargo, llegan a serles tan familiares estas ideas, que al fin las adoptan sin examinarlas. Encuéntranse siendo verdaderamente impíos habiendo empezado solo por ser chocarreros. La juventud propende mucho a esta clase de impiedad, por ser más análoga a su carácter, y así es que suelen algunos jóvenes corregirse de este vicio cuando llegan a edad de más reflexión. Sin embargo, estos casos no son muy comunes, y regularmente se observa que el hábito de la impiedad, que no puede tener otro nombre, continúa produciendo sus funestos efectos toda la vida, a menos que por un extraordinario efecto de la divina gracia no se produzca una conversión, la más difícil, por ser la más radicada enfermedad.

Entremos en la consideración de otro género de causas de impiedad, que podremos llamar ideológicas, porque están en el entendimiento, y solo producen en el corazón una dureza para recibir los sentimientos religiosos, mas no un afecto a los criminales de otra clase. Por lo regular, todos los impíos son inmorales; mas a veces se observa el extraordinario fenómeno de hombres de una vida arreglada, o no escandalosa por lo menos, que, sin embargo, son irreligiosos. Estos ejemplos son funestísimos y acaso producen más daños que las relaciones de otros impíos pues sirven de escudo al crimen que pretende siempre defenderse y probar que no es causa de la impiedad. ¡Qué horrendo es este monstruo, cuando hasta el mismo crimen se sonroja de haberle dado el ser, y finge desconocerlo! Advierte, querido Elpidio, que en el sistema moral hay dos especies de influjos, que a la manera de los vientos dan diversa dirección a los afectos. Cuando tienen por causa la sensibilidad y empiezan en el corazón del que se apoderan, aunque son hechuras, levantan una nube que oscurece el entendimiento, quedando ellos perfectamente libres para impeler al hombre a que se entregue a los placeres criminales, y he aquí formado un impío disoluto. Mas otras veces empieza la impiedad por combinaciones de ideas antes de haberse producido, o por lo menos radicado afecto alguno, y entonces causan un alucinamiento que impide percibir las cosas abstractas y los seres espirituales; mas no los materiales, ni aquellos principios que podemos llamar de moral pública, sostenidos no solo por las leyes, sino por la opinión. Hallándose aún libre de fuertes pasiones, puede el espíritu gobernarse en cuanto a lo que percibe, mas no puede respecto de lo que no alcanza, ni a lo que erróneamente ha establecido como verdad indudable. Resulta, pues, una impiedad acompañada de cierta justicia social y de un honor que se resiente del más leve ataque y aun del más ligero desdén de la opinión pública. Estos impíos son creyentes prácticos sin advertirlo y nunca se han despojado de unos sentimientos que, sin las ideas religiosas, serían unas honradas simplezas; pues, como ya he anotado en mi carta anterior, el hombre que sin creer se sujeta a los mandatos de la opinión y de la virtud, pudiendo infringirlos impunemente, es un necio el más ridículo; puesto que entrega él mismo a sus enemigos las armas con que deben destruirlo, quiero decir, los medios de convencerle de su necesidad, si sus sentimientos son ingenuos, o de su perfidia si son fingidos.

Mas, ¿cuáles son, me dirás, esas combinaciones de ideas que conducen a la impiedad? Todas las que forman un sistema religioso. La religión, amado Elpidio, no es un sistema, porque no es obra del hombre, y aunque es cierto que puede sistematizarse, no lo es que se pueda sujetar necesariamente a estos planes puramente humanos. Los dogmas no se derivan unos de otros como las verdades geométricas y no se pueden establecer principios cuya aplicación nos descubra los misterios. Adviértese solamente una conveniencia entre los dogmas, que basta para probar que no hay repugnancia entre ellos, pero nunca se puede llegar a su demostración por medios puramente naturales. Sabida, por ejemplo, la existencia de Dios, no puede inferirse la idea de la Trinidad, y conocida ésta, tampoco se puede inferir la idea de la Encarnación, ni dada esa idea se puede deducir la de los Sacramentos. Parece, mi caro Elpidio, que siendo la religión una parte de la ciencia divina no es discursiva, pues sabes muy bien que teniendo Dios todas las cosas presentes, no discurre, lo cual es solo propio de las criaturas que ignoran y así necesitan aprender deduciendo unas verdades de otras. En el hombre no puede formar la religión una ciencia de evidencia como en Dios; solo tiene la certeza y carácter científico el más sublime, por la evidencia de la infalibilidad del principio de que procede. Resulta, pues, que respecto de nosotros la religión es un conjunto de hechos y nada más. Por consiguiente, la formación de sistemas religiosos es obra puramente humana, y cuando se pretende darle el carácter divino induce a la infidelidad, por hallarse frecuentemente en contradicción abierta con los hechos. Corre esta religión humana el riesgo de todos los sistemas, y ya sabes que no hay uno libre de graves dificultades. La verdadera religión no admite duda o disputa alguna; pues si no se cree en Dios, no hay que hablar de religión, y si se cree en Dios no hay que hablar de dudas. Siempre he dicho que los infieles que no son ateos son unos tontos y que los ateos son unos brutos. Esta tontería y esta brutalidad no son muy perceptibles para los míseros que padecen tantos males, porque su objeto no es sujeta a los sentidos, y no tiene término de comparación. De aquí resulta la gran dificultad de convencer a uno de estos impíos que podremos llamar morales, por no hallarse encenagados en los vicios groseros y perceptibles que degradan a otros incrédulos. Empiezan por alucinarse creyendo que su buena moral es indicio de la rectitud de sus principios y tienen por efecto de preocupación o de una ridícula animosidad cuantos esfuerzos se hacen para convencerlos. El impío corrompido tiene un estímulo continuo para salir de su impiedad por el testimonio de su conciencia y la fuerza de los argumentos sensibles que se oponen a su conducta; pero el que solo comete un error intelectual, es un enfermo mucho más grave, porque nada puede excitarlo.

No advierten los incrédulos, querido amigo, que si la religión pudiese ser el fruto de sus discursos, no podría tener más autoridad que la suya; la cual a ellos mismos no les satisface; y que la prueba más evidente del divino origen de nuestro dogma es esa misma incomprensibilidad de que tanto se lamentan.

Observa, Elpidio, que entre estos impíos dotados de virtudes cívicas, hay unos que solo dicen que no pueden creer, mas no atinan ellos mismos a dar la razón de su incredulidad; pero hay otros que presentan infinitas dificultades y tienen a la mano mil respuestas a todos los argumentos en favor de la religión. La diferencia de esta conducta prueba la diversidad de su causa. Niegan unos porque no perciben y otros porque han formado ideas erróneas; pero en ambos casos proviene el mal de una equivocación funestísima que consiste en suponer que no se debe afirmar lo que no se puede percibir con toda claridad, y que por consiguiente la misma naturaleza del misterio induce a negar su existencia, o por lo menos a un prudente escepticismo. ¡Cuántos males ha causado este raciocinio al parecer tan fundado, y qué absurdo es si lo analizamos con imparcialidad! Reflexiona, querido amigo, y verás que es un sofisma el más ridículo.

No hay duda que solo se debe afirmar lo que se percibe, ni podría el hombre hacer otra cosa aunque quisiera, a menos que no hablase como un delirante, sin saber lo que dice; pero esta verdad innegable se aplica malamente cuando se refiere a la naturaleza de los misterios y no a su existencia. Percibe el entendimiento la posibilidad de unos hechos superiores a su capacidad, y después también percibe la existencia de tales hechos convencidos por pruebas que percibe claramente; y así es que nunca afirma sino lo que sabe; mas, en cuanto a la naturaleza del objeto incomprensible, nada afirma como fruto de su estudio; por el contrario, confiesa su incapacidad. He aquí cómo todo proviene de una equivocación en aplicar un principio el más sólido, pero que, por la misma razón, alucina mucho más y es causa de errores más perniciosos.

Nos convenceremos mucho más de estas verdades si observamos que, de hecho, hasta los mismos incrédulos admiten misterios, aunque de distinta naturaleza. El argumento que voy a proponer es bien común pero muy poco meditado, y en consecuencia han dicho los impíos que no es más que un refugio de la religión para escaparse de ser puesta en claro por la brillante luz de la filosofía. De este modo, se han esparcido las más densas tinieblas, bajo el pretexto de difundir la ilustración y rectificar la moral. Sean, pues, el buen sentido y la imparcialidad los jueces, y yo no dudo que convencerán a un verdadero filósofo las siguientes reflexiones.

El hombre es un misterio para sí mismo, y si quiere ser ingenuo debe confesar que no se conoce, ni sabe cómo existe ni cómo opera. Si, a causa de esta ignorancia, se atreve a negar los hechos, esto es, a negarse a sí mismo, forma entonces un nuevo misterio, pues tal es un pirrónico, cuya posibilidad no comprende el entendimiento y cuya existencia no se creería si no la testificase la historia. Negar que existe la verdad es confesar que existe, y como no te disgustan las autoridades de los Santos padres, citaré al incomparable San Agustín, que expresa este sublime pensamiento con su acostumbrada decisión y solidez. «Supongamos, dice, que la verdad no existe, ¿no será cierto que no existe? Pero esto no puede ser verdadero si no existe la verdad. Luego la verdad siempre existe.»(Lib. II, Soliloq., c. 2.) Efectivamente, querido Elpidio, el pirronismo es mayor misterio que todos los que nos rodean en el orden de los seres materiales y en el mundo moral; solo una falta de reflexión puede autorizarlo. Resulta, pues, que ora crea el hombre, ora niega, siempre admite un misterio en cada una de sus operaciones intelectuales, que bien analizadas le conducen con claridad, hasta cierto punto; mas parece que pasados los límites de la comprensión humana, luego que entra en la región de lo infinito, se encuentra a oscuras, porque la débil luz de la naturaleza no alcanza a iluminar aquellas dilatadísimas regiones. ¿Por qué, pues, tanta resistencia de parte de los impíos contra la misión de los misterios religiosos? El mismo San Agustín da la razón de este fenómeno, que consiste en ser los portentos de la naturaleza más comunes que los de la religión, aunque no menos incomprensibles. Llega el espíritu a creer fácil lo que percibe con frecuencia, y la novedad de un misterio es el mayor obstáculo para su creencia.

Es, por tanto, la impiedad, en muchos casos, un efecto lamentable de la mala aplicación de un principio y de erróneas combinaciones ideológicas. Un entendimiento verdaderamente ilustrado no tarda mucho en salir de tan funesto estado luego que se entrega a la meditación; pero los necios suelen confundirse mucho más y radicarse en sus errores mientras más reflexionan. Esto me indujo a escribir en otra ocasión que el sabio es como el Sol que ayuda a disipar las nubes que por un momento se oscurecen. Nada hay más temible que un ignorante con pretensiones de filósofo en materia de religión, bien que en todos casos los semisabios son bichos muy perjudiciales. Una ignorancia completa, si está unida a una laudable y juiciosa humildad, es una predisposición para admitir verdades sublimes, que el Ser Supremo se digna comunicar a los hombres haciéndolos depositarios, y no dueños, y menos autores, de tan inestimable tesoro; pero una ciencia humilde no solo predispone a recibir este divino influjo, sino que ayuda a conservarlo. Como propio de las ciencias naturales, repiten, muchos que las ignoran, que ellas conducen a la incredulidad; siendo así que no habría incrédulos si todos fueran filósofos. Medita sobre este punto, mi amado Elpidio, y verás que no me engaño, y para que sepas cómo pienso sobre esta materia, haré algunas ligeras indicaciones.

Hay unas ciencias naturales que propiamente no merecen este nombre sino en cuanto a la aplicación que en ellas se hace de otras ciencias; y tales son la mineralogía, la zoología y la botánica, que solo sirve para presentarnos una colección de portentos de la naturaleza. ¿Y cuál puede ser el resultado? Conocer mucho más la sabiduría y omnipotencia de su autor y prepararnos para admitir otros muchos hechos incomprensibles, siempre que se pruebe que tienen la misma causa. He aquí evidente que estas ciencias lejos de perjudicar favorecen la religión. Hay otras ciencias, cuyo objeto es la cantidad y están comprendidas bajo el nombre genérico de matemáticas; y éstas, por la solidez y claridad de sus demostraciones, alejan todo sofisma de nuestro entendimiento, y nos hacen percibir la gran potencia de los seres y la infinita de su causa, dándose de este modo continuas lecciones de religión; pues no son otra cosa que pruebas evidentes de nuestra impotencia, comparadas con la acción de la naturaleza y la demostración de la infinita sabiduría en los movimientos que tan armoniosamente dirigen el gran sistema del Universo. ¿Qué puede haber en tan sublimes cálculos y en un estudio tan profundo que se oponga a la creencia religiosa? Podrá haber mucho contra la ridícula superstición, pero esto prueba que el estudio de estas ciencias, lejos de formar incrédulos, rectifica los creyentes.

En cuanto a la física y la química, es preciso ser muy ignorante en ellas para atreverse a sospechar que puedan servir de apoyo a la incredulidad. Estas ciencias ponen al hombre en un verdadero contacto con la naturaleza y le dan a conocer de un modo evidente que su ciencia no solo es limitada, sino contraída a una mera historia de los hechos, si bien algunos de ellos se presentan como principios de otros. Las verdaderas causas, quiero decir, las primarias, nos son desconocidas, y así es que hablando con ingenuidad nadie está más dispuesto a admitir misterios que el físico y el químico; que por estudio y convencimiento saben que estos arcanos incomprensibles, pero innegables, son mucho más comunes de lo que el vulgo se persuade. La expresión de los impíos «no lo admito porque no lo comprendo», no puede salir de los labios de un físico o de un químico ilustrado, sin que inmediatamente su corazón le arguya de falacia y su entendimiento le convenza de error; y así es que jamás han intentado los impíos presentar prueba alguna deducida de dicha ciencia.

Lo más notable, y no sé si diga lo más ridículo, es que para atacar los misterios se ocurre a otros misterios, convirtiéndose el ataque en una verdadera defensa; y para censurar a los que creen sin entender, se presentan los impíos con la misma creencia, aunque tiene diverso objeto. Repara, mi amigo, que no cesan de ponderar los infinitos medios de la naturaleza y sus incomprensibles arcanos, en los cuales pretenden se hallan encerrados todos los defectos que la religión atribuye a un orden sobrenatural. Jamás prometen abrir estos arcanos ni se atreven a decirnos que los han abierto y visto en ellos los efectos que examinan. Creen, pues, ciegamente, por la convicción en que están del gran poder de la naturaleza; creen, pues, fundados en la manifestación que suponen haber hecho ésta de su gran potencia; creen, mi Elpidio, fundados en una que podremos llamar autoridad natural los que no quieren admitir la divina. Sí, lo repito, son unos verdaderos creyentes, aunque no religiosos.

Pero, cómo, me dirás, ¿cómo pueden conciliarse estas doctrinas con la experiencia de tantos impíos dotados de unos profundos conocimientos de las ciencias naturales? Podría responderse con otra pregunta, esto es, ¿cómo puede sostenerse que las ciencias naturales forman los impíos, habiendo tantos piadosos eminentes en ellas? Sin embargo, quiero dar una respuesta directa, haciéndote observar que esos sabios impíos no dicen, y si lo dicen no prueban, que su ciencia los ha inducido a la incredulidad. No hay duda que un entendimiento ejercitado y brillante tiene una inclinación continua a operar, y a veces corre gran peligro; mas no proviene esta desgracia de las facultades intelectuales, sino de su abuso. Por lo regular, todos los asesinos se hallan en perfecta salud y robustez, y apenas podrá contarse un hombre débil que tome el puñal para detener a un caminante. ¿Se dirá, por esto, que la robustez forma los asesinos? ¿No será más justo decir que el asesino abusa de este precioso don que debía emplear para bien suyo y de sus semejantes? Lo mismo debemos discurrir acerca de las facultades del espíritu y las fuerzas de que éste abusa empleándolas contra la verdad; nunca podrá decirse que son la causa de un crimen tan enorme.

Está, pues, demostrado que la impiedad que proviene del entendimiento sin presuponer la malicia del corazón es un efecto de combinaciones de ideas inexactas, ya provenga este error de falta de atención, o de un lamentable alucinamiento; y que los impíos que presumen de serlo, en consecuencia de dilatadas y profundas reflexiones, son unos locos filosóficos, que habiendo repetido su tema por muchos años, llegan a persuadirse que tienen en su favor la experiencia y tratan de bisoños e inexpertos a todos los que no ven como ellos, ni quieren aprobar su manía. Siempre se ha dicho que Cervantes escribió una obra adaptada a todos tiempos y condiciones, si bien tomó por objeto la caballería andante; y créeme, amigo mío, que cada vez estoy más persuadido de que este elogio es muy justo y que aquel genio extraordinario consideró al hombre en todas sus condiciones. Tenemos reyes Quijotes, taberneros Quijotes y filósofos Quijotes, que por más que salgan estropeados, apaleados y chasqueados, jamás desisten de su rara locura, ni dejan el tono magistral y ridículo a que están habituados.

La impiedad, como todos los monstruos del abismo, no puede vivir en una atmósfera pura y tiene por pasto la ignorancia. Purifíquense las costumbres, difúndase la ilustración, destrúyanse los errores y desaparecerán los impíos, o quedarán reducidos a un corto número, que en nada podrá perjudicar a la sociedad, ni afearla con sus deformidades. Vendrían a ser como algunas yerbas secas esparcidas acá y allá en un florido jardín, que ni siquiera se notan, y si por casualidad se descubren no alteran la agradable impresión que ha producido en nuestra alma el gran conjunto. ¡Qué estado tan feliz el de un pueblo moral e instruido! ¡Qué paz tan inalterable! ¡Qué amistad tan justa! ¡Qué unión tan firme! ¡Ah! mi caro Elpidio. Si yo viese a la horrible impiedad, que acosada por la ciencia y la virtud, corría a esconderse en las cavernas infernales de donde ha salido, tendría, por efecto de la misericordia divina, el privarme de la vida, para no exponerme a perder tanta felicidad si por desgracia volviese este espantoso aborto del Averno.

Privado de tanta dicha, consuélame sin embargo el escribir a un amigo, que libre del común contagio, percibe las bellezas de la santa religión y el alucinamiento de sus impugnadores; a un amigo a quien consagro, con esta carta, mi más tierno afecto.

Carta Cuarta. Extensión de la impiedad. Modo de tratar los impíos

Cubre la tierra, mi amado Elpidio, cual sombra funesta la ominosa y pérfida impiedad, que diseminada por todas partes corrompe, destruye y aniquila a los míseros que la abrigan; y el gran número de las víctimas, es un signo del gran poder que las sacrifica. No hay clase ni condición que se vea libre de ella, no hay lugar ni tiempo en que no ejerza sus crueldades, no hay objeto que la distraiga, ni barrera que la detenga; todo lo desprecia, todo lo ultraja, todo lo derroca, todo lo holla; y bárbara, indómita, atrevida e insolente blasona de sus triunfos sobre la virtud, la ciencia y la religión, que atadas a su detestable carro gimen sobre un suelo, que en vano han procurado colmar de beneficios. Ya en mis cartas anteriores he hecho ver las causas y efectos de este cáncer de la sociedad, y ahora me propongo manifestarte su extensión. Gradúanla muchos por el número de los charlatanes que no siendo capaces de hacerse notables de otro modo, han adoptado el de presentarse como impíos; mas este cálculo es muy equivocado, pues ni estos miserables forman todos el número y muchos de ellos acaso no pertenecen a él sino en apariencia. Son más débiles que depravados, y en los momentos en que se olvidan del papel que quieren representar, dan indicios bien patentes de su farsa. Otros computan la extensión de la impiedad por el número de las obras que la promueven; y este cómputo sería correcto si la mitad de esas obras no fuese un fruto de la codicia, y a veces del hambre, y no de la convicción del entendimiento. Creo que sabrás, mi amigo, que en Francia (nación famosa por cuanto hay de grande y cuanto hay de ridículo), hace mucho tiempo que el oficio de escritor es como el de carpintero, que está a las órdenes del que quiera emplearlo para hacer la pieza que le pidan, sin averiguar otra cosa que el precio que debe pagarse. Muchos de estos escritores componen una novena piadosísima para una sociedad religiosa y enseguida el libro más impío por orden de un librero, que acaso imprime por su cuenta ambas obras como objeto de mera especulación. Yo no ignoraba estos hechos, mas tuve un comprobante de ellos por informe de nuestro común amigo..., quien tuvo en sus manos una de estas novenas y supo su autor por el mismo librero que la vendía.

Bien sé que esta misma facilidad en hablar contra la religión, esta indiferencia a escribir en favor o en contra de ella, y el mismo interés que encuentran los especuladores en publicar las obras impías, prueban que sus sentimientos de piedad se hallan extinguidos; y si no tomásemos en consideración otras razones, yo también diría que el juicio es exactísimo; pero yo distinguiré siempre los frutos de la necesidad, de los que provienen de un estado habitual del espíritu. Si se habla de una impiedad bien podremos llamar chocarrería, yo convengo con los que así piensan; y también confieso, aun hablando de la impiedad formal, o una verdadera e ingenua admisión de los principios irreligiosos; mas debo, en honor del género humano, asegurar que no es tan común como se pretende. Repito que la impiedad se halla en todas las clases, y esto hace que se presente con un poder exagerado; repito que por todas partes se notan sus estragos, y esto hace creer a muchos que su acción es general; pero advierte, mi caro Elpidio, que siempre ha sido una desgracia y una fortuna de las clases el que se las apropie una denominación buena o mala por la conducta de un gran número; que, sin embargo, es insignificante respecto a la totalidad.

Ya en primera carta procuraré llamar tu atención sobre este punto, considerando como un ardid de los déspotas el exagerar los progresos de la impiedad, que siendo reales, en mucha parte dan fundamento a la ficción que sirve a un gran interés de la política. ¿Dirías que hay muchos virtuosos donde hay muchos que fingen serlo? Pues lo mismo debes decir que hay muchos impíos donde hay muchos que se presentan como tales. No ignoro que la piedad se pierde por el mero hecho de hacer ostentación de ser impío, mas esto debe entenderse de moralidad, que no puede ser justa siendo perversa, pero no del estado de entendimiento. He aquí por qué, contra mi costumbre, te he recordado los dos términos escolásticos de impiedad formal y material, pues seguramente explican con toda exactitud este asunto. Los impíos por convicción, aunque errónea, y que más bien puede llamarse alucinamiento, no dejan de serlo con facilidad, antes es preciso vencerlos; mas los títeres de moda bailan de cualquier manera y son represibles más en su conducta que en sus ideas. Sabido es que la menor duda admitida con obstinación por nuestro entendimiento acerca de un dogma constituye un hereje, y en cuanto a la vida eterna, produce los mismos efectos que la negación más completa de una verdad revelada; pero es innegable que la impiedad no está radicada cuando el entendimiento aun no confía en sus dictámenes y admite, siquiera como posible, la existencia de los misterios.

Resulta, pues, de estas observaciones, que los impíos obstinados no son tan numerosos como tímida o astutamente se quiera suponer; puesto que la mayor parte de ellos son especuladores, que no tratarían de reprimir los sentimientos religiosos de su corazón, antes procurarían fomentarlos si encontrasen en éstos interés. La corrupción de todas las clases de la sociedad suele afectar de tal manera la mente de los devotos, que la consideran como un enfermo desahuciado, y acaso como un moribundo, que ya no da esperanza y solo puede ser objeto del llanto. ¡Cuántos males se derivan de estas ideas! Trátase ya, no de atraer, sino de evitar los impíos; no de curarlos sino de abandonarlos en su grave enfermedad, que justamente consideran muy contagiosa. En consecuencia, se aumenta el número de ellos, porque se consideran invencibles, o porque considerándose como otro bando o partido, que se supone ya muy extenso, incita mucho más a los especuladores a desear ser miembros de tan potente familia. Yo hablo por observaciones que he hecho y no por meras teorías. Me consta, Elpidio, que uno de los medios de que se vale la impiedad para extenderse es suponer que ya está muy extendida. Sin duda, percibirás que este ardid es practicado por todos los partidos, ya políticos, ya religiosos; que produce gran efecto por la natural propensión que tienen los hombres a reunirse, la cual los induce a querer formar parte de las grandes sociedades; a menos que no se presente un interés contrario, que en materias religiosas no puede haberlo, según las ideas mundanas.

No es posible enumerar, ni aun aproximadamente, los impíos, porque no tienen templo ni distintivo alguno: es un ejército sin bandera, ni uniforme, ni divisa alguna, y solo se hace notable por los males que acá y allá produce en la sociedad. Vienen a ser como las guerrillas, cuyo número y operaciones nunca puede determinarse; y así, a veces, se supone un territorio inundado de ellas, cuando solo unas pocas lo recorren. De aquí proviene la gran ansiedad que causan en los buenos estos enemigos de la virtud, pues la suponen asaltada por todas partes, y efectivamente lo está; porque es universal el contagio, en cuanto a que se observa en todas las clases y en todos los países. Si los hombres se persuadiesen de que este mal tan formidable puede curarse y que su incremento se debe a la apatía de los buenos, verías, mi amigo, disminuida considerablemente, si no extinguida, la impiedad.

¿Cómo deben, pues, tratarse los impíos? Según las máximas del Evangelio. Con caridad y dulzura y al mismo tiempo con firmeza. Esta debe manifestarse, no por medio de persecuciones —que la razón y la experiencia prueban que solo sirven para encender más el fuego devorador de la impiedad— sino por un carácter noble y decidido de parte de los creyentes; por un santo menosprecio de los asaltos de este monstruo, por un valor cristiano, que lejos de irritar al enemigo le atrae y le encadena con los vínculos del respeto, del aprecio y de la consideración. Los que no pueden atraerse de este modo, es preciso dejarlos a su suerte; aunque siempre debe continuarse en el mismo plan de curación, y si se pierden, será culpa suya. Pidamos a Dios que con su misericordia mueva sus empedernidos corazones, y en cuanto a nosotros estemos satisfechos por haber llenado nuestro deber, aunque sin fruto; y si al fin se los lleva el diablo, cree, mi Elpidio, que no se llevará nada ajeno.

Nada más opuesto a la conversión que el insulto, y desgraciadamente lo vemos practicado por hombres muy piadosos, cuando se trata de atacar a los impíos. Suelen ponerse en ridículo imitando a sus enemigos en la truhanería y creen que haciendo reír un poco a los que no dudan de la verdad de la religión, convencen a los que la niegan. Este es un medio antievangélico que solo sirve para satisfacer pasiones humanas, y tomar venganza de insultos recibidos. No ignoro que algunos tienen muy diverso motivo y que solo intentan hacer bien, pero, sin duda, se equivocan en los medios. La ligereza en creer cuanto se dice, siempre que sea contra las personas a quienes se quiere impugnar, es un defecto en que incurren los piadosos no menos que los impíos; y cuando se llega a probar una equivocación, pierden toda su fuerza los argumentos más sólidos y dan franca salida al enemigo. Esta palabra me recuerda una doctrina de San Agustín, que si la tuviesen presente todos los que se ven precisados a lidiar con impíos, evitarían muchos malos ratos y podrían hacer mucho en favor de la religión. «Distíngase "dice este Santo padre" en el criminal la obra de Dios y la obra del Diablo; el hombre es obra de Aquél, y el pecado de éste. Amemos, pues, al hombre y aborrezcamos el crimen.»En ningún caso se debe, mi Elpidio, se debe odiar a ninguna de las obras del Ser Supremo; y así los impíos deben tratarse como a hermanos que tienen la desgracia de sufrir una enfermedad espiritual, o mejor dicho una muerte, y solo la gracia puede traerles a la vida, que debe ser todo nuestro interés y anhelo.

Toda la personalidad es un obstáculo a la convicción, y así es que las disputas privadas, en que casi nunca deja de ofenderse a individuos determinados, rara vez producen buen efecto y por lo regular dan origen a innumerables males. Cuando se ataca el vicio sin determinar los viciosos, ninguno quiere ser contado en este número, y nadie se da por ofendido. Del mismo modo, si se ataca una clase haciendo distinción de los que en ella no merecen sino elogios, no hay uno que no pretende pertenecer a este número, y todos dan signos de contento (unos en realidad y otros fingidamente) por el justo castigo que la opinión impone a los criminales; pero si el ataque es universal y sin distinción, o individual y marcado, seguramente exaspera y no produce otro afecto que la obstinación. Esta doctrina debe aplicarse a toda clase de disputas y en todos los casos en que chocan entre sí los intereses sociales, pero mucho más en materia de religión. Es muy difícil que el hombre que sufre en una visita un desaire, un desdén, y aun a veces un desprecio, solo porque es impío, no salga más resuelto a continuar en su impiedad; que acaso hubiera abominado si en vez de esta rudeza hubiera recibido un tratamiento cortés y caritativo. Yo sé muy bien que debe evitarse el trato con los impíos, y ojalá esta doctrina se llevase a efecto; mas debe contenerse en su impiedad, mas no en las relaciones sociales, que jamás deben interrumpirse con groserías. Enhorabuena que se evite aun el trato social con semejante clase de gentes, porque rara vez puede tenerse sin peligro de ser mortificados por sus majaderías, si no corrompidos por su inmoralidad; pero cuando es preciso tratarlos, o cuando por casualidad se reúnen con los creyentes, deben éstos tratarlos como hombres, y si lo merecen, como caballeros; y nada hay más ridículo ni más contrario al espíritu del Evangelio, que el mortificar a un individuo en sociedad cuando no da motivo alguno. Verdad es que San Pablo nos dice que ni siquiera debemos comer con ellos, pero esto se entiende, si hay peligro de ser pervertidos; como lo había respecto de los fieles a quienes escribía el apóstol, y cuando se aspira a su familiaridad, que siempre es causa de un hábito vicioso.

Si un impío pretende propagar su impiedad pierde todo derecho al sufrimiento de parte de los creyentes, quienes autorizados para oponerse a sus depravadas intenciones, esto pueden hacerlo, o dejando su compañía, o advirtiéndole su error, o castigándole con un justo desprecio. El primer modo es el más acertado, pero no siempre es posible, y en tal caso, respecto de las personas poco instruidas, el tercer medio es el más conveniente. Ningún castigo puede dárseles ni más severo, ni más adecuado. No hay cosa que tanto mortifique a un impío como el silencio, si va acompañado de ciertos signos que no le permitan equivocarse, creyendo que es efecto de convicción o de falta de razones con que rebatir sus argumentos, o mejor dicho, sus vagas aserciones, pues ya sabe que a esto se reducen todas sus disputas. Hablo por experiencia, y acaso habrá pocos que la tengan tan dilatada en esta materia. Mi profesión y los diversos incidentes de mi vida, que no te son desconocidos, me han puesto en contacto con toda clase de personas, por muchos años, y puedo decirte que he tratado los mayores impíos y los mayores fanáticos. Después de muy serias reflexiones, he adoptado el plan de no contes-tarles sino con cierta expresión del semblante y con una u otra sonrisa acompañada de vagos monosílabos, que les indiquen claramente lo mucho que podría decirles si no los considerase incapaces de una discusión franca e imparcial, y si no conociese sus miras. He procurado siempre indicarles mi respeto y consideración a sus personas, mi buena amistad y mi condescendencia hasta donde he podido llevarla, sin comprometer mis principios. De este modo, créeme, Elpidio, les he dado mucho que pensar, y acaso he producido más efecto que si abiertamente hubiese entrado en disputas interminables, porque se establecen con este intento, y las pasiones siempre encuentran medios de conseguirlo. Puedo decirte, que a veces han hecho varios impíos un esfuerzo para despreciarme, y no han podido. Su semblante me daba a entender que su corazón era mío, y yo contento con esta propiedad no me cuidaba mucho de sus delirios. En estos casos, siempre he recordado un consejo y una comparación admirable de San Agustín. Si nos aproximamos al lecho de un hombre agitado por una fiebre intensa y que acaso delira, nos recibirá tal vez con aspereza, despreciará nuestros consejos y puede que hasta nos tire a la cara la medicina que le ofrecemos: mas sería muy necio el que se ofendiese por estas acciones y abandonase al paciente. ¿Y por qué? Porque está enfermo. Pues bien, nos dice el Santo padre, todos los pecadores están gravemente enfermos.

Me dirás que el silencio no puede ilustrar, y que más bien sirve para que se radiquen los errores no siendo rebatidos. Te equivocas, mi amigo, si así piensas. Verdad es que el silencio nada explica, pero no es tan inerte como parece. La impiedad proviene, como he manifestado en mis cartas anteriores, o de corrupción o de alucinamiento; y en ambos casos un prudente silencio sirve de antídoto, porque demuestra al perverso que le conocemos y que por prudencia y caridad no le despreciamos; y al iluso que sus raciocinios son tan infundados, que ni merecen respuesta; lo cual es un estímulo para que los examine con más detención y se convenza a sí mismo, que es el más sólido convencimiento. No debemos perder de vista que la mayor parte de los impíos hacen grandes esfuerzos para serlo, y así es una cosa arbitraria que deja de existir luego que se quiere; y por tanto, ganando la voluntad, muy pronto se atrae el entendimiento; mas si aquélla llega a exasperarse no hay que pensar en que éste se convenza, o por lo menos se dé por convencido.

Advierte igualmente, mi amigo, que la mayor parte de las disputas religiosas, suscitadas en las tertulias, son una estratagema de que se valen algunos ociosos para divertir criminalmente a los que tienen la debilidad de celebrarlos y reírse de sus chistes y de sus atrevimientos. Muchas de las señoras son muy culpables en este punto, pues no hay duda que una multitud de estos graciosos dejarían de serlo si encontrasen, en vez de apoyo, una justa corrección de parte de ellas; que pueden darla francamente, o sin peligro, porque la sociedad, que las ha encadenado de tantas maneras, las ha concedido al mismo tiempo el permiso de decir y de hacer lo que les parece en estos y otros muchos casos semejantes. Desgraciadamente, siguen un plan equivocado, pues, o celebran a estos blasfemos, temiendo pasar por gazmoñas, y exponerse a mofas; o empiezan a dar signos de gran inquietud y escándalo, que es precisamente lo que habían intentado estos truhanes. Pero si las señoras, guardando compostura y serenidad, no se dignasen atender a estos simples, y con un prudente comportamiento les hiciesen advertir que no puede darse escándalo cuando no hay, o ignorancia para admitir errores, o perversidad para imitar los crímenes; pero que un alma ilustrada y virtuosa no recibe escándalo y solo compadece al que lo intenta; si no les diesen el gusto de excitar admiración, ni hacerse objetos dignos de ser combatidos, no tardarían mucho en desterrarse unas conversaciones tan inicuas como desagradables.

Habrás oído mucho acerca de la libertad religiosa de este país, acompañada de una armonía social y una paz admirable; y a pesar de tu gran talento, como sé el afecto que producen las distancias de los pueblos y las diversas costumbres en los juicios de los hombres, temo que no hayan adquirido ideas correctas sobre este punto, y que te hayas dejado llevar de las exageraciones de unos y de la injusticia de otros. No será, pues, fuera de propósito presentar las cosas como son en realidad. Siendo considerado este pueblo como norma de la tolerancia religiosa, es preciso no formarnos ideas equivocadas acerca de él porque al fin desaniman a sus imitadores, cuando la experiencia les demuestra que no han llegado y que acaso es imposible llegar a una perfección imaginaria, que toman por existente.

Figúranse muchos que en este pueblo no tiene influjo alguno la religión, o que por lo menos en nada altera la paz de los ánimos; que todo es indiferente y que no existen rivalidades ni rencillas religiosas. Esto anima a los impíos, creyendo que es la sociedad que más les conviene; y a los piadosos, creyendo que es la más tranquila. Ni unos ni otros se equivocan en el hecho; pero sí en sus circunstancias. Los impíos tienen campo libre y los devotos tienen seguridad, pero todo es puramente externo y no es tanto un efecto de las leyes como de la opinión. Saben los impíos que son detestados por los creyentes, como lo podrían ser en cualquier otro país; y saben éstos que aquéllos son sus más encarnizados enemigos. Las diversas sectas son tan hostiles a la Iglesia de Dios como lo fueron los arrianos y todos los antiguos herejes y como lo fueron y son y serán los ingleses. Si cualquiera de las sectas pudiese oprimir a las demás, renovaría los tiempos de Enrique VIII e Isabel; y si los impíos tuviesen fuerzas suficientes nos presentarían en América las sangrientas escenas de la Revolución Francesa. ¿Qué hay, pues, me dirás, qué hay en ese país que tanto se celebra? Un tino social, fruto de la educación y de la experiencia, por el cual los hombres aunque se detesten se respetan, y jamás interrumpen la buena armonía de una concurrencia con insultos personales. Si por desgracia ocurre algún lance desagradable, o falta alguno a esta prudencia que podemos llamar general, el ofendido encuentra muy pronto satisfacción en la conducta y expresiones de la generalidad, y se calma, por decirlo así, quedando la sociedad tranquila y unánime en operación o conducta civil, aunque más que nunca dividida en sentimientos religiosos. Yo sé perfectamente que muchos de los que me tratan con respeto, y a quienes yo trato del mismo modo, si oyeran decir que me había muerto, dirían que había un diablo menos sobre la tierra; pero también estoy seguro de que esos mismos nunca se permitirán el insultarme por no ponerse en ridículo a los ojos de la generalidad. He aquí la fuerza de la opinión.

Mientras no consiga en los pueblos este hábito de respeto, de esta condescendencia social, jamás podrán imitar a los Estados Unidos del Norte de América, sea cual fuere el sistema de gobierno. Los hombres somos como los niños, que lloran porque les hacen burla, y nada omiten para vengarse de los agresores. Las más sabias instituciones, los escritos más juiciosos y los ejemplos más heroicos no bastarán a conservar la paz mientras no se pueda ir a pasar un rato en una tertulia sin exponerse a un insulto.

Aplicando estas observaciones al asunto de que tratamos, diré que los impíos deben ser manejados como en este país, en cuanto a la sociedad privada. Los sensatos siempre procuran alejarlos de sus casas, pero si entran en ellas son recibidos con el mayor respeto. Si faltando a estas leyes de urbanidad y buena acogida se atreven a mortificar la sociedad con sus delirios, pierden todo derecho a la consideración; y muy pronto leen en el semblante de los concurrentes la sentencia indeleble de un alto desprecio si ya no es que el amo de la casa les indica el abuso que han hecho de ella. Este es, amigo mío, el gran misterio de la tranquilidad religiosa de este país normal.

Preciso es acostumbrarnos a los objetos morales lo mismo que a los físicos: vemos hombres sanos y enfermos, unos árboles perfectos y otros viciados, piedras preciosas y otras ordinarias, y la vista de esta diversidad de objetos solo nos induce a formar distintos juicios de su mérito, mas no causa inquietud, ni excita fuertes pasiones; así debe operarse respecto de los hombres buenos y perversos, sabios e ignorantes. La opinión acerca de ellos es diversa, pero no debe afectarnos. Permíteme un ejemplo personal, porque al fin escribo a un amigo. Suelo encontrar, y me ha detenido en la calle con frecuencia, un impío de marca, escritor irreligioso desaforado, que francamente me ha solido decir que es ateo. Yo a veces he estado por darle la picante respuesta del abate Lammenais a otro aturdido semejante: hace tiempo que deseaba ver un animal de esa especie, y me alegro de haberlo conseguido; mas esto no hubiera sido conforme al sistema de la sociedad americana, y así siempre le he respondido con una risa, y después de una conversación amistosa nos separamos; sabiendo yo que él continúa riéndose por haberse entretenido con un iluso, y yo también, por mi parte, he seguido riéndome, por haber encontrado un oso manso con pretensiones de hombre.

La experiencia te probará, Elpidio, que éste es el mejor plan de conducta respecto de los impíos, y que toda oposición imprudente solo sirve para agravar los males. No ignoro que es un deber la defensa de la verdad y un acto de justicia el ilustrar al ignorante, mas esto debe hacerse conforme a los dictámenes de la prudencia, pues no debemos echar margaritas a los puercos. Siempre que se conoce que un individuo está dispuesto a admitir la verdad y que la busca sinceramente, debemos manifestársela y sacarle de su error, si somos capaces de hacerlo; pero si no lo somos, dicta la misma prudencia que nos contentemos con dirigirlo a personas competentes o le suministremos libros que puedan ilustrarlo. Un mal defensor hace mala y pierde la mejor causa. Lo mismo sucede en materia religiosa; y, créeme, Elpidio, que es una desgracia para la religión el que algunos charlatanes se atrevan a defenderla. Por lo regular, la desfiguran y presentan horrorosa y llena de contradicciones que existen en las respuestas necias y no en las doctrinas fundamentales.

No creo que pueden darse reglas para determinar estos casos. Juzgo que en esta materia sucede lo que en la medicina, que todas las observaciones presentadas en los libros valen muy poco si el médico no tiene cierto tino, que no puede ser obra del arte sino del talento, delicadeza de sentidos y otras cualidades personales. Es preciso no dejarse llevar de expresiones capciosas y protestas ridículas con que pretenden probar muchos su buena fe, al mismo tiempo que traman el ataque más alevoso contra la religión. Las circunstancias personales y locales deben guiarnos en esta interesante y delicadísima empresa, que si se frustra, produce males a veces incurables, pues se radica mucho más la impiedad gloriándose de su victoria. Sería un absurdo y ridícula vanidad el esperar que siempre que se entre en una disputa sobre religión se consiga convencer y mucho convertir a los impíos con quienes se contiende; y por tanto, no puede ser digno de imprudencia el mal suceso. Proviene la convicción de innumerables circunstancias del entendimiento que se quiere convencer, y, más que todo, depende de una luz celestial, que no se deriva de los hombres; y por lo que hace a la conversión es fruto de la gracia, que siempre es misteriosa. El mismo San Pablo predicó a concursos numerosos y solo creyeron los que estaban dispuestos para la vida eterna. Sin embargo, son responsables de los malos efectos de una disputa imprudente los que la emprenden notando por signos bien claros su inutilidad y su peligro. Advierte, amigo mío, que los hombres, cuando quieren instruirse y no vencer y ridiculizar a los que llaman sus contrarios, disputan muy poco y solo hacen algunas preguntas, oyendo con tranquilidad sus respuestas. Notarás, a veces, cierta reserva que se manifiesta por más que trate de ocultarse, pero este silencio y moderación afectada no puede confundirse con la sincera conducta de un espíritu verdaderamente despreocupado, que trata de ilustrarse. He aquí los únicos síntomas que pueden indicarse para guiarnos en la investigación del estado de enfermedad o mejoría de estos enfermos espirituales.

Sobre todo, mi amado Elpidio, conviene no dar pábulo a la grosería y perversidad de muchos truhanes, que según he observado en otra de mis anteriores, suelen entrar en disputas religiosas solo por reírse de los devotos, y créeme que esta clase de impugnadores es la más frecuente. Luego que salen de la tertulia o que se retira la persona con quien disputaban, suelen reírse ellos mismos de sus argumentos, o por lo menos les interesan tan poco, que solo se ocupan de la sensación desagradable que causaron y de los gestos y ademanes que hicieron sus antagonistas. Acuérdome de haber oído a un eclesiástico, amigo mío, que un fraile chusco y al mismo tiempo muy prudente se desembarazaba con facilidad de estos majaderos suplicándoles que le explicasen la doctrina cristiana y sus fundamentos antes de entrar en disputa sobre ella, pues les decía con mucha sensatez, que nada es más ridículo que disputar sin saber sobre qué objeto. Pueden inferir que ninguno de los galanes, o como los llamaba Feijoo, teólogos de corbata, se atrevía a emprender tal explicación; y el buen fraile, luego que conocía su embarazo, sacaba de la manga una moneda de oro y la ofrecía por premio al que explicase la materia. Volvía con mucha risa a guardar la moneda, diciéndoles que tenían permiso para hablar como lo tienen todos los locos, puesto que, por experiencia, se probaba que lo hacían sin juicio y solo por manías. ¡Cuántas veces me he acordado del buen fraile! Yo me atrevería a aconsejar a mis hermanos eclesiásticos que en este punto fuesen mucho más precavidos que los seglares, si bien tienen más medios para defender la causa de la religión. Es preciso no olvidar que empezamos con una gran desventaja y es la de creer muchos que solo promovemos nuestro interés y que nos duele mucho, no la pérdida de las almas, sino la de nuestras comodidades. Por enormes que sean estas calumnias, vemos que son muy comunes y hallan acogida en personas de quienes acaso no se espera tanta injusticia. Por consiguiente, todo acaloramiento en estas disputas suele presentarse por los impíos como prueba de una disposición hostil en nuestro espíritu, y con suma hipocresía invocan el Evangelio los mismos que lo detestan, solo para calumniar a los eclesiásticos, haciendo ver que no poseen los sentimientos inspirados por aquel santo libro. Hay otro peligro, aun mayor, y es que los impíos se cuidan muy poco de la verdad; y así es que no les cuesta mucho inventar anécdotas que suponen pasadas en estas disputas, y consiguen ridiculizar a los eclesiásticos. No perdamos de vista que aun los más reflexivos se dejan guiar por impresiones que podamos llamar personales porque son producidas precisamente por la consideración de las personas. De aquí resulta que cuando los ministros de la religión se hacen ridículos por algunas simplezas, o cuando son maliciosamente ridiculizados, siempre sufre la Iglesia; porque el ridículo, como un veneno, va pasando, y extendiéndose cada vez más, llega a producir funestísimos efectos. Muy pocos tienen la ilustración y prudencia necesarias para respetar el culto cuando no se respetan sus ministros. Es, por tanto, incalculable el mal que causan a la religión y a la moral pública los que por una condescendencia criminal, y a veces por miras perversas, animan con sus risas a ciertos bufones, que tienen gran placer en demostrar su despreocupación burlándose de los eclesiásticos. Aun prescindiendo de las consideraciones puramente religiosas, siempre causará un gran perjuicio a la sociedad semejante conducta respecto de los ministros de su culto. Esto, por su parte, deben evitarlo de todas maneras, pues nada gana la Iglesia con sus buscados e innecesarios sufrimientos, antes pierde mucho la causa de la religión.

Suelen los piadosos llegar a disgustarse tanto por las majaderías de los impíos, que pasan una vida llena de amargura. Si ésta proviene del sentimiento de ver tantos miserables en tan horrible estado, sin duda es muy fundada, y prueba un alma verdaderamente cristiana; pero si proviene del sufrimiento personal, en consecuencia de los ataques de estos furiosos, lejos de ser un sentimiento propiamente religioso, es una debilidad manifiesta y una disimulada soberbia. La mitad de los que se quejan de los impíos acaso no se acordarían de ellos si pudiesen verse libres de sus insultos. No así la caridad cristiana, mi amado Elpidio: antes procura sufrir y sufre con cierto placer inexplicable, si de este modo puede contribuir al bien de otros y a la gloria de Dios.

Permíteme, querido Elpidio, que transcriba un párrafo del incomparable Bossuet en su elocuentísimo sermón sobre la unidad de la Iglesia, en que haciéndose cargo de las aflicciones que pasan los justos por la difusión de la impiedad, representa uno de estos espíritus atormentados y le dirige las siguientes palabras: «Me dirás: se encuentran tantos impíos; su número es infinito, que no puede vivir en su compañía. Hermano mío, ¿adónde irás? Encontrarás impíos por toda la tierra, hállanse por todas partes mezclados con los buenos: algún día se corregirán, mas aun no ha llegado su hora.

¿Qué debemos hacer entretanto? Separarnos en el corazón, reprenderlos con libertad a fin de que se corrijan; y si no corrigiesen debemos sufrirlos con caridad para confundirlos. Hermanos míos, no sabemos los consejos de Dios, hay inicuos que se corregirán y es preciso esperar con paciencia; hay otros que perseverarán en su malicia y puesto que Dios los sufre, ¿no deberemos nosotros sufrirlos? Algunos están destinados a ejercitar la virtud en unos y castigar el crimen en otros; serán quitados del medio cuando terminen su obra...

No anticipemos este juicio. Amad a vuestros hermanos, dice San Juan (I. Joan, 2, 10) y no sufriréis ningún escándalo. ¿Por qué?, dice San Agustín; porque el que ama a su hermano sufre todo por conservar la unidad.» (Bossuet, tomo 2, pág. 63 y 64.) Si el espíritu que guió la pluma del enérgico y piadoso Bossuet moviese el corazón en los que tanto se quejan de la multitud de impíos, el mal sería mucho menos sensible; pero desgraciadamente se observa que la mayor parte de estos lamentadores desean encontrar objeto de sus lamentos y lo fingen cuando no lo encuentran. Apenas hay un hombre ilustrado, a quien cierta multitud de fanáticos piadosos, que siempre abundan, no representen como el mayor impío; y otros fanáticos pícaros, o fanáticos fingidos, no calumnien del modo más inicuo. Sirven estas calumnias para radicar la preocupación, en cierta manera inocente, por el mismo temor que tienen los piadosos de que se difunda la impiedad; sin advertir que, a veces, llegan al extremo de faltar a la justicia sospechando, y aun creyendo sin fundamento, que todos son impíos; y a la caridad, que les dicta no creerlos incurables hasta no haber agotado los recursos. También producen dichas calumnias otro efecto mucho más funesto, y es inducir a la impiedad a muchos que estarían muy lejos de ella. Este mal es gravísimo, pues no hay cosa más sensible que el formar impíos precisamente por defender la piedad; y, créeme, querido Elpidio, que es muy común, y que ha privado a las ciencias, a las artes y a la sociedad entera de muchos miembros que podrían haber sido muy útiles y han venido a ser perjudiciales.

En cuanto a la juventud, creo que se juzga con suma precipitación acerca de su impiedad, que sin duda es real en muchos casos, mas en otros es solo una majadería, o mejor dicho una niñada; y así es que no debemos desesperar de su corrección, ni perder la tranquilidad de nuestro espíritu por las travesuras de los jóvenes. Cuando yo lo era, tenía por una vana esperanza la que alimentaban muchos de más provecta edad acerca de la futura enmienda de algunos de los aturdidos que mortificaban a la sociedad con sus blasfemias; pero el tiempo me ha demostrado, en muchos casos, que no eran tan infundadas sus esperanzas, y que, por lo menos, se nota mucha más prudencia, si es que aun se conservan las mismas ideas. No pretendo por esto que se abandone la juventud y se permita en ella todo exceso, bajo el pretexto de futura enmienda, ni menos pretendo disculparla. Solo deseo que los jóvenes sean tratados, en materias de religión, como los niños cuando empiezan a ser molestos por sus travesuras. Efectivamente, los primeros esfuerzos del entendimiento son tan vacilantes como los primeros pasos de la niñez. Sin embargo, esta debilidad en cuanto a la percepción de los objetos, se halla siempre acompañada de un gran vigor y determinación para operar, y así es que nada sirve de obstáculo a un joven que empieza a figurar en la sociedad. El mejor medio para obtener, si no una reforma, por lo menos alguna moderación en la conducta religiosa de los jóvenes, es llevarlos con dulzura por la senda del cariño que conduce a la paz y contento. Observa, Elpidio, que la juventud propende a la justicia, por más que se empeñen en probar lo contrario algunos alucinados o irreflexivos; y así es que por más entregado que esté un joven a los placeres y a la impiedad, siempre da signos de gratitud por los esfuerzos que se hacen para mejorar su estado, si percibe que no hay intención de oprimirle.

El gran secreto de manejar la juventud, sacando partido de sus talentos y buenas disposiciones, consiste en estudiar el carácter individual de cada joven y arreglar por él nuestra conducta. La oposición que se hace a un joven, si queremos que produzca buen efecto, debe ser casi insensible, y es preciso procurar que él mismo sea su corrector. Tiene la naturaleza toda su fuerza en la primera edad y las pasiones son muy vivas; la razón está muy poco ejercitada, y la experiencia, siendo casi nula, no ha podido producir el hábito de moderación que suele conseguirse en la mayor edad. Resulta, pues, que un joven se deleita en toda lucha, sea de la clase que fuere, y que la resistencia solo sirve para aumentar sus esfuerzos, pero nunca para conquistar sus inclinaciones. Suelen muchos encargados de la educación equivocarse en este punto, creyendo haber conseguido gran victoria sobre las inclinaciones de los jóvenes, cuando por temor no las manifiestan, que es decir, cuando han adquirido suficiente malicia para defenderse con tino y táctica premeditada. Este error ha producido muchos y muy lamentables efectos, que se demuestran con toda evidencia cuando cesan las opresiones y la naturaleza corrompida brota libremente la inmundicia de los crímenes que por tanto tiempo había estado retenida. Esta es la causa, mi amado Elpidio, sí, ésta es la causa por que muchos jóvenes educados en colegios mal dirigidos se entregan a todos los vicios, y especialmente al de la impiedad, luego que salen de la que consideran como una dilatada prisión, frustrando las esperanzas de sus amorosos padres y haciendo silencio inútil todas las lecciones de sus sabios maestros.

Esta digresión, que acaso te parecerá inoportuna, tiene por objeto manifestar que el poco tino en atacar la impiedad en los primeros pasos de la juventud, cuando las pasiones empiezan a soltarse; el poco tino en manejar a los jóvenes en la edad más peligrosa de la vida, es la causa de la desmoralización de muchos; que se hace inexplicable a los irreflexivos, que dicen, con gran sorpresa, «¡y se educó en un colegio!»sin expresar qué colegio y manejado por qué cabezas. A la verdad, mi Elpidio, que son tan pocos los colegios que valen algo sobre este punto, que un hombre de juicio, lejos de sorprenderse del que parece un fenómeno, encontraría su causa muy natural en el mismo hecho que se presenta para hacerlo extraordinario, y diría que tal joven es impío precisamente porque se educó en un colegio. Hace muchos años que la lectura del juiciosísimo Tratado de Estudios de Rollin me abrió los ojos, por decirlo así, sobre esta materia; y créeme, que desde entonces no he cesado de hacer observaciones, que todas ellas me han confirmado en las luminosas ideas de aquel sabio maestro y prudente director de la juventud. En muchos colegios, y aun diré en la mayor parte, se descuida enteramente el interesante objeto de la religión, inspirándose de este modo cierto desprecio, o por lo menos, cierta indiferencia acerca de ella; y en otros tratan los profesores de inspirarla a la moruna, a fuerza de castigos, que solo producen un odio mortal hacia los que los imponen y una aversión completa e indeleble al objeto que los causa. No debe haber indulgencia alguna con los jóvenes en materia de impiedad, pero conviene que solo perciban nuestro disgusto, y oigan en vez de oprobios, cariñosas insinuaciones, y que aun para los actos religiosos que no deben omitir se les conduzca con suavidad. Puedo decirte, por experiencia, que los jóvenes siempre aman cuando conocen que son amados y el que tiene la felicidad de conseguir su amor está seguro de manejarlos como le parezca, pues llegan a formar un juicio favorable de los objetos por la buena idea que tienen del que los propone y así es que entran en el examen sin repugnancia y sin preocupación, o más bien con la saludable en favor de la virtud. Estos pequeños impíos necesitan ser manejados de un modo particular y se pierden miserablemente si son tratados por las reglas comunes de premios y castigos. Por mi parte, te aseguro que jamás he premiado ni castigado ningún joven por ejercicios religiosos. Los premios sirven para formar hipócritas especuladores y establecer en el corazón de los jóvenes una religión puramente humana, porque se acostumbran a agradar a los hombres y a esperar de ellos lo que solo deben esperar de Dios, pudiendo al fin aplicárseles las palabras del Evangelio: «ya recibieron su paga»(acceperunt merceden suam). Los castigos, por otra parte, destruyen los sentimientos verdaderamente religiosos y producen también la hipocresía, aunque de un carácter muy distinto, porque es reservada y en cierto modo feroz. Es, pues, evidente que todo estímulo o compulsión religiosa, que no es conforme a la misma religión, solo sirve para destruirla, y por tanto, solo debe estimularse con la elevación de las ideas celestiales y los atractivos de la virtud y solo debe compelerse con los horrores del crimen y las iras de un Dios vengador. Aun en esto debe haber mucha prudencia, pues un sermón continuo llega a ser una cantinela, principalmente para los jóvenes, que no pueden sufrir por mucho tiempo unos pensamientos tan serios. El que quiera que un joven no tenga religión háblele siempre de ellas.

Yo desearía, mi amado Elpidio, que los que dirigen a los jóvenes no olvidasen una debilidad, en que casi todos incurren y de que debemos prevalernos para beneficios de ellos mismos. No hay niño que no quiera ser grande en cuerpo y no hay joven que no quiera serlo en ideas y sentimientos. De aquí proviene que así como los niños procuran todas las ocasiones de levantar pesos que ellos consideran enormes y de ostentar de todos modos que se van aproximando al estado perfecto de la naturaleza, cuando ya todas las facultades físicas han adquirido su entero vigor; así los jóvenes que ya consideran haber llegado o no distar mucho de ese estado de perfección, aspiran a manifestar que también han llegado al de las perfecciones intelectuales; y así es que siempre emprenden cosas arduas y se creen capaces de cualquier trabajo científico. En cuanto a la religión, viendo que ha sido combatida por hombres muy notables y que sus ataques prueban, como ellos dicen, fuerza de espíritu, nada puede halagar tanto su deseo de demostrar perfección intelectual como el presentarse en la palestra cual campeones denodados. Desde la infancia se les ha enseñado la religión (aunque la mayor parte solo aprendieron a saber que existe), y sus madres, conservando el dominio absoluto que les da la niñez, solían llevarlos al templo y hacerles practicar algunos ejercicios religiosos. Persuádense, pues, que el primer paso que deben dar para demostrar que ya son hombrecitos y que ya han salido, como suele decirse, de las faldas de la madre, es empezar a hablar, no con franqueza, sino con osadía, sobre materias de religión. Si logran opositores, tanto mejor para su intento; juzgan de su valor por el caso que se hace de ellos y se consideran por este mero hecho unos hombres de gran consecuencia.

En tan delicadas circunstancias, bien conoces, mi Elpidio, que se necesita una gran prudencia para no hacer reventar la cuerda y templarla al mismo tiempo, pues sería el mayor de los absurdos el descuidarse en tan interesante asunto. Muchos toman el partido de humillarlos recordándoles su poca edad, su falta de experiencia, y esto con un modo que más ofende que mueve; y te aseguro que los que así proceden no han estudiado el corazón humano ni saben todos los recursos de la vanidad. Por mi parte, he seguido un plan contrario, y creo que la experiencia me autoriza a recomendarlo como útil y asequible. Siempre he procurado tratarlos como si fueran lo que ellos quieren ser, esto es, hombres ya formados; y ya que se han atrevido a asomarse, por decirlo así, a la puerta del santuario del deber, yo he procurado empellarlos para que acaben de entrar. Entonces, tratándoles ya como hombres de experiencia, he procurado comunicarles la mía y dejarles que crean que me han engañado persuadiéndome de que antes la tenían; y de este modo he solido convertirlos en mis colaboradores, figurándose que ya han avanzado mucho, puesto que hasta pasaron el primer vértigo que induce la juventud a mil locuras. Estos viejitos lampiños suelen ser utilísimos, y feliz la sociedad que abunde en ellos, porque efectivamente acaban por conocer la astucia con que se les ha manejado, cuando ya ellos mismos se han formado y son capaces de valuar el mérito de tan útil estratagema. Yo nunca he querido tener por enemigo a muchachos y menos entrar en disputa con ninguno de ellos, antes he procurado siempre hacerles entender que los amo y los respeto; y siempre me he prevalido de tal cual concepto que sabía formaban de mí, para usarlo como instrumento, el más eficaz, para hacerles admitir mis ideas y seguir mis consejos.

Pero ¡qué difícil es salir avante en tan ardua empresa! La más ligera imprudencia destruye todo el plan dándole el aspecto de una falacia despreciable, cuando solo es un medio prudente de conservar la verdad y evitar innumerables males. En tal caso, lejos de conseguirse un buen resultado, solo se consigue desenfrenar las pasiones del educando, que se cree con un derecho a vengar lo que él llama un engaño malicioso. Figúrase entonces que le tenemos miedo, que sus argumentos son insolubles y que nuestra derrota sería inevitable si no tomásemos tan ridículas precauciones. He aquí formado a veces un quijotico religioso por la imprudencia de un maestro; y después de causado tan enorme daño, es muy difícil o casi imposible el repararlo. La juventud es ingenua y así se resiente más que otra edad alguna de cualquiera tentativa que se haga para engañarla, y por consiguiente, recela de cuantos quieran después satisfacerla.

Puedo asegurar, Elpidio, por experiencia propia, que algunos de los jóvenes que ambos apreciamos por su honradez y principios religiosos, me alarmaron mucho en la edad que propiamente podemos llamar peligrosa, quiero decir de quince a dieciocho. Estos tres años de la vida exigen gran atención y prudencia de parte de los encargados de la juventud. Es muy raro el joven que en este período no dé signos más o menos sensibles de una lamentable impiedad, y ya he insinuado de qué modo deben manejarse. Conviene tomar algunas precauciones que hagan innecesarias la corrección y entre ellas, creo que una de las principales consiste en distraer últimamente el ánimo de los jóvenes y aplicarlos al mismo tiempo a estudios sólidos, pero sin contacto con la religión ni la moral. Deben evitarse todas las cuestiones puramente especulativas y nutrirlos con una cantidad escogida de conocimientos prácticos. Por esta razón, opino que es la edad en que más conviene aplicarlos a la música y al dibujo, las matemáticas, la física y la química.

Aunque entiendo bien poco de medicina me parece muy fundada la práctica de algunos célebres profesores, que en ciertos casos de delirio toman el partido de adormecer a los pacientes por medio del opio, suministrado a veces con profusión, pero siempre con suma prudencia. Su objeto, me han dicho, es detener enteramente el uso de las potencias intelectuales y dar tiempo a que se fortifiquen las físicas, cesando la excesiva acción de los nervios. Luego que el enfermo vuelve de este sueño, procuran que no haya objeto que le recuerde su antigua manía; antes por el contrario, ordenan que sean tratados como si nunca hubiesen sufrido enfermedad alguna, y de este modo me han asegurado que han conseguido curar muchos. Lo mismo creo, mi amado Elpidio, que debe procederse respecto de la que propiamente podemos llamar locura impía de los jóvenes en la edad mencionada. El mejor partido es procurar que no piensen sobre unos objetos tan sublimes hasta que no sean capaces de hacerlo con solidez, cuando se hayan dejado de su manía. Bien conoces que el mejor narcótico para la juventud es la música, y he aquí en qué me fundo para considerar su estudio, así como el de otras bellas artes (aunque con preferencia a todas), como el más adecuado para prevenir o curar un mal tan funesto. Acuérdome haberle oído decir muchas veces a uno de mis maestros, que para bien de la juventud se halla a la cabeza de uno de los más acreditados establecimientos literarios de mi patria, que nada le tranquilizaba tanto como el sonido de un instrumento tocado por alguno de los alumnos. «Este sonido, decía, me indica lo que piensa y lo que hace el que lo produce y acaso muchos de los que le rodean, y mientras un muchacho está tocando su instrumento, yo no necesito cuidarlo. Yo respondo de su cuerpo y de su alma.»¡Cuántas veces me he acordado, Elpidio, de esta juiciosa observación, que entre otras muchas conservo como tesoro inestimable, con que me enriqueció un hombre a quien olvidaré con la muerte! Por la misma razón, opino que el estudio de las matemáticas y el de la física y la química deben fomentarse como antídoto contra la corrupción de la juventud y de impiedad en los años peligrosos. Es claro que mientras un joven se ocupa de resolver un problema de geometría, su alma está separada de este mundo y se halla como un sueño utilísimo, porque al paso que evita todos los objetos que podían perjudicarle, fija la atención sobre verdades sólidas, y aplicables sin temor de errar, y va poco a poco acostumbrando su entendimiento a no alimentarse de ilusiones ni gustar de disputas en que nada puede resolverse. He aquí la gran ventaja, he aquí el remedio para los casos en que, por relaciones sociales, se ven los jóvenes entre personas imprudentes que suscitan cuestiones religiosas. Un joven matemático descubre muy pronto que estos charlatanes no tienen orden en sus ideas y que su lenguaje es ridículo. De aquí suele resultar un efecto muy contrario al que se proponen estos pedantes, y es que lejos de mofar, son ellos los mofados, y Dios le libre a uno de caer en manos de muchachos, que ora tiren piedras, o chufletas sarcásticas: siempre son los mismos.

En cuanto a la física y la química es evidente que distraen más que ningún otro estudio y no se necesita mucho para probar que un joven que está haciendo o preparando un experimento en nada se ocupa que pueda perjudicar la moral ni la religión, y que si le asalta uno u otro pensamiento de impiedad, como no es tan agradable como las sensaciones que causan los objetos físicos, muy pronto lo desvanece y sin hacer mucho esfuerzo. Tengo, pues, por el medio más prudente, cuando se advierte que un joven empieza a desbarrar en materias de religión, el proporcionarle todos los medios para el estudio de las ciencias mencionadas y proponerle toda clase de premios, sin que llegue a conocer nuestro intento; pues, en tal caso, solo por un espíritu de contradicción, de que tanto gustan los jóvenes, llegarán a ser desagradables las mismas ciencias que forman las delicias de los hombres pensadores y el más útil entretenimiento en las aflicciones, que la sociedad humana siempre proporciona a las almas sensibles.

Yo he deplorado siempre el alucinamiento de muchos padres, que consideran como perdido el tiempo que emplean sus hijos en el estudio de las ciencias naturales. No perciben las ventajas porque no se valúan por tanto o cuánto, y para hablar más claro, porque no producen dinero. ¡Qué error tan funesto! Como si nada valiese la perfección intelectual y moral de sus hijos; sí, lo repito, Elpidio, la perfección moral, pues no cabe duda que muchos jóvenes se hubieran atrevido enteramente y hubieran sido unos impíos, a no haberse ejercitado y distraído con el estudio amenísimo de las ciencias naturales en el período de la edad peligrosa. Rara vez encontrarás un joven brillante por sus talentos y apreciable por su instrucción en dichas ciencias, que se degrade entrando en conversaciones indecentes o escandalice con impiedades; y sí hallarás muchos que sirven de freno a los demás, no porque se metan a predicadores, sino porque su ejemplo es una verdadera predicación, y la más eficaz. Satisfechos de poder entretener una sociedad si quisiesen, y no necesitando entretenerla para llamar en ella la atención por sus conocimientos, no tienen la majadería de importunar con sandeces impías, que, por otra parte, su corazón acostumbrado a lo recto jamás aprueba.

Ya otras veces me he lamentado contigo de la que propiamente puede llamarse venalidad en las ciencias, porque se venden sus servicios solo por dinero y se aprecian solo como un medio de adquirirlo. Llámanlas, por consiguiente, ciencias de carrera, porque constituyen al hombre en sociedad y le proporcionan medios de sostenerse. Ningún hombre de juicio puede oponerse a ellas, pues nada es más justo que recibir la compensación de dilatados estudios e incomodidades y nada más prudente que asegurar la subsistencia para no sufrir y ser gravosos a los demás; pero al mismo tiempo, considerando los objetos desde este punto de vista, el mismo interés personal está conciliado con el científico. No cabe duda que un joven cuyo espíritu está ejercitado y cuyo corazón está libre de afecciones fuertes, y más bien inclinado a las emociones pacíficas que causa la contemplación de la naturaleza, siempre será más capaz de hacer progresos y ganarse el afecto, que tanto influye en el bien social. Repara, mi amigo, que se encuentran muchos perversos enriquecidos por medios inícuos, pero jamás hallarás uno que adquiera una gran fortuna por medios lícitos, y en consecuencia, del aprecio popular. El pueblo, por más corrompido que esté, cuando media el interés, sabe tratar a los impíos mejor que los sabios y piadosos.

¡Con cuánta pena advertimos diariamente los progresos de la impiedad, donde no parece que deben esperarse, quiero decir, en el bello sexo! Esta es la clase más peligrosa, por los privilegios que la sociedad le ha concedido y por el grandísimo influjo que tiene en ellas. Debe ponerse todo empeño en manejar esta familia, que si se desatiende causa la ruina del pueblo. Acaso te causará risa el que yo pretenda dar reglas para manejar las mujeres, que no tienen más ley que su capricho y solo son constantes en la inconstancia. Tal es el lenguaje común y de él se prevalen para hacer lo que les da la gana; y a veces se les antoja causar males enormes, y después se quedan tan frescas como si hubieran esparcido un puñado de flores. Los hombres irreflexivos son los encaprichados y de ellos se burlan completamente cuatro muchachuelas cuyo capricho e inconstancia es pura afectación, pues, en realidad, tienen más constancia en sus proyectos que los hombres más firmes y decididos. El privilegio de causar mal difundiendo la impiedad no debe concederse a ningún sexo, clase o condición; antes debe impedirse tan horrible atentado por medios prudentes. Yo siempre he creído que por una ignorancia que llaman atención y política, se han inutilizado las mujeres y al paso que se la ha hecho desgraciadas, en cierto modo, se las ha dado la facultad de causar muchas desgracias. Sin embargo, sería muy ridículo el empeño de reformar la sociedad en este punto y solo conviene tomar las precauciones necesarias para impedir los males. Ya he observado que muchas señoras fomentan la impiedad de los hombres aprobando y oyendo con gusto sus blasfemias; y ahora quiero que notes, mi caro Elpidio, que también suelen ser ellas las impías y blasfemas.

A veces proviene este horrible crimen del carácter vano de muchas mujeres, que en este como en otros muchos casos suelen ser víctimas de un deseo de ser elogiadas; otras veces, es afecto de enamoramiento, por agradar a la persona que aman, si ésta por desgracia no tiene religión; y otras veces, aunque muy raras, proviene de perversidad de corazón y de las diversas causas que ya he indicado en otra de mis cartas. Estas observaciones pueden guiarnos en el manejo de tan perjudiciales impías, pues deben tratarse de distinta manera, según el origen de su mal, y toda equivocación en este punto puede tener muy funestas consecuencias.

En cuanto a las mujeres impías por mera vanidad, es preciso que consideremos que la mayor parte de ellas proviene de un deseo de presentarse superiores a su sexo, que siempre es débil y piadoso, y de aproximarse al carácter varonil que envidian sobremanera. No sé, mi querido Elpidio, si habrás notado que esta clase de mujeres es más numerosa de lo que tal vez creen algunos irreflexivos. Figúranse muchos que las mujeres se hallan muy contentas con sus privilegios y que solo envidian las fuerzas físicas y la representación social de los hombres; pero se equivocan mucho, pues existe por lo menos en muchas de ellas un deseo de igualarlos en todo y sienten no pertenecer a corporaciones literarias y a toda junta en que las luces deben guiar la sociedad. Entre otros ejemplos clásicos podría citar el de la célebre Madame Staël, que tanto ha admirado a la Francia y puedo decir a toda la Europa con sus obras. Todos los que la trataron aseguran no podía disimular sus sentimientos de no ser hombre o poder manejarse como tal, y aunque conservaba las manías de su sexo, siempre se presentó como si no le perteneciese. Yo no podré enumerarla entre las impías, porque teniendo recursos intelectuales con que imitar y exceder aun a los sabios nunca necesitó de la impiedad para llamar la atención y arrancar aplausos; pero hay una gran multitud de mujeres ignorantísimas, que agitadas por la misma pasión y careciendo de los medios que poseía aquella mujer ilustre, se entregan a todos los delirios de la incredulidad, a lo menos aparente. Las tontas y feas están más expuestas a esta miseria, porque a las menguadas, no pudiendo alterar su cara y no dando más su cabeza, solo les queda el recurso de la gracia, o de la rareza. En cuanto a la gracia, es muy difícil conseguirla sin talento, y la rareza trae consigo el ridículo, a menos que por circunstancias particulares no se haya conciliado la admiración. Creen, pues, que la impiedad puede llenar este objeto, por haber tantos célebres impíos y tantos impíos de tertulia, que al instante se unen a esta miserable, solo porque les sirven de apoyo y para divertirse. He aquí el secreto de muchas impías feotontas.

¿Cuál será, pues el remedio? No celebrarlas. Este es el mayor castigo y la mejor cura; pero, al mismo tiempo, es preciso que no comprendan que se ha conocido el origen de su enfermedad. Esto equivaldría a declararlas feas, y ya escribía yo en otra ocasión que las mujeres jamás perdonan al que las da tal nombre. Sin duda, es preciso mucho tino para dejar que perciban nuestra desaprobación y no su causa; pero esta reserva es tan necesaria, que cuando no puede conseguirse, o se teme no salir avante, el mejor partido es evitar el trato, y si fuere necesario, solo resta el silencio. Mi Elpidio, no insultes a mujer alguna, pues todas ellas, en este caso, se convierten en víboras, que jamás lograrás amansar. El modo más seguro de ratificarlas en su impiedad sería ponerlas en el caso de defenderse contra la sospecha de que es solo un recurso para suplir la falta de talento y de belleza. Una mujer, en tales circunstancias, jamás cede, pues bien se echa de ver que esto sería confesar que se conocen a sí mismas y no dudan que son tontas y feas. El mero sonido de estas voces hace saltar a una mujer, y jamás las pronuncies en su presencia si no quieres exponerte a un mal rato.

Vale más sacar partido de ellas y embaucarlas con artificio en la defensa de la sana doctrina, lo cual, sin duda, hacen con gusto, porque su impiedad es solo de especulación y ésta la encuentran en el mismo aprecio que se hace de ellas graduando sus talentos, de mucha importancia para la defensa de nuestra causa. Me dirás que esto equivale a inducirlas a una detestable hipocresía, pero yo respondo que no es sino separarlas de una verdadera hipocresía, y que la otra es aparente, y que de este modo se impide que continúen haciendo mal y destruyéndose a sí mismas. No dudo que la vanidad es el resorte que ponemos en acción, pero ésta es buena y aquélla no es necesaria, pues bien pueden y deben hacerse obras laudables, sin que se mezcle el veneno de la vanagloria. Será, pues, un defecto de ellas y no de los que las inducen a dedicarse a obras virtuosas, si pierden el mérito de ellas por sentimientos ajenos de la verdadera piedad. A veces nos vemos precisados, mi caro amigo, a echar mano, por decirlo así, de las armas del enemigo para defendernos y destruirlo; y ésta nunca será una alevosía, antes debe graduarse por una acción prudente y heroica.

Por lo que hace a las enamoradas, solo puedo decirte que están locas y que deben tratarse como tales. No hay duda que es muy sensible oírlas desatinar, pero debe esperarse que duren los despropósitos mientras dure la locura del amor. Hay un gran inconveniente para la reforma de estas infelices y consiste en que tienen por un ataque contra el objeto de su amor cuanto se dice en apoyo de los principios religiosos que él detesta o por lo menos no admite. Bien puedes inferir cuán difícil es el convencimiento cuando el ánimo se halla con semejantes disposiciones, y así es que conviene más evitar que emprender disputas con muchachuelas enamoradas. Esta situación es muy peligrosa; si no hay mucha prudencia en manejar estas impías de amor, se llega a producir en ellas un carácter atrevido e indomable, porque falta el freno de la religión y tienen el estímulo de una de las más poderosas pasiones. Conviene hacerlas entender de todas maneras que estamos muy lejos de querer entrar en discusiones, y mucho más de ofenderlas. Nunca debemos insinuar que sabemos el origen de su impiedad, sino sea cual fuere su causa nuestro ánimo es curarlas por medios suaves. Si vemos que nuestra indicación produce disgusto, conviene desistir inmediatamente, porque es tiempo perdido; mas no por esto debemos abandonarlas, sino esperar otra oportunidad. La experiencia prueba que este delirio pasa por la mera alteración de circunstancias, pues o llegan esas jóvenes a unirse en matrimonio a los impíos y al muy poco tiempo están bien aburridas de la impiedad, porque notan sus efectos; o son abandonadas y el odio es implacable. Detestan, pues, la impiedad por un motivo contrario del que antes las inducía a admitirlas, pues así como antes se proponían agradar, después se empeñan en ofender a los que tanto apreciaban y solo desean vengarse.

Las mujeres impías por perversidad de corazón quiero decir, las que no son guiadas por amor ni vanagloria, sino por no tener freno alguno que detenga sus desarregladas pasiones, créeme Elpidio, que son peores que todos los hombres impíos y que su corrección es dificilísima. Los medios suaves rara vez producen efecto y los severos casi siempre exasperan. Solo hay un partido que tomar con ellas, que consiste en convencerlas de sus defectos morales sin dejarlas entrar en cuestiones especulativas, ni hacer caso alguno de sus blasfemias; y luego que les consta que estamos en posesión de hechos, que prueban su relajación, ellas mismas ceden sonrojadas, porque conocen que nuestra indiferencia en rebatir sus errores proviene del conocimiento en que estamos de que son voluntarios y por miras deshonrosas. Si no podemos convencerlas de que son perversas, conviene por lo menos insinuarles que tal es nuestro juicio por más que rabien, pues no tienen otra cura; y mientras permanezcan siendo perversas ocultas serán impías manifiestas. Existe afortunadamente una gran diferencia entre las mujeres y los hombres inmorales, pues aquéllas jamás sufren pasar por tales a menos que ya no sean unas rameras, y éstos con mucha frecuencia se jactan de sus relajaciones. Resulta de aquí la mayor facilidad de contener a las mujeres por la fuerza de la opinión; y si llegan a percibir que tomamos su impiedad como signo de su desarreglo, nada omiten para desvanecer esta impresión y empiezan por no dar escándalo con sus disparates y concluyen por olvidarlos enteramente, recobrando la razón su imperio; y vuelve la virtud a un pecho donde antes solo habitaban crímenes horrendos. A la verdad que estos casos son muy raros, pero basta que sean posibles y que se hayan efectuado algunas veces, para que no perdamos la esperanza, antes procuramos su repetición.

Sin duda te causa risa que yo haya ocupado tu atención por tan largo tiempo acerca de la impiedad de las mujeres, no mereciendo este objeto la más ligera consideración: ni entre los filósofos, que siempre juzgan de ellas como de los niños, ni entre la generalidad de los hombres que las ha concedido el privilegio de hablar como mejor las parezca, puesto que sus palabras no son consideradas sino cuando se refieren al amor. ¡Cuánto se engañan los que así piensan! Oímos este lenguaje muchas veces, pero siempre es desmentido por la experiencia, que nos demuestra que la sociedad casi puede decirse que es gobernada por las mujeres; y así es que su relajación, en cualquier sentido que sea, produce siempre los más funestos efectos. Por una miseria de la naturaleza humana, jamás quieren los hombres ser superados por el sexo que impropiamente llaman débil, solo porque carece de fuerzas físicas (no tanto por constitución como por inercia); y habiendo, por otra parte, caído en el lamentable error de considerar como espíritus fuertes a los impíos, resulta, mi amado Elpidio, que la impiedad de las mujeres viene a ser como un escollo en que naufragan muchos. Entre la gente que suelen llamarse de mundo, no por la experiencia que en él hayan adquirido, sino al contrario, porque no lo conocen y llegan a ser sus esclavos, apenas encontrarás uno, aun de los más moderados, que no se presente como impío, o por lo menos como indiferente a la impiedad cuando se halla en compañía de señoras nominales que ostentan ser incrédulas. Sin ocurrir a anécdotas privadas puedo recordarte un hecho público y reciente que prueba a la evidencia el fundamento de mis observaciones.

Acaso habrás oído hablar de un diablo vestido de mujer a quien llaman Fanny Wright, o sea Francisquita Wright. Esta infernal criatura se presenta como la madre de la impiedad, pues la practica y enseña de todas las maneras. Asegúranme los que la han visto que carece de hermosura y aun podríamos sin injusticia llamarla fea. Dotada del conocimiento de algunas lenguas, según dicen, aunque no me consta que haya hablado públicamente en otra que la inglesa; y teniendo mucha facilidad o mejor dicho, mucho descaro, se ha constituido maestra pública de la inmoralidad predicándola en teatros y otros parajes espaciosos donde se reúnen millares de individuos para oírla. Ha visitado por segunda vez este país sembrando semillas de impiedad que será muy difícil destruir y se ha vuelto a continuar sus escándalos en Inglaterra. Predicaba contra toda creencia y cuando ya consideró que sus partidarios se hallaban bien despreocupados, esto es, bien embrutecidos, empezó a predicar abiertamente contra los más esenciales puntos de la moral. No se atrevió, sin embargo, a hacerlo con tanta libertad en público como en privado, pues temía exponerse a lo que al fin sucedió, a pesar de todas sus preocupaciones; esto es, que impresas algunas de sus cartas contra el matrimonio de una manera la más baja y seductora, cayó enteramente en un desprecio y abominación universal. Ha pervertido a una gran multitud y ha dado oportunidad a otros muchos, que ya lo estaban, de presentarse con descaro, como miembros de una nueva secta, que hace alarde y blasona de no pertenecer a ninguna creencia, bien que no se atreven a decir, de no tener moral alguna. ¡Dícenme que esta impugnadora del matrimonio al fin se ha casado! Esto es para que veamos que hay hombres para todo y que no hay absurdo que no llegue a realizarse.

Mi objeto en darte esta idea de la heroína moderna de la impiedad, no ha sido otro sino preparar el campo donde quiero que observes realizadas mis indicaciones, para lo cual necesito darte la historia, en cierto modo secreta, de este gran ascendiente que adquirió una mujer despreciable por tantos títulos.

Todos los que no se han dejado conducir por apariencias conocen muy bien que esta mujer perniciosa es, y ha sido siempre, un mero instrumento de que se han valido varios impíos y en especial cierto individuo que se supone ser el autor de todas las arengas o lecciones depravadas con que ha causado tanto daño. Este hecho prueba que los impíos conocen muy bien de cuánto valor es una mujer en su partido, y los creyentes deben aprender a evitar tales antagonistas. La estratagema se conoció bien en dos ocasiones muy notables. Concedieron a esta impía en la ciudad de Filadelfia el uso de una de estas que llaman Iglesias y que sirven para todo; hubo un concurso extraordinario para oír las blasfemias de esta miserable, mas entre los concurrentes había un joven abogado que llevaba muy distintas intenciones, pues solo se propuso ridiculizar a esta mujer perversa y hacer ver que como he dicho no es más que un vil instrumento. Después que ella habló con la mayor elocuencia, desafiando a todo el mundo y ofreciendo explicar los puntos más difíciles y responder a los que vulgarmente se creen argumentados poderosos y que ella trataba de necedades, el chusco abogadito pidió permiso para hablar y empezó su discurso por un elogio de las talentos de la portentosa defensora de la impiedad; y cuando consideró que había llamado la atención, y que ella misma lo oía con gusto, empezó con mucha cortesía, pero con una firmeza incalculable a rebatirla en unos términos que todos esperaban que hubiese respondido, mas todo lo que hizo fue irse cuando antes. En una mujer moderada ésta hubiera sido acaso prueba de delicadeza, mas en una descaradísima no pudo ser prueba sino de incapacidad y de que solo podía repetir de memoria la lección que otros la habían dado por escrito, que es la sospecha que justamente tenía su astuto impugnador. En la ciudad de Boston la sucedió otro chasco aun más pesado, pues un hombre de conocimientos se disfrazó, presentándose como un carretero, y cuando la arengadora impía se hallaba en lo más fuerte de su discurso, entró mi buen hombre y para hacer mejor su papel de rústico la interrumpió diciéndola que quería hacerla una pregunta. Esta fue tan ardua que la cuitada pensó desvanecerlo tratando con desprecio al que la hizo y continuando su discurso; mas el preguntador volvió a interrumpirla con otra pregunta mucho más fuerte y la risa de los concurrentes indicó a la arengadora que estaban penetrados del asunto, y no dio más respuesta sino salir inmediatamente del concurso y en pocas horas de la ciudad de Boston, donde seguramente supieron tratarla mejor que en parte alguna.

He aquí probado por experiencia que los impíos, cuando, por desgracia de la sociedad, encuentran una mujer que adopte sus principios y tenga valor para difundirlos, jamás dejan de valerse de ella y consiguen por este medio tan infame lo que nunca hubieran podido conseguir por sí mismos. Si el director de esta desgraciada se hubiera presentado al público, no hubiera acaso obtenido aplauso alguno, antes lo hubieran detestado; mas preséntase una mujer y la rareza del hecho unida al privilegio del sexo, hizo que fuese oída con gusto y muchas veces vitoreada. ¿Creerás que solo asistían a sus lecciones los hombres depravados y las mujeres sin honor? Pues debo decirte que me consta que fueron a oírla muchos hombres honrados y de gran talento y muchas mujeres virtuosas. Si la intención de estas personas hubiera sido prepararse para rebatir los errores que difundía aquella malhadada, no serían tan reprensibles; pero me consta que solo iban por divertirse. ¡Funesta diversión que fomentaba la impiedad haciendo creer a los incautos que era muy grande el número de sus secuaces! Me acuerdo haber tenido con un amigo, que era uno de los de la jarana, varias conversaciones muy serias sobre este punto. Decíame muchas veces que estando firme en los principios de su creencia, solo iba a oír a la impía predicadora por divertirse; viendo hasta dónde llega el descaro de un mujer y que al fin le agradaba oírla porque efectivamente pronunciaba muy bien el idioma inglés y sus discursos eran elocuentes. Mas ¿podrá calcularse, preguntaba yo, el inmenso mal que causa la presencia de los hombres de mérito en semejante concurrencia? ¿No es un desacierto el fomentar la soberbia de esa mujer, haciendo que juzgue que sus talentos no tienen igual y que sus objeciones merecen la atención que los ministros no han querido concederle? Efectivamente, yo creo que por una especial providencia divina no solo los sacerdotes de la verdadera Iglesia, sino también los ministros de las diversas sectas convinieron, sin hablarse, en el plan que debía observarse respecto de esta heroína de las tinieblas. Ninguno se dignó atacar ni sus escritos ni sus discursos o arengas; y todos procuraron dar al pueblo incauto, con el desprecio, la respuesta a sus capciosas objeciones. Este desprecio produjo un efecto admirable, porque el pueblo conoció que el silencio era una medida prudente para no dar margen a mayores escándalos. También tuvimos en consideración que una cuestión hubiera producido mucho dinero a los especuladores que movían la máquina y este interés pecuniario hubiera hecho interminable toda disputa. Siempre lamentaremos la corrupción de costumbres, que causó esta mujer infeliz, mas habremos al mismo tiempo el consuelo de no haber aumentado el mal con medidas imprudentes y de haber defendido la religión de un modo el más noble y eficaz, sin que nadie, aun los más impíos, sospechase la más ligera debilidad. ¡Cuántas imitadoras de Fanny Wright encontramos por todas partes, aunque menos descaradas, pero no menos perversas! No ha faltado quien sospeche Que, a pesar del desinterés que aparentaba, la famosa predicadora no dejaba de echar sus miradas a las pesetas que ganó en abundancia por la imprudencia de muchos que gustan de comprar todo lo malo; y así es que siempre se vendieron sus escritos impíos, aunque destituídos de todo mérito literario. Este es uno de los escollos más formidables para las jóvenes de algún talento, si por otra parte son algo interesadas; y no hay duda que la vanidad hace que muchas adolezcan de este mal, que siempre es peligroso y destructor. Desea una mujer los medios de satisfacer sus caprichos, y al mismo tiempo quisiera pasar por instruida, lo cual no es muy fácil a menos que posea un carácter extraordinario; pero sí puede conseguirse con muy poco trabajo, en logrando ahogar, por decirlo así, la conciencia, entregándose a la impiedad. Esta suele ser más ventajosa que la prostitución y no lleva consigo tanta deshonra entre los hombres, y así es que suelen muchas mujeres constituirse meros instrumentos de algunos perversos, siendo unas verdaderas esclavas. Fanny Wright pertenece a esta clase y ha sido una de las notables por ser una de las más atrevidas.

He querido hacer estas observaciones, para probar que la impiedad de las mujeres por lo común proviene de la de los hombres y que el único medio de manejar estas impías es, como ya he hecho, hacer que conozcan que no se nos oculta su miseria y que no damos otro valor a sus palabras que el que tiene su pasión, que es ninguno. De este modo se consigue disgustarlas de sí mismas, y faltando o aminorándose la vanidad, no es difícil que sigan los dictámenes de la recta razón y sana moral. Es preciso tratarlas en su línea como a las rameras en la suya, pues en ambas clases de mujeres perdidas tiene el crimen un mismo origen, aunque no siempre se hallan juntos ambos defectos. No sé si habrás notado que la incredulidad no es muy común en las prostitutas y más bien son personas obstinadas en sus crímenes, con la vana esperanza de enmendarse; y no bien se hallan en peligro de muerte cuando ellas mismas piden ser reconc*ilíada*s con Dios y con su Iglesia. No me acuerdo de haber encontrado una sola incrédula. ¿De qué proviene esta fe aunque muerta? De la gracia que sin ser santificante prepara a la santificación y excita al alma continuamente para sacarla de un estado tan miserable; pero también hay otra causa y es que la incredulidad no traería ventaja alguna en cuanto a las miras temporales de estas miserables; y así es que no se cuidan mucho de pensar sobre puntos de religión, puesto que aun cuando ésta no existiese serían tratadas del mismo modo en la sociedad. Por lo que hace a los remordimientos de la conciencia no puede acallarlos la impiedad, que mucho menos cuando ellas mismas conocen su depravado origen, pues viene a ser un recurso subsecuente a la comisión de crímenes que tratan de continuar. Es, por tanto, mucho más lamentable la situación de las impías decentes que la de estas mujeres inmorales, aunque el mundo dé a veces títulos muy honrosos a aquellas perversas, que causan mucho mayores daños; pues una prostituta no tiene influjo para inducir a muchas a que lo sean y una impía condecorada y aplaudida ejerce con gran poder sobre las jóvenes de su sexo y arrastra muchas de ellas a la perdición.

Hasta ahora, he comparado estas dos clases de mujeres como si efectivamente fueran diferentes, mas yo creo, Elpidio, que a tu penetración y sano juicio no podrá escaparse que forman dos especies de una clase general, que se divide en públicas, y ocultas, o sea degradadas y aplaudidas. Puede establecerse como regla que tiene pocas excepciones, que todas las mujeres impías son disolutas, o se preparan para serlo, y solo se detienen porque aun no han podido perder el hábito de respetar la virtud, que ellas consideran como una invención humana y como una lamentable debilidad. Las observaciones que anteriormente he hecho sobre las causas de la impiedad deben tenerse presentes, con mucha más razón cuando nos vemos precisados a tratar mujeres impías, que escudadas con las prerrogativas de su sexo, suelen ocultar una inmoralidad la más desenfrenada bajo el velo de ilustración. Siempre he compadecido a los simples que se dejan alucinar con los discursos y chistes de estas perversas, llegando la tontería de muchos hasta el extremo de contraer matrimonio con ellas, que es la última desgracia que puede suceder a un hombre de honor. Yo quisiera, Elpidio, que los jóvenes tuviesen presentes los daños que pueden causarles estas mujeres peligrosas de quienes solo puede esperarse engaños de todas clases, porque tienen talento para practicarlos, decoro y prestigio con que disimular sus maldades y ninguna clase de vínculo que las una a la virtud, y así es que llegan a connaturalizarse con los crímenes.

La historia de la mayor parte de las mujeres que se han hecho célebres por su impiedad, bien que dotadas de talentos brillantísimos, prueba claramente, mi querido Elpidio, que no son vanas conjeturas sino lecciones de experiencia las que acabo de exponer. Acuérdate de las favoritas de los más célebres filósofos impíos o seudofilósofos del siglo dieciséis; cuyos nombres, por más excecrables que sean, no quiero indicar; y te convencerías, por innumerables pasajes de su vida, que desconocían el honor y solo abundaban en medios de aparentarlo. En los siglos posteriores y aun en la época presente encontramos mil ejemplos que confirman lo mismo y a la verdad que casi es imposible indicar uno que pruebe lo contrario. ¡Cuánto hubiera ganado la moral si los hombres de juicio hubiesen conseguido que se les oyese cuando declamaron contra estas impostoras! Mas, desgraciadamente, en casi todos los hombres y mucho más en los literatos se advierte una fatal propensión a disimular los defectos de las mujeres de algún talento; y por otra parte llegan éstas a hacerse también por los infinitos recursos que tienen para hacer mal y quedar impune.

Este es uno de los principales motivos por que se han autorizado las iniquidades de las mujeres impías, en las cortes de los reyes donde una porción de pretendientes siempre está pronta para la adulación, aunque tenga el objeto más infame. No hay quien se atreva a hacer frente a estas malévolas cortesanas, que sin presentarse a los monarcas suelen manejarlos por segunda mano y disponer de la tranquilidad y a veces aun de la vida de los más honrados miembros de la sociedad. El temor es la verdadera causa de este gran valimiento, y es muy difícil, por no decir imposible, encontrar hombres denonados, que se hagan superiores a todas las persecuciones y nada teman. La generalidad sigue un partido bien contrario y de aquí resulta que la sociedad en las grandes cortes presenta más refinamiento, pero al mismo tiempo mucha más acendrada malicia.

He aquí otro inconveniente de mucha consideración para la reforma de las costumbres y restablecimiento del orden social, que jamás puede ser guardado cuando está en manos de los impíos. Es sabido que las ciudades menores y mucho más las de provincia toman siempre por modelo la corte y que el espíritu de imitación llega a ser extremo. De aquí resulta que muy pronto se encuentran filósofas de provincia e impías descaradas, que se consideran discípulas de las que desmoralizan la capital; y los especuladores, que creen ganar cerca del trono agradando a estas indecentes que mueven a los que rodean a los monarcas, no cesan de celebrar a las ilustradas provinciales para que los recomienden y sacar partido. Este es el mundo, Elpidio, y ojalá pudieran todos conocerlo. Lo más sensible es que los mundanos son los que menos conocen el mundo y teniendo grandes pretensiones al saber, presenta una gran dificultad su corrección. Llevan un golpe tras otro y los desengaños se suceden, pero tal es la vana idea que han formado de su mérito y experiencia, que siempre atribuyen a casualidad los resultados de su ignorancia.

La suerte de estos miserables es digna de compasión, y mucho más cuando, abandonados por los que acaso podrían remediar su desdicha, no solamente llegan a considerarse ilustrados sino con un título adquirido, como suelen decir, a fuerza de experiencia, para constituirse guías de la sociedad. Es muy peligroso hacer frente a estos maestros y tanto más cuanto que habiéndose dado ellos mismos el título no es fácil que lo revoquen. Lo más conveniente es no presentarles argumentos, sino hechos, y algunas insinuaciones sobre sus causas, dejando a su entendimiento que haga las inferencias que deben convencerlos. De ningún modo apruebo el plan de algunos que piensan sacar ventaja por medio de una baja adulación, y así es que tributan mil elogios a los medianos talentos de algunos impíos, creyendo que de este modo oirán con más interés las verdades que niegan sin debido examen. Estas supercherías, además de ser ilícitas, producen siempre un efecto contrario, pues apenas hay un hombre tan fatuo que no conozca cuando le elogian más de lo que merece; aunque hay muchos que gusten de estos elogios exagerados solo porque suponen un engaño en el panegirista, que sirve a los intereses del elogiado aunque no convenza su entendimiento. La consecuencia que suele sacarse en estos casos es que la admiración proviene de ignorancia, y bien puedes percibir, mi amigo, que el que así piense no estará muy dispuesto a seguir los consejos de un fatuo, a quien ha sabido engañar. La franqueza siempre es necesaria y mucho más cuando trátase con personas de algún talento; y de aquí resulta que si llegan a observar que efectivamente no nos hemos equivocado acerca de su mérito y que no les hacemos injusticia ni tampoco les tributamos honores que no merecen, llegan al fin a formar un buen concepto de nosotros, y ésta es la mejor disposición para que nos oigan sin animosidad.

Vivamos con los impíos de un modo que pueda inducirlos a dejar de serlo. Este remedio, que tú siempre has aplicado con tanto acierto, es el que yo quisiera ver difundido por todo el orbe y especialmente por el país que ambos queremos y donde tú, cual Títiro bajo la sombra de los árboles de una eterna primavera, seguramente no olvidas a tu Melibeo que, lejos de la patria, espera los rigores de un severo invierno.

Carta quinta. Quejas justas e injustas de los impíos

Mézclase, amado Elpidio, con el santo interés de la religión el puramente humano de las personas religiosas, y con la obcecación de la impiedad el furor de los impíos; resultando de este conjunto el monstruo más horrendo, cuyas crueldades afligen la naturaleza, perturban la propiedad y deshonran la Filosofía. Cométense atentados por ambas partes y es preciso que los examinemos con la calma de una caridad cristiana y una buena lógica, si queremos proceder con justicia y no contarnos en el número de los ilusos.

Quéjanse con razón los impíos de la crueldad con que muchas veces han sido tratados; de la precipitación y, por decirlo así, del ansia con que han corrido por todas partes muchas personas piadosas, con el decidido empeño de encontrar incrédulos que combatir; de las calumnias atroces a que ha dado lugar la prevención e ignorancia de muchos que oyen con placer y se dejan arrastrar por los que ostentan un falso celo, que no es sino una infame vileza. Quéjanse justamente de la hipocresía de muchos especuladores, que pretenden ser muy religiosos, solo para ocultar mejor la impiedad y conseguir cuanto quieren declamando contra los impíos. Quéjanse de los robos que repetidas veces se han hecho bajo el pretexto de religión. Quéjanse de las tinieblas que han esparcido personas ignorantes, y algunas muy perversas, bajo el pretexto de difundir la luz de la fe, cuyos fundamentos desconocen. Quéjanse de la iniquidad con que se ha hecho uso de la religión como instrumento de la política. Quéjanse, en fin, de que no se emplean con ellos los medios justos y caritativos de que he tratado en mi carta anterior.

Estas quejas son tan fundadas que todos los esfuerzos que hasta ahora se han hecho para acallarlas, solo han servido de pábulo a la venganza, que tantos males ha causado. Siempre espera una satisfacción el ofendido y no puede menos de exasperarse cuando lo que encuentra es una descarada apología de los más escandalosos atentados, o una artificiosa disculpa, que no solo no aminora la enormidad del crimen, sino que prepara los ánimos para que no extrañen su repetición. Es menester confesar que ésta ha sido la injusta y equivocada conducta que han observado, respecto de los impíos, muchos hombres por otra parte sensatos y de buenos sentimientos. Creen que si los enemigos de la religión consiguen probar injusticias en sus cultivadores, se llenarán de orgullo y serán más obstinados; pero no advierten que este orgullo y obstinación serán mucho mayores cuando adviertan la nueva injusticia con que se quiere defender o disculpar la primera.

Llegan, pues, los impíos a persuadirse de que todo cuanto se dice contra su impiedad tiene por origen el odio a sus personas, y aunque en esto se equivocan, es preciso confesar que a veces tienen mucha disculpa en su equivocación. No pueden conciliar con el Evangelio la falta de caridad que notan en la conducta de muchos, respecto de ellos; y, o los tienen por hipócritas que fingen ser creyentes, o por mal intencionados, que sin embargo de creer en el Evangelio, no siguen sus preceptos, solo por la satisfacción que les causa el vengarse. En ambos casos la queja es justísima.

Mas otras muchas son infundadas y solo prueban que el desarreglo de las pasiones no permite a la razón un examen imparcial, o que pretenden los impíos ocultar sus depravadas intenciones bajo el velo de la justicia y humanidad que invocan. Haré algunas reflexiones sobre varias de ellas, porque sería muy dilatado el considerarlas todas; pues los impíos han procurado justificarlas, con el fin de que algunas sean creídas, y que el gran conjunto alucine a los incautos.

Suelen quejarse los impíos de la reserva que usan respecto de ellos los creyentes, que a veces pasan al desprecio más completo, solo por una falta intelectual. Esta es una estratagema la más ridícula, pues los mismos que la usan descubren con su conducta en otras ocasiones, que conocen su debilidad y falta de fundamento. Basta para convencernos el observar a los mismos impíos en los diversos estados de la política. Supongamos que, alegando la libertad de pensar, hubiese un majadero que empezase a predicar por las calles de New York la necesidad de restablecer en esa república el antiguo gobierno de Inglaterra; ¿no crees que, prescindiendo de lo que hiciese la autoridad, el predicador encontraría un justo castigo de parte del pueblo, y que acaso los impíos serían los primeros en aplicárselo? ¿No correría igual suerte el que en Viena predicase la necesidad de constituir una república? Pensemos del mismo modo en materias religiosas y el asunto no presentará dificultad alguna. Todos pueden ser impíos, y mientras la impiedad esté en la mente, no puede ser objeto de nuestras observaciones; y así es que, hablando con exactitud, ninguno sufre sino por lo que hace y puede evitar. ¿Cómo puede haber un derecho para exigir de una sociedad religiosa la aprobación de los ataques que se hacen contra ella? Supongamos que hubiese un pueblo enteramente compuesto de impíos, ¿aprobarían éstos a los piadosos que fueran a predicar y a hacer prosélitos? Es, pues, totalmente infundada toda queja, en cuanto al desprecio, con que son mirados los impíos.

Yo no hablo de persecuciones por la ley, sobre las cuales es bien sabido mi opinión; hablo solo de la que puede llamarse repulsa social, que existe y existirá siempre entre los impíos y los creyentes, y es más enérgica que todas las leyes. El pueblo en que habito confirma mi asensión, y no puede darse mejor prueba de ello. Si se conserva el mutuo respeto, la sociedad permanece tranquila y ordenada, como sucede en este país; mas no por eso son menos fuertes los ataques, ni menos sensibles sus efectos. Cuando se procede sin cortesía ni prudencia, se destruye la paz y armonía sociales. Si los impíos son más numerosos, sufren los creyentes; y si éstos preponderan, aquéllos son mortificados. Depende de la misma naturaleza de las cosas y se observa en todas las materias de opinión, pues naturalmente se reúnen los que piensan del mismo modo, y solo se respetan por consideraciones sociales los de contrario sentir; mas sería muy necio el que reclamase un derecho a la confianza que él mismo no querría conceder. Siempre me he persuadido que las quejas de los impíos, en esta materia, no son más que unos medios de especulación, pues intentan fascinar a los creyentes recordando, con hipocresía, doctrinas evangélicas y derechos de la humanidad; se suponen perseguidos e inventan mil cuentos. Solo para conseguir cuanto quieren por medio del temor y de la vanidad. Sí, mi amigo, un ánimo piadoso siente tanto la ruina espiritual de otro, que todo lo sufre antes que causarla; y los impíos, que perciben esta buena disposición, se dan siempre por compelidos al crimen y escandalizados a la menor contradicción que experimentan. Preválense también de la vanidad porque muchos, equivocando la debilidad con la prudencia, y movidos solo por el deseo de ganar la estimación, apoyan las injustas quejas de los impíos solo por ser tenidos por generosos y despreocupados. Este es un mal gravísimo y un ataque el más injusto al derecho de pensar que tanto se quiere defender. Por medio de una compulsión moral, que a veces equivale a la física, se quiere obligar a los creyentes a que renuncien a sus ideas y admitan las de los impíos; solo por no aparecer enemigos de ellos. ¡A cuántos ha hecho perseguidores el deseo de no serlo! Pónese en acción la vanidad, que es la más insidiosa de todas las pasiones, y los hombres más sensatos suelen sacrificar sus sentimientos, solo por no incurrir en la odiosa nota intolerante. Conviértense de hecho (aunque no en su corazón) en los más crueles enemigos de los que tienen las mismas ideas y al mismo tiempo más firmeza para proceder conforme a ellas y resultan los creyentes perseguidos solo por el vano pretexto de impedir que persigan a los impíos, los cuales se burlan de los simples que caen en este lazo y se animan para tender otros más funestos.

¿De qué persecución se habla? ¿Por qué se da este nombre odioso al uso de un derecho el más sagrado, para cohonestar el ataque más injusto? El creyente tiene un derecho incontestable para proceder conforme a sus ideas siempre que no infrinja las leyes sociales y mucho menos las evangélicas. El admitir o no a la confianza privada e intimidad, el poner en manos de otros los intereses personales y de familia, debe ser un acto enteramente libre y no sujeto a investigaciones ni reclamos. Siendo, pues, la opinión de un creyente que la impiedad es el principal de los crímenes y el origen de otros muchos, tiene un derecho a proceder conforme a estos principios en cuanto a la elección de las personas de su confianza y de los miembros de su familia. Nadie tiene derecho a serlo y así nadie debe quejarse por no serlo. Este asunto, Elpidio, es de la mayor importancia y yo podría presentarte muchos ejemplos de familias desgraciadas solo por evitar las injustas quejas de algunos impíos, a los cuales se han entregado y por quienes han sido destruidas. Bien conoces que una explicación más extensa me expondría a incurrir en personalidades que detesto; mas espero de tu prudencia que infieras lo mucho que podría decir, no con pruebas aéreas, sino con datos tan evidentes como lamentables. Yo solo quisiera que los infelices que llevan la condescendencia social hasta el punto de sacrificar sus sentimientos religiosos, meditasen un momento sobre el degradante y ridículo papel que representan a la vista de esos mismos impíos, a quienes quieren agradar. Sí, esos mismos que astutamente se quejan, luego que consiguen su intento, consideran a los que se han dejado llevar de sus consejos, o como unos hipócritas que se han fingido creyentes, o como unos débiles, por no decir bajos, que sacrifican sus creencias por consideraciones humanas. En ambos casos el papel es muy deshonroso.

Este mal es de tanta trascendencia que afecta aun a las personas más precavidas y se difunde en los países más ilustrados. No necesito probarte que la indiferencia en religión equivale a la impiedad, porque verdaderamente no cree nada el que sostiene que no importa la elección de lo que se cree. Estos indiferentes pueden muy bien llamarse impíos religiosos, por más contradictorios que sean estos términos; puesto que pretenden conservar alguna religión, cuando solo conservan una verdadera impiedad. Existe en este país una gran multitud de esta clase de impíos, y como se cubren con un velo de religión, hacen que sus quejas sean oídas por el pueblo con más interés; y aun muchos ilustrados, que perciben claramente la trama, caen en ella, defendiendo con su ejemplo, si no con palabras, el indiferentismo religioso. ¡Observa, Elpidio, cuán astuta es la impiedad! El pueblo, más práctico en materias de libertad religiosa, viene a ser el enemigo de todas las religiones, al paso que todas son protegidas por la ley; proviniendo este ataque de haber tomado parte la vanidad en la defensa. No hay una conversación en que no se oiga repetir con frecuencia «yo no soy preocupado, yo soy muy liberal y condescendiente en materias de religión». Si esto quisiese decir «yo no insulto a nadie en la sociedad por materias de religión», equivaldría a decir, «yo opero como todos en el país, excepto un corto número de imprudentes»; mas el significado es distinto; y el verdadero principio que quiere inculcarse es la indiferencia dogmática, o mejor dicho la nulidad de dogma, teniendo por buenos todos los dogmas siempre que una persona los crea como tales. Puedes inferir que los que así piensan, al mismo tiempo que pretenden pertenecer a una religión determinada, no son más que unos impíos hipócritas que se cubren con un vestido de piedad y franqueza. He aquí la gran táctica y la astucia con que por medio de quejas consigue la impiedad un triunfo lamentable.

Efectivamente, hay muchas personas en este país, que juzgando de un modo bien distinto usan del absurdo lenguaje que acabo de mencionar, solo porque es moda, y el que lo omite pasa por un preocupado y se expone a las quejas de innumerables personas, muy piadosas dicen, aunque de distinta creencia. ¡Triste fanatismo en medio de tanta ilustración! Si se pregunta a una de estas personas, si desea destruir la religión y promover la impiedad, se da por altamente ofendida, cuando no hace otra cosa propagando un principio destructor de todo dogma y de toda religión. Si la impiedad se quitase esta máscara religiosa, sería detestada por los mismos que ahora la celebran como una alta prudencia y caridad acendrada. Véase cuánto pueden las quejas infundadas de los impíos cuando los creyentes son, o tan incautos e ignorantes que las creen justas, o tan débiles y condescendientes que conociendo su injusticia no se atreven a desatenderlas.

Siempre se presenta a este pueblo como un modelo de perfección, y aunque yo soy uno de sus admiradores, quisiera igualmente que no se alucinasen muchos y perdiesen la importante lección que la experiencia puede darles en este mismo país que tanto elogian. Los defectos de los grandes hombres siempre han sidos el mejor correctivo para enmendar a los medianos; y del mismo modo, las imperfecciones de los pueblos adelantados deben servir de antídoto para el veneno que pueda introducirse en otros menos prácticos. Todo el que no sea un necio, o un iluso, percibirá que el principio de tolerancia religiosa civil ha ido degenerando en el de tolerancia dogmática o puramente religiosa, de la cual resulta una nueva religión, que no tiene nombre y a la verdad que no es fácil encontrárselo. Yo, entre los míos, suelo llamarla la religión de los nadas; y ya que la pluma ha resbalado a comunicarte mis chanzas, ten paciencia y permíteme que exponga mis pensamientos. Las personas a que aludo no sufren ser contadas entre los impíos y muchas de ellas no lo son. Tampoco se consideran ligadas a religión alguna de las diversas sectas conocidas. No han formado el monstruo religioso propuesto por Jerieu, esto es, una Iglesia compuesta de todas las sectas, antes defienden la independencia de cada una de ellas y combaten la unidad de la Iglesia. Si me preguntas, ¿qué son estos individuos? Respondo que son unos ilusos o unos impíos; mas si me pregunta, ¿qué aparentan ser?, creo que puedo decir que son unas personas que al paso que se tiene por religiosas, son nada; y he aquí por qué la llamo la religión de los nadas. Desgraciadamente se va extendiendo cada vez más y sirve de capa a los impíos, que no les desagrada cubrirse con ella, porque conocen que es el mejor disfraz y el medio más a propósito para conseguir el aprecio de personas verdaderamente religiosas, sin sujetarse a los dogmas ni a la disciplina de ninguna religión. De aquí es que no cesan de elogiar este sistema, o mejor dicho esta conducta político-religiosa, y se quejan amargamente cuando se encuentran con un hombre de firmeza bastante para no hacer un papel tan ridículo como es el de engañado o el de farsante religioso, que representa según las circunstancias, con el solo objeto de agradar; sin advertir o sin cuidarse mucho de la degradación en que incurren para los sensatos aun cuando no sean impíos.

Además de las quejas religiosas tienen los impíos la fatal costumbre de darse por ofendidos a la menor circunstancia que no satisface sus deseos; y causan mucha inquietud a varias personas piadosas. Estas quejas son de una nueva especie, aunque se prevalgan de los sentimientos religiosos si los encuentran en la persona a quien se dirigen. Podremos llamarlas quejas sociales, y si se quiere, quejas filosóficas, ya que tienen el arrojo de llamarse filósofos los enemigos de la verdadera Filosofía, que se han constituido apóstoles de la impiedad. Si la desgracia, Elpidio, te obliga a tratar con esta familia, observarás que siempre están dando quejas y reclamando agravios. Pierde toda esperanza de complacerlos y proponte solo cumplir tu deber. Son los más ingratos y siempre se están quejando de ingratitud. Deben pues considerarse como unos maniáticos y no inquietarnos por sus quejas, ni envanecernos por sus elogios, pues aquéllas sucederán a éstos en el momento en que no crean haber sacado todo el partido que deseaban o que hayan explotado bien la mina. En sus principios está el ser ingratos y en los nuestros debe estar el no hacer caso de su ingratitud y no ser tan simples que esperemos otra cosa de unos hombres que nada esperan sino lo que puedan sacar. De aquí resulta que siempre están en una continua queja entre sí mismos, lo cual prueba que no es precisamente por consideraciones religiosas, sino por especulación frustrada. Proceden, mi amado Elpidio, como lo que ellos dicen que son, esto es, como unos puros animales de una especie mucho más perfecta que los demás que conocemos. En consecuencia, tienen por norma la sensibilidad y todo lo que no la gratifica es malo; y así es que la gratitud, a no venir acompañada de la vanidad que produce un efecto sensible en el homenaje y aplauso de nuestros semejantes, no tiene poder alguno en su corazón y menos puede ser aprobada por su entendimiento. Quéjanse lo mismo que ruge un león por la comida, o dan otros signos otros animales de distinta especie.

Como sé que has leído las *Memorias* de Marmontel, quiero recordarte algunos pasajes que sirven de apoyo a mis observaciones. El miserable Rousseau, que siempre tuvo la fortuna de ser ridiculizado, porque jamás pudo ocultar su soberbia y artería, consultó al tunante de Diderot sobre qué parte tomaría en el célebre programa propuesto por la Academia de Dijón, esto es, si debería defender que las ciencias son útiles a la sociedad, o si se constituiría abogado de la ignorancia. Quiso reírse Diderot del pretendido filósofo y le aconsejó que atacase las ciencias diciéndole que de este modo tenía seguro el mérito de singularidad, pues no había duda en que todos sus antagonistas tomarían el camino ordinario y racional de defender las ciencias. Este consejo, dado acaso sin otro objeto que el de burlarse del vanidoso y versátil filósofo, era tan análogo a su carácter que no vaciló en admitirlo: y he aquí al apologista de la ignorancia por obtener el premio de la sabiduría. Sabes que se lo concedió la Academia y yo soy sobre este punto del sentir de La Harpe, esto es, que aquella ilustre corporación se presentó mucho más imprudente y ridícula que el mismo delirante a quien premió tan vanamente. Sin embargo, no siendo las glorias ni deshonores del ginebrino el objeto que me propongo, solo llamaré tu atención sobre el carácter falso de los impíos, y por consiguiente, sobre lo infundado de sus quejas cuando nos precavemos de ellos. Bien sé que de un caso particular nunca puede deducirse una proposición universal y que las extravagancias de un individuo nunca probarían las de todos los de su clase. Por tanto, solo me propongo ejemplificar una observación que ya creo haber fundado en infinitos casos, a los cuales tú, mi Elpidio, sin duda podrías agregar otros muchos. Son muy dignas de copiarse las palabras de Diderot que refiere Marmontel, cual se las había referido a Voltaire.

»Hallábame preso en Vicennes, dice Diderot, cuando vino a verme Rousseau. Me había hecho su Aristarco según él mismo había dicho. Paseándonos un día me notició que la Academia de Dijón había propuesto un programa interesante, a saber: si el restablecimiento de las ciencias y las artes ha contribuido a rectificar las costumbres. "¿Qué partido piensa usted tomar?" le dije. "La afirmativa", me respondió. "Este es el puente de los asnos", le respondí; "todos los talentos comunes tomarán el mismo camino y no encontrará usted sino ideas comunes, al paso que el partido contrario presenta a la filosofía un campo nuevo, rico y fecundo". "Tiene usted razón", me dijo después de haber reflexionado por algunos momentos; "seguiré vuestro consejo." Desde este instante, agrega Marmontel, quedó decidido el personaje que debía representar y su máscara.» (Lib. 7, pág. 223).

He aquí, Elpidio, un ejemplo de la sinceridad de los impíos y del deseo que tienen por encontrar la verdad y promover la filosofía. Son unas máscaras y nada más. No en balde, dijo Voltaire, luego que oyó esta anécdota: «Ese hombre es una ficción de los pies a la cabeza, en cuerpo y en alma: agrádale representar a veces el estoico y a veces el cínico; «él se desmentirá sin cesar hasta que su misma máscara lo ahogue.»Mas, pregunto, ¿no usaba Voltaire mil máscaras y no puede servir para dar más peso a la observación? Sigamos observando al filósofo ginebrino en la representación de su ridículo papel y puedan sus miserias corregir a sus incautos admiradores. Determinado ya a engañar a todo el mundo, conoció que debía dar algún aire de misterio a su farsa, introduciendo algo de sobrenatural y divino en la más baja de las imposturas. Oigamos cómo refiere a su inspiración maravillosa en una carta a Malesherbes. «Yo iba a ver a Diderot, que se hallaba preso en Vicennes, y tenía en la faldriguera el Mercurio y sacándolo me puse a hojearlo por el camino. Encontré la cuestión de la Academia que dio motivo a mi primer escrito. Si ha habido alguna cosa semejante a una inspiración súbita, sin duda lo fue el movimiento que yo sentí a esta lectura. Sentí de golpe mi espíritu bañado de mil luces y un conjunto de ideas muy vivas se presentó a la vez con una fuerza y confusión que me pusieron en un desorden inexplicable. Experimenté un atolondramiento semejante al de la embriaguez. Me oprimió una palpitación que me hinchó el pecho, y no pudiendo caminar ni respirar, me tendí bajo un árbol, donde pasé media hora con tanta agitación que al levantarme advertí que mis vestidos estaban mojados con mis lágrimas, que no sentí cuando las derramaba.»De esta profunda y misteriosa meditación nos quiere hacer creer Rousseau que provino el cúmulo de elocuentes disparates con que halagó tantos oídos dañando tantos corazones.

¿Puede darse mayor superchería? ¿Es éste el hombre que tanto ha declamado contra los impostores y que constituido en un Heráclito moderno jamás cesó de quejarse y de condolerse del alucinamiento de los hombres? Infiere, mi amigo, qué caso debe hacerse de semejantes quejas. Bien se lo dieron a conocer sus mismos amigos, y básteme recordar que habiéndole jugado una de las suyas a Duclos, éste le dijo: «quiero saber si sois pícaro o tonto». «Ni uno ni otro», respondió Rousseau, «sino un hombre desgraciado». «Guardad vuestra elocuencia, le dijo Duclos, para usarla con otros; pues, en cuanto a mí, sé su valor y no puedo alucinarme.» Púsole entonces su intriga en claro y quedó enteramente confundido el quejumbroso filósofo. ¡Cuánto ganaría la sociedad si fueran tratados de este modo los imitadores de aquel llorón resabido! Dispensa, amado Elpidio, que te moleste con la narración de un hecho que en cierto modo puedo llamar personal y que prueba que no era único en su manía, o sea en su perversidad, del autor del Emilio. Hallábame de profesor en el colegio de San Carlos de La Habana, mi querida patria, y entre otros majaderos (que es familia que siempre me ha perseguido) entró en mi cuarto un hombre como de treinta años, flaco, pálido, débil y mal vestido, cuya vista no me dejó duda de que era un pobre enfermo. A los pocos momentos de conversación conocí que su alma estaba mucho más enferma, pues era un gran impío, y continuando en darme idea de su persona supe que era uno de los afrancesados. E ignorando acaso mis principios políticos aunque no podía ignorar los religiosos, me contó que había hecho a todos los partidos según lo había exigido su utilidad y que en las excursiones del ejército francés siempre tuvo buena cama, aunque careciese de ella el mismo obispo. Ya conocerás que el buen pancista tenía para mí todo lo que necesitaba. Sin embargo, por más esfuerzos que él hizo para presentarse como un bruto, yo no pude olvidar que aun era hombre y le traté como tal, procurando consolarle y socorrerle sin ofender su delicadeza, que en los impíos es extrema, porque lo es la soberbia. Propúsome que le comprase una obra dejando el precio a mi arbitrio. Páguele más del duplo del valor, y no pudiendo ocultársele esta dádiva, me insinuó que había querido favorecerle. Sin duda estuve a riesgo de que me sucediese lo que al conde de Aranda, embajador español en Francia, a quien Rousseau llenó de oprobios por un caso semejante; pero afortunadamente escapé de este peligro. Volvió a los pocos días vendiendo otra obra de mucho valor, que después supe no era suya, sino que un hombre caritativo no teniendo más que darle (después de haberle dado bastante), se la entregó para que la vendiese y usase el dinero. No pudo venderla en el colegio, y sin otro motivo entró en mi cuarto declamando o mejor dicho blasfemando con furor y no sin elocuencia contra la ingratitud de los hombres; y acuérdome que entre otras cosas me dijo que se hallaba como el célebre Juan Santiago, abandonado de los hombres y perseguido de la fortuna. Yo dije para entre mí, «y tan inicuo y poseído del diablo como el original de que eres copia», pero no quise responderle ni una palabra. Salió de mi cuarto sin despedirse y con un aire de desesperación. En tal estado no creí que debía abandonarlo y le seguí por ver si podía calmar aquella fiera. Detúvose en el claustro donde le dirigí algunas palabras, que si él hubiera meditado, sin duda hubiera conocido su locura; mas su pasión era tan fuerte que no pudo contenerse en desahogarla con nuevas y ridículas declamaciones, acompañadas de visajes que en otras circunstancias me hubieran causado risa y entonces solo me causaron tristeza al ver a qué punto de degradación lleva a los hombres la impiedad. Puedes inferir que salió del colegio maldiciendo por la injusticia con que se le había tratado, la cual consistió en no darle noventa pesos por una obra que quería vender, sin embargo de haberle ya comprado otra por un precio exhorbitante.

Volví para mi cuarto muy triste por la escena que acababa de presenciar y haciendo reflexiones sobre la ingratitud a que conduce la impiedad y sobre la injusticia de las quejas de los impíos. ¡A cuántos, decía yo, no alucinará este infeliz con la tal cual elocuencia que por desgracia posee! ¡Cómo describirá este colegio, donde solo ha recibido atenciones, y cuántos lo creerán por la propensión de moda que es creer cuanto se dice contra los eclesiásticos! Así, me decía yo a mí mismo, así se habrán calumniado otros muchos institutos, y las quejas de los impíos solo deben ser miradas como unos signos indudables de sus calumnias. Sí, Elpidio, mientras más se quejan, más cierto es que han calumniado. Deseaba yo en aquellos momentos poder tener presente toda la juventud de La Habana, para que recibiese una lección práctica de lo que valen los impíos, y qué crédito debe dar a sus palabras cuando con suma hipocresía se dan por perseguidos. Si la narración de este hecho te ha fastidiado, espero que me dispenses considerando que me afectó en tales términos, que a pesar de haberse pasado muchos años no puede borrarse de mi memoria; y así no es mucho que, sin saber cómo, me haya deslizado a referirlo en una carta en que la amistad parece darme un derecho a la confianza.

Basta de anécdotas, me dirás. Sí, basta, respondo; y ojalá nunca haya una de esta especie que referir, pero mientras se repitan por todas partes, como diariamente observamos, es conveniente no olvidarlas; pues son lecciones prácticas, que a veces sirven más que todos los volúmenes. Es incalculable el mal que causa la impiedad cuando se presenta como objeto de la compasión, y así es necesario quitarla esa máscara alevosa y hacer que aparezca en circunstancias particulares con su verdadero aspecto, para privarla del medio de engañar cuando se disfraza con tanta hipocresía. La juventud, impetuosa por naturaleza, se deja arrastrar por las sensaciones vehementes que causa el aspecto de la ciencia y la virtud perseguidas; y como apenas hay un impío que no se presente como sabio y virtuoso, perseguido injustamente por la superstición y el fanatismo, consiguen gran ventaja con sus quejas y declamaciones, induciendo a los jóvenes a cometer horribles atentados. La verdadera ilustración es el escudo contra los dardos de la falsa ciencia, que tantas tinieblas ha difundido sobre la tierra; y así debemos promover los conocimientos exactos para destruir en el corazón humano las emociones engañosas que le convierten en un ciego y ridículo instrumemto de la malicia. ¡Oh, Elpidio, qué rara virtud es la fortaleza, aunque muchos se glorían de tenerla! Yo creo que en nada se manifiesta tanto como en resistir los sentimientos del amor propio, cuando para engañarnos a nosotros mismos le damos los nombres encantadores de humanidad, justicia y ciencia. Muchos resisten los ataques del temor, pero muy pocos dejan de ceder a los halagos. De esta debilidad humana se prevalen los impíos, y he aquí el secreto del poder de sus quejas infundadas. Concédanos el cielo, mi amado amigo, ver propagados los verdaderos espíritus fuertes, entre los cuales ocupas un lugar distinguido, siendo la delicia de tu invariable, etc.

Carta sexta. Furor de la impiedad

No quisiera, mi amado Elpidio, presentar a tu imaginación imágenes terribles que no pueden menos de conmover un alma sensible como la tuya; pero tal es la impresión que causa en la mía el cuadro horroroso de los furores de la impiedad, que para buscar un consuelo, me he determinado a manifestarte en esta carta las tristísimas reflexiones, que he hecho sobre esta miseria poderosa, que llenando de espanto a los mortales, es al mismo tiempo humillada bajo la mano de un Dios vengador, que la permite como castigo de tan audaces criminales. Créese el hombre superior a todo cuando de nada se cuida; y esto, que en el virtuoso es origen de paz y alegría, lo es de inquietud y tristeza en el impío, cuya situación ya he considerado en mis cartas anteriores; mas quiero ahora entrar en ciertos detalles, cuyo examen arroja mil pruebas de que la impiedad es el más horrendo de los monstruos y la más lamentable de todas las calamidades.

Enfurécese el impío a la vista de una religión en que encuentran su consuelo millones de seres dichosos, que en vano ha procurado presentar como ilusos;

pues su misma alma le dice que la ilusión es incompatible con la felicidad verdadera y que el tiempo, que ha acabado con todas las ilusiones, lejos de destruir, conforma y propaga la santa religión. Entra la soberbia a atormentar al impío y más de una vez repite la exclamación sacrílega del jefe de los famosos incrédulos del siglo dieciocho: ¡será posible que tantos filósofos no podamos destruir la obra de doce pobres ignorantes! Pone en acción todo su talento y hace nuevos esfuerzos, que resultando vanos, solo sirven para aumentar su furor. La vista de un templo, que para los creyentes es una fuente de consuelo, excita en su alma un odio mortal a cuantos le sostienen; y siendo éstos tan innumerables se ve el impío convertido en enemigo de casi todos los hombres, y horrorizado de su aislamiento maldice su existencia. Desea pasar una vida feliz, mas conociendo que la duración de la suya no basta a ver acabados unos males (que tal los llama), tan antiguos y arraigados, que se han burlado de todos los esfuerzos de los grandes filósofos de todas edades, cae el impío en la mayor desesperación, pues nada consigue en este mundo y el otro es para él una quimera. Infiere su furor, mi amado Elpidio, infiere su odio contra la religión y no te admirarás de sus tentativas para destruirla.

¡Desgraciado! Y si la destruyese, ¿vendría la paz a habitar en su pecho? No, mi amigo. Solo se aumentaría su furor. Este es de tal naturaleza que no se calma, como los demás, con la destrucción del objeto odiado; y esta particularidad le deja entrever al impío un origen, cuyo conocimiento quiere eludir de todas las maneras. Prueba, sí, un origen divino en la religión, puesto que el sentimiento de haberla destruido no puede evitarse por ningún esfuerzo humano; y al paso que una vana Filosofía, fascinando el espíritu le persuade que ha difundido las luces, una voz desconocida, pero la más imperiosa, clama continuamente contra tan impío atentado. Empieza el impío a notar que todo no está reducido a este mundo y que del otro descienden destellos de una luz de muy distinta naturaleza. He aquí un nuevo origen de furor. Su engaño es cierto y también lo es su humillación, mas su soberbia es tan grande que se resiente de ser humillado hasta por el mismo Dios. No quiere que haya de ser alguno superior a él y advirtiendo en su corazón estos remordimientos, que prueban estar de algún modo inclinado a admitirlo y sujetarse a sus leyes, se convierte como tigre contra sí mismo y quisiera devorar sus mismas entrañas para que no le atormentasen de un modo tan horrendo. Queda, pues, convertido en enemigo de Dios, de los hombres y de sí mismo. No existen ya para el miserable sino objetos de odio y de furor. La vida es un tormento, pero aun lo es mucho mayor la muerte.

Empieza a conocer la religión que jamás se destruye, si bien pueden seducirse algunos de sus cultivadores, y que cuando más arraigado se cree que está el árbol de la impiedad y más frondoso en vicios que llaman delicias, un soplo cuyo origen no puede conocer le despoja de sus hojas, esparce por los aires sus funestas ramas y abate su erguido tronco. La mano de un ser omnipotente se deja sentir por todas partes y sus correcciones no producen lo que las de un padre cariñoso en el alma de un hijo obediente, sino las de un juez inexorable y justo sobre un delincuente soberbio y obstinado. Confúndele su crimen, pero aun más le confunde su confesión. Ocultarlo es imposible, sostenerlo es locura, detestarlo humillación; y entre estos sentimientos contrarios y poderosos se encuentra el impío en la mayor desesperación. Siendo un mal incalculable, produce un odio a todos los que lo causan, y así es que convierte el impío su dulce furor contra sus semejantes no menos que contra los creyentes.

Esta idea me recuerda una observación que varias veces he hecho, acerca de los sepulcros de los dos corifeos de la impiedad en el siglo pasado. Sabrás, mi Elpidio, que con profanación del templo de Santa Genoveva le han convertido en panteón, y entre los muchos impíos que en él han colocado se notan uno frente al otro los sepulcros de Voltaire y Rousseau. Acaso no ignoras que los ilusos filósofos que cuidan del profanado templo y enseñan a los extranjeros los sepulcros de los diversos personajes, luego que llegan al de Voltaire, dicen, con gran énfasis: «Le tombeau de Voltaire», y al momento se quitan todos el sombrero. Pasan después al sepulcro de Rousseau y le hacen los mismos honores. ¡Qué fanática impiedad! ¡Qué contradicción tan palpable según los principios de los incrédulos! ¡Los católicos son unos ilusos porque veneran las reliquias de los santos, y ellos se creen muy ilustrados haciendo tales homenajes a los restos de Voltaire! De éste, según su doctrina, solo queda una inerte materia; él no tuvo alma o si la tuvo pereció con el cuerpo; y para decirlo de una vez, ya Voltaire no es más que un nombre sin objeto y a este hombre vano se le hacen los honores de un ser real. ¿Puede darse mayor simpleza que pretender honrar un objeto que no existe? Con más razón deberían quitarse el sombrero delante de sus obras. Mas prescindiendo de esta contradicción, yo no he podido menos de recordar una anécdota de la vida de Rousseau que prueba cuán lejos estuvo de convenir con el que ahora es su vecino en sepultura. Hallábase en una casa de campo, que cabalmente está frente a la de Voltaire. Díjole uno de sus amigos (señalando hacia la dicha casa) que allí estaba Voltaire, y él respondió, «si es así, me parece que hasta el aire que viene de ese lado, me inficiona». Voltaire, por su parte, sabemos que no se quedaba atrás en punto a sarcasmos y dicterios contra Rousseau. Ahora bien, ¿cuál de los dos era tan tonto que no conocía el mérito, o tan perverso que lo atacaba? ¿Cuál de los dos merece aquel sumiso homenaje? ¿No es claro que ninguno? Sin embargo estos dos angelitos, que se odiaron a muerte sobre la tierra y que nunca tuvieron doctrina fija, yacen uno enfrente de otro y son honrados a la par como antorcha del saber y normas de la virtud. Como si pudiera haber virtud con odio personal y ciencia con incertidumbre.

Sin duda me acusarás de haber hecho una digresión y yo, con toda franqueza, confesaré que lo conozco; mas creo que no se te ocultan mis motivos y que ellos pueden servirme de disculpa. Yo, sin embargo, podría presentar los héroes de que he tratado como unas normas de furor no menos que de impiedad y de soberbia. Acuérdate cuando el viejo Voltaire saltó de la cama donde yacía enfermo y casi desnudo se puso a bailar de cólera delante de sus amigos; solo porque uno de ellos le dijo que el tunante de Federico, emperador de Prusia, celebrando a un joven poeta dijo que era un Sol en el cenit y que Voltaire era un Sol en su ocaso. Bien que parte de esta furia le venía como poeta, porque todos ellos son furiosos cuando se trata de sus versos, y son más celosos de su crédito poético que las mujeres de su hermosura, que es cuanto puede decirse.

No hay furor más implacable que el que proviene de la vanidad burlada. Reflexiona sobre los diversos lances de la vida humana y te convencerás sobre la exactitud de este pensamiento. Las injurias que no vienen unidas con ultraje son unas pérdidas a las cuales se resigna el hombre fácilmente, sirviendo a veces la misma vanidad de medio para la resignación; mas cuando aquélla es abatida, a no serlo por la mano de la virtud, excita un furor tan constante que el tiempo solo sirve para aumentarlo. De aquí resulta que hallándose el alma del impío despojada de toda virtud, su furor es incomparable con el más terrible que pueda apoderarse del alma de un creyente. Ya he observado en mis cartas anteriores que las virtudes de los impíos no son ni verdaderas ni meritorias sino meramente calculadas para la moral civil. No ejercen, pues, en su alma el imperio de la verdadera virtud y así es que no pueden tranquilizarlo. Las leyes nada dicen sobre el odio ni la vanidad, porque solo se dirigen al arreglo de las operaciones sociales, seguridad personal y derechos mutuos, importándole muy poco al legislador que un necio reviente de vanagloria y que odie a todo el mundo, si a nadie perjudica. Resulta, pues, que la virtud de los impíos, limitada siempre a la observancia de las leyes (cuando no pueden infringirla sin riesgo) viene a ser de ningún valor cuando se trata de objetos no comprendidos en esta esfera; y por consiguiente, lejos de reprimir su furor solo sirven para aumentarlo. Sí, mi amigo, para aumentarlo; pues viendo que ni esta especie de virtud, que sin embargo de ser aparente cuesta algunos sacrificios, puede conciliar al impío consigo mismo después de haber sufrido una herida su vanidad, se entrega más que nunca a la rabia y la desesperación.

Advierte, Elpidio, que no apreciando el impío del mismo modo que el creyente, ni bajo las mismas relaciones, su furor también es de distinta especie o mejor dicho es más furor que otros algunos, pues nada le sirve de obstáculo sino la fuerza física. Los objetos solo tienen un valor relativo a su persona y en tanto valen en cuanto sirven. Por consiguiente, su destrucción, cuando ya no son útiles, en nada afecta a los impíos. El mismo mal que causan se presenta a veces a su vista como un deber, no percibiendo y menos admitiendo cosa alguna relativa a un estado futuro. De aquí resulta que destruyen y matan a sangre fría, cuidándose mucho menos de otros actos de menor consideración. La mano de un asesino que por fortuna conserva alguna fe tiembla y a veces se detiene al dar el golpe, aunque pueda escaparse de la acción de las leyes; mas el impío, que tiene por ignorancia y debilidad un sentimiento semejante, hiere sin temor y solo recibe placer en dar pábulo a su furia. Poco importa el número de las víctimas. El crimen es solo una voz y la venganza una delicia. Si el odio llega a destruir los vínculos que la naturaleza y la educación han estrechado entre los hombres, nada queda sino una furia desenfrenada, que no sintiendo pena alguna en los estragos que causa, los repite gustosa, desconociendo el valor de la palabra crueldad.

Acuérdome que entre las agudezas impías del sarcástico Pirrón se encuentra su epitafio, que él mismo escribió para que a nadie quedase duda de cómo había pasado su triste vida, que por más que pretendía disimularlo fue un continuo tormento. Decía pues el malhadado, «aquí yace Pirrón, que vivió sin saber lo que era y murió sin saber adónde iba». Horroriza, Elpidio, que un ser racional pueda escribir semejante confesión de su ignorancia y de su imprudencia en no querer reconocerla, sino al contrario, guiarse por ella. ¿Qué furia puede compararse a un alma en tan terrible estado? Yo me figuro el pecho de un hombre en tal estado como un infierno ambulante e inseparable donde arde en vida el mísero impío, que a no estar del todo alucinado bien podría saber lo que era y adónde iba si no tomaba otro camino. Seguramente no es Pirrón el único en estos sentimientos aunque ha tenido muy pocos imitadores en la ingenuidad de confesarlos; y por el estado de su alma atormentada puedes inferir el de sus semejantes y a muy corta reflexión que hagas conocerás que estos miserables son víctimas de un furor inexplicable.

No quisiera hablar de la sangre inocente derramada por la inicua mano de la impiedad, porque la naturaleza misma, aun prescindiendo de afectos religiosos, se conmueve con la sola memoria de tantos horrores. Yo soy el primero en lamentar la ilusión de los que para honrar a Dios han creído necesario matar a los hombres; mas también deploro la perversidad de los que piensan probar que no hay Dios matando a los que le confiesan y alaban. Nada más frecuente que las declamaciones contra la persecución religiosa, que siempre se exagera y acrimina; pero se oye con indiferencia la que podemos llamar persecución impía. Empezó ésta desde el principio del mundo y es muy simple el creer que durará hasta su fin. Variará de escena, de medios y de grados; pero jamás de naturaleza. ¿Para qué, pues, el ocuparnos de ella? Para aprender a sufrirla y ofrecerla en sacrificio a un Dios de bondad que fue el más perseguido. Para evitar el ser nosotros el instrumento o causa de este crimen horrible. Para aterrar a los impíos sacrificadores con la misma serenidad y mansedumbre de sus víctimas. Para indicar con el dedo bañado con la sangre de los que, por gloria del autor de ella, recibieron la muerte. Para elevar a la santa religión templos indestructibles, cimentados en sólidas virtudes, que no siendo obras de los hombres no cedan a sus esfuerzos ni perezcan con ellos. ¡Oh, mi Elpidio! Yo imploro tu amistad para que perdones, si, en la profunda tristeza que oprime mi corazón en estos momentos, trasmito al papel expresiones fuertes que contra mi voluntad pueden parecer alusivas. Yo espero toda indulgencia si por desgracia dejo hablar al hombre cuando solo quiero que hable el sacerdote.

La Iglesia de Dios ha extinguido siempre el fuego de las persecuciones; con la sangre de sus hijos y en mar de lágrimas de ternura, ha sumergido en todos tiempos las enfurecidas huestes de la funesta impiedad. Permitidme, ilustres mártires del cristianismo, que yo también me atreva a elogiaros, no para agregar cosa alguna a vuestra gloria, sino para excitar en mi alma las dulces emociones que causa su recuerdo. Permitidme que celebre vuestra inaudita victoria ganada con la muerte de los vencedores y la vida de los vencidos. ¡Cuántos nacieron para el cielo, siempre que murieron unos pocos para el mundo! Tú, anfiteatro romano, respetado por el tiempo cual monumento del triunfo de la santa religión; tú recuerdas, con tu inmenso ámbito y elevados muros, los innumerables testigos de la constancia, mansedumbre y denuedo de los mártires. A tu vista vacila el incrédulo advirtiendo que una ilusión no pudo ser origen de tanto y tan raro heroísmo, ni arrancar con su ejemplo tantas víctimas de las manos de la impiedad y sacrificarlas para destruirlas. Vese levantado en tu centro el árbol de la cruz,1 como en el paraíso de la vida, y a su alrededor entonan los cristianos cánticos de victoria al Dios paciente, cuyos imitadores esmaltaron con su sangre aquel suelo consagrado a las glorias de la Iglesia por sus más encarnizados enemigos. Paréceme que veo las furias infernales huir espantadas al ver el teatro de sus crueldades convertido en un nuevo Edén del cristianismo y que allá, a lo lejos, se devoran arrojando miradas de desesperación sobre la nueva escena de gloria que ha sido efecto de sus asaltos contra la esposa del cordero inmaculado.

Pero ¡ah! No fue la pena de los mártires, los dolores ni la muerte, sino la persecución de la Santa Iglesia. Este fue el verdadero tormento de aquellas almas justas y lo es ahora de infinitos creyentes al contemplar que sin ser tan comunes los mártires, es mucho más común la causa del martirio. Toma la impiedad distinto camino, para ver si consigue destruir la religión que tanto odia, y se presenta mucho más furiosa, aunque más disimulada.

Excusado es decir que no es solo en las cárceles y en los cadalsos donde se sufren los rigores de la persecución y que el modo filosófico puesto en práctica por los enemigos del cristianismo es cruelísimo. Mas, ¿por qué persiguen los impíos la Santa Iglesia? Solo porque su origen es divino y la misma persecución es un signo evidente de esta verdad, que en vano pretenden oscurecer.

Examinemos las causas que se alegan y ellas mismas servirán de prueba del ciego furor y lamentable ignorancia de los perseguidores.

Alégase la perversidad de muchos de los católicos, y lo que es más sensible, de muchos de los ministros del altar. Sobre este punto se extienden 1 El anfiteatro, aunque en parte arruinado, conserva sus muros que son de una gran elevación, y efectivamente hay una gran cruz en su centro y otras varias alrededor para las estaciones que los fieles practican con la mayor devoción. En este sagrado lugar, en que los mártires predicaron con su ejemplo, suelen ahora exhortar al pueblo los ministros del Evangelio.

los incrédulos y creen que sus ponderaciones tienen fuerza de argumentos. Las faltas reales se exageran y otras muchas se fingen maliciosamente. ¿Pero acaso prueba esto cosa alguna contra la Iglesia? Muy al contrario se deduce que la Iglesia es una y santa. Son perversos los miembros de ella que no observan su doctrina e infringen sus leyes; mas nunca podrán serlo los que la obedecen. ¡Qué ceguedad! Se quiere probar que una ley es mala porque lo son los que la infringen, siendo justos los que la observan. ¿No debería bastar esta reflexión para contener a los furiosos perseguidores de la Iglesia? Debería bastar, no hay duda, si los guiase la razón cuyos derechos tanto vociferan; pero vemos diariamente ponerse en ridículo estos pretendidos filósofos, que tienen por guías sus desenfrenadas pasiones. ¿No es la mayor de las injusticias y la más inaudita de las crueldades atacar la inocencia, solo porque es atacada? La Iglesia, cual tierna madre, lamenta los extravíos de sus hijos; ¿y no es injusticia aumentar su dolor imputándola estos mismos crímenes que detesta? El argumento es ridículo y la intención es depravada. Sí, mi amigo, los que publican los defectos de los cristianos nominales, hacen una pública confesión de la santidad del cristianismo, que no se aviene con ellos; y por tanto, lejos de perseguirlo, debían promoverlo si efectivamente fuese su intención corregir estos defectos. ¡Qué hipócritas son los impíos cuando ostentan un celo extraordinario por la virtud que desconocen y desprecian! ¡Qué ridículo es su furor contra los vicios de los católicos, cuando por más que disimulen, no intentan corregirlos sino destruir a los viciosos; no porque lo son, sino por ser creyentes! Estos enemigos de la hipocresía son los mayores hipócritas y todo lo reducen a una verdadera especulación.

Observa, también, mi amigo amado Elpidio, que con los hechos contrarían sus palabras y confiesan la debilidad de su argumento y la injusticia del furor con que atacan a los católicos. Por más alucinados que estén los impíos, no pueden negar que entre ellos hay muy pocos que no sean totalmente desmoralizados, y por consiguiente, si tuviese algún valor el argumento deducido de la mala conducta de los creyentes, debería tener el mismo valor respecto de la impiedad, y ésta debería excitar contra ella el furor de los impíos. Si valiera, pues, este modo de discurrir, quedarían justificadas por ellos mismos todas las persecuciones que sufren y el furor con que a veces han procedido sus enemigos.

Para que se note mucho más claramente la debilidad de este argumento, o mejor dicho, de este pretexto para enfurecerse contra la religión y los que la profesan, observa, Elpidio, el gran número de perversos que hay entre los impíos; y si su perversidad pudiese ser un justo motivo del furor, deberían empezar por enmendarse, para tener derecho de hablar; y de lo contrario, solo deberían enfurecerse contra sí mismos. Si reflexionas sobre las declamaciones de los impíos en materia de inmoralidad, verás que todas ellas admiten una retorsión y que siempre puede decirse mutato nomine de te fabula narratur. Por lo que hace a hipocresía, ninguna es peor que la que consiste en fingir que no se tiene, y que antes bien, se detesta y ataca. Ya supongo que conocerás que casi todos los impíos pertenecen a esta clase de hipócritas y pueden inferir el derecho que tienen a nuestra consideración y qué fundamento tiene el furor que ostentan con efecto de un celo ilustrado.

Otra de las causas que alegan los impíos para enfurecerse contra la Iglesia es la posesión de bienes temporales, y con suma hipocresía nos recuerdan los bienes apostólicos. ¡Ojalá los viésemos renovados, que la Iglesia de nada necesitaría y los fieles, al ofrecer sus dones, no se creerían gravados, sino complacidos! Es muy juiciosa la respuesta de Eneas Silvio, después Pío II, a Maierio de Maguncia: «(Vos, que a imitación de la Iglesia primitiva, deseáis, le dice, un sacerdocio pobre, debéis desear también con él un pueblo pobre, imitando en ambas cosas a los primitivos cristianos. Por tanto, es preciso que mandéis que el pueblo mendigue con el clero, según hacían nuestros mayores, o que permitáis que ambos sean ricos conforme al siglo presente.» (Vido Schwarz apud Sardagna, Teol. Dog. tomo II pág. 524.) Espero que no creerás, mi amigo, que yo abogo por la excesiva riqueza y mucho menos por la personal de los individuos del clero; mas es preciso confesar que sin medios pecuniarios no siempre puede hacerse el bien y que el ministerio cae en desprecio y está expuesto cuando carece de cierto decoro que la sociedad considera necesario. No hay duda que la principal dignidad y esplendor del clero debe consistir en sus virtudes, pues sin ellas nunca podrá hacerse respetar y mucho menos podrá ser amado por los pueblos; mas poseyéndolas podrá hacer un uso santo de las riquezas; y éstas, por sí, nunca deben atraer sobre el clero la indignación de los sensatos. El exceso, en ésta como en todas las cosas, siempre será represible y la Iglesia es la primera en condenarlo; mas no por eso deben persuadirse los fieles que es incompatible con el ministerio de los apóstoles la posesión de algo más de lo que ellos tuvieron. Debemos, sin embargo, considerar las riquezas como los vestidos, que conviene despojarnos de ellos cuando sirven de estorbo a la lucha, pudiendo asirse de ellos el contrario. Así, pues, en la constante lucha de la Iglesia contra el siglo corrompido deben abandonarse las riquezas si llegan a ser perjudiciales al verdadero interés, que es la salvación de las almas; y en este caso, un ministerio pobre, sin más defensa que la cruz, saldrá siempre victorioso de todos sus enemigos. Mas ¿por qué se enfurecen y declaman los impíos contra las riquezas eclesiásticas? ¿Para poseerlas ellos? Esta es la verdad, mas no creo que quieran decirla. Si las riquezas de que se priva a las iglesias se emplean en beneficio de los pueblos y principalmente de los pobres, no se hace más que darlas su verdadera y natural aplicación; pues la Iglesia nunca las posee con otro objeto, sino para el auxilio espiritual en el decoro del culto y administración de los sacramentos y para el socorro material de sus hijos predilectos que son los pobres. Mas cuando dichas riquezas pasan a servir de pábulo al lujo y de recompensa al crimen, puedes ya inferir, mi amigo, la naturaleza del celo que anima a los expoliadores. Desgraciadamente, en la historia de los despojos que en todos tiempos ha sufrido la Iglesia, no sé si se cuenta uno solo que no pertenezca a esta última clase, y este argumento de experiencia no puede responderse con arengas y demuestra que la furia de los impíos en estos casos tiene por origen la sed del oro, por más que quiera tomar otro colorido.

    El bien de los pueblos ha sido siempre el objeto de la Iglesia, no solo en lo espiritual sino también en lo temporal en cuanto dice relación a la paz y mutua caridad, en una palabra, a la vida eterna que es la única felicidad. Por consiguiente, en las grandes urgencias del Estado y las calamidades públicas la Iglesia es la primera en dar auxilio, y los ministros del santuario, lejos de oponerse a la alienación de los bienes eclesiásticos, deben presentarlos sin repugnancia alguna, pues de este modo se promueve la gloria de Dios y el verdadero esplendor de su Iglesia. Siempre lamantaré la terquedad con que algunos eclesiásticos defienden los bienes, como si dependiese de ellos nuestra santa religión; sin advertir que las siniestras interpretaciones de que es susceptible su celo causa una pérdida mucho más considerable en el verdadero tesoro de la Iglesia que es el amor y respeto de los fieles. Si hay bienes de que hacer uso, empléense conforme al espíritu del Evangelio, y si no los hay, no debe causar inquietud su falta, según el mismo espíritu divino. Conviene, sin embargo, que los impíos adviertan que los conocemos y que su mal fundado furor encuentre siempre una barrera que los detenga; y ésta no puede formarse de otros materiales que la verdadera ilustración, la caridad y la franqueza.

No hay que equivocarse: mientras el pueblo crea que los eclesiásticos tienen empeño en ser ricos, sentirá que lo sean; y por más que se procure presentar motivos verdaderamente religiosos, será esto desatendido y solo se fijará la vista sobre las pruebas ostensibles de interés mundano. Un noble desprendimiento hace conocer a los mal intencionados que la religión no se compra y que sus ministros no la predican como mercenarios, sino como pastores de las almas. Los impíos se ven entonces en la necesidad de confesar que son movidos por el odio a la religión y no por la justicia. Digo esto en cuanto a los meramente impíos, mas no en cuanto a los ladrones, pues éstos agarrarán siempre que puedan, sin ceremonia de disculpa alguna; y contra ellos no hay precaución que valga, ni más remedio que soltar la bolsa como sucede con los salteadores de camino. Ya es sabido que cuando el dinero cae en manos de semejante familia, desaparece del todo y ni el público en general ni las sociedades particulares reciben beneficio alguno; pero éste es un mal que debe sufrirse en completo silencio, pues todo reclamo lo empeora.

Es preciso confesar que muchos eclesiásticos perversos suponen robadas las iglesias cuando se impiden que ellos las roben, haciendo un uso ilegítimo de sus caudales, y tratan de acumularlos para tenerlos a su disposición. Siempre me acuerdo, Elpidio, que cuando me hallaba envuelto en el torbellino político tenía entre mis compañeros a un eclesiástico de gran ciencia y virtud, que solía decirme que muchos de nuestros hermanos eclesiásticos son como las lloronas de entierro, que lloran sin que les duela y solo por oficio, al paso que los que verdaderamente sufren rara vez se quejan.

Tratando este asunto con toda imparcialidad, debo decir claramente que es una de las muchas comedias que suelen representar los pícaros, de las cuales sacan utilidad real, esto es, pecuniaria, en cambio de sus ficciones. Los unos se disfrazan con los atavíos de la religión y los otros con los del patriotismo, y representan sus papeles con tanto empeño, que a veces alucinan aún a los más sensatos. Un actor grita «respétense los bienes eclesiásticos», y en su corazón agrega «para que yo los disfrute», y otro exclama «quítense a los eclesiásticos unos bienes que no necesitan», mas en voz baja dice «y que me toque parte». Hay sin embargo una diferencia entre estas dos clases de especuladores y consiste en que los pobres reciben mucho de los fingidos religiosos y rara vez reciben un centavo de los fingidos patriotas. Para conseguir su intento exageran los unos las necesidades de la Iglesia y los otros las del Estado; necesidades que ellos mismos forman y por consiguiente están seguros de su existencia y duración. Cuando oigan hablar, Elpidio, de las deudas nacionales y principalmente en España, sábete que tocan a robar y que ésta es una de las mayores necesidades. Los verdaderos patriotas nunca roban las iglesias y los verdaderos eclesiásticos nunca son insensibles a las necesidades de la patria, y si conforme a la doctrina de San Agustín pueden y a veces deben romper los cálices y vender su oro para socorrer a los pobres, también pueden y deben romperlos para socorrer a la patria que es la madre común, cuya ruina produciría millones de pobres. Sin embargo, así como sería un crimen vender los cálices para socorrer pobres fingidos, o a los reales si pueden sustentarse por otros medios, así lo es respecto de las necesidades fingidas o reales del Estado. Dame buena intención y yo respondo de la buena armonía. Manejen los asuntos patrios religiosos, que es decir verdaderos patriotas; sean todos hijos de la Iglesia; vivan como hermanos, que es decir sean cristianos, y habrá dinero para todo y para todos. El furor de los impíos contra los eclesiásticos por los bienes que éstos poseen no es más que una envidia y codicia disfrazada y no merece la menor atención, siendo solo necesario emplear medios para evitar sus estragos.

En tan peligrosas circunstancias ¡qué triste es la situación de la Iglesia! Vese atacada del modo más injusto, que es haciéndola responsable por los atentados de sus mismos enemigos y convirtiendo en acusaciones las pruebas muy evidentes de su santidad. Por cuanto que muchos con suma hipocresía se fingen creyentes solo para cometer errores contra la misma fe, que no tienen; y a nombre de la religión cometen infinitos crímenes contra ella, quieren sus enemigos inferir que tales atentados tienen por origen la Iglesia, que los lamenta. ¿No sería más justo deducir lo contrario, esto es, que la Iglesia es santa, puesto que entre sus hijos solo son criminales los que no observan sus mandatos y son virtuosos los que la obedecen? ¿No debería ser éste un motivo para proteger la Iglesia y no para perseguirla? ¡Ah, mi Elpidio! Esta verdad es muy palpable, pero también lo es el deseo de no percibirla, y con tales disposiciones, no debemos admirarnos de tan funestos efectos. Observamos que hombres de talento y algunos de ellos de bastante instrucción y buena lógica, incurren en este defecto que sería reprensible en un muchacho principiante, y han escrito innumerables obras fundadas en este ridículo sofisma, que sus autores no sufrirían en ninguna otra materia.

Suele decirse que la persecución es contra los eclesiásticos y no contra la Iglesia, y con ésta y otras distinciones, aun más ridícula que todas las de los más rancios escolásticos, se ha procurado acallar los clamores e imprecaciones de los creyentes. Si se manifestase tan solo un justo empeño en corregir los abusos no podría llamarse persecución, sino protección de la Iglesia contra sus más crueles adversarios que son los que fingen ser sus hijos solo para tener fácil acogida en su seno y herirla con más facilidad; pero el furor de los impíos no se calma sino con la destrucción de las personas, bajo el pretexto de que no es posible reformarlas, y faltando éstas es claro que sufre mucho el culto y por consiguiente la religión. En vano se procura cohonestar esta persecución diciendo que solo se dirige a los malos eclesiásticos, pues la impiedad dice que todos lo son, y verdaderamente lo serían si no fuesen atacados por ella. Tenemos, pues, que todos son perseguidos, con la sola diferencia que los viciosos dan un motivo ostensible para ser atacados y aquellos cuya conducta no es escandalosa vienen a ser mucho más odiados porque afirman una religión que los impíos desean destruir. De modo que puede decirse que en un pueblo en que se halle generalizada la impiedad un hábito eclesiástico es un baldón.

No quisiera entrar en el examen de los funestos resultados de esta mofa que se hace de los eclesiásticos, porque no sé si es más lamentable la osadía de los mofadores que la debilidad de los mofados. Muchos se exasperan en términos de incurrir en el mismo defecto que sus enemigos, enfureciéndose contra ellos y dando pábulo a la venganza personal cohonestada con el título de celo religioso; y otros capitulan con ellos y entran en sus filas solo para ser ridiculizados. Sí, mi Elpidio, muchos eclesiásticos se jactan de ser liberales sin ser más que unos viles aduladores de una partida de perversos, que tiene la audacia de llamarse hombres libres, como si pudieran serlo los esclavos del demonio. ¡Ojalá fueran todos los eclesiásticos liberales! Pero de los que pretenden serlo, muchos son libertinos y otros fundan su liberalismo en una debilidad inicua por la cual hacen las más infames concesiones, sacrificando a veces la doctrina evangélica, solo por granjearse el aprecio del mundo. Estos sin embargo se llaman eclesiásticos y la Iglesia sufre por ellos. Acuérdome que un compañero mío, eclesiástico de mucho mérito, que pasaba por servir solo porque no era loco, me decía que, en su opinión, el partido que había que tomar con estos seudoeclesiásticos sería abrirles puerta franca para que saliesen del santuario, ya que no quieren estar en él, y degradarlos y echarlos al estado secular, donde Dios acaso los traería a la penitencia; y si continuaban sus servicios al diablo, no serían tan nocivos a la Iglesia. Te aseguro, Elpidio, que no disto mucho de la opinión de mi virtuoso compañero.

Tal vez, se ha realizado, mi sospecha; tal vez he dado pábulo a sentimientos humanos tratando la causa del cielo. Baste, pues, de impiedad, y pueda yo verla destruida. Para concluir, tengo una súplica que hacerte: No ignoras que si circunstancias inevitables me separan para siempre de mi patria, sabes también que la juventud a quien consagré en otro tiempo mis desvelos, me conserva en su memoria, y dícenme que la naciente no oye con indiferencia mi nombre. Te encargo, pues, que seas el órgano de mis sentimientos y que procures, de todos modos, separarlas del escollo de la irreligiosidad. Si mi experiencia puede dar algún peso a mis razones, diles que un hombre, de cuya ingenuidad no creo que dudan, y que por desgracia o por fortuna conoce a fondo a los impíos, puede asegurarles que son unos desgraciados y les advierte y suplica que eviten tan funesto precipicio. Diles que ellos son la dulce esperanza de la patria, y que no hay patria sin virtud, ni virtud con impiedad.

Ya, mi Elpidio, no nos veremos, a no ser que vengas a hacerme una visita. Entre tanto, pienso mandarte otra serie de cartas sobre la superstición y el fanatismo, si el cielo me conserva la salud que disfruto; pues aun me hallo a los cuarenta y ocho años de mi edad, y más fuerte que a la de veinte. Sin embargo, fórmase ya en el horizonte de mi vida la infausta nube de la ancianidad y allá a lo lejos se divisan los lúgubres confines del imperio de la muerte. La naturaleza, en sus imprescriptibles leyes, me anuncia decadencia, y el Dios de bondad me advierte que va llegando el término del préstamo que me hizo de la vida. Yo me arrojo en los brazos de su clemencia, sin otros méritos que los de su Hijo, y guiado por la antorcha de la fe camino al sepulcro en cuyo borde espero, con la gracia divina, hacer, con el último suspiro, una protestación de mi firme creencia y un voto fervoroso por la prosperidad de mi patria.

¡Adiós!, Elpidio, ¡adiós!

Segunda parte
Cartas a Elpido sobre la impiedad, la superstición y el fanatismo en sus relaciones con la sociedad por el presbítero don Félix Varela
Tomo segundo Superstición Nueva York En la imprenta de G. P. Scott y Ca. Esquina de la Callde John y Gold 1838

Superstición

Carta primera
Naturaleza de la religión y de la superstición. Efectos de ésta. Paralelo entre ambas Dormían todos, Elpidio, y un profundo y majestuoso silencio robó a mi espíritu la edad presente y dio nueva existencia a las pasadas. Sin los delirios del sueño, parecíame ver, no ya los trofeos de la muerte, sino su derrota, como un simulacro de la futura resurrección; y entre la espesa muchedumbre, que agitada por un soplo de vida ondulaba en un espacio inmenso, veía elevarse los grandes maestros de la ciencia y la virtud, después de tan largo reposo, cual se elevan entre las olas suavemente movidas por el aura los brillantes astros de la mañana, rasgando las densas tinieblas de una noche dilatada. Superior a la muda naturaleza, considerábala como nada, y mi ser parecía desprenderse de ella, absorto en la contemplación de un orden de cosas más excelsas. Veía el término de la ignorancia y de la miseria en la fuente de la salud y de la sabiduría; veía rotas las cadenas de las pasiones y el espíritu libre y unido al único ser que puede acusar su felicidad. ¡Qué armonía! ¡Qué paz! ¡Oh! ¡Pudiera yo expresar las sublimes emociones de mi alma en aquella noche memorable, que derramó sobre mí un raudal de fortaleza y de consuelo! ¡Noche que bendecirán todos mis días!; noche en que el insomnio, como para burlarse de la muerte, destruía su imagen, presentándome siempre la hermosísima de una eterna vida; noche, Elpidio, que ojalá jamás hubiera pasado.

Yo me transportaba al augusto momento en que abierto el seno de la eternidad, dio origen al tiempo y la más perfecta criatura, reflejó la imagen de su Creador. Resultaron entonces relaciones que no pueden ser alteradas sin que lo sean los objetos referidos; y como éstos no pueden serlo, porque el uno es infinito y ambos son espirituales, aquéllas deben ser eternas. Hállase, pues, el hombre eternamente obligado a obediencia, gratitud y amor, al paso que el Ser

Supremo es siempre clemente y justo, sin estar obligado, porque no es capaz de obligación, que siempre arguye inferioridad. La obediencia, la gratitud y el amor, suponen un conocimiento, que si no es exacto, hace ridículos aquellos homenajes, por ser tributados realmente a un objeto imaginario. Tenemos, pues, que el conocimiento que forma el hombre de su Creador, debe ser exacto, para que lo sea su religión y no quede reducida a una farsa. Pero la exactitud de un conocimiento es la conformidad con su objeto, y siendo éste uno e inalterable, debe aquél también ser uno inalterable; si no, es que pasa a ser error. De aquí resulta, que la religión natural es una e inalterable. Mas el hombre percibe la inmensa distancia entre su facultad cognoscitiva y el infinito a que la aplica y ansía por excederse a sí mismo y profundizar aun más la sublime idea de un ser tan perfecto; y he aquí cómo advierte la insuficiencia de la religión natural para hacerle feliz. Percibe al mismo tiempo, que el Ser Infinito puede comunicarle, como don gratuito, conocimientos que él no puede adquirir con esfuerzo natural; y aquí la posibilidad de la revelación, la cual desde que es necesaria y posible, debe suponerse existente, a menos que no se blasfeme contra la bondad divina. Pero Dios no puede comunicar sino una sola e inalterable idea de sí mismo y así es que la religión revelada no puede ser sino una e inalterable. Resulta pues, que la religión, ora natural, ora revelada, no puede ser sino una e inalterable y que la pluralidad de religiones es el mayor absurdo filosófico.

¡Ah! ¡Mi Elpidio! ¡Qué tristes reflexiones formó mi espíritu, comparando estas doctrinas con la historia de las vicisitudes religiosas de los pueblos! ¡Qué horrible me pareció en aquellos momentos el monstruo de la superstición! Ella ha separado a los hombres de su Dios y de sí mismo, ella ha acibarado el corazón humano; ella ha inquietado las familias, incendiado las ciudades, asolado las naciones y cubierto el orbe de víctimas de su crueldad. Apenas puede abrirse una página de la historia sin notar sus estragos. Ella ha hecho gemir al saber, gloriarse la impiedad, desmayar la energía, elevarse la impudencia, decaer la religión y erigirse la infame hipocresía.

Ya sea que se adore una divinidad fingida o que se tribute un culto absurdo a la verdadera, es claro que el edificio no puede ser consistente y que su ruina debe oprimir a sus autores. La verdad que se oculta, o mejor dicho, no es percibida en algunos momentos, recobra siempre su imperio y el error exasperado destruye cuanto encuentra. De aquí las venganzas, de aquí las calumnias, de aquí las injusticias de todas clases, que muy pronto incendian la sociedad, y los hombres llegan a creer tanto menos en Dios, cuanto más lo invocan. Para el supersticioso, la idea de Dios es un tormento, pues habiéndose fingido uno a su capricho, no encuentra en él los sublimes atributos que distinguen al verdadero; y si la ficción consiste en el culto, no conviniendo éste con su objeto, sirve siempre de inquietud y de martirio.

Destruida la unidad de sentimientos religiosos por la superstición, que no solo difiere de la verdadera creencia, sino que es muy varia en sí misma, como siempre lo ha sido el error; queda totalmente destruida aquella armonía y santa paz que causan las delicias de la sociedad verdaderamente religiosa. Tienen los hombres que apelar a la tolerancia, que si bien es una medida de prudencia, también es un signo de división y desconsuelo. Sufre, dice el hombre prudente, que otros no piensen como yo, mas este mismo sufrimiento indicará que lejos de unirme a ellos en ideas, prefiero disgustarlos marcando abiertamente mi desaprobación. Ahora bien, mi Elpidio, nadie ignora que es una propensión casi innata de la naturaleza humana, el deseo de simpatizar, o mejor dicho de que todos sientan, gusten y piensen como nosotros. De aquí las disputas, y ya sabes que de cada mil individuos, uno no es disputador y aun ese deja de serlo por estudio y con violencia. Infiérese, pues, que la superstición, dividiendo los ánimos en lo más esencial, cual es la creencia religiosa, produce necesariamente un descontento general, un trastorno de la sociedad y una guerra interna, tanto más molesta y peligrosa cuanto más disimulada.

¡Oh! Si cubriese la tierra una sola familia unida en una sola y pura creencia, ¿no presentaría la imagen del cielo? Allí, sin duda, no hay más que una familia, allí no hay divisiones, allí reina la verdad, que siempre es una y pura. ¡Qué poderosa sería política y moralmente esta feliz familia! ¡Cuánto ganaría la sociedad en todos sentidos si se restableciese esta santa unidad y pureza de principios religiosos! Cesaría el disimulo, restablecida la confianza, y los hombres se ocuparían del bien común y recíproco, como miembros de una misma familia. Las pequeñas diferencias en el modo de pensar sobre puntos de poca importancia solo producirían disgustos momentáneos, muy conciliables con la buena armonía y el verdadero aprecio, y así las miserias humanas nunca llegarían a ser un germen de verdadera división. Tan persuadido estoy de estas verdades, que opino que un político que no quiera sacrificar el bien común a sus sentimientos particulares, deberá propender siempre a la unidad de creencia, como vínculo de la paz social, aun prescindiendo de todas las consideraciones religiosas.

No sé si me atreva a decirte, Elpidio, que la superstición hace más daño a las naciones, que la misma impiedad y que la herejía. Estos son enemigos bien conocidos y por lo regular parten de frente como suele decirse, aunque a veces se disfracen; mas la superstición siempre es baja, infame y alevosa. Pónese una máscara sagrada para hollar todo lo justo y destruir todo lo recto, seduciendo de un modo casi irresistible por ser casi incógnito. El infiel no cree en la religión, el hereje es un cristiano nominal,[7] que cree muchos de los dogmas, pero obstinadamente niega uno o algunos otros; el supersticioso pretende creerlo todo, aunque en realidad no cree en cosa alguna, pues adorar un falso dios, o tributar al verdadero un culto falso, todo equivale a una verdadera infidelidad. El simple recuerdo de estas doctrinas te convencerá, mi Elpidio, de que la superstición sin ceder a la impiedad y a la herejía en punto a errores, las supera en bajeza.

Quiero exponerte algunas de las reflexiones que hice sobre esta materia en la noche a que ya me he referido. Comparaba la religión con la superstición, considerándolas bajo dos puntos de vista, como creencia y como sentimiento. No es preciso advertirte que esta distinción es necesaria; pues una misma creencia puede estar acompañada de distintos y aun contrarios sentimientos y unos mismos sentimientos pueden asociarse con distintas creencias. Pueden las falsas y la verdadera religión hallarse en pechos filantrópicos y, por consiguiente es claro que la identidad de sentimientos no arguye identidad de creencia. Sin embargo, me decía yo a mí mismo, es preciso examinar la relación de las creencias con los sentimientos y observar la tendencia de cada una de ellas. Es claro que la religión en sí misma, no puede ser sino una; mas la religión en el entendimiento humano puede ser varia, según cada uno ve las cosas o se figura verlas. Por consiguiente, la superstición es la religión humana, o la religión en el entendimiento, cuando no es conforme con la religión verdadera o en sí misma y pura. Traducidos de este modo los términos, reduje toda la cuestión a analizar

---

[7] Llamo al hereje cristiano nominal, porque la negación de un dogma supone falsedad en el cristianismo y destruye su carácter divino dejando solo un cristianismo nominal y por consiguiente unos cristianos nominales. Si me propusiese formar en estas cartas un tratado dogmático, me sería fácil probar, que admitir la posibilidad de introducir un error considerado como dogma por la Iglesia, es destruir de un golpe todas las pruebas de la divinidad del cristianismo y reducirle a un cristianismo humano, que es el único que conservan los herejes.

la verdadera religión o en sí misma y la religión en el entendimiento humano. El carácter divino de la primera, indica unidad, consecuencia, sublimidad, justicia y constancia; porque Dios es uno, porque en sus obras no hay contradicción, porque es infinitamente sublime y justo y porque es eterno y por consiguiente inalterable. Una religión de esta naturaleza, como creencia, debe necesariamente producir como sentimiento el amor mutuo, pues toda ella tiende a la unidad, refiriendo las criaturas del Creador y amando a éste en aquellas; por cuyo motivo dicho amor no puede menos de ser ordenado. Debe también inducir a la humildad, sentimiento noble que encanta aun al más soberbio, pues la misma eminencia en su objeto destruye el deseo de igualarlo y hace parecer nada toda elevación mundana y en presencia de un Ser Infinito se confunde la miseria humana y cierra la entrada a la soberbia. De aquí debe resultar un desprendimiento de sí mismo y un santo valor, que es el origen de la respetuosa franqueza, de aquella que jamás ofende y siempre edifica; de aquella que hace amar al mismo que corrige; de aquella que aleja el recelo, disipa la duda, inspira confianza y eleva el corazón. Sí, mi Elpidio, un hombre verdaderamente religioso es un hombre a quien nadie teme, sino los perversos, y todos respetan, aun los mismos impíos. ¡Qué noble y elevada se me presentaba esta santa religión, que dando signos evidentes de su divino origen, los daba también de la felicidad social, que debe producir sobre la tierra! Yo la contemplaba como los rayos de la luz pura del Sol de justicia, reanimando los seres amortecidos durante una larga noche de ignorancia, de dudas, de espanto y de lamento.

Por necesaria consecuencia de su naturaleza perfectísima, debe esta religión tener la permanencia que pone el colmo a las perfecciones y sin la cual nada puede llamarse verdaderamente perfecto. Yo veo en ella elementos que deben producir esta perfección tan deseada. Las divisiones tienen siempre origen en el odio, en la duda, en la soberbia o en la desconfianza, mas estos monstruos no tienen cabida en el santo templo de la religión pura, que los detesta, radicando las virtudes contrarias. Es preciso, que, o deje de existir la religión en el mismo templo consagrada a ella, o que esos monstruos salgan de él, si es que furtivamente entraron. Yo veo, Elpidio, tan clara la incompatibilidad de la religión con todo lo que hace infeliz al hombre, que no puedo menos de admirarme, recordando los vanos esfuerzos, que en varias épocas se han hecho para destruirla, bajo el pretexto de hacer a los hombres felices. La historia lamentable de las miserias humanas, da lecciones muy importantes a los que la estudien con imparcialidad. Se ha querido sustituir un principio variable a otro constante, uno dudoso a otro cierto; y en vez de destruir el imperio de las pasiones desordenadas, se ha procurado entronizarlas; halagándolas de todos modos, como si no hubieran dado pruebas bastante de su tiránica insuficiencia. ¿Creerás que hablo solo de la impiedad? No, mi amigo; me contraigo principalmente a la superstición, que es aún más funesta por ser más alevosa. He aquí las observaciones que hice acerca de este monstruo, comparándolo con la pura religión cuyo bosquejo he presentado.

En el momento saltaron a mi vista las deformidades de la superstición. Como creencia es esencialmente varia, por ser obra, o de la soberbia, que cual furioso huracán agita al entendimiento humano con impetuosidad y desorden, o del capricho, que es tan vario como ridículo. Recorriendo la historia de este infortunio, observamos, que solo es uniforme en la inconstancia y que esta parece serle absolutamente inseparable, pues las diversas supersticiones que en distintas épocas han degradado a los pueblos, no presentan otro punto de contacto que la idea de un ridículo inconstante. Caen o se levantan, transfórmanse o modifícanse a veces en períodos muy cortos; no tienen principios o dogmas fijos y sus mismos partidarios no atinan a definirlas; de modo que el observador no puede formar otro juicio de ellas que el de unos sueños más o menos duraderos.

Por muy poco que se reflexione se conocerá fácilmente que unas nociones religiosas tan varias e inconstantes, lejos de tranquilizar y complacer el corazón humano, deben inquietarlo y atormentarlo; pues no puede haber quietud ni consuelo donde no hay uniformidad y constancia. Sí, mi Elpidio, en vano se invoca el nombre de una religión inconstante y por consiguiente dudosa e incapaz de calmar nuestras inquietudes. El recurrir a ellas solo sirve para aumentar la desgracia, experimentando la insuficiencia del único remedio que se creía haberse encontrado. La misma variedad inspira temores y la multitud produce confusión, resultando una perenne lucha de los hombres entre sí y de cada uno consigo mismo. De aquí resultan grandes trastornos e innumerables males en la sociedad, siendo una de las consecuencias la degradación del espíritu, que por lo regular se entrega a todas las bajezas imaginables, solo por sostener como de origen divino y por consiguiente constante, cuantas nociones religiosas ha sugerido el capricho o la perfidia. Conviértese, pues, en principio de exterminio, el que se creía de vida y la falsa creencia difunde por todas partes la más funesta discordia.

Desavenidos los ánimos en asunto de tanta importancia, pierden todo miramiento y se entregan a la venganza, tanto más cruel, cuanto más santificadas aparecen sus crueldades. Cometidos los primeros errores, entra en ejercicio la soberbia para no dar entrada a la corrección y poco a poco llega el supersticioso a perder, por decirlo así, toda sensibilidad.

Reducido el linaje humano a un estado tan lamentable, no debe extrañarse que se haya sumergido en la ignorancia y en la barbarie, perdiendo la brillantez y los sentimientos nobles que inspira la verdadera religión. Bajo el pretexto de que los misterios siempre son oscuros, ha fabricado la superstición, a su antojo, cuantos ha querido, como si las nubes iluminadas por el Sol de justicia pudiesen parecerse a las envueltas y penetradas por las tinieblas del abismo. Hay, mi Elpidio, en la pura religión una claridad divina que se trasluce en los mismos misterios, y el hombre verdaderamente religioso nunca cree porque cree, sino porque debe creer. Mas el supersticioso ninguna razón alega, si ya no es que se tiene por tal su capricho o una serie de disparates, que él mismo no examina, por no verse en la necesidad de rechazarlos. Es la superstición una suave enfermedad, que llega a ser amada por el mismo paciente, y así es que su cura presenta muchas dificultades que vencer. Cuando el hombre se cree religioso, cuesta mucho persuadirle que es un enemigo de la religión y a veces la tentativa solo sirve para exasperarlo y provocarlo a medidas violentas, que él considera justas por serlo en su concepto la causa que defiende. El impío nunca niega su impiedad, antes blasona de ella; mas el supersticioso niega serlo, detesta la impiedad y se enfurece contra los que le acusan de ella. Fácil es percibir las horribles consecuencias de estas disposiciones del espíritu, mas sin embargo, permíteme, Elpidio, que continuando el paralelo entre la religión y la superstición te indique las meditaciones que he hecho sobre el modo diverso con que ambas influyen en la sociedad.

La superstición se opone a toda reforma y no reconoce abusos. Aprisionado el entendimiento y atemorizado el corazón, queda el hombre reducido a un estado de locura sin más ni más. En vano claman los verdaderamente religiosos y sensatos por las reformas necesarias para el bien de la patria y de la religión, en vano protestan y dan pruebas evidentes de la sinceridad y religiosidad de sus sentimientos; una muchedumbre de ilusos, guiados por una banda de teólogos más redondos que las tres o es del nombre, sale al frente, grita, insulta, atormenta y persigue defendiendo con denuedo la causa del Diablo, mientras se presenta como promotora de la de Dios y como su hueste contra la impiedad. No queda reputación ni honor que no ataquen, no queda plan científico que no destruyan, no queda obra de ilustración que no condenen o por lo menos no hagan sospechosa, no queda medida que no tomen para apagar las luces de la razón, sin advertir los miserables que esta antorcha divina brilla tanto más cuanto más la sacuden. Los verdaderos religiosos, indignados a la vista de tal conducta, quieren desenmascarar a estos impíos religiosos y de aquí resultan nuevos inconvenientes. Exasperados los buenos, atacan a estos supersticiosos, mas no siempre con prudencia, y así causan muchos escándalos, que sirven de fundamento a nuevas persecuciones y perpetúan el odio en todas las clases de la sociedad. Por lo regular viene a reducirse todo a una guerra de injurias y de calumnias, prodigándose nombres odiosos, que fijos en la memoria, conservan siempre encendida la llama de la discordia. Inmediatamente ocurren los supersticiosos a la escritura santa, como hacen los herejes, y sueltan textos por cada dedo, violentándolos para que digan lo que ellos quieren, y llaman impío a todo el que no los admita en el mismo sentido. Invocan la autoridad de la Iglesia, cuando solo presentan la suya propia, y el pueblo, espectador de esta lid teológica aplaude alternativamente a los competidores y va perdiendo poco a poco toda confianza, hallándose en una perpetua agitación.

Aun quiero que notes, mi caro amigo, otro resultado no menos funesto, y es que los juiciosos se apresuran tanto en demostrar que lo son, que a veces dejan de serlo y caen en errores que después se empeñan en sostener por la miseria humana, que siempre se resiente de ser abatida. Principalmente en los eclesiásticos es muy peligrosa esta tentación y ojalá no pudiera yo citarle ejemplos de muchos que han caído en ella. LLénanse de rubor al oír los despropósitos y observar las erróneas ideas de un gran número de sus compañeros y quieren separarse de ellos y demostrar al pueblo que están separados. Con este objeto hacen homenajes al mundo y llegan a sacrificar en las aras de su vanidad los intereses más sagrados de la religión. Van perdiendo insensiblemente el espíritu evangélico y vienen a quedar reducidos a unos eclesiásticos nominales, que ni sirven a la Iglesia, que no los reconoce, ni al siglo, que los desprecia, por más que hayan querido halagarlo. Tal es el origen de casi todas las herejías, cuyos autores por lo regular fueron eclesiásticos, y tal ha sido la causa de precipitarse muchos de ellos en el abismo de la impiedad. Créeme, Elpidio, que hablo por experiencia y para mí este es el mayor de los daños producidos por la superstición. El pueblo marca estas dos clases de eclesiásticos, quiero decir, los supersticiosos y los degenerados; y no cree que hay una tercera, o por lo menos se figura que es poco numerosa; y de aquí resulta que todos los eclesiásticos se hacen sospechosos. ¿Qué debe esperarse en tan lamentables circunstancias sino la degradación del clero y la pérdida del verdadero influjo religioso, por haber querido ejercer el del siglo? Desacreditado el clero de esta manera, estorba los progresos de la religión, lejos de propagarla, y como tal desvirtuada solo sirve para ser arrojada y que la pisen los hombres.

No creas que exagero cuando atribuyo estos males a la superstición; lo que escribo es fruto de meditaciones muy dilatadas y de un convencimiento muy fundado. Yo estoy persuadido de que el pueblo, sabiendo que los eclesiásticos somos hombres, si bien lamenta y se escandaliza al ver las faltas que cometemos como tales, tiene sin embargo el consuelo de que como eclesiástico le guiamos con acierto y el ministerio conserva su dignidad; pero si el pueblo observa la superstición o la impiedad en los ministros del altar y desgraciada y erróneamente se persuade que todos estamos infectados por esos dos monstruos, poca esperanza nos queda de ser útiles. Ahora bien, la impiedad es rara entre los eclesiásticos y el pueblo no siempre la descubre, mas la superstición no es tan rara y siempre se manifiesta. De aquí concluye que ella es la causa principal de tantos males y el borrón que afea el sagrado ministerio. Dirás que escribo una diatriba contra el clero, y siendo uno de sus miembros. No, mi amigo, yo escribo su defensa y si acaso tengo que reprimir algún sentimiento para hacerlo con imparcialidad, es el afecto a mis compañeros y el amor a mi estado, amor nutrido por treinta y tres años, en los cuales no ha habido un solo momento en que me haya pesado ser eclesiástico y muchos en que me he gloriado de serlo. Repito que escribo la defensa del clero y por eso mismo quiero demostrar los funestos efectos de la superstición en muchos de sus miembros, para que se vea que son nuestros compañeros de hábito, mas no de trabajo; y que aunque están entre nosotros, no nos pertenecen ni debe sufrir el ministerio ningún ataque por unos hombres a quienes se les antoja decir que son ministros, solo porque pueden serlo en virtud de una desgraciada ordenación. Es preciso dejar la cizaña con el trigo, porque no es prudente arrancarla, pero conviene indicarla para que el pueblo la conozca o por lo menos sepa que no se cuenta con ella sino para echarla al fuego. Por más que digan hombres maliciosos o poco reflexivos, esta cizaña no es muy abundante, comparativamente al número de los eclesiásticos, y el daño consiste en que el pueblo no percibe este hecho y nuestros enemigos trabajan para que no lo perciban. Sin embargo de que conoces mi franqueza, temo que sospeches que ahora escribo como clérigo y así me veo en la necesidad de dar las pruebas, haciendo para ello una pequeña digresión, que acaso no será inútil, pues siempre anima a emprender la cura el convencimiento de que el mal no esté tan difundido como nos figurábamos, y mucho más si demuestro que hay todos los medios para curarlo.

Compónese el clero, como todos los cuerpos morales, de miembros cuyo oficio y capacidad es muy distinta y hay siempre una parte directiva de las funciones del ministerio y de las doctrinas que deben presentarse al pueblo y otra puramente ejecutiva. No pienses que hablo precisamente de la Iglesia en sus concilios generales o en las decisiones dogmáticas y morales de su cabeza o primer Pastor: yo quiero considerar este asunto de un modo más genético, contrayéndome a lo que enseña la parte ilustrada de los eclesiásticos, que sin ser infalibles, dan garantías por sus circunstancias para que creamos que explican las doctrinas conforme a aquellas decisiones. Este cuerpo eclesiástico, mi Elpidio, jamás ha enseñado ni autorizado superstición alguna, antes ha escrito y predicado contra ellas, y los mismos enemigos de la Iglesia no han podido citar ni un solo ejemplo, contentándose con hechos particulares y aun estos sumamente exagerados. La historia eclesiástica no nos presenta que la Iglesia haya tenido que condenar superstición alguna como admitida y enseñada por la parte ilustrada del clero, y aun diré más, y es que siempre los supersticiosos han sido tontos. Observa, amigo mío, que ha habido eclesiásticos que han caído en herejías y en la impiedad, mas no en la superstición.

Resulta, pues, que la doctrina del clero no es supersticiosa, a menos que no se toma como suya la de una porción de ignorantes que visten hábitos clericales. Esta sería una injusticia, o mejor dicho, una ignorancia semejante a la que se cometería teniendo por opinión militar la que expresasen muchos soldados ignorantes o por doctrinas jurídicas las necedades de muchos abogados. Si todos los que examinan las doctrinas y conducta del clero fueran juiciosos e imparciales, muy poco habría que hacer para defenderle, mas por desgracia el número de los necios es infinito y aun por mayor desgracia estos necios son los primeros en erigirse por jueces. Júntanse a ellos los eclesiásticos degenerados de que he hecho mención y puede inferirse la justicia de las decisiones de semejante tribunal. Adquiere sin embargo un prestigio formidable, preséntanse dichos eclesiásticos y son presentados por sus satélites como la parte más escogida del clero y la más justa, puesto que sacrifica en aras de la verdad las pretensiones ridículas del cuerpo a que pertenecen; hacen gran mérito de revelar secretos, que ellos fingen, y si por desgracia sale un orador elogiándolos, o si un poeta ocioso escribe cuatro coplas aplaudiéndolos, se hinchan de soberbia y acaban de perderse los menguados. Empieza el pueblo a clamar por la reforma del clero, que bastante la necesita, mas no percibe los puntos de dicha reforma, siendo el principal echar a patadas de la Iglesia a esos Quijotes eclesiásticos, que no saben lo que es superstición, aunque siempre hablan de ella; y lejos de ser capaces de corregir los verdaderos abusos, solo sirven para radicarlos e introducir otros muchos más funestos y para llevarse de encuentro los dogmas, muchas veces, por mera ignorancia.

Sí, mi Elpidio, estos miserables dan de mano todo estudio eclesiástico, olvidan lo poco que aprendieron y solo conservan el nombre de eclesiástico, siendo tan incapaces de conocer las necesidades de la Iglesia e indicar la reforma de los verdaderos abusos, como lo serían de formar o corregir un plan de campaña.

Sin ocuparnos más de estos reformadores, convengamos en que la superstición, aunque difundida entre muchos eclesiásticos y digna de corregirse por los resultados a que puede dar lugar, no lo está sin embargo en el clero que el pueblo debe considerar como sus pastores en distintos grados de la jerarquía eclesiástica. Me dirás; pero qué, ¿no hay curas y aún obispos supersticiosos? Los hay, mi Elpidio, y también hay pícaros que fingen creer muchas simplezas y fomentan muchas supersticiones por lo que les interesa hacerlo; mas ni el corto número de pastores verdaderamente supersticiosos ni el de los sacrílegos especuladores de que he hablado, significan cosa alguna en comparación del gran número de los verdaderos pastores que con más o menos instrucción, más o menos talento, se presentan con honradez a distribuir al pueblo la sagrada doctrina, pura, sin disfraz y sin intrigas criminales. Tienen los fieles todos los medios de evitar la superstición, y si caen en ella, es por la miseria humana, que siempre encuentra halago en los vicios. Sucede con este crimen como con todos los otros, que se conocen, pero se cometen, y en caso de ignorarse, es culpable la ignorancia. La Iglesia de Dios tiene un medio muy sencillo para que aún el más estúpido pueda conocer si es hereje o supersticioso, y es, que no hay dogma ni culto nuevo, ni práctica religiosa legítima, si no es universal o conforme a los principios de la universal, aplicados por la misma Iglesia a casos, lugares y circunstancias particulares.

También he dicho, mi amigo, que la superstición no es de esperar que progrese en el clero si se emplean los medios fáciles que hay para contenerla; y aunque esta es materia que exige un difuso tratado, quiero sin embargo justificar mi aserto con algunas reflexiones. Los verdaderos eclesiásticos, que por desgracia no hayan hecho los estudios necesarios o que no hayan meditado sobre lo que aprendieron (y este es el caso más frecuente), no teniendo otro interés que la gloria de Dios, no pueden figurarse encontrarla en la superstición; y así es que son accesibles a las luces, no del siglo corrompido, sino del siglo ilustrado; y nada es más fácil que traerlos al número de los verdaderos pastores, puesto que tienen el espíritu pastoral. Los mismos ataques que se hacen a la Iglesia, acaso servirán para defenderla, pues muchos de estos santos varones soltarán, por decirlo así, su ropaje, que puede estorbarles en la lucha, y presentando la pura doctrina con un espíritu puro, la victoria es cierta. Por lo que hace a los perversos, que se fingen supersticiosos, el desprecio público, que irá siendo mayor mientras más progrese la iluminación, si no basta para corregirlos, bastará por lo menos a impedir que hagan otro mal que el robo piadoso, ya de dinero ya de honores, que no merecen. Es imposible que dure por más tiempo confundida la piedad con la superstición; aun los más ignorantes perciben ya la gran diferencia que hay entre ellas; y la parte del clero que pretende hermanarlas quedará neutralizada en sus perniciosos efectos y acaso destruida por la inmensa mayoría de los pensadores.

Todas las dificultades en esta materia cesarán, mi amigo, luego que se restablezca el sentimiento esencialmente católico que guiaba a los cristianos primitivos, y es depender siempre de Dios y nunca de los hombres. Vemos que San Pablo lo inspiró a los fieles, reprendiendo a los que decían «yo soy de Pablo» o «yo soy de Apolo», en lugar de decir todos «yo soy de Cristo». Este sentimiento pondrá término a las herejías y a las supersticiones, que siempre son fruto de la ignorancia o de la soberbia de individuos particulares, y también evitará los escándalos, pues nadie se considerará autorizado a hacer mal o a despreciar la religión porque sus ministros sean buenos o malos, sabios o ignorantes, sensatos o supersticiosos.

¿Qué dices de mi larga digresión? ¿Me culpas? Reconozco la justicia de tu crítica, me confieso reo de lesa paciencia y vamos adelante. Sigamos, sí, querido Elpidio, la marcha del horrendo monstruo de la superstición y notemos, aunque de paso, los estragos que produce en la sociedad. Uno de los más lamentables es entorpecer el curso de las leyes. Acaso te admirará que yo haga esta observación, mas espero presentarla en términos que convengamos en ella, demostrando que el orden civil se perturba y aun destruye por estas que podemos llamar falsas afecciones religiosas. Primeramente, creo que convendremos en que toda ley, para ser tal, debe ser justa y toda superstición es falsa e injusta. Tenemos, pues, que por su misma naturaleza deben estar en abierta oposición, y que así las nuevas leyes, como el cumplimiento de las que ya rigen, deben encontrar un gran obstáculo en las prácticas e ideas supersticiosas.

Si la superstición se presentase como tal, no sería temible, mas presentándose como la pura y sublime religión, suele cautivar los ánimos de tal manera, que el pueblo incauto gradúa de inicuas y sacrílegas cuantas leyes se la opongan y pasan los legisladores por impíos solo porque no son supersticiosos. En tales circunstancias, empieza la chusma ignorante a desconfiar del gobierno y a detestar las leyes, cree atacada la religión, cuando en nada es ofendida, y cuando acaso se trata de protegerla, impidiendo que la degraden; valiéndose de ella, para tráficos infames, muchos inicuos que se dan el nombre de piadosos. Bien conoces, Elpidio, que toda ley odiada por el pueblo es infringida con frecuencia, y que en la sociedad de seres pensadores no vale tanto la fuerza como la voluntad, a diferencia de los rebaños y otros conjuntos de animales, que son fácilmente manejados por la vara, el silbo y otros medios semejantes. Infiere, pues, a qué vienen a reducirse las leyes más sabias si el monstruo de la superstición logra que el pueblo las odie; quedan sin duda reducidas a unos renglones en un libro, que pocos o nadie lee, y que no producen otro efecto que el disgusto popular; pierde la magistratura toda su fuerza moral y solo puede valerse de la física. Mas ésta es fácil contrarrestarla con otra mayor cuando la masa popular se pone en movimiento, y de aquí todos los tumultos piadosos, excitados y llevados a cabo por personas al parecer virtuosísimas, a semejanza de muchos tumultos patrióticos, excitados por los verdaderos enemigos de la patria.

Luego que el pueblo ha perdido el amor a las leyes y se ha habituado a infringirlas, es muy fácil a los supersticiosos guiarle a su antojo, por un principio casi inherente al corazón humano, que es el esforzarse en destruir lo que odia y sostener lo que ama; y mucho más cuando ya se han hecho sacrificios que se quiere que no sean inútiles. Llegan, pues, los hombres a un grado de obstinación que los hace inaccesibles a todo género de reflexiones que no tiendan a su objeto, cual es destruir unas leyes que abominan y plantar en su lugar las máximas supersticiosas, por las cuales se han expuesto tanto, contrariando y desobedeciendo la autoridad. Hacen entonces un honor de esta desobediencia y se glorían de las persecuciones que sufren, creyéndose mártires de la religión cuando lo son del diablo; y ojalá hubiesen leído la doctrina de los padres de la Iglesia y recordaran que, entre otros, dijo San Cipriano: no es la pena sino su causa lo que hace el mártir (non poena sed causa martirem facit); y bien pueden dar su vida por el error, sin que por esto pasen la línea de unos perversos obstinados. ¡Oh!, mi Elpidio.

¡Cuánto daño han hecho a la religión estos fingidos mártires! ¡Cuántas lágrimas han costado a los verdaderos amantes de ella estos impíos esfuerzos de sus enemigos, que para ultrajarla más, fingen protegerlas! Pocos son los que verdaderamente sufren, porque son pocos los que están alucinados; la mayor parte son pícaros, que fingen que sufren para que los suyos abran la bolsa y los premien; mas cuando los aprietan, huyen que es un gusto. Sin embargo, la religión es a veces odiada, como causa de estos males, y las leyes quedan sin apoyo, y el pueblo por consiguiente, sin más freno que su capricho, cae en la desmoralización.

Otro inconveniente de mucha consecuencia resulta, Elpidio, de esta guerra infame que declara la superstición a todas las leyes que cree opuestas a sus intereses depravados, y es que, por una especie de reacción a que es propenso el espíritu humano, suelen los buenos olvidarse que lo son y salen efectivamente leyes contrarias a los justos intereses de la religión cohonestados con la necesidad de reprimir a sus fingidos defensores. Este es el verdadero origen de casi todos los escándalos y de las persecuciones que ha sufrido a veces la Iglesia y con más frecuencia el cuerpo eclesiástico, que son cosas bien distintas, pues aquélla nunca deja de ser celestial y éste a veces da a conocer que es terreno, por las pasiones que dominan a sus miembros.

No bien salen al público algunas leyes imprudentes y contrarias a la Iglesia, cuando se levanta un justo clamor contra ellas y los supersticiosos encuentran una buena oportunidad para conseguir sus designios. Dan por hecho que los legisladores no tienen otro objeto que la destrucción de la Iglesia y hagan lo que hicieren, todo lo refieren maliciosamente a este fin, de modo que el pueblo llega a figurarse que todos sus gobernantes son impíos.

¿Qué debe esperarse de un estado tan lamentable, sino una guerra abierta entre los legisladores y la Iglesia y entre el pueblo dividido en distintos bandos, que se injurian y maldicen mutuamente? He aquí las bellezas de la superstición.

Empezada esta ominosa campaña es muy difícil terminarla. Los despreocupados creen que si dan una prueba de debilidad, transigiendo con la superstición, ésta quedará radicada para siempre, insolentándose con la victoria; y los supersticiosos perciben que su derrota puede ser irreparable. Empiezan entonces ambos partidos por alucinarse a sí mismos y buscan razones especiosas para justificar su conducta. Es preciso, dicen los unos, usar de severidad, aunque si se quiere toque en injusticia, para evitar tantos males; es preciso quedar con alguna locura para despertar al pueblo de tan lamentable apatía, hacer reconocer sus intereses y de este modo contener a los que le oprimen, fingiendo que difunden la piedad. Después de hacer tales raciocinios se entregan sin temor a todas sus pasiones e incendian la patria, invocando el patriotismo. Los otros por su parte no son, ni más exactos en sus discursos, ni más justos en sus operaciones. La religión, dicen, es atacada, preciso es defenderla; si cometemos algunos excesos deben dispensarse considerada la naturaleza de la causa que defendemos, la perversidad y osadía de sus impugnadores, la dificultad de reprimir la indignación del pueblo al verse atacado en lo que más venera y ama; y últimamente, las innumerables e inocentes víctimas que serán inmoladas por los impíos, merecen que evitemos su sacrificio aun a riesgo de cometer algunas injusticias.

Con estos y otros raciocinios semejantes, procuran ambos partidos acallar los gritos de la razón, de la naturaleza, y de la religión, llegando a ser tanta su desgracia, que con el hábito de conformar sus operaciones a estos discursos, consiguen ambotar la sensibilidad moral que siempre es fruto de la reflexión, siéndolo de la conciencia, y quedan al fin los hombres reducidos a unos seres mecánicos en cuanto al buen sentido, pero muy reflexivos e industriosos en cuanto al empleo de los medios de su cruel perversidad. ¿No deberían estos alucinantes discurrir de un modo muy distinto según los principios de la verdadera religión y advertir que ni ésta ni la patria pueden recibir beneficio alguno y sí graves daños de su injusticia? ¡Favorecer la patria formando enemigos contra ella y quitando a la autoridad todo su prestigio, pues todo lo pierde luego que es injusta! ¡Favorecer la religión quebrantando el más sagrado de sus preceptos, que es la justicia, y rompiendo su vínculo divino, que es la caridad! ¿Por qué no se quitan la máscara estos miserables y se presentan abiertamente como promotores de sus intereses particulares, dejando a un lado los augustos nombres de la patria y religión, que tanto profanan? ¡Pudiera el pueblo conocerlos y cesarían de ser temibles, cayendo en el desprecio que merecen por su infamia! Esto no conviene a su ambición, y he aquí el motivo de su reserva. Lo repito Elpidio, uno y otro partido opera por miras ambiciosas y permíteme que exponga los fundamentos de mi aserción.

Bien sé que el dinero es el señor del mundo y que los que solo tienen ideas mundanas siempre piensan en dinero. Sin embargo, advierte que se emplea como medio para obtener placeres y consideración social y que ésta es la que más cuenta y la que más halaga. Exige, pues, mayores sacrificios, que todos los hombres están dispuestos a hacer, unos por medios justos y otros por siniestras e inicuas maquinaciones. Muy pocos aprecian los placeres si van unidos con la degradación, pero muchos se complacen en las privaciones, si son causa de honores. Infiérese, pues, que los perversos que componen ambos partidos, no teniendo otras miras que las mundanas, son víctimas de la avaricia, pero aun lo son mucho más de la ambición, y aquélla sirve de medio para ésta, aunque parezcan divididas. Sin hacer alusiones odiosas, observarás, mi amigo, que en ambos partidos siempre hay la pretensión de una cruz, un título, ya aristocrático, ya democrático, en fin, algún signo de honor, que sirva de pábulo a la ambición. De aquí la fingida modestia para ser más elogiados, de aquí la humildad en unos y la franqueza y desprendimiento en otros, según la pluma del partido, sin más objeto que el de dominar de un modo menos odioso, más seguro y con más aplauso; de aquí la hipocresía política y religiosa con todas sus consecuencias, que siempre son funestísimas.

Pero me dirás que soy injusto, atribuyendo a la superstición no solo los males que ella causa, sino los producidos por sus enemigos. Yo no excuso a éstos; antes, en mis cartas sobre la impiedad, los he atacado abiertamente; pero el mal es tan grande, que bien puede repartirse dando bastante a cada partido para hacerlos abominables. ¿No sirven de pretexto a las impiedades las inicuas pretensiones de los supersticiosos? ¿Crees, Elpidio, que encontrarían mucho apoyo en el pueblo los impíos si no hallasen materia para enérgicas y justas declamaciones, pintando y exagerando los males que causa la superstición y pasando por grados a confundir con ella la obra del cielo, la santa e inmaculada religión? Tengo, pues, sobrado fundamento para hacer a estos tontos o inicuos responsables de los males que he detallado; y por más que mi entendimiento quiera encontrar razones para disculparlos, solo las encuentro para ratificarme en mi aserto y deplorar la desgracia de la patria y de la Iglesia, acarreada y continuada por la superstición.

Tratemos ya, mi Elpidio, de un mal gravísimo, que es consecuencia de los que he referido, tratemos, sí de la degradación en que cae un pueblo supersticioso y de la ancha puerta que abre a todas las bajezas y a todos los crímenes. Consuélame solamente la idea de que la superstición aunque por desgracia muy extendida, no lo está ni puede estarlo tanto como se figuran algunos espíritus melancólicos o irreflexivos. Yo pasaré a la carrera por este campo del dolor, donde la naturaleza corrompida presenta todas sus miserias, horroriza con su corrupción e infecta el ambiente con sus hálitos venenosos. ¿Quién podrá ver sin lágrimas el carácter frívolo e irreflexivo, superficial, pueril y ridículo, en una palabra, monstruoso, que adquiere un pueblo dominado por la superstición? Al paso que desatiende los más sagrados deberes de religión y de patriotismo, le vemos correr tras sombras vanas, que siempre lo engañan, mas nunca lo corrigen, antes parece que cada burla solo sirve de preparativo a otras nuevas. Resiéntese las artes, gimen las ciencias, víciase la literatura, corrómpese el buen gusto, destrúyese la moral, y al fin, viene a establecerse un nuevo orden de cosas, sancionadas con aplauso por una chusma de ignorantes con pretensiones de sabios, y acobardados los que lo son, queda el pueblo en manos del monstruo de la superstición, bendiciéndole como si efectivamente fuese un don del cielo.

Un estado tan lamentable provoca el desprecio por ser voluntario y sucede con los pueblos lo mismo que con los hombres, quiero decir, que exasperados se entregan a la indolencia, cuando llegan a figurarse que es inútil la actividad; apelan al gracejo para encubrir su ignorancia, y así es que imitan a los impíos aunque por otro estilo. Cuando éstos atacan la religión, siempre tienen algún chiste, que sirve de paliativo, preparando los ánimos para recibir el error y evitar la justa repulsa que debería encontrar en un alma recta; y del mismo modo los supersticiosos tienen su diccionario de chistes, de que hacen uso cuando no creen convenientes las injurias claras y groseras. Hablan, pues, con énfasis malignos de la Filosofía y de los filósofos, de los sabios del día, y usan otras frases semejantes, que por desgracia pueden aplicarse a muchos, pero que no son los supersticiosos los que pueden hacerlo, antes a ellos les convienen con más derecho que a los mismos a quienes tienen la imprudencia de aplicarlas. Los errores tienen cierta correspondencia o hermandad, y por más diversos que parezcan, proceden de un mismo modo y emplean unos mismos medios. La superstición, que parece tan distinta a la impiedad, es tan frívola y chocarrera como ella, porque ambas están destituídas del vínculo de la caridad que es el principio de lo recto, decoroso y sabio, pues no hay rectitud ni sabiduría, sino las del cielo, y esta es la mansión de la santa caridad. La religión siempre hiere con un torrente de luz, de paz y de consuelo, que no causa otra pena que la de no poder recibirlo; mas la superstición hiere con el desprecio y con la osadía, que la hacen detestable. Muchos impíos, mi Elpidio, quisieran ser creyentes, mas no hay uno solo que quiera ser supersticioso. De aquí la degradación, de aquí el fanatismo y todo cuanto puede hacer a un pueblo despreciable.

Los buenos, mi amigo, no lo son tanto, que dejan de ser mortales y de resentirse de las flaquezas precursoras de la muerte, y parece que la naturaleza fatigada quiere un descanso antes de disolverse. Empieza, pues, la virtud por ser condescendiente y acaba por ser débil, dejando el campo la superstición, que hallándose siempre pábulo en todas las edades, en todos los climas y en todos los estados, tiene infinitos secuaces, que asalten con denuedo a un enemigo, que ya empieza a ceder, se atreve al fin a envolver en sus tinieblas unos seres de que antes huía despavorida. Quedan, pues, la ciencia y la virtud aprisionada y más de una vez transigen con su tirano y se convierten en instrumentos, que emplea para sus inicuos designios. Punto es éste muy delicado, Elpidio, que acaso conviene más contentarse con insinuarlo. Pocos hombres, mi Elpidio, tienen un carácter firme hasta la muerte, y aunque no lleguen a degenerar en perversos, no se escapan de una reprensible debilidad, que da armas a la superstición, que debieran reprimir.

Si la superstición no causase otro mal que éste, bastaría él solo para hacerla detestable, pues degradando a las personas de quienes el pueblo podía esperar su reforma, queda éste sin apoyo y hecho el juguete de cuantos quieren especular con su ruina. Salta así el consejo, y como abunda la ignorancia y están desencadenadas las pasiones, puedes inferir que la corrupción es general y también lo es el desaliento. Sabemos la fuerza de la opinión, y cuando ésta se declara por un plan o partido, aún en el más absurdo, si no hay sabios virtuosos que la rectifiquen, adquiere la sanción del tiempo y en vano se intenta después variarla. Llega la masa popular a corromperse en términos que apenas se encuentra quien quiera emprender su cura. El ejemplo de los que, confundiendo la prudencia con la debilidad, creen poseer aquella en alto grado, mientras más ceden a ésta; el ejemplo, repito, de los que más confianza debieran inspirar por sus años y virtudes, llega a sancionar las prácticas más supersticiosas, o a hacer que se crea imposible destruirlas; y de este modo queda la sociedad semejante a un enfermo, que creyéndose incurable, no quiere que la fatiguen con remedios importunos. La pérdida de los hombres de gran mérito, siempre ocasiona la de muchos de un orden inferior, y la cadena de males, va adquiriendo nuevos eslabones con que aprisionar al pueblo incauto. Es muy fácil percibir, cuando los grandes ingenios caen desgraciadamente en la impiedad, mas no es tan fácil conocer, cuando son víctimas de la superstición. Ellos mismos a veces no lo perciben y otras procuran ocultarlo, y lo consiguen con inmenso daño de los pueblos.

Degradada de este modo la sociedad y particularmente los que pueden tener voz directa en ella, sufre un ataque tremendo la religión, porque llega a ser el juguete de los supersticiosos, no menos que de los impíos y unos y otros blasonan de un triunfo, que nunca hubieran obtenido entrando en lid con su verdadero antagonista. Les ha sido preciso fingir un enemigo para poder fingir una victoria; y los impíos atacando a los supuestos religiosos y los supersticiosos rebatiendo a los supuestos impíos, dan indirectamente un asalto a la santa religión aunque por distintos caminos. Llénanse de regocijo los impíos cuando les viene a la mano algún catálogo de disparates con el título de novena, alguna tontada religiosa con el título de ejercicio piadoso; en fin alguna cosa que pruebe ignorancia y credulidad en los hijos de la Iglesia, para descargar sobre ésta un diluvio de sátiras, de burlas, y de baldones, haciéndola responsable de cuantos errores y de cuantas picardías se cometen contra su voluntad y mandatos. Créense entonces autorizados para condenar la religión en el tribunal de su entendimiento, sin oír defensa alguna o sin ánimo por lo menos de hacer caso de ella, y destierran de su alma un don del cielo que debiera hacerles felices. ¡Oh, mi Elpidio!, aun sin la luz evangélica, puede verse muy bien la deformidad de estos discursos y conducta irreflexiva, y así es que hace mucho tiempo que un autor gentil respondió de un modo satisfactorio y con un símil muy propio a la débil objeción de estos alucinados. «Curamos las lagañas si podemos», dijo Plutarco, «mas si no podemos no por esto sacamos los ojos: del mismo modo, si no podemos destruir la superstición, no por eso debemos creer que no hay dioses».[8] ¡Qué lección tan interesante para los que desprecian la verdadera religión, confundiéndola o pretendiendo hacer creer que la confunden con las prácticas que a su nombre ha introducido la ignorancia o la perversidad! Tienen sí, Elpidio, tienen justo derecho los impíos para deplorar los males producidos por la superstición y considerarla como una de las principales causas del trastorno y desorden del cuerpo social. Pero ¿acaso son ellos los únicos o han sido los primeros declamadores contra los procedimientos de este monstruo infernal? No, mi amigo, la Iglesia de Dios los ha condenado mucho antes y los Santos padres, cuyas obras expresan el verdadero espíritu de la Iglesia, están llenas de amorosas y enérgicas sentencias contra un vicio tan horrendo. Vicio que en otro tiempo introdujo dioses discordantes y en los nuestros nos presenta uno, pero inconsecuente y dividido, sugiriendo máximas y doctrinas opuestas y ridículas; y no sé si me atreva a decir que es la misma idolatría despojada de los nombres de los antiguos dioses, si bajo éstos, como piensan muchos, no consideraban aquellos idólatras otra cosa que dis-

---

8   Si fieri potest lippitudinem auferimus ab aculis: sin id non licet, non tamen eruimus oculum: ita si superstittio tolli prorsus non pootest, non tamen protinus credendum nolloos esse deos-Pllut-vide Anthologia sive Florilogium Langii, pág. 513.

tintas virtudes de una misma divinidad.[9] Vicio que por su naturaleza introduce la discordia aun mucho más que la impiedad, aunque se empeñen tales viciosos en predicar una paz que ellos mismos excluyen; y puede muy bien aplicarse a ellos la juiciosa observación de San Agustín sobre los antiguos idólatras, que en realidad no fueron sino supersticiosos, siendo la idolatría una de las clases de la superstición. «Estos miserables "decía aquel Santo padre" se veían obligados a buscar un modo de dar culto a sus dioses discordantes, sin ofenderse ellos mismos mutuamente; pues si quisieran imitar sus dioses en la discordia, roto el vínculo de unión, se arruinaría la ciudad». (Aug. Ad Marcel. Epiis. 138., tomo 2.º, pág. 541.) Lo mismo sucede con los supersticiosos en el seno de la verdadera religión. Hállanse en la necesidad de disimular sus doctrinas y aun de ocultarlas; tienen que hacer inmensos sacrificios sumamente penosos para ellos, solo por evitar que las discordancias de sus doctrinas se noten en su conducta y quede disuelto el partido al primer golpe que reciba de la razón; quieren, sí, afectar unidad porque saben que este es el carácter distintivo de la verdadera religión, pero jamás pueden convencerse a sí mismos de que la poseen. El culto es para ellos un estudio árido, de vanas pretensiones cohonestadas con nombres piadosos, cuya invención no es el menor trabajo; y así, poco a poco, llegan estos perversos a reducirlo todo a meras fórmulas sin otro espíritu que el del mundo, por más que pretendan ser guiados por el espíritu divino.

---

9   Muchos son de opinión y yo me inclino a ella, que la idolatría, que podemos llamar formal, esto es, de ideas y de operaciones, nunca ha existido sino en una parte de la plebe la más ignorante, pero que los reflexivos, aun sin ser filósofos, siempre conocieron que no puede muchos dioses; y no porque Séneca fuese condenado a muerte por defender la Unidad de Dios, se infiere que fuese el primero que la creyese. Los dioses creían unos que eran meras virtudes a las cuales se había dado un nombre personal, y otros creían que eran personas reales, pero no partes de la divinidad, ni divinidades distintas, sino unos seres protegidos por la única Divinidad y encargados de tales o cuales funciones. La creencia de estos últimos era muy parecida a la que tenemos de los santos, aunque existen diferencias esenciales entre nuestro dogma y aquellos errores. Es preciso sin embargo advertir que los supersticiosos, que atribuyen a los santos operaciones y poder que la Iglesia no reconoce, verdaderamente no hacen más que imitar a los antiguos idólatras y dar armas a los herejes del día para que impugnen nuestra Santa religión. Esta sin embargo encuentra su defensa en el mismo ataque, pues si bien los supersticiosos y los idólatras han errado en el modo del culto, parece que unos y otros, como por un instinto de la naturaleza, han reconocido que Dios es admirable en sus santos, y que le agradan las súplicas de estos venturosos.

Creo que habrás anticipado mis ideas y previsto que debo decir algo sobre el inmenso daño que se hace a la sociedad, quitando el verdadero valor a las ceremonias religiosas. Sabes, Elpidio, que este punto ha sido objeto de muchas de mis meditaciones, porque, a la verdad, lo creo esencialísimo. Acaso recordarías que en mis *Lecciones de Filosofía* observé que es totalmente inútil la cuestión de si puede o no haber moral pública sin religión, pues las naciones cual están constituidas siempre han de tener religión y esta ha de ser su norma de conducta. Resuélvase, pues, la cuestión por la afirmativa o por la negativa, en la práctica siempre vendremos a parar en que la religión dirige la moral del pueblo y la investigación es muy semejante a la de si los habitantes de la tierra podríamos vivir en la Luna. De modo que la religión tendrá siempre tanto influjo en la sociedad, que si se desvirtúa, queda el pueblo sin norma, como ya ha acreditado la experiencia en los diversos ensayos que se han hecho sobre la materia en distintas épocas y distintos países. El pueblo jamás abandona la religión, sino para entregarse a los vicios, y yo me creo excusado de probarlo, porque sin recurrir a la historia, en nuestros días cualquier individuo de cualquier clase, con solo mirar alrededor encuentra infinitas pruebas de mi aserto. Resulta, pues, que el pueblo, en el momento que sospecha de la intención y sensatez de los que les prescriben prácticas religiosas, empiezan a disgustarse de éstas y las confunde todas, buenas y malas, hasta llegar al extremo de declararse impío puritano. Dispénsame el nombrecito y para que te persuadas de la propiedad de su aplicación, recuerda que los puritanos de Inglaterra no empezaron de otro modo y que todas las impiedades imaginables fueron sancionadas con el laudable objeto de purificar el culto y abolir ceremonias ridículas y supersticiosas, cuyo nombre odioso daban entonces y dan ahora a todo lo que no conviene con sus ideas. He aquí uno de los estragos de la superstición. Hácense sospechosas todas las ceremonias y en vez de ser unos medios sensibles para inspirar ideas sublimes que rectifiquen la moral del pueblo, quedan reducidas a unos objetos de escarnio y de desprecio. Despreciadas las ceremonias, lo está también el culto y su objeto; de modo que por grados insensibles queda el pueblo sumergido en la impiedad. Quieren entonces los impíos e instruidos tomarle por su cuenta para ilustrarle, mas él no quiere recibir lecciones sino darlas; el principio que le indujo a desechar la religión, le hace no admitir clase alguna de autoridad o magisterio, y queriendo todos ser directores, deja de haber dirigidos y es todo una confusión, resultando una inmoralidad por creerse ilustrados sin serlo.

En tan tristes circunstancias, los supersticiosos acusan a los impíos, y éstos a aquéllos, haciéndose mutuamente responsables de la relajación del pueblo ignorante; como si ellos mismos no fueran los más corrompidos y los menos excusables. Bien sé que la verdadera creencia especulativa suele encontrarse, aunque rara vez, unida con la inmoralidad, pero yo me atrevería a dar como resultado de observaciones muy prolijas y como regla casi general, que todo hombre corrompido es impío o supersticioso. ¿Qué valen, pues, todas sus declamaciones? Solo sirven de signos de su hipocresía, cuando tienen el descaro de lamentar los males que ellos mismos han producido. Ya en otra serie de cartas te indiqué, mi Elpidio, los males que causa la impiedad y así nada diré ahora de ella, deteniéndome solo en hacer algunas observaciones sobre esta hipocresía supersticiosa. Como se presenta con el aire de santidad, luego que se corre un poco la máscara y se percibe toda su deformidad, excita una indignación extrema en el pueblo, que se considera insidiosamente engañado. De aquí proviene que cuando estos supersticiosos quieren contenerle, ni aún siquiera son oídos, por temor de un nuevo engaño, y es claro que si el enfermo rehúsa tomar la medicina, de nada puede servirle el médico.

¿Qué diremos, pues, de los eclesiásticos supersticiosos, que gritan descomedidamente en los púlpitos contra la impiedad, que ellos mismos han formado o a lo menos nutrido con sus perversas necedades? ¿Qué diremos de los obispos que les permiten predicar? Dejémoslos al juicio de Dios, que acaso los encontrará inocentes por falta de luces y por su buena aunque errónea intención, mas ante los hombres no pueden pasar sino por criminales. Cuando la superstición erige cátedra, debe esperarse que encuentre opositores, y siendo tan perversa, no escrupulizarán mucho aquéllos en la elección de medios para derrocarlas. Sufre, pues, la verdadera religión, sufre la sociedad y triunfan los inicuos de todas clases como efecto necesario de un orden de cosas tan contrario y tan vicioso. La ansiedad que produce es insufrible y la lucha a que da lugar es funestísima. Cada ataque produce una convulsión social y lejos de abatir al enemigo parece darle nuevo valor o más bien obstinación para continuar la resistencia. La autoridad, que bien usada es un principio de paz y de armonía, llega por su abuso a convertirse en un principio de injusta y degradante opresión, que sin más apoyo que la fuerza, nunca logra ser obedecida por los corazones y por los entendimientos, aunque consigue dirigir a su arbitrio unos actos puramente externos. Desaparece entonces la verdadera religión y toma su nombre una farsa la más detestable. He aquí las bellezas de la superstición.

Apartemos la vista de un cuadro tan lastimoso y consolémonos con la hermosa imagen de un pueblo, que libre de la impiedad no menos que de la superstición, se entrega con placer y sin reservas a sentimientos religiosos conformes al divino dechado, sin mezcla de las pasiones humanas. La verdadera caridad difundida en un pueblo, dulcifica su carácter y la hace franco, amable, firme, constante, humilde y elevado, alegre y juicioso, en una palabra, dispuesto para todo lo justo y enemigo de todo lo perverso; la sublimidad de los objetos religiosos la hacen desagradables los mezquinos de las intrigas y bajezas que degradan a los supersticiosos, y por una consecuencia necesaria, llega a adquirir cierta nobleza cristiana, cuyos encantos son muy distintos de los que proporciona la nobleza que solo es hija del capricho humano y a veces de la iniquidad más escandalosa. Un pueblo semejante tiende necesariamente a la libertad, que siempre existe cuando se observan las leyes y éstas son justas, sea cual fuere su organización política, y los tiranos quedan burlados en sus miras infames. Ya, mi Elpidio, te hice reflexiones semejantes tratando de la impiedad, mas sin duda tienen mucha más fuerza respecto a la superstición. Estoy íntimamente persuadido, que todo pueblo supersticioso es esclavo, así como todo pueblo verdaderamente cristiano es libre. Un pueblo religioso e ilustrado es superior a todas las leyes y a todos los sistemas políticos, que son para él como los vestidos para el cuerpo, que pueden afearlo y aún molestarlo, pero no alterar su naturaleza ni la hermosura de sus formas. El cristianismo es un bello ideal perfecto, formado de bellezas reales, que cuando se acumulan en gran número se aproxima el conjunto de ellas al modelo presentado por su divino fundador. No es imposible, pero sí es muy raro encontrar todo un pueblo verdaderamente cristiano, así como sucede con los modelos, que el gusto rectificado forma como normas de lo bello.

¡Oh! ¡Si las pasiones desarregladas no infectaran con sus pestíferos hálitos la masa popular! ¡Qué majestuoso, noble y halagüeño marcharía el cristianismo recibiendo por todas partes los homenajes de la razón pura e ilustrada, los votos de los corazones consolados, los tiernos abrazos de la inocencia protegida, las aclamaciones de la tranquila industria, los laureles del saber victorioso y la risueña oliva de la paz juiciosa y permanente! ¡Oh, mi Elpidio! Yo me transporto de nuevo a aquella noche memorable a la cual aludí al principio de esta carta y mi alma vuelve a experimentar los elevados sentimientos que entonces me ocupaban. Vuelvo a ver la armonía de las grandes familias que componen el género humano y al restablecimiento del imperio de la razón, usurpado por tanto tiempo por los que falsamente se titulan sus cultivadores; vuelvo a ver la súbita y asombrosa cura de las dolencias del corazón humano y toda la historia de las antiguas calamidades de los pueblos pasa ante mi vista transformándose en un cuadro de delicias, que se dejan ver a medida que la luz evangélica va disipando las nubes de la infidelidad y las tinieblas de la superstición. Vuelvo a ver la correspondencia entre el cielo y la tierra como obras de una mano y reconozco la sabiduría de un ser infinito, que no pudo establecer entre ellas discordancia, por más que se empeñen los míseros mortales en calumniarle. Vuelvo a ver la religión pura en toda su belleza, derramando abundantes dones y fijos en ella los ojos de millares y millares de cristianos, felices por su influjo. Vuelvo a ver... pero, basta, Elpidio, no quiero abusar más de tu paciencia, si bien no te ofrezco enmendarme, pues me preparo a dirigirte otra carta para desahogo de mi espíritu, que siempre encuentra gran consuelo en tu correspondencia. Horror a la superstición. No me olvides.

Carta segunda. Cómo usa la política de la superstición

La política, que jamás se para en los medios si convienen a sus fines, se vale gustosa de la superstición como el mejor apoyo de la tiranía, que es el ídolo de casi todos los gobernantes. Esta entrada, Elpidio, acaso te ha hecho olvidar quién soy, y en un momento de sorpresa me habrás confundido con los espíritus inquietos y mal contentos que creen no poder ser libres mientras sean gobernados. Vuelve en ti, acuérdate de mis principios, y óyeme.

Por más protestas que hagan los gobernantes, el placer de mandar es una miseria de la naturaleza humana de que no pueden librarse. De aquí la tentación de infringir las leyes y las especiosas razones que encuentran para hacerse superiores a ellas. Fórmase, pues, un ídolo del Poder, que como falsa deidad no recibe sino falsos honores y el que lo ejerce es el primer miserable a quien cautiva. Ofrece sus inciensos a este Numen tutelar y muy pronto el temor congrega otros muchos sacrificadores, que teniendo parte en la acción gubernativa procuran extender el imperio de la arbitrariedad, cuya consecuencia necesaria es la tiranía. Esto ha sucedido, sucede y sucederá en todos los pueblos y en todos los gobiernos, sea cual fuere su forma. Son, pues, los buenos gobernantes unos hombres justos, que resisten y vencen una tentación muy poderosa, y ya se echa de ver que son muy raros, por desgracia del linaje humano. La generalidad de los mandarines, si no son tiranos desean serlo, y solo esperan encontrar un pretexto para dar pábulo a su pasión de dominar sin leyes o de frustrarlas si el decoro exige reconocerlas. He aquí por qué he dicho que la tiranía es el ídolo de casi todos los gobernantes, y a la verdad que las excepciones son tan pocas, que bien podría yo con muy poca hipérbole omitir el casi dejando la proposición general.

Están por tanto en lucha las leyes con los mandarines y no debiendo emplearse la fuerza contra ellos, solo quedan dos principios protectores: la opinión que anima la sociedad y la religión que rectifica la conciencia. Los tiranos elogian y entronizan la superstición para destruir uno de estos principios, cuya ruina causa la del otro, y se quedan sin barrera alguna que los contenga en sus atentados. Es evidente que las ideas religiosas forman la opinión popular, y si se sustituye a la pura doctrina de un fárrago de supersticiones, queda el pueblo sin religión y sin opinión rectificada; de modo que la tiranía no encuentra obstáculo en su marcha. He aquí por qué la política protege la superstición, he aquí el origen de tanta perfidia y de tanta hipocresía.

Dirás acaso que si todos pensasen como yo, quedaría desvirtuado todo gobierno, haciéndose sospechosos todos los gobernantes. ¡Ah, mi Elpidio! Te escribe un hombre que jamás ha desobedecido una autoridad, pero te escribe un hombre franco y firme, que no sacrifica la verdad en aras del Poder, y que sea cual fuere el resultado de sus esfuerzos los dirige todos a presentar las cosas como son en sí y no como hipócritamente se quiere que aparezcan. Yo deseo dar a los gobiernos su verdadero apoyo, que es el amor del pueblo, la justicia de sus leyes y la virtud de los gobernantes. El confesar una propensión de la naturaleza humana, no es hacer sospechosos a los que la tienen, antes la sospecha resultaría de un astuto e infame ocultamiento. ¡Sería hacer sospechosos a todos los hombres el decir que todos sienten los ataques de la vanidad! ¡Sería sospecharlos todos de disolutos el decir que todos sienten los estímulos de una carne corrompida! Los gobernantes son los padres del pueblo y sería muy extraño que un ministro del Evangelio, que siempre se ha presentado como tal, viniese ahora a predicar desobediencia y a inspirar sospechas injustas, que no serían lícitas a un respecto de individuos particulares. Yo siempre he tenido por máxima de conducta pensar que los hombres son buenos mientras no me conste que son malos y precaverme como si fuesen inicuos, aunque me consta que son santos. Sabiendo ya la norma que sigo, juzga de mis intenciones, y si fallas contra mí, no tengo defensa. He abierto mi pecho —nada más tengo en él— juzga de lo que observas y juzga como quieras, pero también permíteme que juzgue según el testimonio de una conciencia que siempre me ha sido fiel y que me dicta perseverancia en mis sentimientos.

Un gobernante que respeta las leyes, aun cuando aumenta errores está seguro del aprecio popular; mas si se erige en árbitro de la suerte de los hombres debe esperar las maldiciones de éstos. Los míseros que se hacen acreedores a ella, procuran acallarlas llamando en su auxilio la superstición, que siempre encuentra medios de cohonestar y santificar las injusticias. Decláranse protectores de la religión los mismos que la profanan y al momento hallan ilusos que de buena fe los defiendan y pícaros que los elogien por especulación. Este es el orígen de varias máximas perniciosas que sancionan la tiranía y califican de favor o gracia el cumplimiento de las leyes y la conservación de los derechos más sagrados.

Entre otras doctrinas escandalosas, ¿no has oído, mi Elpidio, sí, no has oído la blasfemia moral y política de que los reyes son señores de vidas y haciendas? Lo son, sin duda, respecto a los delincuentes, y entonces es la ley la señora de esas vidas y de esas haciendas, cuyos indignos poseedores castiga justamente; mas creer que los reyes pueden matar cuando les dé gana y coger la propiedad que mejor les parezca, es un error funesto, que tiene su origen en la más horrenda superstición. Para sostener este absurdo han procurado los supersticiosos llamar a los reyes Dioses sobre la tierra y por una sacrílega analogía han dicho que en virtud de tales participan del poder del Dios del cielo, y como la vida y los bienes son dones gratuitos del Ser Infinito, quieren que también lo sean de sus vicegerentes terrenos. Parece, pues que estos ilusos llevan su locura hasta el punto de pensar que es un favor de los reyes dejar que vivan sus súbditos y permitirles asimismo que posean. ¡Qué distinta es la doctrina de los padres de la Iglesia! Yo me detendría en exponerla si ya no lo hubiera hecho en las cartas que te escribí sobre la impiedad. Acuérdate, sí, acuérdate que San Agustín llama ladrones a los reyes que toman sin justicia la propiedad de sus vasallos.

Toda potestad, mi Elpidio, viene de Dios, como toda paternidad, según nos dice el Apóstol; mas de aquí no se infiere que los padres puedan matar sus hijos o robarles lo que legítimamente poseen y menos se infiere que los potentados pueden proceder como locos o furiosos, destruyendo a su placer, sin más razón que su voluntad. Creer que Dios puede autorizar a semejantes infames es no creer en realidad que hay Dios y declararse unos ateos disimulados. Es verdad que, como nos dice el sagrado texto: por la sabiduría de Dios reinan los reyes y los legisladores decretan lo justo (Prov., VII., 15.), pero reinar no es matar sin ton ni son, orden o concierto, sino gobernar un pueblo de un modo justo para conducirlo a la felicidad, según las máximas de la sabiduría divina; y el decretar lo justo no es infringir los derechos de sus súbditos por medio de decretos arbitrarios. Los supersticiosos siempre han confundido la cuestión de la obediencia con la de la justicia. Una cosa es decir que debe obedecerse por evitar males mayores y otra cosa es legitimar la injusticia. Permite a un clérigo que use de ejemplos eclesiásticos y que te recuerde que la misma Iglesia sanciona esta doctrina, siendo la de todos los teólogos que una censura injusta debe obedecerse, mas el individuo sobre que cae no debe considerarse censurado, sino perseguido.

Pero ¿qué han hecho los supersticiosos? Declamar constante y furiosamente contra todo el que se atreve a indicar las injusticias cometidas por los reyes, o mejor dicho, por los pícaros que los engañan y tratar de revoltosos a impíos a los verdaderos amigos del orden y de la religión. Luego que los mandarines encuentran estos atletas del dominio, que peleen contra la justicia y santifiquen la infamia, les prodigan a manos llenas honores, consideraciones y a veces oro aunque de un modo indirecto. Elevada de este modo la superstición, se llena de soberbia y empieza a extender sus conquistas de un modo prodigioso, pues muy pronto se atrae un gran número de pícaros que van, como suele decirse, al Sol que más calienta, y también corren a sus banderas muchos ilusos, que solo perciben la apariencia de santidad con que se disimula el cúmulo de crímenes más inauditos.

¿Cuál crees que es el resultado? Aprisionar a los reyes. Sí, mi amigo, los reyes son los primeros cautivos y las primeras víctimas de la superstición manejadas por los mandarines, o sea reyezuelos. Para demostrarlo pongámonos en una disyuntiva necesaria y saquemos las consecuencias. O el rey es cristiano o es impío. Si es cristiano le hacen entender que la religión peligra, que él debe dar el primer ejemplo de obediencia a sus divinos mandatos y que éstos le prohíben tal y tal y tal cosa... y aquí entra el catálogo de necedades o de picardías, apoyadas con informes y autoridades sin número, como el fruto del más profundo estudio teológico. Créese, entonces, un buen rey obligado por una humildad cristiana a no preferir su juicio al de tantos varones sabios y virtuosos y al clamor de los pueblos, que así procuran persuadírselo. He aquí un rey esclavo. Mas supongamos la segunda parte de la disyuntiva, supongamos que el rey es impío. Al verse rodeado por la superstición, teme que se descubra su impiedad, y creyendo que ya el enemigo es muy fuerte y no importándole mucho el conquistarlo, porque no se cuida de la religión y lo que quiere es mandar, transige fácilmente y da pábulo a los sentimientos que pueden sostenerlo en el trono. He aquí otro rey esclavo. ¿Qué tal, mi Elpidio? ¿Quiénes son los amigos de los reyes? ¿Seránlo acaso los supersticiosos que procuran reducirlos a una esclavitud ominosa o los hombres francos y verdaderamente religiosos, que quieren darles todo el esplendor de una suprema autoridad justa y racional? ¿Por quiénes son respetados: por los que los consideran como padres benéficos del pueblo, y para que puedan serlo les indican los precipicios a que quiere conducirlos una multitud de pérfidos e hipócritas? ¿Quiénes los aman: los que procuran degradarlos y atraer sobre ellos las maldiciones del género humano, que las más veces no merecen, porque están muy lejos de saber las injusticias que se cometen a su nombre; o los que guiados por la verdadera religión, jamás les ocultan la verdad, y siempre les aconsejan que, respetando los derechos de todos y cada uno de sus súbditos, aseguren para sí mismos el mayor de todos sus derechos, que es el que tienen al amor de los pueblos? Mas ya advierto, mi Elpidio, que me voy desviando de mi objeto principal, y así, dejando a los reyes, cuyas bondades o injusticias no pienso experimentar, pasaré a hacer algunas observaciones sobre otro de los modos con que la política hace uso de la superstición.

Cuando creen los falsos políticos (pues la verdadera política debe ser justa) cuando creen, repito, que el siglo ilustrado no sufrirá los elogios que se tributan por los gobiernos a la superstición, toman un camino contrario y declaman contra ella; presentándose estos políticos como los primeros despreocupados; mas al mismo tiempo tienen buen cuidado de exagerar el poder que ha adquirido y lo arriesgado que sería excitar su furor. Propónese una reforma. En el momento la aprueban y aun recomiendan a sus autores que den todos los pasos necesarios para plantearla, pero con un fingido sentimiento pronostican que será imposible conseguirlo, teniendo que habérselas con los supersticiosos, cuyo número dicen es casi infinito; y de este modo preparan los ánimos para que no se extrañe mucho un resultado contrario a la esperanza de los buenos y a las fingidas intenciones del gobierno. Pasan después estos pérfidos políticos a engañar a los supersticiosos y para ello dejan, aunque con precaución, traslucir el secreto, indicando que el gobierno nunca ha estado por la reforma propuesta, por considerarla peligrosa y que solo condesciende que se den algunos pasos por vía de tentativa. La consecuencia que forman los supersticiosos es que, o el gobierno los teme, o los protege, aunque disimuladamente, o quiere averiguar si debe protegerlos y si tiene por qué temerlos. En cualquiera de estos casos es claro que, según sus principios, deben esforzarse cuanto puedan para conseguir la victoria, o por lo menos evitar la ruina. He aquí la superstición puesta en ejercicio por una política astuta.

Constitúyense, entonces, los políticos unos simples observadores de la batalla en que entran los partidos engañados y con gran tacto pulsan ciertas teclas... para animar y desanimar... para el tira y afloja... Ya me entiendes... El resultado siempre es favorable para ellos, por más funesto que sea para la patria. Si vencen los supersticiosos, se atribuyen los gobernantes la victoria, indicando que se debe a su prudencia en no manifestar los medios de que en secreto se han valido para contener a los enemigos de la religión, a quienes siempre procuraron desalentar y quienes sin duda hubieran conseguido sus perversos fines bajo un gobierno menos religioso que los hubiera protegido. Si la victoria se declara por el partido contrario también la atribuyen los gobernantes a sus esfuerzos, sin los cuales la superstición hubiera sido invencible; y también se dan el aire de prudentes en no haber arrostrado con precipitación, y sí de un modo oculto, pero mucho más suave y eficaz.

Quedan, pues, los políticos siempre en pie, y en disposición de manejar los partidos a su arbitrio, pues tienen mucho cuidado de unir a las congratulaciones por la victoria la astuta insinuación al partido vencido de que el gobierno opera por necesidad, a que todas sus expresiones son meras fórmulas y que como suele decirse besa manos que quisiera ver quemadas. Esto es lo que llaman política, mi amigo, y no viene a ser más que un sistema de infamia astuta. Los políticos, mi amigo, no tienen más regla que salir con el intento o por lo menos quedar bien con todos si no se consigue.

Dijo con acierto Madame Staël, hablando del lagarto Tayllerand: «El buen Mauricio es como los monifatos que se hacen para que jueguen los niños, que tienen los pies de plomo y la cabeza de corcho y así caen siempre de pie.»Si, mi amigo, los políticos siempre quedan boyantes en el naufragio de la patria y viven con todos los partidos, sin que se ruboricen de ello, antes fundan su gloria en este cálculo si lo sanciona el buen éxito. No extrañes, pues, que aun los más despreocupados fomentan la superstición y se valgan de ella para sus intentos.

Aún van más adelante los políticos, pues con oprobio de la naturaleza y de la religión, procuran hacer creer que el mal es inevitable, pero al mismo tiempo muy útil y aun necesario, pues sin la superstición es imposible gobernar los pueblos. Para esto exageran la ignorancia de la plebe y el peligro en instruirla. Confiesan la necesidad de la religión, pero al mismo tiempo dicen que es una quimera pretender que la muchedumbre bárbara pueda conservarla en su pureza. Pretenden igualmente que la superstición es mucho más análoga al carácter del vulgo y que por tanto conviene fomentarla y protegerla como medio de manejar una gente indómita. Para ponerse a cubierto lamentan la necesidad en que se ven de operar de un modo abominable y ridículo; protestan que sus deseos son destruir la superstición y con éstas y otras ficciones consiguen su intento, que es gobernar sin leyes y con buena reputación. Hacen el papel de llorones y nada fuera si con su hipocresía no produjesen males enormes, que son causa de muchas lágrimas justamente derramadas.

Por más infundados y ridículos que sean estos discursos encuentran muchos que los crean exactísimos y quedan los políticos justificados en su conducta y aplaudidos por su moderación y prudencia. Radícase, pues, la superstición, que ni aun teme ser molestada después de dedicarse que es no solo útil sino necesaria a los gobernantes para poder manejar los pueblos sin que éstos opongan resistencia alguna. ¿Crees que paran aquí los males? No, mi Elpidio; otra calamidad mayor se sigue como consecuencia necesaria y bien quisiera yo evitar el dolor de referirla, pero ya que me he propuesto indicar los estragos de la superstición en la sociedad, preciso es no omitir el más funesto de todos ellos, por más que el alma se horrorice al recordarlo y huya adolorida. Empezaré, sí, Elpidio, empezaré la triste historia de los sufrimientos de la Iglesia bajo el pretexto de respetarla y protegerla.

Como la superstición es un vicio introducido en la Iglesia, pues no hay supersticioso que no sea o no finja ser creyente, conocieron los políticos que presentándose como defensores de la religión estaban seguros del aprecio de los supersticiosos; y para halagarlos mucho, identificaron el trono y el altar como dos cosas tan dependientes una de otra, que vienen abajo ambas si cae una de ellas. Verdad es que el culto público empezó con la conversión de Constantino, pero también lo es que la religión estaba ya difundida y que por todas partes se habían elevado altares a pesar de todos los tronos. Ya desde el siglo segundo argüía Tertuliano, con la propagación del cristianismo, diciendo a los romanos: «Somos extranjeros y ya hemos llenado todo cuanto os pertenece; las ciudades, las islas, las villas, los municipios, las juntas, los mismos ejércitos, las tribus, las decurias, el palacio, el senado, el foro, y solamente os hemos dejado los templos».[10] No fue, pues, la protección de los imperios la causa de propagarse el cristianismo, que se hallaba entonces mucho más puro y sus partidarios mucho más fervorosos, unidos y potentes. Los hipócritas que fingiendo respeto por la religión quieren hacerla depender de los tronos, verdaderamente la atacan y calumnian, dando a entender que es obra del poder humano, cuando por el contrario Dios eligió los más débiles para confundir a todos los fuertes.

Por otra parte, los tronos de ningún modo dependen de los altares, puesto que (omitiendo otros pasajes de la historia) derribados todos en la poderosa Inglaterra, lejos de disminuirse, creció el poder del monarca. Yo espero que los alucinados, que hablan de la unión del trono y del altar, no se declararán defensores de una falsa religión y no se atreverán a decirme que mi argumento no tiene fuerza porque Inglaterra conserva un simulacro de religión, que es a

---

10 «Hesterni sumus et vuestra omnia implevimus, urbes, insulas, castella, municipia, conciliabula, castra ipsa, tribus, decurias, palatium, senatum, forum, sola vobis reliquimus templa». (Tertull. Apolog. cap. 37).

lo que equivale el protestantismo. Si tal dijesen, conseguiríamos quitarles la máscara, pues claramente se conocería que es la superstición y no la religión la que pretenden defender, puesto que un falso culto no es más que una verdadera superstición. Por el mismo principio defenderían el mahometismo y todos cuantos sistemas religiosos quieran inventarse, pues todos pueden ser sostenidos por los reyes y amistarse con ellos. Resultaría, pues, el gran absurdo de creer que la religión es inseparable y depende enteramente del principio que la destruye, o mejor dicho, que existe cuando está destruida. Una religión falsa es nula y solo sirve de signo lamentable de la pérdida de un don divino y de la sustitución de una obra del orgullo humano; es un cadáver, para valerme del bello símil de San Agustín, es un cadáver, mi Elpidio, cuyas facciones nos den todavía a conocer el hombre cuyo espíritu ya ha desaparecido.

No es trono sino cadalso el que no eleva al que lo ocupa sino para hacerlo detestable. No es tampoco verdadero altar, mi Elpidio, el que solo se erige para ser profanado y en vez de recibir las puras ofrendas de la virtud y de la paz, solo recibe los funestos dones con que el crimen astuto fomenta la discordia. Un trono envilecido y un altar profanado solo pueden hacer liga para esparcir tinieblas propagando el crimen.

Aun prescindiendo de intenciones perversas ia cuántos errores no ha dado lugar esta decantada alianza del trono y del altar! ¿No ha habido Papas que se han atribuido el imperio del mundo, o por lo menos pretendido extender su autoridad de un modo indirecto sobre todos los reinos de la tierra? ¿Quién ignora las pretensiones de Inocencio III y Bonifacio VIII? ¿Quién ignora los delirios de los teólogos italianos, por otra parte eminentes, para sostener este poder indirecto, llegando el célebre Cardenal Belarmino a tanto extremo, que la misma sede apostólica condenó su obra en este punto mandándola poner en el Índice? En sentido opuesto sabemos hasta dónde han avanzado los teólogos franceses, principalmente desde que el célebre Pedro de Marca escribió su concordia del sacerdocio y del imperio y el incomparable Bossuet se presentó en la arena como defensor de las libertades de la Iglesia galicana. Vemos, sin embargo, los teólogos de la Francia moderna amistarse con los italianos, reprobando abiertamente las doctrinas de Bossuet, hasta llegar un célebre escritor (bien que no teólogo de profesión) a decir que espera que Dios en su misericordia haya perdonado a Bossuet sus errores en consideración a otros escritos suyos famosos en defensa de la religión.[11] ¿No ha habido en España infinitas disputas sobre regalías y derechos pontificios, disputas que tanto perjudicaron a Melchor Cano y tan célebre hicieron a Campomanes? ¿Qué diremos de nuestros modernos Llorente y Villanueva? A todas estas desavenencias ha dado motivo la superstición y con ellas ha causado infinitos males a la Iglesia y a la sociedad. Sí, mi querido Elpidio, por una y otra parte ha habido mucha superstición y fanatismo, aunque al parecer solo se ha tratado de corregir estos vicios. Si los contendientes hubieran sido más francos acaso hubieran confesado el influjo que en su espíritu ejercía el interés de partido. Pero ¡ah! otros realmente perversos se han valido de estas interminables controversias para poner en choque el trono con el altar y conseguir debilitarlos antes y esclavizar los reyes, al paso que vejaban la Iglesia por defenderlos.

No faltará quien diga al leer esta carta que yo trato de privar a la Iglesia del gran beneficio de la protección del trono y a éste del gran apoyo que puede encontrar en la Iglesia. Creo que mi respuesta puede deducirse de lo que en esta misma carta llevo ya expuesto; mas la acusación me sería tan injuriosa y desagradable que bien merece me detenga algún tanto para evitarla o por lo menos desvanecerla. Tratemos esta cuestión por partes, considerando primeramente lo que la Iglesia debe esperar del trono y después lo que éste puede recibir de aquélla.

La Iglesia es el conjunto de los creyentes bautizados, que guiados por la luz de la fe, unidos con el vínculo de la caridad, animados por la consoladora y bien fundada esperanza y nutridos con los santos sacramentos, corren por la senda de la virtud y de la paz hacia el centro de la felicidad, bajo el eterno pasto que es Cristo y su vicario que es el Papa. Esta es la verdadera idea de la Iglesia, mas suele también darse este nombre al cuerpo eclesiástico o al conjunto de los ministros del santuario con cierta jerarquía, sujetos a ciertos cánones y con ciertas prerrogativas civiles por concesión de los príncipes.

Tomada la Iglesia en el primer sentido, solo espera del trono que remueve todo obstáculo civil que pueda oponerse a tan elevados fines: mas no depende del trono el que los consiga, antes al contrario, a veces para conseguirlos se ve la Iglesia en la dura necesidad de oponerse al trono, para corregir sus demasías, como lo hizo San Ambrosio con el Emperador Teodosio y lo han hecho otros

---
11 Le Compte de Maître. Du Pape.

muchos santos prelados. Ves, pues, mi Elpidio, que no quiero privar a la Iglesia de la protección que debe recibir; pero sí quiero sacarla de una esclavitud en que no debe estar, haciéndola juguete del trono, solo por suponer que le debe su existencia. Quiero quitar esta arma de las manos de la cruel, hipócrita y astuta política, que tantos estragos ha causado.

Tomada la Iglesia en el segundo sentido, esto es, por el cuerpo eclesiástico, no hay duda que depende del trono en cuanto a prerrogativas civiles; mas no en el uso del sagrado ministerio. Deben apreciarse aquéllas en cuanto influyen en el desempeño y decoro de éste; mas cuando solo sirve para halagar la vanidad, deben considerarse como una de las muchas miserias humanas y entonces dependen de los tronos, y allá se las partan los reyes con sus clérigos cortesanos. Si llaman estas farándulas derechos del altar, confieso que éste depende del trono enteramente. Sí, mi amigo, concedo totum, y vaya esta respuestica escolástica para que rías o me burles acordándote de lo mucho que he combatido las fórmulas de las escuelas.

El trono rara vez concede prerrogativas al cuerpo eclesiástico para honrar la Iglesia, por lo regular se intenta esclavizarla comprando los eclesiásticos perversos y engañando a los tontos. Estoy muy lejos de oponerme a las demostraciones de aprecio que los príncipes religiosos han hecho en todo tiempo a la Iglesia y menos repruebo los honores civiles que han tenido a bien conceder a los ministros del santuario; mas, repito, que es materia peligrosa, pues generalmente no es la piedad sino el crimen la fuente de estas hipócritas distinciones. Queda al fin la Iglesia oprimida, cuando se considera más privilegiada. Sí, mi amigo, es preciso hablar francamente y demostrar que la política de los cortesanos produce los males para después lamentarlos y justificar todas las medidas que tienden a su remedio.

Después de inducir a los príncipes a que concedan a manos llenas prerrogativas y privilegios que elevan a los eclesiásticos, empiezan astutamente a inspirar desconfianza en el ánimo de los mismos príncipes, hablándoles siempre del peligro de formar un estado en el estado y de la necesidad de precaverse contra la ambición y los talentos de los eclesiásticos. Estos, por ignorancia o por miseria, luego que les tiran de este ropaje mundano se enfurecen y aun a veces cometen atentados inauditos, en vez de despojarse del tal ropaje y tirárselo a la cara a los pérfidos que piensan comprar ministros de Dios con las dádivas de un hombre. Entran las contestaciones desagradables y aun escandalosas, desencadénanse las pasiones y sus escenas afean al ministerio, hácenlo sumamente odioso y acaban los príncipes por considerar al cuerpo eclesiástico como una hidra, que ellos mismos han nutrido, pero que es preciso destruir.

Dispuestos los ánimos de esta manera, solo falta ponerlos en operaciones y entonces calcula fríamente la política que conviene hacer para sacar partido. Unas veces exagera las sacrílegas demasías de los príncipes (que acaso consisten solo en evitar sacrilegios) y casi compele al cuerpo eclesiástico a una atrevida oposición a los mandatos del soberano y otras veces induce al príncipe a tomar medidas violentas contra la Iglesia. En ambos casos entre el robo más completo. Bajo el tema de que el rey es amo de todos los bienes, se enriquecen los que no son reyes con todos los bienes eclesiásticos, a título de fidelidad o de patriotismo según el viento que sopla, pero, al fin... Con algún título..., cuyos poseedores no se cuidan ni del rey ni de la patria. ¿Qué dices de la alianza del trono y del altar? La tienen sí, pero muy distante de la que han formado los satélites de aquél y los profanadores de éste para conseguir sus miras ambiciosas.

En cuanto al trono, créeme, Elpidio, que son enemigos de los reyes los que les aconsejan que sigan la falsa política de presentarse a los pueblos como oráculos de la Divinidad, sostenidos por la Iglesia. Esta enseña que los reyes son hombres como todos los demás y muchas veces peores que todos los demás, por cuyo motivo son objeto de compasión y no de envidia. Sin embargo, esta doctrina de la Iglesia, o es ignorada o no quieren recordarla los inicuos para hacer daño al mismo trono, que pérfidamente suponen que intentan proteger, y así consiguen que aun los reyes más justos se hagan odiosos a los pueblos, que llegan a creer que no tienen otro apoyo para reinar. Luego que el trono pierde su verdadera base, que es el aprecio y confianza del pueblo, de poco puede servirle el influjo que algunos eclesiásticos ignorantes o degenerados puedan tener en la opinión de la muchedumbre; pues viene a parar en un objeto de temor y de tentación y ya no es aquel puesto elevado en que la justicia poderosa se sienta para distribuir las riquezas de las virtudes y contener los vicios que degradan la especie humana. He aquí el terrible sacudimiento que experimenta el trono por las maquinaciones de la política, valiéndose de la superstición. ¿Sacudimiento? No; es preciso llamar las cosas por sus verdaderos nombres, no es sacudimiento, es destrucción, pues como ya he observado, no existe el trono en su verdadera naturaleza, aunque exista en todos su esplendor y poder. Desplómase el trono y sus ruinas caen sobre el altar, lo empuercan y profanan.

Otras veces finge la política varios ataques contra la superstición, pero mal dirigidos de propósito, pues el verdadero objeto es que salgan infructuosos y solo sirvan para exasperar los ánimos. Esta es una de las maquinaciones más infames de la política, pues consiste en producir los males fingiendo aplicar el remedio para curarlos. Disimula pues, y aun permite que la superstición sea atacada de una manera imprudente, dando pábulo al ridículo sarcasmo y a la injusticia; y después toma el gobierno medidas al parecer muy severas, pero en realidad nulas, porque no cuenta con fuerza ni moral ni física para sostenerlas. Pero, ¿qué objeto, me dirás, puede tener un gobierno en ponerse en ridículo, apareciendo débil e imprudente? El objeto del gobierno en estos casos, mi «Elpidio, es probar de todos modos que sus circunstancias son las más difíciles y peligrosas y que los buenos deben conformarse con lo que puede hacerse (que es nada) y no exigir imposibles. Fórmase entonces de la superstición un fantasma, que atemorizando ya a unos, ya a otros, franquea el paso al gobierno para continuar en la carrera del despotismo, dando a veces palos de ciego. Y haciendo otras veces retiradas de cobarde, según conviene a sus miras políticas.

Entre tanto la Iglesia sufre infinitos ataques por atribuírsele maliciosamente todos estos males; y nada prueba mas su origen divino que el sostenerse entre tantas tempestades y conservar una autoridad que hubiera perdido mil veces si fuera de un origen humano. Sí, mi Elpidio, las pretensiones de la política ya civil, ya eclesiástica, han puesto a prueba la esposa de Jesucristo y no puedo menos de transcribirse una parte muy notable del elocuentísimo y sabio discurso preliminar del Abate Ducreux a su preciosa y metódica Historia eclesiástica, en que se presenta como signo evidente el inequívoco de la protección del cielo, «la conservación de la centralidad a pesar de los celos y desconfianzas perpetuas del sacerdocio y el imperio; a pesar de los golpes dados a la jurisdicción legítima de los Pontífices por príncipes ambiciosos y a pesar del abuso que Pontífices todavía más ambiciosos han hecho muchas veces del poder espiritual, que no puede ser útil y respetado sino conteniéndose en sus justos límites; en fin, la conservación de la verdadera piedad a pesar de los escándalos de todas especies, que han alterado la doctrina, desnaturalizado las reglas antiguas, consagrado, por decirlo así, los vicios nacionales, deshonrado la santidad del sacerdocio mismo y algunas veces llevado la audacia hasta hacer sentarse el crimen en la Cátedra Pontifical».

Sí, mi Elpidio, la miseria humana fortalecida y adornada con la corona o con la tiara, muchas veces se ha servido de una y otra para debilitar la autoridad misma que indican tales insignias; y acaso los reyes y los papas han sido los principales enemigos de la autoridad regia y pontificia. La superstición ha encontrado en esto un gran apoyo y la política no se ha descuidado en sacar todo el partido posible. En tales casos, lo repito, mi amigo, la religión es la que más pierde por ser la más perseguida y calumniada, pues se la atribuyen todas las demasías cometidas por estos condecorados y fingidos protectores suyos. ¡Terrible persecución la que tiene por corifeos a los mismos que debieran serlo en las filas de las huestes del Dios vivo! Sin entrar en la cuestión (inútil a mi ver, aunque no es de este momento el dar mis razones), sin entrar, repito, en la cuestión de la infalibilidad del Pontífice romano, podemos asegurar que ninguno de ellos ha enseñado jamás doctrina errónea alguna, por más esfuerzos que se hayan hecho por presentar a Marcelino idólatra, a Honorio monotelista y a otros tildados de diversos errores. Ha habido sin embargo muchos papas cuyos crímenes han dado pábulo a la superstición que siempre afecta santidad y viene siempre acompañada de la soberbia; y así es que bajo el pretexto de lamentar y detestar las miserias de la cabeza de la Iglesia se han permitido muchos hipócritas desconocer los verdaderos principios de la religión, confundiendo la dignidad pontificia con el hombre que la ejerce. He aquí otra ocasión que se presenta a la política para conseguir su intento, que es debilitar la autoridad fingiendo fortalecerla. No te admires de mi proposición; si reflexionas sobre lo que ya has escrito, encontrarás mis pruebas. Jamás quiere la política que la autoridad sea tan fuerte que no pueda ser manejada y jamás permite que se presente tan débil que no sirva de instrumento para manejar los pueblos.

De esta lucha entre la religión y la superstición ha resultado la disputa sobre la obediencia pasiva, que bien considerada es un juego de voces inventado modernamente para suponer que se dice mucho cuando nada se dice y aterrar los pueblos con un fantasma ridículo. Para que percibas los fundamentos de mi aserto es preciso que recuerdes que no considero ahora la superstición bajo su aspecto religioso, sino únicamente en sus relaciones con la sociedad.

Hablo solo de la política, y en este concepto, pregunto: ¿qué quiere decir obediencia pasiva? ¿Obedecer sin pensar? ¿Y qué derecho tiene la política para manejar los pensamientos? Si pretende gobernarlos serán nulos sus esfuerzos, pues los hombres pensarán del modo que mejor les parezca. ¿Es la obediencia pasiva una obediencia por fuerza? Entonces no hay más sino conseguir la fuerza y está conseguida la obediencia sin necesidad de discutir sobre ella. No hay más sino quitarse la máscara y decir, mando porque puedo, y es claro que ya no es un acto de una virtud sino una necesidad efecto de una fuerza. Quédanos, pues, el mero nombre de obediencia, y he aquí el juego de voces viniendo a ser un término equívoco, que ya no significa como antes una virtud sino una desgracia. Mas la política, conociendo en este caso su impotencia, quiere salir de su línea y entrar en la provincia de la moralidad y en el sagrario de la conciencia. Bien podríamos repelerla como intrusa, y para evitarlo se acoge a la superstición, que siempre está pronta para proteger picardías. Dejémosla, pues, entrar para darle un nuevo golpe de muerte. ¿Qué se nos quiere decir? ¿Que estamos obligados a obedecer, aunque el mandato sea injusto, por evitar mayores males? Esto ya lo haremos, pero solo por evitar mayores males, que tendremos escrúpulo de conciencia de producir, solo por no hacer un sacrificio de mucha menor trascendencia.[12] ¿Qué han

---

12 Esta doctrina es de Santo Tomás, quien la presenta con su acostumbrada claridad y precisión en los términos siguientes: «Al tercer argumento debe responderse que todo hombre está obligado a obedecer a los príncipes seculares en cuanto lo requiere el orden de la justicia. Por tanto si no tienen principado justo, sino usurpado o si mandan cosas injustas no están los súbditos obligados a obedecerlos, sino acaso accidentalmente para evitar escándalos o peligros. Ad tertium discendum quod principibus saccularibus in tantum homo obedire tenetur, in quantum ordo institiae requirit... Et ideo si non habeant instum principatum sed usurpatum. VER SI INIUSTA PRAECIPIANT non tenentur eis subditi obedire; ni si forte per accidens propter vitandum scandalum vel periculum.»(Div. Thom. 22 dae.q. 104, art. 6 ad. 3.) «san juan Crisóstomo había enseñado lo mismo hablando de la institución de los príncipes.» «Toda potestad viene de Dios.»¿Qué dices? Luego todo príncipe está constituido por Dios. No digo esto, responde (el Apóstol). No hablo de cualquier príncipe sino de la cosa en sí misma. Creo que es obra de la divina sabiduría el que haya principados en que unos manden y otros obedezcan, y no se hagan las cosas simple y temerariamente y no sean llevados los pueblos acá y allá como las olas. Por tanto no dice: todo príncipe viene de Dios, si no tratando de la cosa misma, dice: toda potestad viene de Dios.»Non enim est potestas nisi a Deo. Quid dicis? Omnis ergo princeps a Deo constitutus est. Istud inquit (Apostolus) non dico. Neque enim de quovis principum sermo mihi nunc est, sed de ipsa re. Quod enim principatus sunt, quod hi quidem imperant, isti vero subiecti sunt, quodque

hecho los políticos auxiliados por teólogos de acomodamiento... y puramente rutineros? Suponer que estas ideas son revolucionarias, calculadas solo para desobedecer a los superiores, cuando solo se dirigen a tributarle la verdadera obediencia que es la única que les honra. Los príncipes justos nunca temen revoluciones que son efectos de la desesperación y esta siempre lo es de la injusticia. Observa, Elpidio, que esta distinción de obediencia activa y pasiva es moderna y fue un efecto de la degradación de los gobiernos, como el juramento de no defender el regicidio y el tiranicidio. Yo siempre he considerado estas precauciones como unos verdaderos insultos hechos a la autoridad regia, suponiéndola, por el mero hecho, capaz de la tiranía. Cuando los tiranos han muerto por la furia del pueblo, no ha sido excitado éste por doctrina sino por sufrimientos, y la desesperación nunca reflexiona.

Sin embargo, la superstición saca gran partido de estas sutilezas políticoreligiosas y la política a su vez no se descuida en aplicarlas. Los amantes de la verdad son perseguidos bajo el vago y mero pretexto de ser sospechoso. Este terminito funestísimo es el signo de exterminio para que se ceben sobre víctimas inocentes los satélites de la tiranía y de la superstición, mientras la religión y la justicia lamentan la pérdida de sus defensores.

Siento haberme detenido en un asunto tan desagradable y temo haberte fastidiado con mis observaciones, que acaso te parecerán delirios. Me alegraría que lo fueran; pero la poderosa voz de la experiencia me impide el consuelo de un engaño halagüeño. Yo sería feliz si no viese unos males que no puedo remediar y a veces envidio la suerte de los que nunca meditaron sobre ellos. No pueden serme indiferentes: mis ideas, mis sentimientos, mi estado, mi carácter, todo, sí, todo me llama a la lid de la pura religión contra el más funesto de los abortos del abismo; y bien conoces que nada es tan sensible como reconocer y confesar las ventajas del enemigo. Reconozco sí, las ventajas que consigue la infame superstición y confieso su inmenso poder; mas no me acobarda, y por

---

non simpliciter aut temerecuncta feruntur, nec fluctuum instar populi huc atque illuc circumaguntur divinae sapientiae opus esse iudico. Propterea non dicit. Non enim princeps est nisi a Deo, sed de re ipsa disserint, dicens Non enim est potentas nisi a Deo (Chrissot, in ep. Ad Rom c. XIII tomo 4 pág. 223) venimos, pues, al mismo resultado en el orden moral que en el político, esto es, que cedemos a la fuerza, y repito, no hay más que conseguirla y triunfa la superstición. Será, pues, una obediencia supersticiosa, si tenemos la tontada de creer que es justo todo lo que manda un superior, solo porque lo manda; y ya se echa de ver que una obediencia supersticiosa no es una virtud.

débiles e infructuosos que sean mis esfuerzos, la mera resistencia al crimen es un placer de que no me privaré sino cuando me falte la vida. Espera, pues, otra carta, y entre tanto recibe mi afecto.

Carta Tercera. Cómo debe impedirse la superstición

Siempre me ha parecido un papel muy poco airoso el de llorón, y pues que he tenido la desgracia de verme precisado a hacerlo, indicando los medios de que se vale la política para sacar partido de la superstición, quiero, mi caro Elpidio, distraer la pena que esto me causa, manifestando las medidas que creo convenientes para evitar unos males tan funestos.

La primera de estas medidas es la paciencia. Dirás que esto va en tono de sermón. Mas veamos si, conforme a los intereses de la política, puedo dar el mismo consejo y si éste es tan inútil como acaso te parece.

El deseo de una cura instantánea inasequible es un obstáculo para otra cierta, aunque morosa. La precipitación es la prueba más evidente de la debilidad humana, así como la mesurada espera lo es de la heroica fortaleza. ¡Cuántos proyectos utilísimos se han malogrado por la precipitación! Mucho, sí, mucho debe lamentar la política el temerario empeño de los que quieren concluir en un día obras que por su naturaleza exigen muchos años. No queremos dejar nada que hacer a nuestros venideros: he aquí el modo de no dejarles nada hecho. La vanidad humana quiere siempre ostentar sabiduría y poder, no sufriendo en modo alguno los ataques de la opinión equivocada o imprudente; y así es que no bien empiezan algunos irreflexivos a clamar por cualquier reforma, se creen inmediatamente los políticos en la necesidad de llevarla a efecto, y esto a la carrera, porque no se persuada nadie que ellos no han percibido los males o que carecen de energía para remediarlos. Aun la fama póstuma tiene su influjo en esta lamentable precipitación, que todo lo destruye por querer mejorarlo todo y que la historia conserve el nombre de los reformadores con el honor y veneración a que son acreedoras la ciencia y la energía.

No creas por esto que pretendo justificar la criminal apatía con que muchos, que debieran oponerse a la superstición, dejan por lo contrario que se difunda y corra libremente. No, mi Elpidio, no abogo por este plan de tranquila destrucción que tienen a bien llamar laudable prudencia. Yo la detesto, y ojalá mi débil voz pudiese despertar de su profundo letargo a muchos que, pudiendo ser defensores denodados de la verdad, fomentan los errores por esta equivocada prudencia que solo sirve para insolentar a un enemigo que por su naturaleza es fiero y arrojado. Deseo que los esfuerzos para contener la superstición sean continuos y que jamás se haga tregua con ella, mas también deseo que un fanatismo político no destruya la obra del sensato patriotismo y de la pura moral. ¿Cuál debería ser, me dirás, el método para conciliar estos extremos? Es bien conocido: solo se necesita tener la ingenuidad de confesar que no se sigue, porque no halaga la vanidad ni gratifica otras pasiones.

En esta materia, como en todas las morales y políticas, el primer paso debe ser ponernos enteramente en el lugar de las personas que deseamos corregir o ilustrar y hacer todo esfuerzo para sentir y pensar como la razón nos dicta que ellos sentirían y pensarían en tales o cuales circunstancias. Entonces tenemos ya la imagen del mal, teniendo como trasladados a nosotros mismos los individuos que deben ser objeto de nuestras operaciones; y bien percibes que conocido el mal es más fácil encontrarle el remedio que si a ciegas tirásemos palos para destruirlo. He dicho sentir y pensar porque hay muchos que creen haber llenado los deberes de la prudencia con solo decir que saben muy bien que los perversos se han de oponer a la reforma, y que aun los buenos pero ilusos, han de hacer gestos al tomar una medicina amarga. Estas, mi Elpidio, son frases de estilo que aunque parece que todo lo dicen no vienen a decir nada o servir de cosa alguna. Yo deseo en los reformadores del sentimiento producido por la meditación, dirigida por la caridad, la honradez y el verdadero patriotismo.

Dado este primer paso debe empezarse la cura con energía, pero con suma prudencia, y sin tratar de hacer experimentos, que en la política son aun más arriesgados que en la medicina. Como la muerte ha puesto ya al piadoso, ilustrado y sensato Espiga fuera del alcance de sus enemigos, me atreveré a referirte una conversación que tuvimos solos en su gabinete. Lamentábamos la precipitación de un gran número de diputados, que creían ostentarse patriotas proponiendo locuras, y no podían guardar en silencio tal o cual conocimiento que tenían de los males de la patria. «Yo —me dijo Espiga— veo mucho más adelante que esos señores, que acaso no han profundizado en la materia de que tratan; pero estoy muy lejos de aprobar que se proponga ejecutar de golpe y sin preparación todo lo que se cree recto. Hasta mi amigo, como existe a gran distancia, me escribe cartas culpándome de tímido, mas ya le he contestado que si tocas las cosas, espero de su juicio que pensaría de otro modo. Para valerme de un símil trivial y sencillo, si hubiese de pasar de un lado a otro de este cuarto y temiese caerme, tropezando con algún obstáculo intermedio, mi plan sería ir alrededor, palpando las paredes, por más que la operación pareciese ridícula y dilatada; porque al fin estaría seguro de llegar con bien, aunque sacrificando un poco de tiempo, cuya pérdida no sentiría, por comprar con ella la seguridad de mi persona y el objeto de mis intenciones. Así he procedido siempre en política y tengo el placer de decir que pocas veces me he dado chasco.» ¡Cuántas veces me he acordado, Elpidio, de estas expresiones del señor Espiga! Una experiencia casi diaria no me ha permitido olvidarlas.

Si en todas las materias políticas conviene proceder con tanta prudencia, créeme, Elpidio, que es mucho más necesaria cuando se trata de contener la superstición. Este es un sentimiento religioso y santo en sentir del que es víctima de ella y por consiguiente, la oposición produce un disgusto inexplicable e induce a los hombres más prudentes a olvidarse de sí mismos y cometer los mayores absurdos. ¿Qué haría yo si fuese uno de estos supersticiosos? debe preguntarse a sí mismo el político; y por la respuesta que su corazón le diere, debe arreglar sus operaciones. Claro está que muy pronto conocerá que no debe precipitarse, si no es que quiere perderlo todo; y que por el contrario, quedará satisfecho y tranquilo, con solo dar aquellos pasos que él mismo no hubiera reprobado mucho si fuera supersticioso. Entonces la idea de agradar, y lo que es más, la esperanza de conseguir el intento sirve de gran satisfacción al gobernante y al político que le aconseja; mas si llega a disgustarse de estos pasos mesurados y tiene la debilidad de precipitarse, estará siempre comenzando su obra, pues la verá derribada a cada momento. Los males intelectuales exigen, más que otros, que la cura se deba a la misma naturaleza por reflexión y convencimiento. Créese acaso que basta, para destruir la superstición, suponerla destruida y permanecer en un reposo ideal como unos quijotes políticos, teniendo después que lamentar las cuitas.

Soy el primero en desear el cumplimiento de los proyectos y acaso el más impaciente en esperarlo, porque mis ideas sobre el egoísmo difieren acaso de las recibidas. Digo acaso, porque estoy persuadido de que si los hombres no hablasen para engañar, sino para instruir, convendrían todos en unas mismas ideas sobre esta materia, como sobre otras muchas. Francamente confieso que estoy por el proverbio de el que viene atrás que arree; y siempre he tenido por una solemne mentecatada el no apresurar los goces de las ventajas populares, contentándonos con la consideración de lo que otros gozarán cuando las semillas que sembramos produzcan los frutos deseados. Estas ideas mías sobre el egoísmo acaso parecerán extrañas y quizás escandalosas, pero si bien se reflexionan, se verá que son justas. El hombre está obligado a procurar su perfección y la de la sociedad en que habita; y cuando haya llenado este deber, en hora buena que piense en sembrar para las generaciones que existirán sobre la tierra cuando él y las presentes hayan desaparecido. Yo no me instruyo con lo que otro sepa ni me mantengo con que otro coma. Me dirás que estos principios destruyen las ciencias y la caridad, desanimando a los que ponen los cimientos para levantar alcázares del saber y contienen la mano del que generosamente sustenta a sus semejantes. No, mi Elpidio, no; mis ideas están muy distantes de conducir a tan inmortales resultados, que si yo previese que podían seguirse de ellas sin duda sería el primero en detestarlas. Pero, óyeme, y te convencerás de lo contrario.

No pretendo justificar el egoísmo inicuo de los que nada quieren hacer, sino para sí mismos; y confieso que es un deber sembrar, y si el fruto no puede producirse en tiempo que lo recojamos, no por eso debemos ser menos activos en nuestra caritativa operación; mas si por riesgos abundantes o por otros medios y esfuerzos, puede conseguirse que se acelere la producción del fruto sin perjudicar su naturaleza, debemos no omitir trabajo alguno para conseguirlo. Entonces llenamos el sagrado deber de perfeccionarnos y perfeccionar la sociedad en que estamos; y en cuanto a la futura, si bien debe ser objeto de nuestros buenos deseos por pertenecer a nuestra especie, por otra parte no tiene derecho a que sacrifiquemos lo presente por lo futuro. Esto solo se hace racional y religiosamente respecto de la vida eterna, porque todos aspiramos a formar en ella una familia y porque cumplimos la voluntad divina, que es la verdadera norma de la moralidad; mas cuando hablamos, como se dice vulgarmente, de tejas abajo y en materias que nada tienen que ver con la moral, porque no se infringe derecho alguno, el principio debe ser no dejar para luego lo que puede conseguirse ahora. La pereza ha encontrado siempre un apoyo en la fingida prudencia y de aquí se han originado males incalculables. Dicen muchos que esperan del tiempo las mejoras, pero no agregan: porque no queremos trabajar, y alguna disculpa hemos de dar para que no se nos acuse de indolentes. Lo repito, mi caro amigo, si la naturaleza de las cosas es tal que no puede apresurarse su corrección sin gran peligro, es una temeridad, o mejor dicho, un crimen el apresurarnos; mas si el objeto puede conseguirse sin peligro, es una apatía lamentable no poner los medios.

Aplicando estos principios a la superstición, se deduce claramente que debemos trabajar para suprimirla y que no pueden excusarse los que lo dejan todo al tiempo, el cual no es más que una sucesión de existencia, y si ésta es inactiva e irreflexiva su prolongación solo servirá para radicar los males y perder hasta el hábito de desear remediarlos. Dejar la sociedad sumergida en la superstición sin hacer esfuerzo para mejorarla, es un crimen horrendo y detestable; al mismo tiempo que el aventurar remedios peligrosos es una imprudencia funestísima. Corrijamos hasta donde se pueda sin peligro, pero corrijamos. ¿Qué hombre sensato podría satisfacerse con decir: cuando yo no exista habrá acaso en el país en que habito una sociedad rica, bien organizada, libre de la irreligiosidad y de la superstición? Preciso es haber perdido el juicio para creerme excusado de hacer el bien, solo porque después vendrán otros que lo hagan. Por otra parte, ¿en qué puede fundarse esa esperanza si no se ponen los fundamentos de tan importante edificio? Mas, se me dirá que sin duda se ponen esos fundamentos cuando se establecen obras que deben aparecer en lo futuro con toda extensión y esplendor. Yo convengo con estas ideas, si se trata, como ya he dicho, de obras que absolutamente pueden concluirse; pero, también, repito, que es un mero pretexto y disculpa a la indolencia cuando las obras pueden completarse; y que los preconizadores de la imposibilidad suelen engañar a los pueblos, diciendo que se han fundado las bases de la prosperidad futura, cuando en realidad nada se ha hecho, y que con un lenguaje pomposo se quiere alucinar y se alucina a los incautos, fomentando la ambición y todos los crímenes, que son efectos necesarios de ella y que no pueden disimularse de otro modo. Lo pasado y lo futuro sirve a veces, mi Elpidio, para ejercitar a un vano declamador o dar pábulo a las ficciones de un iluso, viviendo en un mundo ideal sin ocuparse del presente.

Dando, pues, por sentado que debemos trabajar incesantemente por destruir la superstición y que también debemos proceder con suma prudencia, contentándonos con lo que puede conseguirse, pero sin privarnos de nada que pueda conseguirse, continuemos el examen de los medios que deben emplearse para llegar a un término tan deseado. Todo medio violento es inútil e inicuo, según hemos ya reflexionado; y así, no tratemos de la fuerza, que sirve para manejar bestias, mas no entendimientos. Hay, sin embargo, una clase de ataque muy común, que equivale a una verdadera fuerza, y que consiste en la autoridad e influjo político. Luego que los supersticiosos (que se creen puros creyentes) perciben que la autoridad los mira con desprecio, se creen con vocación al martirio y he aquí el diablo en campaña. Ellos mismos provocan las persecuciones solo por conseguir hacer un sacrificio aceptable a Dios, leyendo que los mártires de la verdadera creencia y pura religión se gloriaban en las ocasiones que se les presentaban de sufrir por Jesucristo. Por tanto, la verdadera política religiosa debe emplear el aprecio personal, como un medio de contener los ilusos, cuyos errores se lamentan; y de todos modos debe hacerse entender que el que quiera ser mártir debe empezar por buscar tiranos, que no puede encontrar en un gobierno y pueblo ilustrados. He aquí puesto término a las pretensiones y a los vanos temores. He aquí restablecida la confianza sea cual fuere el modo de pensar de los individuos.

Lo mismo digo en cuanto a los destinos y honores. Si una clase de la sociedad se ve privada de ellos por sus opiniones, debe esperarse una reacción formidable, que será siempre sucedida por otras muchas aun más fuertes. Para que veas claramente los fundamentos de estas observaciones, permíteme, Elpidio, que recuerde alguno de los pasajes de la historia moderna de la desgraciada España; y por la analogía que tiene la superstición política con la religiosa, diré algo de las facciones que han afligido y afligen a una nación digna de mejor suerte. Excusado es decirte que jamás he pertenecido ni pertenezco a partido ni sociedad distinta de la general de los hombres libres y religiosos; y si estas dos circunstancias me adscriben a un partido, ponme enhorabuena en él, pero ya sabes (aunque no creo que jamás lo han ignorado) quién soy y a quiénes pertenezco. Yo por mí nunca llamaré partido la verdadera sociedad de los hombres, por más numerosas que sean las fracciones de los que degradan la especie humana por uno u otro extremo en su infausto delirio. Al caso Elpidio. La guerra oculta, más que la pública de los fanáticos supersticiosos, en punto a creencia, y de los fanáticos políticos y supersticiosos, quiero decir de los señores masones y los comuneros, ha sido y será la ruina de España. Cuando tuve el honor y la desgracia de hallarme en el cuerpo representativo de aquella ilustre nación, me convencí a la evidencia de esta verdad. El desprecio mutuo, la desconfianza, la exclusiva de los empleos, eran los medios de excitar todas las pasiones, que una vez desencadenadas no ponían término a los estragos. Yo no pretendo escribir ahora la historia de aquellos acaecimientos morales, pues sería separarme mucho de mi objeto principal y solo he hecho estas insinuaciones para deducir de ellas una prueba de mi aserto.

¡Oh! Si hubiera reinado una verdadera tolerancia y no se hubiera atacado la superstición de un modo imprudente, hasta llegar a confundir con ella los dogmas del cristianismo; si los políticos de las facciones hubieran tenido entre sí mismos alguna más prudencia, ¡qué distinta sería la suerte de la España! ¡Qué lecciones tan memorables, mi querido Elpidio! Solo te aseguro que el que haya estado en el interior de los negocios de España y no deteste la superstición, y tanto como a ella las sociedades secretas, es o un pícaro o un bestia. Tengo que contener la pluma porque se desliza... Observemos solamente que siempre que en las reformas se dejan traslucir la avaricia y la ambición, se consigue transformar las cosas pero nunca ordenarlas después de derribadas. La inmoralidad nunca produce sino males y el que empieza por robar nunca consigue convencer.

Para atacar la superstición de un modo eficaz, es absolutamente necesario que los reformadores no necesiten reforma y que puedan presentar la cara, sin miedo de que se descubran en ella manchas que la desfiguren.

¿Cómo quieres que una partida de pícaros reformen a otros semejantes solo porque es distinta la clase de picardía y diversos los motivos que la causan? Por cuanto que usted es un supersticioso, suelte usted su dinero; y por cuanto que yo veo claro, debo embolsármelo. Por cuanto que usted es supersticioso, le privo a usted del empleo que le toca; y por cuanto que yo veo claro, me coloco en el que no me corresponde. El lenguaje de palabras no es tan claro como el que acabo de expresar, pero el de acciones es mucho más claro e imprudente. ¿Y será este el medio de acabar con la superstición? Sin duda será el medio de radicarla y yo aseguro que los inicuos, que proceden de este modo, no se cuidan de la sociedad ni tienen más norma que el interés privado, al cual sacrifican todo, porque en realidad nada aprecian tanto como la tiranía, que hipócritamente suponen que detestan. Si lo que se pretende es destruir, ningún medio es tan fácil como la injusticia; pero si se quiere edificar, es preciso poner por fundamento el aprecio.

Otra condición absolutamente necesaria es que los que intentan corregir los abusos que se cometen bajo el pretexto de fomentar la religión, no se presentan como religiosos, aun cuando tengan la desgracia de serlo. Yo abomino la hipocresía, cualquiera que sea su forma, pero creo que no debe confundirse con ella la prudencia. Ningún hombre debe fingirse religioso, pero tampoco está obligado a presentarse como irreligioso, porque esto sería estar obligado a dar escándalo. Bien sé que la irregularidad siempre se trasluce, pero cuando se le ve acompañada del respeto y de la moderación no presenta tanto obstáculo a la reforma. Si los supersticiosos se persuaden de que solo se trata de destruir la religión, todo esfuerzo para corregirlos e ilustrarlos es totalmente inútil; pero si llegan a convencerse de que sean cuales fueren las ideas de los que predican las reformas, su ánimo es respetar lo que ellos respetan y oponerse a lo que ellos mismos desaprueban en el secreto de su corazón, créeme, Elpidio, que si no es fácil, por lo menos no es imposible sacar partido aun de los más ignorantes. Siempre he creído de que a excepción de algunos casos, que deben considerarse como fenómenos y no pueden formar regla, los supersticiosos conocen su extravagancia, o por lo menos, que sus caprichos no son esenciales a la religión; y así es que, aunque con pena, se prestarían a las reformas si fuesen manejados con prudencia.

¿Cómo podrá, mi Elpidio, corregir las prácticas supersticiosas el que empiece por decir que no cree cosa alguna y que toda la religión es una farsa? En vano serán después todas las promesas de protección y tolerancia; los pueblos nunca llegarán a tanto grado de estupidez, que pongan sus destinos religiosos en manos de los que abiertamente les insultan, vejando la religión que tanto aprecian y con la cual han identificado siempre su felicidad. No quisiera hacer aplicaciones a los negocios de España, pero no puedo evitarlo, y aun creo que es de mi deber el no evitarlo.

La Constitución del año doce protegía abiertamente la religión católica y en todo aquel pequeño pero memorable código no hay una sola palabra que siquiera asome la más ligera irreligiosidad. Las discusiones de las Cortes nunca pusieron en duda el dogma, si bien sobre puntos de disciplina hubo veces que el acaloramiento de la disputa introdujo expresiones malsonantes.

En una palabra, el Código político y el Congreso que se regía por él, presentaron siempre al pueblo las leyes y los diputados de una nación católica. Sin embargo, había entre nosotros una porción de títeres insignificantes, pero bulliciosos e imprudentes, que en conversaciones privadas y aun en los cafés, en los paseos y teatros hablaban irreligiosa y desatinadamente; y el pueblo, que estaba pendiente de nuestras operaciones, perdió toda la confianza, juzgando de la totalidad por cierto número de individuos; y esta fue la principal causa de nuestra caída y de haber sido siempre inútiles todos los esfuerzos de las Cortes por mejorar la moral pública, conteniendo la superstición que tanto la perjudica. Estas no son teorías, estos son hechos, que por desgracia se han repetido y se están repitiendo en esta nueva época de aquella desgraciada nación. ¡Ah, mi Elpidio! como conozco a fondo la mayor parte de los danzarines, juzgué de la danza antes que comenzar y desgraciadamente no me he equivocado. Es innegable que en España hay mucho que reformar en cuanto a prácticas religiosas, pero también es innegable que nunca se conseguirá por otros medios que una franqueza ilustrada y verdaderamente religiosa. El carácter español no sufre vejaciones y nunca es dominado. Yo no sé cómo españoles pudieron y pueden equivocarse tanto en cuanto al carácter nacional, que crean vencer insultando o que se puede conseguir algo, por lo menos permanente, contra la voluntad de los españoles. Es preciso dejarles hacer lo que quieren o matarlos. No hay alternativa. Este es un rasgo indeleble del carácter de sus nobles y heroicos antepasados; y cualquiera que sea la degradación del pueblo, el carácter es el mismo.

Ahora bien, ¿crees que hombres semejantes dejarán de ser supersticiosos porque los insulten o porque los persigan? Es preciso estar loco para creerlo. Por consiguiente, la imprudente oposición sirvió solo para aumentar los males y radicar las supersticiones y mientras sigan el mismo camino, llegarán a los mismos precipicios y perecerán con igual desgracia. Yo desearía, mi Elpidio, que antes de proceder en materias políticas, lo mismo que en las morales, se formasen, no cálculos sobre el papel ni se copiasen arengas ridículas de obras ideales, sino que se hiciesen observaciones prácticas. No debemos calcular sobre lo que queremos que hagan los pueblos sino por lo que ellos querrán hacer, y todas las reclamaciones posteriores al error de nuestro cálculo abstracto no sirven sino para ponernos más en ridículo.

Si una nación religiosa por convicción, por hábito y por orgullo (pues todo contribuye) se quiere tratar como un conjunto de niños, a quienes se dan órdenes por los maestros de escuela y se les señalan las lecciones que deben aprender sin réplica, el resultado es que los pueblos disgustados procuran muy pronto hacer notar que los niños son ya grandecitos, y para demostrarlo empiezan por romperles las cabezas a sus imprudentes directores. Salen después los declamadores y los poetas con sus diatribas contra la superstición del pueblo, pero las cabezas se quedan rotas, y los delincuentes preparados para volverlas a romper siempre que se presente otra ocasión. ¿No crees, mi Elpidio, que estarían bien colocados en la categoría de los mentecatos los tales reformadores de las supersticiones de España? Digo en la de los mentecatos, porque no todos deben ponerse en la de los pícaros, aunque muchos pertenecen a ella y en vano se quieren confundir con los verdaderamente liberales, que no pueda serlo el que no es hombre de bien y no está dotado de un alma generosa. Dispénsame, Elpidio, siento en mi pecho emociones que hace tiempo que procuro reprimir para la tranquilidad de mi espíritu, pero no puedo menos de deplorar la desgracia de la más noble causa por haber fingido que la abrazaban los hombres más pérfidos.

No debemos perder de vista, cuando se trata de pueblos, que son muy celosos de su libertad en todos respectos; y sean cuales fueren sus errores, jamás sufren con paciencia que se les violente y mucho menos el ser ultrajados. Créense con un derecho a la que podemos llamar felicidad social, y esa no es conciliable con la violencia, aunque muchas veces sea hija del capricho. Si un pueblo se cree feliz de un modo, quiere permanecer de este modo y considera como un ataque a su felicidad y una infracción de sus derechos toda tentativa para perturbarle en la posesión de lo que aprecia y venera. De aquí inferirás que el presentarse como impíos los gobernantes en un pueblo que suponen supersticioso es empezar por perder todo prestigio y toda autoridad. Las ideas (como ha escrito un periodista de nuestros días, aunque hablando de otro asunto), las ideas no se matan a balazos, y yo agregaría: y tampoco se disipan con insultos. Sigamos las reglas de prudencia y pongámonos, como ya he observado, en el lugar de la persona o personas que queremos corregir o ilustrar, y prontamente conoceremos lo absurdo de semejante conducta. El pueblo siempre considera sus gobernantes y legisladores como sus agentes, si se trata de un gobierno representativo, o como unas autoridades legales en otra clase de gobierno; pero nunca como sus amos, a menos que no se declaren infames y tiranos. Ahora bien, ¿sufrirá el pueblo que un agente suyo opere contra su voluntad expresada en su opinión y en sus leyes, o que éstas sean infringidas aun cuando la voluntad general nada signifique? Infiere, pues, la imprudencia e ignorancia de los representantes de un pueblo católico, aunque se suponga supersticioso, si aquellos salen al frente no solo a destruir supersticiones, sino la misma religión. El pueblo prontamente los considera como unos pérfidos que han vendido su causa, que le han faltado a sus promesas y han usurpado un poder que nunca quiso concederles.

No hay duda que los impíos se complacen observando que los suyos tienen entrada en un cuerpo legislativo y aplauden cuantas medidas consideran calculadas a propagar la impiedad; pero no teniendo derecho a esperar semejantes medidas, su carencia no puede irritarlos si bien no los halaga. Cuando vieron sus votos en favor de sus representantes, solo se consideraron ejerciendo un derecho político, según una constitución política, y por tanto, solo intentaron dar a sus representantes un poder meramente político. De aquí resulta que solo esperaban y solo tenían derecho a esperar medidas puramente políticas. No debe pues causarles sorpresa alguna el observar que sus representantes no se mezclan en materias puramente religiosas y que tenga o no tenga razón la mayoría del pueblo para creer lo que cree, sus representantes solo se cuidan de asegurar los derechos civiles y políticos, abrir las fuentes de la prosperidad económica y exigir del gobierno y del poder judicial el cumplimiento de las leyes. Del mismo modo discurren las personas religiosas en cuanto a los poderes concedidos a sus representantes, y cuando observan no solo una carencia de medidas protectoras de la religión que acaso no esperaban, sino actos y medidas positivas para perseguirlos por su creencia religiosa, no tiene límites su enfurecimiento. El gobierno, pues, no compensa con los fríos aplausos de un pequeño número de irreflexivos los estragos que produce tan vasto número de ánimos exasperados.

Mas ¡qué, me ocupo de cosas pasadas! Sigamos, mi Elpidio, el proverbio: con agua pasada no muele el molino, y mucho más cuando para mí ha pasado tanto que por inmensas que sean sus olas se escapan a mi vista, que solo descubre escenas bien distintas. Pero ¡ah!, mi espíritu sigue veloz aquellos caros objetos fugitivos y aun arranca de las manos de la muerte muchos que le habían robado; viven todos en mi memoria, viven en mi pecho, viven, sí, viven causándome un agradable tormento. Conozco que es una miseria, pero confiesa, Elpidio, que es una noble miseria; y pues que tú la causas en gran parte, cúlpate a ti mismo y excúsame.

Carta Cuarta. Influjo de la superstición según los pueblos

La miseria humana introduce la superstición en todos los pueblos y hace que participe en cierto modo del carácter de sus instituciones. Sí, mi Elpidio, el monstruo toma varias formas, pero es siempre el mismo; y créeme que su imperio es más extenso que lo que vulgarmente se cree, pues apenas puede encontrarse una sociedad en que no tenga el más funesto influjo. Quiero, pues, comunicarte en esta carta las observaciones que he hecho y sus tristes resultados.

En los pueblos en que se halla establecida la única y verdadera religión, que es la católica, como su divino origen exige precisamente un modo divino de operar, y éste no puede hallarse en las vicisitudes, limitación y caprichos del entendimiento humano, es esencial el principio de la autoridad. Contra ella se alarma la soberbia humana y pone en acción todos los medios que están a su alcance para combatirla, pero sus vanos esfuerzos solo sirven para mostrar más y más que es absolutamente necesaria. No hay duda, mi amigo, las contradicciones, los errores, los ridículos caprichos, la incertidumbre, la inconstancia, el furor, la perturbación, y a veces la astucia, y aun la perversidad que se observa en los escritos y conversaciones de los enemigos de la autoridad divina, prueban más que ningún otro argumento que no puede haber sólido bienestar sin religión, ni verdadera religión sin autoridad. Mas ese principio de vida ha causado la muerte; no por su naturaleza, sino por servir de pretexto a muchos alucinados y mayor número de pícaros (que tal es su nombre) para erigirse en oráculo o para abusar de la verdadera autoridad hasta el punto de hacerla ridícula y atribuirle, como los falsos profetas, sentencias y hechos que la sabiduría divina detesta y condena. De aquí proviene la desconfianza que inspira todo hombre que quiere hacer uso de su razón examinando los hechos y las doctrinas que se le proponen como obras de la Divinidad, pretendiendo los falsos defensores de la religión que es un crimen el examen en materia de creencia. Confunden estos ilusos la temeridad de los que erigen un tribunal donde su razón como juez decida sobre la justicia y perfección de las obras del Omnipotente, con la realidad de los hechos y de la voluntad del Ser Supremo antes de hacer el homenaje de creer sin comprender. En una palabra, confunden los católicos con los supersticiosos.

Llegan, pues, los pueblos a adquirir una propensión a creer todo lo maravilloso y a encontrar la autoridad divina sobre todas las materias, y a escudarse con ella, aun para cometer los mayores crímenes. De aquí tienen origen los innumerables milagros que el vulgo cree y que la Iglesia nunca ha aprobado ni puede aprobar, y las apariciones con que muchos ilusos después de engañarse a sí mismos han engañado a la muchedumbre irreflexiva. No hay santo a quien no se le atribuya una multitud de portentos inauditos, y aun entra en esto cierta vanidad religiosa y competencia, procurando a veces presentar los santos como rivales y ver cuál de ellos hace milagros (que este nombre dan a cuantas patrañas y tonterías pueden imaginarse), resultando una batalla mística no solo ridícula sino sacrílega, porque es un verdadero sacrilegio tratar de tal modo a los siervos de Dios que le gozan eternamente y que no pueden ser corifeos de semejantes tontos y criminales.

De aquí resulta un grave daño a la religión y a la sociedad, pues se ponen en duda los verdaderos milagros, confundiéndolos con la multitud de los fingidos. Si todos los hombres fuesen capaces de entrar en un examen críticoteológico en materia de milagros no habría temor alguno, así como no lo hay de que vendan oro falso por verdadero a los artistas, que por la piedra de toque saben descubrir la naturaleza de los metales. Pero, mi Elpidio, ¿qué entiende la muchedumbre de reglas de crítica y principios teológicos? Lo que hace es graduar de hereje a todo el que no crea, como suele decirse, a puño cerrado cuanto le digan; si le aseguran que es un milagro que ha hecho tal o cual santo y todas las apariciones y sueños aun los más ridículos, siempre que sean análogos a sus ideas o promuevan sus intereses.

Intimidados los hombres de talento y de prudencia, no se atreven a veces a atacar semejantes abusos y solo entran en la lid algunos chocarreros, aunque instruidos y buenos creyentes, que con los insultos empeoran el mal, y los impíos que creen encontrar un triunfo de su impiedad, presentando como argumento contra la religión la vana creencia de la multitud ignorante y la perversidad de muchos que tratan de engañarla. Llega a tanto el alucinamiento de los impíos, que aun los más instruidos cometen mil errores en sus discursos cuando se trata de atacar la religión por los defectos de los que la siguen, o mejor dicho, pretenden seguirla; de modo que los hechos que debían servir de prueba de la religión, son presentados como argumentos contra ella, reduciéndose todos los raciocinios al siguiente: «los que no tienen religión son perversos, luego la religión es falsa». No solo un lógico sino hasta el hombre más ignorante y estúpido conoce la imperfección de este discurso, o más bien de este no discurso, pues se necesita no discurrir, antes es preciso hacer violencia a nuestra facultad discursiva, para fingir que se ha hecho una combinación de ideas donde no se encuentra más que un desconcierto y contradicción de ideas. En las cartas que te escribí sobre la impiedad te indiqué este mismo defecto de los discursos de los impíos, y créeme que sobre la superstición discurren del mismo modo. Sin embargo, mi objeto por ahora no es examinar la exactitud de sus discursos, sino hacer algunas ligeras observaciones sobre el modo que la superstición influye según el carácter e instituciones de los pueblos; y así, volviendo a mi asunto, deseo que observes, mi Elpidio, que en las naciones que admiten el principio de la verdadera religión que es la autoridad divina, hay dos grandes abismos que es preciso evitar cuidadosamente y a los cuales se dirigen por desgracia innumerables víctimas de la superstición. Prodúcese, Elpidio, una estupidez unida al temor, que hace admitir lo más absurdo, y un desenfreno que es causa de que se niegue aun lo más evidente, si para manifestarlo se alega la autoridad.

Observa, mi amigo, observa, y te convencerás de que aun los hombres más sensatos se declaran enemigos del entendimiento humano y procuran apagar las luces luego que se figuran que es atacado el principio de la autoridad, y que para figurárselo les basta lo más leve e insignificante. Luego que la superstición adquiere protectores de esta clase, procura valerse de ellos para esparcir las tinieblas haciendo que el pueblo adquiera el temor de discurrir. Conseguido esto, puedes conocer que la consecuencia no es otra que la ignorancia unida a un carácter feroz, pues lo que dulcifica las costumbres y maneras es la facultad de discurrir cuando se sabe poner en ejercicio. De aquí proviene la crueldad que a veces se observa en pueblos semejantes y las pasiones fuertes, que no son contenidas a palos, porque no siempre es posible aplicarlos; y no teniendo freno alguno de parte de la razón, solo les queda por guía un principio religioso erróneo, que es decir un principio antirreligioso, pues no es otra cosa la superstición.

No debemos, pues, admirarnos de que se cometan tantas atrocidades y se infrinjan las leyes tan descaradamente; antes debemos admirarnos, cuando observamos mansedumbre y justicia de parte de unos seres conducidos como bestias aunque pertenecen a la especie humana. Cuando los hombres piensan que proceden santamente al paso que profanan el santuario y cuando creen ser los defensores de la justicia solo no hay remedio que aplicarles, si no se empieza por evitar la causa de tantos males que es la superstición. A sangre fría sacrifica este monstruo innumerables víctimas para honrar a Dios, cuya clemencia en nada se demuestra tanto como en no arrojar rayos que destruyan a estos crueles profanadores de su santo nombre, cuando en él y por él cometen tantas atrocidades. ¡Qué horrenda, Elpidio, qué horrenda es la superstición! En los pueblos donde hay pluralidad de cultos y por consiguiente no es admitido o se finge que no es admitido el principio de la autoridad, influye la superstición de un modo muy distinto, pero no menos ridículo y mucho más peligroso. No me será posible darte una idea completa de los innumerables absurdos y desvaríos que produce, porque sería preciso escribir una historia muy dilatada y así me contentaré con hacer algunas observaciones generales y anotar uno u otro caso particular, cuando baste para que percibas que el monstruo siempre influye y siempre es fiero. Desquiciado el edificio de la verdadera religión, suprimiendo el principio de la verdadera autoridad, entra en los hombres un deseo insaciable de innovar y un placer cuando se cree haber hecho un descubrimiento en materias de religión; mucho más que cuando se encuentra o se cree haber encontrado la verdad en un punto de ciencias naturales, en que la razón es la única guía en las investigaciones y esto no puede dejar de suceder cuando no se admite autoridad que decida. Bien se echa de ver que la religión es un objeto interesante, así para sus defensores como para sus enemigos, pues aquellos la consideran como el principio de su felicidad y estos como un obstáculo a ella, y la victoria es lisonjera para unos y otros. Nunca he podido creer la indiferencia en materia de religión y prescindiendo de otras razones poderosísimas, me bastaría la experiencia para ratificarme en mi justicia, pues cabalmente me encuentro en un país en que tengo toda oportunidad para observaciones y mi ministerio me obliga a hacerlas. De nada se habla tanto y sobre nada se disputa tanto como acerca de la religión, y créeme, Elpidio, que apenas se puede asistir a una concurrencia en que de un modo u otro no se introduzca una disputa, o por lo menos una conversación sobre puntos de creencias. Siendo, pues, tan interesante la materia y ocupándose todos de ella, no pueden menos de interesar los descubrimientos que se hagan en ella, y he aquí el medio de que se vale la superstición para ejercer su influjo. La novedad, sí, mi Elpidio, la novedad es el móvil principal de esta gran máquina, porque es lo que más halaga a las pasiones humanas y entretiene más el entendimiento, que parece estar ansioso por conseguir algunos momentos de descanso después de la gran fatiga de coordinar ideas religiosas, que siempre inquietan, y de no encontrar modo de tranquilizarse. Luego que aparece un nuevo sistema, entra como en moda, y a la manera que los señores médicos mandan algunos millares al sepulcro por vía de ensayo sobre un nuevo método curativo, así estos nuevos apóstoles pervierten y arruinan una porción de ilusos antes que puedan percibir sus ilusiones, si es que llegan a percibirlas. Déjanlas, entonces, mas es para entregarse a otras nuevas, aun peores, o para caer en una completa infidelidad.

El resultado es que la religión se propone en venta como el paño y cada cual la compra de la calidad que más le adapta según su gusto y sus necesidades sociales. Por lo regular una amistad interesante, un enlace matrimonial y a veces un acomodo decide de la clase de religión que se admite; y no creo necesario decirte que acostumbrados los hombres a esta inconstancia, a esta irreflexión y aun a veces a esta perfidia hipócrita, queda degradada la sociedad, por más que se empeñen en disimularlo. Efectivamente, no creo que pueda esperarse mucha constancia de un hombre que al paso que dice que cree en la religión, muda de ella como muda de camisas.

No se encuentra en este país, ni en otros semejantes la multitud de creencias vanas sobre milagros falsos, pues acaso niegan hasta los verdaderos; ni tampoco se habla entre los protestantes de la protección que el pueblo cristiano recibe de los santos, pero sí se cree en todos los hechizos y se practican todas las operaciones criminales, que se suponen a propósito para conseguir la protección del demonio al paso que se detesta la de los santos. No creas, mi amigo, que exagero o que procuro ennegrecer el cuadro. Todo el que haya estado en este país podrá asegurarte que los fortune-tellers, esto es, decidores de la buena ventura, adivinos o agoreros, son tan comunes como los de cualquier otro oficio y viven de su arte, ganando acaso mucho más dinero que el mejor artista. Ocurre a ellos no solo la clase ignorante (que en este país no es numerosa) sino aun personas de una educación escogida, y que a no verlo no podría creerse que fuesen capaces de tan criminal tontada. Entre otros casos me acuerdo que habrá cuatro años que se mudó enfrente de mi casa una señora inglesa, o mejor dicho, vino a alojarse en la de una familia vecina. Los miembros de la mía tenían la costumbre de visitar la casa como vecinos, y de buenas a primeras se desapareció la mujer, y entre pocos días salió un anuncio en las gacetas ofreciendo la tal señora sus servicios como agorera, aunque con expresiones más disimuladas, porque al fin le daba vergüenza su ridiculez. Fijó las horas de once a una para socorrer a los menesterosos de secretos y de conocimientos de lo futuro; y algunos jóvenes de los que yo tenía a mi cargo fueron a verla sin darme noticia de ello, pues bien temían que yo no se los permitiese. Diéronse efectivamente con la matrona, que tenía preparada una sala muy decente para recibir a sus favorecedores con las pesetas (que es todo lo que quería) y tenía una gran silla elevada a manera de trono, para darse más importancia. Iban llegando los necesitados y exponiendo sus cuitas sobre cosas perdidas, personas ausentes, etc., etc., y sus deseos sobre su suerte futura; y con un aire magistral daba su respuesta, con las cuales se retiraban contentos o rabiando los concurrentes, según que las decisiones los halagaban o mortificaban. Uno de mis muchachos (que ahora está en La Habana), que era un poco bellaco, no quiso salir de la sala sin saludar a la señora y sin hacerle conocer que él no entraba en el número de los mentecatos que la creían. Acercóse, pues, y con una sonrisa expresiva la cumplimentó por unos talentos que antes no había descubierto cuando vivía en frente de nuestra casa. La pobre mujer conoció su peligro, porque al fin no podría hacerle favor que una partida de jóvenes habaneros la cogiesen entre manos para burlarla, y tuvo a bien arriar bandera insinuándole, aunque con bastante delicadeza y cautela, que era preciso un recurso para vivir. Aunque sentí mucho la ida de mis muchachos a casa de semejante impostora, confieso que por otra me alegré por la importante lección que percibieron, pues nada pudo grabar tan profundamente en su ánimo el odio a la superstición y el convencimiento de que no hay pueblo en que no tenga cabida sean cuales fueren sus instituciones. Parecería imposible sin este y otros comprobantes tan públicos, que en la ciudad más populosa y mercantil de los Estados Unidos del Norte de América hubiese tanta superstición. Yo mismo, Elpidio, yo mismo he sido testigo de uno de estos horrendos y degradantes actos cometido públicamente en las calles de esta ciudad, pues pasando por una de ellas advertí que rodeaban a un negro varias personas, y la curiosidad me indujo a averiguar el motivo; mas cuál fue mi indignación y pesar cuando observé que aquél perverso estaba prediciendo lo futuro y averiguando lo oculto, mirándose a las palmas de las manos para formar su predicción según los signos que advertía en ellas.

Continué mi camino, Elpidio, haciendo las más tristes reflexiones. Si un católico, me decía yo a mí mismo, presentase en esta calle la imagen de un santo o invitase a los que pasan a que implorasen la divina clemencia por la intercesión de uno de sus siervos, cuando menos sería burlado y despreciado, si ya no es que le rompían la imagen en la cabeza y tenía dificultad en escapar con vida; y he aquí que rodean a este negro, ministro del demonio, y que muchos creen en sus patrañas y otros las miran con indiferencia y sin indignación, como si solo fuese un juego inocente. Si este inicuo estuviese cometiendo otro crimen cualquiera, en el momento habría un ministro de la policía que por lo menos lo impidiese; y cuando comete el más trascendental de todos los crímenes, cuando pervierte no solo el corazón sino lo que es más, el entendimiento de los incautos, no teme ser contenido. Lo que más me conmovía y llenaba de pena era ver los muchachos que por su natural curiosidad empezaban a reunirse, y como en la primera edad las impresiones son más fuertes, preveía los efectos de las que aquellos inocentes iban a recibir. Sin embargo, me decía yo a mí mismo, camino ahora por el pueblo más ilustrado de la tierra, porque su ilustración no está como en otros concentrada en las universidades y en ciertas clases del pueblo sino difundida por todas las clases. No aparecen aquí los sabios como puntos brillantes en una superficie oscura, sino como flores de extraordinaria hermosura en un jardín todo hermoso e iluminado.

La superstición, continuaba yo en mis reflexiones, la superstición toma distintas formas según que quiera engañar a distintos pueblos, y si entre los católicos usurpa los derechos y el nombre de la autoridad, en los de culto mixto usurpa los de la razón y toma su apreciable nombre precisamente para degradarla. La libertad, que es el principio más santo, queda convertida en un principio de execración, cuando se abusa de ella de este modo, y los fanáticos que creen perderla cuando contienen crímenes de esta clase, nunca conocieron su verdadera naturaleza. ¿Pensaríase encontrar en este pueblo tanto fanatismo? Pues aun no te he presentado sino una corta parte de los hechos que lo comprueban.

En casi todas las librerías se encuentran de venta libros de adivinación, por números y otros signos supersticiosos. Sabemos muy bien que por reglas de aritmética, teniendo ciertos datos, se llega por el cálculo a ciertas conclusiones que sorprenden a los ignorantes y divierten a los sabios. Mas no es esto, mi querido Elpidio, no se trata de calcular sino de adivinar por la casualidad de combinarse un número con otro, si vivirá mucho o poco un individuo, si se casará o no, si será rico o pobre, etc., etc.; cosa muy parecida a la ciencia cabalística que tenían y aún tienen los judíos que se desviaban de la doctrina de Moisés y de los profetas. También se hallan en todas las librerías libros de sueños para aceptar por ellos la suerte futura y para otras adivinaciones semejantes. Ahora bien, estos libros en idioma inglés no se han impreso sino para este país, pues en Inglaterra tienen bastante de ellos y jamás se llevan libros de este país a aquel por especulación. Luego se expenden en los Estados Unidos y con utilidad de los empresarios, que no podrían sacarla vendiéndolos tan baratos, a menos, que no despachen un gran número. Saca la consecuencia, Elpidio.

Para que veas más claramente que el protestantismo es la causa de esta superstición, o a lo menos de su desenfreno, por haber quitado la base de la religión que es la autoridad, debo observarte que entre los compradores de estos libros se encuentran muy pocos católicos pues aunque no hay fuero externo eclesiástico que compela, tenemos el fuero interno, en el cual si alguno tiene la miseria de comprar semejantes libros y de usarlos le separamos de los sacramentos hasta que deje de ser criminal; mas los protestantes van a su clase de comunión acaso con un libro de esta clase en la faltriquera.

Lo que más me ha admirado es ver renovada en este país una superstición la más sacrílega, que se introdujo, o por lo menos era común en la Edad Media o siglos de tinieblas. Consiste, Elpidio, en meter una llave entre las páginas de la Biblia sin mirar a ella, y mantener la llave firme para que no se corra del punto a que ha llegado, y abriendo entonces la Biblia se observa la letra que indica el extremo de la llave. Con esta letra empieza el nombre del novio o el de la ciudad adonde es preciso ir, o del negocio que es preciso tratar, etc., etc.

En honor de la parte más sensata de este pueblo, debo decirte que los libros a que acabo de referirme solo se hallan en las librerías de venta, mas no en las destinadas únicamente a la instrucción pública, ni en las particulares pertenecientes a individuos de ilustración y sensatez; pero esto mismo sucede en todos los países y no puede menos de parecer muy extraño que éste no les exceda en un punto de tanta consideración, siendo así que les saca ventaja en otros de menor monto. Pero ¿qué más?, mi Elpidio; de cuando en cuando nos divierten las gacetas publicando que hay en tal cual parte una casa encantada, o de cosa mala, y la mayor parte del pueblo cree estos hechos como las verdades más comprobadas y no es posible desimpresionarle de estas patrañas. Tienen también sus días aciagos, principalmente para embarcarse, y así es que en viernes no hay que contar con marineros para la salida de un buque, a menos que previamente no se tomen algunas precauciones para que no se escapen, y los mismos capitanes no están muy libres de esta superstición.

A este paso se encuentran en este pueblo otras muchas supersticiones; también hay lechuzas que anuncian la muerte de los enfermos graves; si se derrama un salero sobre el mantel no falta quien se asuste entre los comensales. ¿Qué tal, mi Elpidio? Parece que cuando llueve todos nos mojamos, y mucho más los que no tienen paraguas que los protejan, como sucede a estas gentes, que no haciendo punto de conciencia semejantes supersticiones, porque en realidad no reconocen crimen alguno de entendimiento, que suponen libre para creer o desechar cuanto se le antoje, venimos a parar en que no tienen base alguna moral, quedándole solamente la que puede presentarles la opinión de los sensatos. Bien percibes cuán débil es ésta para los que no se creen obligados a seguirla y acaso hasta desconocen su mérito.

Hablando con la franqueza que me es característica, debo decirte que, en mi opinión, hay pocos pueblos tan supersticiosos como el de los Estados Unidos de América. Apenas he acabado de escribir estos renglones cuando ya me parece que oigo todo lo que dirás al leerlos. Es un clérigo católico y extranjero el que escribe, y así, no hay que hacerle caso; una pasión que él mismo no percibe le induce a formar juicios erróneos y ridículos, que él reprobaría en otros. Por mucha que sea la amistad con que me honras, no creo equivocarme en sospechar que éste será tu lenguaje y que el de otros será mucho más severo. Antes de entrar en materia quiero, mi querido Elpidio, confesarte una fragilidad en que he incurrido toda mi vida. Sea cual fuere la causa, he tenido siempre tanta confianza en todas mis campañas políticas, religiosas y literarias, que lejos de querer desarmar a mis enemigos he procurado siempre proporcionarles nuevas armas o afilar las que poseen si me han parecido embotadas. El placer de la victoria es mucho mayor cuando el enemigo tiene una completa defensa. De aquí viene mi práctica de poner mi nombre en todos mis escritos indicando mi estado y modo de pensar. Pero, al caso, Elpidio: oye la relación de los hechos presentados por un clérigo católico y extranjero en el país en que escribe, donde la religión protestante es la más difundida, aunque no hay religión de Estado.

Bástame para remover toda la sospecha de animosidad, el recordarte que acaso no hay un hombre más afecto que yo a este país, en el que he permanecido por tantos años, a pesar de haber corrido peligro mi vida en los primeros a causa del clima y de haber sufrido infinitas privaciones por no saber el idioma. He tenido en este tiempo varias y honoríficas invitaciones para situarme en otros países, y a ninguna he accedido. Luego que me fue familiar la lengua de este pueblo me he relacionado en él y adquirido tan buenos amigos, que sin ingratitud jamás podré ser insensible a sus atenciones y favores. Yo soy en el afecto un natural de este país, aunque no soy ciudadano ni lo seré jamás por haber formado una firme resolución de no serlo de país alguno de la tierra, desde que circunstancias que no ignoras me separaron de mi patria. No pienso volver a ella, pero creo deberla un tributo de cariño y de respeto no uniéndome a otra alguna. Pero, vamos, mi Elpidio, vamos al asunto y perdona la digresión.

No hay pueblo en que los impostores religiosos encuentren tan buena acogida como en éste. El que quiere formar una secta aun la más ridícula, puede estar seguro de encontrar numerosos partidarios, sin más diligencia que echarse a predicar y darle un aire de piedad que alucine a los oyentes. Si puedes gastar unos cuantos centenares de pesos en limosnas el tiro es cierto y la especulación no falla, pues este pequeño gasto le procura un buen modo de vivir al predicador. Yo podría citar varios casos pero me bastará decirte que hace cuatro o seis años tuvimos aquí un perverso (que algunos tenían por mentecato, mas yo no puedo convenir en ello) el cual tuvo la audacia de decir que era Cristo. Mi amigo, don José de la Luz, natural de La Habana, y que entonces se hallaba en este país, vino en un barco de vapor de Filadelfia a esta ciudad en compañía de este Cristo, a quien me dijo rodeaban todos a bordo para oírlo. Verdad es que por aquel tiempo, ya se había dado a conocer el impostor lo bastante para que todos lo despreciasen; mas pocos meses antes nos informaron las gacetas que había salido de una ciudad de los estados del Sur una multitud de hombres y mujeres tras este nuevo Cristo, y lo que es más, algunos ministros del Evangelio (como los llaman) siguieron a este impostor, que llegó a presentarse con toda dignidad y aparato. ¿Qué dices de estos ministros del Evangelio? Llegó el impostor a hacer tanto ruido que algunos hombres sensatos se quejaron al Gobernador de una de las ciudades, diciendo que sin embargo de la libertad de cultos y de conciencia permitidas en este país, les parecía que el caso era muy extraordinario y que no debería sufrirse tanta osadía. El gobernador, que parece era algo timorato, tuvo a bien tomar una resolución adecuada, y fue decir chuscamente al impostor, que puesto que era Cristo, él no podía castigarle, porque debiéndolo hacer conforme a las leyes no había encontrado alguna contra Cristo, pero que esperaba del Señor Cristo que saliese de la ciudad, porque si armaba otro alboroto se vería precisado a meterlo en la cárcel por alborotador. El buen Cristo creyó conveniente tomar el consejo.

Hubo también otro famoso impostor en este país llamado Lorenzo don, el cual predicaba por todas partes, y no le faltaban partidarios de buena fe y otros secuaces para divertirse, como si pudiera servir de diversión un crimen sino cuando el corazón del que se divierte es criminal. Este curioso personaje se metió a profeta y su profecía fue oída con aprecio, o por lo menos sin disgusto, porque era contra la iglesia católica, a la cual siempre atacan suponiendo miras de dominar en los papas. Predijo, pues, el buen Lorenzo que en este año en que estamos vendría el hijo de Napoleón con un gran ejército para conquistar este país y someterlo al Papa, de quien sería un mero satélite. Antes de que se cumpliese el término murió el hijo de Napoleón y falló la profecía, pero habiendo muerto también el profeta, se escapó de la burla que le hubieran hecho los engañados. No hay duda que este y otros tunantes de igual calibre nunca alucinaron a la parte sensata del pueblo, pero tampoco hay duda que siempre han encontrado un gran número que los crean, y aun los siguen como a sus maestros, número que estoy seguro no hubieran encontrado en otros países de menos ilustración.

No quiero pasar en silencio al famoso Matías. Llámase así un impostor que, si no me engaño, aun vive y que ha hecho más ruido que otro alguno, aunque ya nadie habla de él, porque sus patrañas son bien conocidas, y tanto, que salió una noticia de ellas y su refutación en un cuaderno impreso algo voluminoso, que se vendió con mucha rapidez y en gran número de ejemplares. Por este hecho puedes conocer que verdaderamente llamaba la atención, pues los de este país no gastan su dinero por libros sino cuando tienen gran interés en su lectura. El nuevo impostor no dijo que era Cristo, pero se presentó como un personaje muy parecido, y prometió hacer milagros; y llegaron los gaceteros a decirnos que predicando cerca de la ciudad de Troya (pues sabes que en este país hay pueblos con casi todos los nombres de Grecia y Roma) ordenó a un collado que cayese, y que efectivamente cayó. Por mucho tiempo alucinó este impostor a una multitud mucho más numerosa de lo que puedes figurarte; y entre otros casos se refiere uno tristísimo de una pobre mujer que era una de sus secuaces, y a la cual se le murió un niño, y no derramaba una lágrima, antes empezó a preparar el té para cuando llegase Matías, que debía tomarle con ella, y estaba segura de que luego que viese el niño muerto lo resucitaría. Vino el profeta, pero el niño se quedó muerto y entonces la madre se entregó a una perfecta desesperación. Ya se cuenta algo semejante del buen Calvino, aunque el caso fue algo más serio, por no reducirse a la muerte de un niño por una enfermedad, sino a la de un hombre avaro por castigo del cielo. Dícese que convino con un miserable y su esposa que el marido se fingiría muerto y ella haría el papel de una viuda desolada hasta que viniendo Calvino resucitase el fingido muerto, mas cuando llegó el caso encontró que era muerto verdadero y la mujer derramó entonces verdaderas lágrimas, llenando de improperios a Calvino. Sin salir garante de este hecho ni tampoco impugnarlo, solo te diré que lo he leído en un autor casi contemporáneo. Yo no he querido investigarlo porque me importa muy poco saber los crímenes de Calvino, sabiendo los absurdos de su doctrina.

Los cuáqueros son famosos en materia de inspiraciones, pero también son famosos en imposturas y vaya una para que te convenzas. Sabrás que entre ellos predican las mujeres lo mismo que los hombres y que en sus juntas se quedan en silencio recostados como dormidos, y a veces verdaderamente dormidos, hasta que el Espíritu mueve a alguno y éste salta sobre un banco y empieza a predicar. Fue, pues, el caso que varios españoles tuvieron la curiosidad de ir a observar una de estas juntas, y se pusieron a la puerta para que conociesen que no tenían otro objeto que el observar como forasteros. Luego que los vio una de aquellas mujeres impostoras se sintió inspirada y saltando con mucha velocidad se puso de pie sobre un banco y empezó a predicar contra la Inquisición de España, sin duda porque vio los españoles y creyó que era buena oportunidad para convertirlos. Ellos se retiraron indignados y al mismo tiempo riéndose de la superchería de aquella vieja verdaderamente inspirada, se entiende, por el diablo. Mi amigo y compañero Gener me contó el hecho y me decía con su natural jocosidad: «por esta vez, Varela, se equivocó el Espíritu Santo, pues ni hay Inquisición en España, ni es probable que vuelva a haberla; y los españoles que estaban a la puerta, lejos de ser partidarios de la Inquisición la detestaban mucho más que la vieja predicadora, de modo que la inspiración es por lo menos totalmente inútil». Otras muchas observaciones hacía mi ilustrado y juicioso compañero, y ambos conveníamos en que el fanatismo y la superstición no salieron del país a la entrada de las nuevas instituciones, sino que tomaron otra forma para acomodarse a ellas.

Volviendo a los cuáqueros, ya sabrás que no quieren jurar de modo alguno, y así es que desobedecen los tribunales y no hay que pensar en tomarles una declaración jurada, porque no la dan a pretexto de que el Evangelio, según ellos, prohíbe absolutamente y sin excepción todo juramento. Nada diré de su grosera práctica de no quitarse el sombrero para nadie ni en paraje alguno, pues la considero más como un fanatismo y una falta de juicio que como una superstición, aunque mucho tiene de ella, pues todo proviene de una falsa creencia. Acuérdome de que una vez entró en la Iglesia que está a mi cargo un cuáquero decentemente vestido (bien que de uniforme, esto es, con casaca de paño pardo y de corte a la redonda sin solapas y de cuello parado y con un sombrero blando de ala muy ancha). Hizo su entrada en un día festivo y poco antes de empezarse la misa, de modo que la Iglesia estaba llena y todos los ojos de los innumerables concurrentes se fijaron en aquel hombre que con su sombrero encasquetado recorría la Iglesia. Empezaron prontamente a brindarle asiento, para que se hiciera menos notable (bien que siempre lo hubiera sido no quitándose el sombrero), mas él no aceptó, pues sin duda vino solo a recorrer la Iglesia y hacerse observar. Yo le alcancé a ver desde la sacristía e inmediatamente iba a mandar una persona que le dijese que la regla admitida en el concurso en que estaba era que los hombres tuviesen la cabeza descubierta y las mujeres cubierta. Hecha esta intimación previa, tenía yo derecho por las leyes del país para mandar llamar un ministro de la policía, que lo sacase de mi Iglesia, mas él no me dio tiempo, pues salió luego que hubo conseguido su intento.

Puedes inferir las reflexiones a que me entregué luego que me vi libre de mi cuáquero. He aquí, me decía yo a mí mismo, un hombre que por su porte y la facilidad de sus maneras indica tener por lo menos trato de gentes; y con todo eso, entra en un concurso a que no es llamado y en que nada tiene que hacer, pues ni aun quiere detenerse, y entra solo para insultar a los concurrentes, o bien su raro fanatismo lo ha cegado tanto que no percibe que los insulta. Véase cómo corresponde a las atenciones y buena acogida, con un desdén y grosería chocantes. ¡Cuánto puede la superstición! Ese miserable va por esas calles de una de las ciudades más ilustradas gloriándose de haber dado una prueba pública de que su doctrina es la evangélica, cuando solo la ha dado de que no entiende el Evangelio, que sacrílegamente pone en ridículo; y cuando debía ruborizarse de su imprudencia y grosería, que siempre son signos de falta de verdadera ilustración.

Lo cierto es que los tales cuáqueros han estudiado bien el sistema de su propia utilidad, y a pesar de algunas buenas cualidades que no pueden negárseles, siempre he creído que es la secta más ridícula e interesada. No quieren ser militares o tomar las armas para defender su patria, ni tampoco quieren contribuir al pago de los que la defienden; de modo que, según ellos, parece que debemos esperar un milagro del cielo cada vez que seamos acometidos, y que Dios mandará sus ángeles para que nos defiendan sin hacer diligencia alguna de nuestra parte; o que debemos en conciencia dejar que se apodere de nuestra patria el primer tirano a quien se le antoje. ¿Qué dices de esta moral y de estos cuáqueros virtuosos? Se oponen a toda clase de diversiones. ¡Y he aquí otra virtud y bien seria y ridícula! Sus vestidos son muy sencillos, pero ¡cuidado que a veces son de tan buena tela, que no cuestan menos que los de otros ciudadanos menos moderados! Las señoras suelen usar unas mantas de merino de inmensa magnitud que no cuestan menos que los vestidos de las señoras de otras sectas. Pero lo más gracioso es, mi Elpidio, que tienen hecho un convenio de auxilio, por el cual el dinero de la secta se queda en la secta. Si hay un solo zapatero cuáquero en una ciudad, está seguro de hacer todos los zapatos de los cuáqueros que haya en ella y solo ocurrirán a otro zapatero cuando él diga no puedo o no quiero. Lo mismo sucede con todas las profesiones: el médico cuáquero nunca le faltan enfermos, etc., etc. Prescindiendo de consideraciones económicas, bien perciben, Elpidio, que este sistema da lugar a la hipocresía y especulación religiosa, que es el mayor de todos los males y el más horrendo de todos los crímenes. ¡Cuántos dejarían de ser cuáqueros si dejasen de ganar y cuántos lo son porque así ganan! Yo tuve oportunidad de observar el espíritu de la secta en un caso muy notable. Hay en esta ciudad un médico de la secta de los bautistas, muy celoso por su propagación, y una persona que llevaba con él una íntima amistad me contó que había sido convertido por una señora cuáquera. ¿Por qué, le dije, no lo convirtió a la secta a que ella pertenece? Porque entre los bautistas hay menor número de facultativos de su profesión, y es una secta muy generosa. ¡Qué tal! La buena mujer creía sin duda en su secta y el piadoso médico cree mucho en la que ha adoptado.

No puedo dejar el asunto de los cuáqueros sin hablarte de los tembladores, y para ello permíteme que te refiera una entrevista que tuve hace seis u ocho años con el ministro principal de dicha secta que existe en Lebanon. Un día de Pentecostés, acabado de predicar en mi Iglesia, vino a verme a la sacristía un hombre anciano cuyo vestido me indicó que era cuáquero, y me dijo que quería tener conmigo una conversación sobre la doctrina católica, no para impugnarla, sino para saberla como materia de hecho. Quedamos citados para las cuatro de aquella tarde y efectivamente vino a mi casa a dicha hora. Oyóme por largo tiempo la exposición de los dogmas de la Iglesia sin dar signo alguno de aprobación o de disgusto, y al fin rompió su silencio, preguntándome: ¿cómo entiende usted el texto de San Pablo en que prohíbe el matrimonio? ¿Qué texto?, le contesté. El versículo 3 del cap. IV de la 11.ª epístola de San Pablo a Timoteo, me respondió. Traje la Biblia y la abrí por el lugar citado, en que el Apóstol, lejos de asegurar lo que él quería atribuirle, le numera entre los errores y obras del diablo. Empecé a leerle el capítulo en alta voz hasta llegar al verso que él había citado, y entonces, volviéndome a él, solo le dije: «ya ve usted que el apóstol lejos de condenar el matrimonio numera entre las obras del diablo, a que se entregan los que se separen de la fe, al condenar las nupcias». El asunto era tan claro, que sin embargo, de verse mi buen hombre identificado con los que el Apóstol reprueba como herejes y autores de doctrinas diabólicas, no trató de defenderse y se contentó con una ridícula disculpa, diciéndome: «pero usted no me negará que la virginidad es preferible al matrimonio». «Así lo enseña el mismo Apóstol —le respondí—; mas preferir una cosa no es condenar la opuesta, y así es que la Iglesia católica, alabando la virginidad, respeta y enumera entre sus sacramentos el matrimonio.» Nada más replicó mi cuáquero y separándose de la cuestión en que inadvertidamente había entrado, me preguntó que si tenía alguna noticia de su sociedad. Díjele que sí; mas él conoció que su traje no podía anunciarme su sociedad especial o ramificación del cuaquerismo y mucho menos el puesto distinguido que ocupaba en ella. «Es que yo no soy cuáquero, me dijo, sino cuáquero temblador o shaking quaker, y soy ministro y superior de la sociedad.» Confieso, Elpidio, que el viejo no se había equivocado, pues nunca pensé que fuese de los tembladores, y menos que fuese ministro un hombre tan ignorante, que tuvo la sandez de conservar en la memoria el capítulo y verso de la epístola de San Pablo en que el Apóstol dice abiertamente lo contrario de lo que él aseguraba; solo porque en un verso leyó algo de prohibir el matrimonio; como el que quisiese probar que Poncio Pilatos está sentado a la diestra de Dios padre y vendrá a juzgar a los vivos y a los muertos; y para fundar semejante blasfemia empezase a leer el credo por la palabra Poncio Pilatos. También te confieso, Elpidio, que me costó gran trabajo contener la risa figurándome aquel viejo de calzón corto y peluca, si no me engaño, dando saltitos, sin casaca y con los brazos elevados de codo arriba y las manos flojas como si no tuviesen coyunturas, de modo que doblada la muñeca quedan pendientes y tal parecen las alas de un ave que vuela. Considera, Elpidio, si estaría yo provocado a risas, pero reflexioné que estaba a en mi casa y sus canas por otra parte merecían respeto. Pidióme papel en el cual escribió su nombre y empleo, brindándome políticamente su casa si alguna vez quería ir a visitar el establecimiento de Lebanon. Despidióse mi visita, y yo entré en mis serias reflexiones.

Una sociedad numerosa compuesta de personas, que unas de buena fe y otras por especulación, para encontrar un modo de vivir han dejado el mundo retirándose a un pueblo interior donde viven separados los hombres de las mujeres sin voto de castidad, porque no suene a doctrina católica; pero con una cosa que equivale, pues el que se determine a pasar la vida en la sociedad es preciso que renuncie al matrimonio, y así es que no le queda alternativa entre una continencia perpetua o una vida criminal. Tienen arregladas las horas del trabajo de manos para mantenerse y de los ejercicios espirituales allá a su modo. Sin embargo, hablarles de nuestros monjes es hablarles de unos demonios. Tienen su confesión y bien estricta, pero si se les habla del sacramento de la penitencia se llenan de indignación. Se encomiendan a su madre Ana Lee, y no quieren admitir la intercesión de los Santos. ¿Y quién dirige toda esta gente? Un hombre cuya ignorancia acabo de palpar. ¿No se verifica, me decía yo a mí mismo, la sabia observación del profundo Agustino, anotándose en este cadáver religioso las facciones que dan a conocer la piedad pero no el espíritu que la da mérito y la rectifica? Los monjes, en la Iglesia de Dios, están guiados por ella y no se les permite establecer doctrinas ni prácticas a su arbitrio, de modo que aun los más ignorantes son sabios en la ciencia de la salvación; pero aquí dirige el capricho humano, y sobre todo, de un hombre ignorantísimo. Sin embargo, muchos hablan con aplausos de la sociedad de Lebanon y los demás la miran como una reunión inocente aunque fanática. Pero trátese de la Iglesia católica y estas inocencias se convierten en crímenes. ¡Qué cierto es que solo la verdad es atacada y que los errores siempre se patrocinan mutuamente! Dispénsame, Elpidio, esta larguísima digresión; mas permíteme que aun no deje mis cuáqueros de la mano pues a la verdad prestan materia abundante para observaciones sobre el modo con que influye la superstición cuando falta el único principio que puede contenerla, que es la autoridad.

Acaban de dividirse en dos formidables partidos que se han excomulgado mutuamente. ¿Qué dices de esto, mi Elpidio? ¡Sin reconocer autoridad eclesiástica, promulgar excomuniones! Si por ellas solo quieren dar a entender la separación de los dos partidos, ya están separados sin necesidad de declaración alguna; y si quieren dar a entender que los separados por ellos sobre la tierra están excluidos de la vida eterna, los tenemos ya admitiendo la autoridad divina, ejercida por los hombres sobre la tierra; esto es, la autoridad eclesiástica, que tanto condenan y ridiculizan en los católicos. Lo mismo sucede con frecuencia en este país con las demás sectas. ¿Y qué prueba esto sino la más palpable y ridícula superstición? Yo podría presentar argumentos evidentes de ella, recorriendo la historia moderna de cada una de las denominaciones, que así las llaman en mucha propiedad pues no son más que unos meros nombres de cristianismo; pero mi objeto solo es indicar la influencia que tiene la superstición en los países libres y si he referido hechos ha sido solo por evitar que me tuviesen por visionario que ataco a un enemigo no existente. Con este solo intento y para divertirte un poco, haré algunas observaciones sobre la superstición en tres de las sectas más preponderantes, quiero decir los bautistas (que deben llamarse anabaptistas) los metodistas y los presbiterianos. En cuanto a los episcopales o sectarios de la Iglesia de Inglaterra, casi son católicos y poco a poco van viniendo a la Iglesia de donde (por más que lo disimulen) ya les pesa haber salido.

Los bautistas, con una superstición muy rara, pues consiste aparentemente en defender los derechos de la razón y la libertad individual, no administran el bautismo sino a los adultos o solo cuando ya han recibido el espíritu, quiero decir cuando están verdaderamente convertidos. Esta última parte es muy santa y racional, pues sería un sacrilegio bautizar a un hombre que no estuviese arrepentido de sus pecados; pero la superstición entra en el modo de conocer estas disposiciones, que quieren como los demás sectarios sentir que Dios los ha perdonado, valiéndose de varios textos de la Escritura para comprobar esta horrible doctrina, interpretándolos a su modo. No me detendré en la cuestión teológica, y consideremos solo la influencia política. Habiendo un gran número entre ellos que no han recibido el bautismo y que pertenecen a la secta solo porque quieren ser denominados bautistas, resulta un exponente del número de los no convertidos, que quiere decir de los inmorales, pues nadie me persuadirá que hay moralidad sin conversión a Dios y arrepentimiento de los crímenes. El ladrón que no está arrepentido de haber robado, robará siempre que se le proporcione. Resulta, pues, un gran escándalo, que es el peor mal en la sociedad; y muchos para evitarlo se acogen a la hipocresía, que siempre ha sido el velo de los pícaros, y se hacen bautizar diciendo que sienten el espíritu, etc., etc. ¡Infiere el pernicioso influjo que esto tiene en la sociedad! No hay una fuerza que obligue, no hay una autoridad que mande; todo parece libre, pero no lo es, porque la superstición, destruyendo el principio de libertad, compele a los hombres a cometer crímenes de esta naturaleza. Otros individuos nunca reciben el bautismo por escrúpulo infundado por tales doctrinas; pues no sintiendo el espíritu creen que no están preparados para el bautismo y la funesta consecuencia es que a veces se entregan a la desesperación o por lo menos, a la indiferencia: ¡Cuántos males, mi Elpidio, para la sociedad! A propósito de los bautistas, quiero Elpidio, referirte una anécdota por vía de entretenimiento, aunque sea una verdadera digresión. Sabes que bautizan en los ríos (aunque ya en algunas de sus Iglesias tienen sus baptisterios bastante capaces para la inmersión) y que el ministro entra en el agua con el bautizando hasta la cintura, después le pone una mano en el pecho y otra en la espalda y le inmerge tres veces, dejándose ir de espaldas el bautizado sobre el brazo del ministro. Sucedió, pues, que en el rigor del invierno quiso uno de los ministros bautizar algunos de los nuevos miembros de su iglesia, y fue preciso romper el hielo, porque todas las orillas del río estaban heladas; y quedó abierto un hueco bien capaz de contener al ministro y al bautizando. En una de las inmersiones el ministro no pudo sostener al bautizando, que parece que se dejó caer con todo su peso y escapándose del brazo cayó bajo la capa de hielo, y por consiguiente, era imposible sacarlo; mas el ministro sin perturbarse, volvió la cara hacia los que estaban en la orilla, diciendo: este se lo ha llevado Dios, su nombre sea bendito; venga otro. ¿Has visto más fanatismo y superstición? ¡En lugar de estremecerse al ver los funestos resultados de su imprudencia y superstición, que le hizo creer esencial para el bautismo el meterse en el río a enfermar a otros y aun ahogarles como le acababa de suceder; mi buen hombre creía que solo tenía motivos para alabar a Dios! Verdad es que esta secta ha sido siempre muy supersticiosa, a ejemplo de su fundador Münzer, que en la ciudad del mismo nombre jugó una farsa muy criminal y ridícula, siendo uno de los pasajes más notables de la historia de las nuevas sectas. Estuvo Münzer por tres días mudo, fingiendo que una causa sobrenatural le había privado de la palabra; después se encerró por largo tiempo y al cabo se botó a la calle en cueros gritando por todas partes que Dios le había hecho rey espiritual (aunque él no estaba muy lejos de apetecer el reino temporal) y que todos debían obedecerle. Tuvo muy pronto infinitos partidarios, que al fin salieron por las calles de la misma ciudad obligando so pena de muerte a que se bautizasen todos nuevamente, alegando que no era bautismo el que habían recibido en la infancia. Cometieron estragos infinitos y es de suponer que muchos cedieron a sus amenazas y cometieron el horrendo sacrilegio de permitir que los rebautizaran. ¿Qué podría esperar aquel fanático y sus secuaces de un bautismo para evitar la muerte? ¡He aquí los efectos de la superstición! Lo más extraño de los bautistas es que al paso que reprueban la confesión sacramental de los católicos, la practican y muy estricta, antes del bautismo. He tenido oportunidad de cerciorarme de esto por un joven de veintiún años que acabo de recibir en la Iglesia y que pertenecía a esa secta. Refiere que encontró en su casa una de estas confesiones por escrito y como muchacho empezó a burlarse de la persona confesada y a propagar lo que había leído, mas su madre le corrigió al punto con la mayor severidad.

Él, ahora, con más juicio y verdadera religión, guarda el secreto aunque no sacramental.

Los metodistas también nos presentan un cuadro lamentable y ridículo de las miserias humanas cuando toman por pretexto la religión. Parece que los predicadores de esta secta quieren sacar partido del aturdimiento de sus oyentes, porque los gritos son desmedidos, y si fuera uno u otro ministro el que los diese, podríamos atribuirlo a un placer de ejercitar los pulmones o de demostrar el poder de ellos; mas son todos los ministros, Elpidio; tanto, que parece como condición para serlo el saber gritar y los pobres que no tienen mucha voz hacen cuantos esfuerzos pueden para dar gritos. Es bien sabido que todo el que pasa por una Iglesia y oye desde la calle a un hombre que grita desaforadamente, sabe que es una iglesia metodista. A fuerza de estos gritos logran aterrar y creen que han logrado convertir, siendo muy frecuente el levantarse de los escaños y dirigirse a la baranda que rodea el lugar en que está el púlpito (pues las sectas no tienen altar) muchas personas que nunca habían entrado en la iglesia metodista y que quieren ser recibidos antes de saber cosa alguna de la doctrina. Los más de ellos dicen que ven la gloria representada por una verdadera luz material que se descubre sobre algún objeto en que fijan la vista. Yo tuve ocasión de examinar un caso de esta naturaleza, pues una señora de mi amistad, que pertenecía a la Iglesia anglicana o episcopal, pasó a los metodistas y dándome cuenta de su nueva determinación me tomé la confianza de preguntarle qué motivo había tenido para ello. Respondióme que se había sentido conmovida y que había visto gloria o esa luz material de que he hablado. Contuve la risa, y procuré proceder con toda prudencia preguntándola que si sabía la doctrina de la nueva iglesia que había abrazado. Contestóme que no. Díjela que si se consideraba obligada en conciencia a vivir y morir en la iglesia metodista. Díjome que no. Con estos datos presentados por ella misma, la hice ver que ella no era metodista aunque dijera serlo y que solo tenía una religión de sentimientos, mas no de Ideas o de dogmas. Pues ¿cómo se explica usted —me dijo— estos sentimientos que seguramente usted no podría condenar? Fácilmente —le respondí— pues no hay dificultad en percibir que un alma que no está empedernida y entregada a los vicios se conmueve al oír verdades eternas, como sin duda lo son la misericordia y el amor de Jesucristo en padecer por nosotros y la necesidad de convertirnos. Si a esto se agrega la delicadeza y la sensibilidad del sexo, no es ya un misterio lo que usted experimentó. El corazón se unió a Cristo y la imaginación pintó su gloria. He aquí el fenómeno explicado. Pero, señora mía, le dije, la pureza de sus intenciones y el arrepentimiento por las culpas cometidas pudieron producir en aquellos momentos aquel saludable efecto por la feliz ignorancia en que estaba usted de los errores de la secta que usted ha abrazado, mas ahora que tiene usted tiempo para la reflexión, ya no hay disculpa.

Este caso me hizo conocer todo lo que puede la superstición y que aun en la sociedad más culta deben temerse sus efectos. Todas son visiones, máximas ridículas, que forman un carácter popular muy desfavorable a los progresos de la verdadera ilustración. Pues ¿cómo la hay en tanto grado, me dirás, cuando las otras sectas no son menos supersticiosas? La hay, mi Elpidio, porque existen otras muchas causas que la producen a pesar de estos inconvenientes mas es claro que si se removiesen podrían conseguirse resultados mucho más ventajosos. Ni por un momento te figures, Elpidio, que quiero presentar este país bajo un aspecto poco favorable; todo lo contrario, mis observaciones son otras tantas pruebas de la rectitud de sus leyes y de las costumbres de sus moradores, cuando bastan a contrarrestar y a hacer casi nulas unas causas tan poderosas que en otro país acaso producirían un completo desorden.

Tratando de los metodistas no puedo menos de hacerte algunas indicaciones sobre sus juntas rurales o camp meetings; digo indicaciones porque no pienso entrar en el examen prolijo de estas reuniones ni de los principios en que se fundan. Sería preciso escribir volúmenes si quisiéramos entrar en cuestiones teológicas sobre esta materia, que por otra parte no es de mi objeto. Salen los metodistas al campo todos los años o en ciertos períodos, según lo tienen a bien sus ministros y viven bajo tiendas provisionales cierto número de días, mayor o menor, según las necesidades espirituales de los concurrentes. Entre estos se hallan muchos curiosos que solo van por divertirse y muchos perversos, que van con otras miras. Los sinceros metodista permiten la concurrencia de estos mirones con el objeto de convertirlos. Gritan incesantemente, así los ministros para que sus oyentes reciban el espíritu, como éstos cuando creen haberlo recibido. Saltan los miserables y hacen mil contorsiones hasta que caen desmayados de la fatiga y de la aflicción. Condúcenlos entonces a tiendas preparadas al intento donde reposan hasta que recobran los sentidos. Puedes inferir los inconvenientes de estos desmayos... la mitad son fingidos... y luego hay cargadores de las desmayadas, y otras personas muy caritativas que las asistan... Algunos de los desmayos son efecto del terror y de la sorpresa, mayormente el de las mujeres. Entre otros casos puedo citar el de una señorita que pertenece a la iglesia anglicana, y por consiguiente detesta la doctrina metodista y se burla de sus prácticas. Fue con su hermana y acompañadas de un caballero a divertirse en uno de esos campmeetings, que acaso podría llamarlos feria de los metodistas; y habiéndose separado un poco de su hermana, cuando ésta la echó de menos, volvió a buscarla y con gran sorpresa la encontró desmayada entre un grupo de metodistas que con sus ministros daban tremendos gritos alabando a Dios por la conversión de aquella joven. Procuró informarles que su hermana no era metodista ni podía querer serlo, sin haber tenido tiempo de oír nada que la convirtiese como ellos decían. Sin embargo, los ministros insistían en que era obra del Señor y determinaban llevarla desmayada, a una de las tiendas de reposos, mas el caballero les dijo seriamente que aquella señorita había venido bajo su protección y que, así, le permitiesen volverla a sus padres, y que estaba determinado a hacerlo a la fuerza si no se atendía a sus razones. Dejaban a la pobre muchacha, que inmediatamente fue conducida al carruaje y no volvió en sí hasta después de más de media hora de camino. Preguntaba por su hermana y el caballero sobre la causa de su desmayo, les dio las gracias por haberla quitado de las manos de los ministros metodistas, protestando que todo había sido efecto del susto, al encontrarse casualmente (o porque la empujaron) en medio de uno de los círculos de aquellos gritadores que la aturdieron, aumentando su aflicción precisamente el papel de metodista que querían hiciese; y que no alcanzando a ver a su hermana ni al caballero que las conducía, se creyó sin defensa, y sobrecogida, se desmayó. ¡Qué buenas conversiones, Elpidio! Mas quiero referirte otra, aun más graciosa, o mejor dicho, una burla que un chusco tuvo la humorada de hacer a los metodistas, para demostrarles cuán fácil es engañarlos. Un estudiante de Teología en el Colegio de..., que es uno de los establecimientos católicos de más créditos en este país, fue con uno de sus condiscípulos a divertirse en una de esas reuniones campestres o camp-meetings. Después de haber observado bien las contorsiones y gestos de los convertidos o espirituados, volviéndose a su compañero, le dijo: «Voy a ser metodista por un cuarto de hora». «¡Qué dices! —replicó su amigo— ¿no sabes que ni en chanza es lícito fingir que se abjura la verdadera religión, admitiendo la falsa?» «Yo solo voy a burlarme de estos tontos, contestó el malévolo estudiante; avísame cuando se pase un cuarto de hora»; y dando un salto cayó en medio de uno de los círculos de gritadores, excediendo a todos ellos y haciendo los visajes y contorsiones más extraordinarios. Vinieron prontamente los ministros a animar a aquel joven que ya había recibido el espíritu (a la verdad, que era un espirituado travieso y bellaco), dando gracias por tan súbita conversión. Entre tanto el convertido echaba ojeadas a su compañero, y cuando éste sacando el reloj le hizo señas que ya se había pasado el cuarto de hora, volvió de golpe a su estado natural y empezó a salir del círculo con mucha compostura. Los ministros no pudieron menos de extrañarlo, y habiendo preguntado la causa de tan súbita cesación del espíritu, el estudiante chusco les respondió: «Yo he ofrecido ser metodista por un cuarto de hora, y como éste se ha pasado, me retiro ya, libre de mi compromiso».

Reprensible fue la acción del estudiante burlón, mas es preciso confesar que fue un aviso terrible para aquellos ilusos ministros. Vieron claramente que los sentimientos son a veces efecto de circunstancias y otras son meras ficciones; vieron, sí, mi Elpidio, que sin normas para distinguir las obras de Dios de las del demonio, es fácil equivocarse; aunque por desgracia se cree muy fácil el acierto, y así es que todas las sectas hablan del espíritu, cuya presencia o separación se determinan y deciden a su antojo. Nota la diferencia, Elpidio. Un hipócrita puede fingir en la verdadera Iglesia lo mismo que en la falsa, pero en ésta no hay normas que seguir; pues si nos guiamos solo por sentimientos, como unos mismos pueden ser producidos por causas muy diversas y aun contrarias, es claro que el juicio no puede ser seguro, antes muy arriesgado. Es preciso no admitir la necesidad de la fe, si queremos tomar por única norma los sentimientos; y esto sería una completa contradicción, pues equivaldría a recibir a un individuo como miembro de un cuerpo de creyentes sin tener creencia. Díjolo muy bien que había prometido ser metodista por un cuarto de hora, aunque hizo muy mal en fingir la promesa y en su cumplimiento.

Salen los metodistas a sus camp meetings y corren de una parte a otra como distraídos, señalando para diversos lugares y diciendo: «miradlo, miradlo allí». «Si, allí está Cristo». Sin acordarse los miserables del Evangelio que se precian de leer con tanta frecuencia y en el cual encuentran que Cristo, para evitar errores semejantes, expresamente prohibió que saliésemos a buscarle al desierto o le buscásemos en mansiones escondidas. Pero no entremos en una impugnación teológica y contraigámonos a reflexiones sobre el influjo que estos camp meetings tienen en la sociedad.

Cuando los hombres, o no perciben la superstición o se glorían de ella, claro está que la masa popular debe infectarse rápidamente y la vanidad en unos y la estupidez en otros hacen casi imposible el remedio. Preséntase una multitud de individuos de ambos sexos en un camp meetings, y abiertamente y sin rubor dan a conocer sus ridículas ideas religiosas y la extravagancia de sus sentimientos; otra multitud de observadores aumenta el mal dándoles motivos para ejercitar sus celos y creerse discípulos de Jesús; y unos y otros causan a la sociedad un daño que desgraciadamente no perciben. La superstición queda radicada de un modo mucho más difícil de desarraigar, pues no habiendo más norma que el espíritu, que viene a quedar reducido a un mero nombre que impíamente se aplica a todas las emociones del corazón humano corrompido por los vicios y halagado por la vanidad, resulta como efecto necesario la perversión de todos los príncipes religiosos y un carácter popular ligero y ridículo, que se haría notable si no estuviese corregido, como ya he observado, por instituciones y leyes admirables.

Ha llegado a tanto el fanatismo y la superstición de los metodistas que se cuidan muy poco de la ciencia de sus ministros y así es que la mayor parte de ellos son ignorantísimos, aunque no falten entre ellos algunos hombres de conocida ilustración. Da risa oír las sandeces que predican, y el pueblo se halla tan convencido de esto, que las anécdotas, ciertas o inventadas, acerca de predicadores ridículos casi siempre se suponen entre los metodistas. Creen estos sectarios que el espíritu es el que dirige, y que un hombre bueno y celoso de la gloria de Dios es un buen ministro, tenga o no la instrucción necesaria. Cosa extraña, Elpidio, que los que niegan a la Iglesia la asistencia del espíritu, tanto se la concedan a cualquier hombre; y aunque no creen en la infalibilidad de sus ministros, proceden como si la creyesen, cuando no se cuidan de su ciencia e ignorancia, suponiendo siempre la asistencia divina.

Hechas estas observaciones, dejo a tu ejercitado entendimiento el trabajo de sacar las consecuencias; y estoy seguro que no podrás menos de inferir que si la parte religiosa, que es la más influyente en la educación popular, está encargada a ministros ignorantes, poco hay que esperar del influjo benéfico que la religión debe tener en el pueblo; antes deben temerse los progresos de la superstición y de todos los males que ella trae consigo. Inferirás igualmente, mi querido Elpidio, que estos sectarios no han formado una idea correcta del ministerio, aunque hablan tanto acerca de la predicación, que es su tema. Predicadores ignorantes equivalen a falsos maestros, o por lo menos poco seguros, y así es que no cuidándose de la ignorancia de sus ministros, es claro que tampoco se cuidan de la rectitud y certeza de la doctrina. Decirle a un ministro: «predica, y te burlaré o aplaudiré a mi antojo», es lo mismo que decirle: «llámate ministro, aunque en realidad eres un ridículo farsante». Sin embargo, a este sistema se le ha dado un aparato el más imponente, como si fuera el centro de las luces y de la piedad. ¿Puede darse mayor superstición? Tiempo es ya, Elpidio, de hacer algunas observaciones acerca de los presbiterianos, cuya secta es menos ridícula, pero no menos supersticiosa. No son bulliciosos, como los metodistas, pero seguramente los exceden en punto a rarezas silenciosas. La superstición ha encontrado dos anchas puertas para introducirse en esta secta, que son la idea de libertad y la de sencillez. Ambas son análogas y tienen gran influjo en el corazón humano, pero de ambas han abusado los presbiterianos convirtiendo los dones de la religión en apoyos del error y de la más ridícula hipocresía. Quieren una Iglesia. No solo sin cabeza o jefe principal sino aun sin directores o jefes subalternos, como si formasen un ejército sin general y sin otros jefes, sino que todos los soldados fuesen iguales y tuviesen libertad para hacer lo que mejor les pareciese. ¿Puede haber mayor ignorancia y superstición y mayor abuso de la expresión libertad religiosa? Con el objeto de demostrar piedad (que bien conocían ellos que no era conciliable con el principio de soberbia en que está fundada su secta), han procurado llevar las cosas, como suele decirse, al extremo, en cuanto a rigorismo en puntos en que no tienen que hacer un sacrificio de su orgullo por medio de la obediencia, que entre ellos es palabra desconocida. Bien advierten que si no demuestran gran piedad, no pueden alucinar a nadie con un sistema tan opuesto al cristianismo y a la historia de la Iglesia primitiva, y lo que es más, a la misma Escritura que ellos se glorían de tener por norma. No hay entre ellos preceptos eclesiásticos que obliguen en conciencia, no hay mortificaciones de ayunos ni abstinencias; se casan y se descasan cuando les parece, sin impedimento de ninguna clase; y agregan a estas libertades el aliciente que no tienen otras sectas, y es que son más considerados y tienen más influjo que los metodistas y bautistas, que en realidad son presbiterianos en cuanto a no reconocer obispos. Hay, es verdad, metodistas episcopales, mas éstos son en corto número e insignificante.

Sabes, mi amigo, los excesos ridículos a que llegaron los puritanos de Inglaterra, desterrando toda ceremonia, toda música, todo ornato y sustituyendo un orgullo piadoso en aparecer sencillos. Esto mismo se nota en el día en aquel reino y en estos estados republicanos. Vense, Elpidio, los asientos de las iglesias lujosamente preparados y todo lo que pertenece a los hombres, mas lo que debía pertenecer a Dios o al santuario, muy simple, y si se quiere, indecente. En parte, hacen bien en esta confesión pública de que sus iglesias solo son parajes de reunión humana. Pero esta cuestión no es del momento. Vamos a observar la superstición entre ellos, y para empezar, permíteme que transcriba algunos párrafos del Compendio de Historia Universal de Anquetil hablando de los puritanos en la Nueva Inglaterra, que es hoy día el baluarte de los presbiterianos, aunque también lo es de los deístas.

«No me pasma que los fanáticos sean al mismo tiempo crédulos, lo que me admira es que los mismos fanáticos han creído en hechiceros. Pero entre los perseguidores vemos un Gobernador, unos ministros puritanos y unos Magistrados, a cuya vista se daban los tormentos más crueles para que las infelices mujeres confesasen que habían hechizado a otras. Sobre la deposición de los espíritus mandaron a ahorcar a muchos, y hubo juez que cansado de presidir estas sangrientas ejecuciones no queriendo continuar en su ministerio fue acusado como cómplice y se vio en la precisión de salvarse huyendo. Acusaron a un hermano suyo de que había atravesado por el aire montado en su perro para ir a la brujería; ya le tenían condenado, y le costó mucho evitar la muerte; pero quitaron la vida a su perro. Pasaríamos en silencio las noticias de tan bárbara demencia, si no importara que hallen los hombres en la historia ejemplares que les inspiren horror a la persecución. Sepan, pues, que fueron acusadas casi 200 personas; que de éstas encarcelaron a 150; que en 20 se verificó la ejecución.»[13] La superstición de los puritanos de la Nueva Inglaterra se manifiesta evidentemente en las Leyes azules (blue laws), así llamadas porque se imprimieron en papel de este color. Acaso tendré ocasión de tratar de ellas extensamente en el curso de nuestra correspondencia; mas por ahora me limitaré a citar algunas, que demuestran cuán ridícula es la miseria humana, cuando quiere cubrirse con el velo de la piedad. Dichas leyes deben con rigor llamarse artículo de una misma ley, mas siguiendo el uso las consideraré como leyes distintas y las anotaré con los números que tienen en los ejemplares de ellas que corren impresos.

18. «A nadie se permite correr en domingo, pasearse en su jardín o en otro paraje y solo se permite caminar con reverencia yendo o viniendo de la iglesia.» 19. «No se permite viajar, cocinar, hacer las camas, barrer la casa, cortarse el pelo o afeitarse en domingo.» 20. «Ninguna madre besará a su hijo en domingo o en día de ayuno.» 31. «Todos los que guarnezcan sus vestidos con oro o plata o con encaje de hilo que valga más de dos reales la vara será presentado por el Gran Jurado, y los individuos electos les harán pagar una pensión de trescientas libras.» (750 pesos).

35. «Nadie leerá libros de rezos comunes (common prayer books) ni guardará como festivo el día de Navidad, ni alguno otro determinado; nadie hará pasteles de carne, bailará, jugará a las cartas o tocará instrumento alguno de música, a excepción de la trompeta, el tambor y el arpa judía.» (Esta es el pequeño instrumento que comúnmente tocan los muchachos y que llaman trompa, que consiste en un aro de hierro que termina en dos baritas paralelas por entre las cuales pasa una lengüeta de acero, soldada por un extremo al aro y libre para vibrar a impulso del dedo, produciendo un sonido puesta en la boca y comunicándola el aliento de diversos modos.) 36. «Ningún ministro del Evangelio puede casar. Solo tienen facultad para ello los magistrados, que pueden hacerlo con menos escándalo de la Iglesia de Cristo.» 46. «Todos los hombres se cortarán el pelo alrededor según el gorro». (Esto es, en forma de

---
13   Comp. De la Anquetil, tom XVII pág. 295.

cerquillo.) Quiero copiarte otra de dichas leyes, aunque propiamente no puede decirse que indica superstición ni fanatismo, pero sí demuestra que en punto a exigir como deber de los fieles que sostengan la Iglesia manteniendo sus ministros, no son los presbiterianos menos rigurosos que las otras sectas y mucho más que la Iglesia verdadera. Dice, pues, la ley: «Todo el que se niegue a pagar su cuota para mantener el ministro de la ciudad o parroquia será multado en 62 lib. (156 pesos) pagando 4 libras por trimestre hasta que pague lo que debe contribuir para el ministro.» ¿Qué dices, mi Elpidio, de los Puritanos? ¿Has visto mayor superstición? Bien pocas observaciones son necesarias para convencerse de que en toda clase de gobierno y en todos los pueblos se introduce este infernal monstruo y que siempre es tan injusto como cruel y ridículo. Nadie puede casar sino los magistrados que pueden hacerlo sin escándalo de la Iglesia de Cristo. ¿Habrá mayor insulto a Cristo que sancionó las nupcias elevándolas a la dignidad de sacramento? Pero, supongamos que según la doctrina de los protestantes no se tengan como sacramentos, ¿podrán negar los puritanos que Cristo las aprobó asistiendo a ellas? Si temían el escándalo de parte de los contrayentes, era aún peor, pues suponía la misma ley que los santos puritanos no podían casarse sin profanar las nupcias. En el día casan todos sus ministros porque han conocido su locura, mas el espíritu es el mismo, y en cuanto a mi objeto me basta presentar este dato innegable e interesante de su historia, para demostrar lo que influye la superstición aun en los pueblos más libres.

¿Qué ataque más directo a la libertad que prohibir hasta que un hombre pueda hacer pasteles y comérselos en su casa? Que una madre bese a su hijo en domingo, como si una expresión de cariño inspirado por la misma naturaleza, pudiese ofender al autor de ella, cuando más bien podría considerarse como una acción de gracias por el beneficio de haber recibido un hijo de manos de la Providencia y homenaje de respeto apreciando una criatura que Dios mismo la manda apreciar? Después de tantas observaciones y de otras muchas que no expondré, porque acaso se me atribuirían miras muy distintas de las que tiene mi espíritu, ¿cómo quieres, Elpidio, que no lamente la ceguedad de los que hacen responsable a la verdadera religión de las supersticiones que afligen la sociedad y tienen la simpleza de creer que los herejes se hallan libres de estos males? ¡Cuánto daño ha hecho a la religión esta inconsiderada creencia! Si la impiedad debe evitarse, dicen algunos, y es preciso tener alguna religión, por lo menos elijamos la que esté libre de supersticiones que degradan la especie humana; elijamos la más conforme a las luces del siglo, elijamos la de los hombres libres. Mas permíteme que me detenga y que como de paso haga una manifestación que me lisonjea mucho y es que este lenguaje no se oye entre los españoles ni entre sus descendientes. En quince años que hace estoy en este país ejerciendo el ministerio, solo supe de un joven que se quiso casar y para ello se volvió presbiteriano. Los españoles, Elpidio, son católicos o nada. Créelo así, pues te lo escribe un hombre que tiene motivos para saberlo.

Volviendo al errado lenguaje de los enemigos de la religión, que piensan sustituir en su lugar alguna de las falsas creencias bajo el pretexto de evitar la superstición, baste decir que es mucho alucinarse el pretender evitar un mal sancionándolo, esto es, evitar la superstición estableciéndola, pues una falsa creencia no es más que una verdadera superstición. Como tal, produce y fomenta cuantos delirios religiosos puede inventar el entendimiento humano puesto en acción por un falso celo, fruto de una verdadera soberbia, que siempre ha sido el origen de todas las herejías. Las luces del siglo con que se quiere iluminar cuadros que siempre serán sombríos y que si se percibiesen propiamente presentarían monstruos horrorosos; las verdaderas luces del siglo, mi querido Elpidio, lejos de guiar a los hombres a tantos desvaríos, les indican los precipicios para evitarlos. Todos hablan de las luces del siglo, pero la mitad son ciegos que no las ven y quieren que sean como se las figuran. La antigüedad carga siempre con las calumnias y el siglo presente las sanciona, sin que ni aquélla pueda defenderse de la injusticia ni éste evitar que a su nombre se cometan.

Tiempo es ya de terminar esta carta, que acaso tendré el disgusto de que te desagrade. Esta será una gran pena para mí, y espero no dudarás de la sinceridad de esta expresión de mis sentimientos; pero también te aseguro con franqueza, que aún cuando desapruebes cuanto llevo escrito, me considero recompensado con el placer que me causa decir la verdad sin consideraciones humanas. Mas ya advierto que hago gran injusticia a tu ilustración y sano juicio sospechando un desagrado que no debo temer. Los hombres vulgares, aunque con ribetes de filósofos, pueden ser alucinados por apariencias de piedad y novedades religiosas; pueden seguir la moda de apreciar o fingir que aprecian todo lo que la Iglesia reprueba; mas los que como tú han meditado sobre los extravíos del entendimiento y los funestos efectos que producen en la sociedad estas locuras religiosas, no pueden resentirse de que un amigo haya hecho unas cuantas observaciones acerca de ellas y se haya atrevido a exponerlas con toda confianza. Creo haber manifestado con raciocinios y comprobado con hechos que la superstición influye de distinto modo según la naturaleza de las instituciones populares y las ideas religiosas admitidas; que donde florece la verdadera religión toma a superstición el principio de la autoridad para abusar de ella, y en los países donde reina el desorden religioso, o lo que es lo mismo, una multitud de religiones se vale de la razón para abusar igualmente de ella. Dispensa esta carta pesadísima, pero advierte que es tal, por hallarse cargada de verdades, que oprimen y abaten el orgullo y la flaqueza humanos. Dirás que basta ya de oír a un clérigo. Baste, pues, mas permite que se despida afectuosamente un amigo.

Carta quinta. Tolerancia religiosa

Al fin, querido Elpidio, exige el orden de nuestra correspondencia que te escriba acerca de la tolerancia religiosa, que ha sido objeto de tantas disputas y causa de tantos disgustos. Pero ¿qué dirás, si afirmo que la materia es muy sencilla y la confusión es fruto de la ignorancia o de la malicia? Tal es mi opinión, cuyos fundamentos procuraré presentar con la claridad que me sea posible.

Creo que deben distinguirse tres clases de tolerancia, una teológica, otra social, y otra legal o civil. La tolerancia teológica se refiere a los dogmas, y así equivale a la admisión de todos ellos o por lo menos a la indiferencia; la tolerancia religiosa social consiste en la prudencia de no mortificar a nadie con motivo de su religión; y la tolerancia legal sujeta a sus infractores a un castigo. De estas tres clases de tolerancia solo la legal puede existir con toda erfección, la social es muy difícil, y la teológica es imposible. Vamos a emostrarlo, mas antes de comprenderlo fijemos la cuestión, para no malgastar el tiempo, como lo han hecho casi todos los que han tratado sobre esta materia.

No se trata de si debe existir la religión, sino se supone existente; no se trata de fingir que se cree, sino de creer sinceramente lo que se profesa; esto es, en cuanto a la tolerancia teológica considerada en el entendimiento o como la percibimos. Si la consideramos en sí misma, viene a reducirse la cuestión a si unos principios teológicos pueden sancionar la existencia de sus contrarios; si puede decirse a un hombre: «esta es la verdadera idea de Dios, y estos son sus preceptos, pero sin embargo, usted hace bien en creer y practicar lo contrario.» Por lo que hace a la tolerancia social no se trata de cuestionar si es posible que sea observada por una gran parte de la sociedad, sino si puede llegar a tal perfección, que sean tan pocos sus infractores, que no llamen la atención, ni produzcan desagrado en el trato social.

Entremos, pues, en el asunto, empezando por la tolerancia dogmática o teológica considerándola primero como existe en el entendimiento. Si un hombre me dice que no creyendo en religión alguna, le es indiferente que otros crean en ellas, y que riéndose de todos los creyentes, no encuentra dificultad en tolerarlos, y aun en adscribirse a una clase de ellos, o sea a una religión, para vivir en paz y sacar partido, ya lo entiendo y no hay que disputar; pero que me diga que es verdadero creyente de una de las religiones, y que sin embargo, aprueba, o tiene por ciertas las otras, que son contrarias a la que profesa, no puedo entenderlo. Hablaré más claro: no creo al que use de semejante lenguaje, a menos que por otras circunstancias no me conste que es un tonto de recibo, o un iluso tan rematado en su locura religiosa, que no advierte la significación de las palabras, cuando coge sus tema de tolerantismo, sea como fuere, pues lo que le importa es no pasar por intolerante. Paréceme tan clara esta verdad que no juzgo necesario detenerme en demostrarla, y por otra parte no hay que esperar que se convenzan los que, o no pueden percibir por ser estúpidos, o no quieren percibir por ser ilusos.

Considerando la tolerancia teológica en sí misma, creo que aun es más clara su imposibilidad, y que la he demostrado en mi primera carta, haciendo algunas observaciones sobre la naturaleza de la religión. ¿Quién puede conceder que un dogma envuelva en sí mismo la aprobación de su contrario, que es decir, la confesión de su falsedad? Es preciso que el dogma no sea dogma y que solo repitamos palabras sin entenderlas. Los enemigos de la religión conocen muy bien esta verdad, aunque pretenden lo contrario. Si no, ¿de qué proviene el espíritu de proselitismo en todas las sectas? Si existiera una verdadera tolerancia teológica, no habría tanto empeño en mortificar a otros con argumentos y muchas veces con sátiras e invectivas, solo por separarlos de su modo de pensar en materias religiosas. Sé muy bien que el proselitismo tiene por causa la vanidad y a veces los intereses de la política; pero también me consta que no son estas las únicas causas y que muchas veces no influyen de modo alguno, debiéndose todo a un sentimiento caritativo, aunque errado, por la salud de las almas.

De cualquier modo que se considere el proselitismo es una infracción de la tolerancia teológica, o mejor dicho, una prueba de que no existe. Supone claramente que se quiere remover y destruir un dogma y sustituir otro, trayendo a todos por una fuerza intelectual y moral a la secta que se quiere extender. Pero es claro que todas las sectas tienen este espíritu de proselitismo y que no omiten esfuerzo alguno para convertir todo el género humano a su creencia. ¿Dónde está pues la tolerancia teológica o dogmática? La misma impiedad es intolerante, pues no puede sufrir que haya creyentes.

El país en que habito y el ministerio que ejerzo me presentan muchas ocasiones en que convencerme de la exactitud de este juicio. Hace tiempo que conocía yo a los impíos, pero aquí he venido a conocer a los protestantes. Unos y otros acusan a la Iglesia de intolerante, y unos y otros la exceden en intolerantismo. La Iglesia católica, como obra de ios, dice abiertamente: «no deseo complacer a los hombres, sino salvarlos; y convencida de que el camino que les demuestro es el único que puede conducirlos a la vida eterna, no puedo sancionar que se siga ningún otro, y el que lo siguiere, por el mero hecho se ha separado de mí, y no pertenece». He aquí un intolerantismo teológico fundado en justicia y caridad, y expresado con una noble franqueza propia y característica de la esposa de Jesucristo. Advierto, Elpidio que hablo del intolerantismo teológico y no del legal, que no pertenece a la naturaleza de la religión, sino al poder puramente civil que tiene a bien o no, el establecerlo. Es preciso no confundir estas dos líneas u órdenes de cosas, si queremos juzgar con acierto, evitando escándalos infundados. La religión, con una voz celestial, manda imperiosamente a los hombres que la sigan para conseguir la vida eterna, pero no manda que los maten porque no quieren salvarse.

La superstición, queriendo complacer a los hombres, a quienes debe su existencia, les habla de tolerancia, dejándolos de este modo derriscarse si les parece, con tal que la aplaudan por su caritativa condescendencia; semejante a la de un hombre que sabiendo que el camino seguido por un amigo suyo le conduce a un precipicio, en que va a caer inadvertidamente, le dijese, sin embargo: «Va usted bien, siga usted su camino» al paso que en voz baja dijese: «ese diablo va a derriscarse». Pero acaso me responderás, mi Elpidio, que todo puede ser una sospecha mía, pues tal vez creen que todos los que van por un camino que ellos tienen por recto llegan al término deseado, supliendo la misericordia divina los defectos de la flaqueza humana. Si este lenguaje fuese ingenuo y explicándose un poco más, dijeran la verdad sin rodeos, si no claramente, como la perciben en su entendimiento, estaría terminada la disputa y todos convendríamos según demostraré muy pronto; pero les interesa hacer odiosa a la Iglesia católica y congraciarse con el mundo corrompido y por esto pretenden que es doctrina exclusivamente de la Iglesia católica que fuera de ella no hay salvación. Los protestantes, mi Elpidio, admiten como nosotros la necesidad de pertenecer a la Iglesia para salvarse y excusan a los que por una ignorancia invencible no son suyos, como nosotros excusamos a los que en igual caso no son nuestros. La diferencia solo consiste en que ellos creen, o afectan creer, que su Iglesia es la verdadera y nosotros decimos que la nuestra; pero ellos creen como nosotros que fuera de la verdadera Iglesia no hay salvación. Es una hipocresía mundana el pretender que su doctrina difiere de la nuestra en este punto y darse por escandalizados al oír lo que ellos mismos enseñan.

Conozco que la materia es muy delicada y así juzgo necesarias algunas explicaciones sobre la doctrina católica en cuanto a la necesidad de pertenecer a la Iglesia para salvarse. Supuesta la creencia en Cristo como Dios hecho hombre y Redentor del mundo, es claro que debe también admitirse que como Señor nuestro puede poner las condiciones que quisiere para la aplicación de sus méritos o para recibir el beneficio gratuito de la redención. Efectivamente, leemos en el Evangelio que puso dichas condiciones, siendo entre otras las de recibir el bautismo y creer la doctrina de los apóstoles —«id, les dijo, y predicad el Evangelio a toda criatura: el que creyere y fuere bautizado se salvará, mas el que no creyere se condenará». Vemos que estableció un solo bautismo; la doctrina predicada por los Apóstoles es una, y ésta y no otra se nos manda creer bajo pena de condenación; luego es claro que la voluntad de Jesucristo fue reunir a todos los hombres en una sola creencia, introducirlos por una sola puerta en un solo templo, y formar de este modo una sola familia religiosa, en la cual se obtiene la salud eterna, y fuera de la cual no hay que esperarla. He aquí probada evidentemente la unidad de la Iglesia y que fuera de ella no hay salvación. Mas por otra parte es cierto que siendo Dios esencialmente justo jamás castiga a inocente, y por tanto, los que tienen una ignorancia invencible de la doctrina católica no son castigados por dicha ignorancia y habiendo recibido el bautismo (que es válido y es único, sea cual fuere la creencia del que lo administra) son miembros de la única Iglesia, que es la católica, aunque el uso común de hablar los adscribe a algunas de las sectas. Viven, mi Elpidio, y mueren en el seno de la Iglesia romana muchos que nunca tuvieron noticias de ella. Es uno el Señor, una la fe y uno el bautismo, como enseña San Pablo, y por consiguiente es una la Iglesia. Luego que un niño está válidamente bautizado recibe la aplicación de los méritos de Jesucristo, queda limpio del pecado original; y si muere, se salva como hijo del Señor, y es claro que esto sucede con todos los niños bautizados por los herejes. Pero ninguno puede salvarse fuera de la verdadera Iglesia, que no es otra que la católica apostólica, romana; luego es claro que entran en la Iglesia católica, apostólica, romana por el bautismo que recibieron de manos de los herejes. Por esto dijo, con su acostumbrada sabiduría, el incomparable Agustín, que la Iglesia engendra unos hijos en su útero y otros en los úteros de sus ancillas o criadas. Permanecen, pues, en la Iglesia romana todos los niños bautizados hasta que siendo adultos quieren salir de ella voluntariamente y entonces, y no antes, son herejes. No basta para serlo el que el hombre sea educado en distinta religión y voluntariamente se denomine de ella; es preciso, además que sea obstinado en su error y que sepa que sale de la Iglesia y voluntariamente salga. Para que no creas que esta es solo una opinión mía te incluyo copia de muchas autoridades[14] sobre este punto, que acaso escandaliza a los que no han meditado mucho sobre él, o repiten aserciones vagas, cuya extensión ellos mismos no perciben.

Yo suelo decir, mi Elpidio, cuando me hablan de la congregación católica de este país, que ella se compone de los que vienen a nuestros templos y de muchos que van a los heréticos sin saber a dónde van ni por qué van. Pero, ¿quiénes son éstos? ¿quiénes son los verdaderamente inocentes, que sin embargo de creer las herejías no son herejes? He aquí un punto que dejamos a la justicia divina, siguiendo el consejo del Apóstol: «Quién eres tú que juzgas un siervo ajeno, está en pie o cae para su señor.» He aquí el verdadero tolerantismo. No condenamos a nadie, antes por el contrario, los suponemos a todos inocentes hasta que den pruebas de no serlo. Decimos que los herejes

---

14　Estas autoridades con otras muchas acerca de diversos puntos, que se tocan en estas cartas se hallarán en el Apéndice a este modo.

no tienen parte con Cristo y en esto no hacemos más que sostener la doctrina evangélica, pero no investigamos quiénes son herejes; como si dijésemos que condenamos el latrocinio sin averiguar quiénes son ladrones.

Esta no es una doctrina peculiar de la Iglesia católica, por más que sus enemigos se empeñen en probar lo contrario. Los protestantes, mi Elpidio, creen lo mismo, como consta de las autoridades citadas y como demuestra la experiencia diaria; pues por más que procuran disimularlo, se percibe claramente que creen lo que creemos los católicos, con la diferencia de que cada uno quiere que su Iglesia sea la de Jesucristo. Teniendo que lidiar con ellos con mucha frecuencia y experimentando casi a cada momento sus ataques, he tenido necesidad de observarlos y creo conocerlos a fondo. Hace tiempo que he tomado el partido de responderles con otra pregunta cuando fingen que quieren saber por qué cree la Iglesia Católica que fuera de su seno es imposible alvarse. Yo les pregunto, ¿y qué creen los protestantes que no pueden salvarse en la Iglesia católica y salieron de ella para no condenarse? Permíteme que te refiera uno de mis encuentros con esta familia, pues aunque es caso personal, espero que sea disimulable su narración en una carta a un amigo. Habrá siete años que entró en mi casa un ministro protestante diciéndome que una sociedad de ellos, que se había establecido para atacar a la Iglesia romana en discusiones públicas, debía efectuar una de ellas dentro de pocos días, pero que él difería de sus compañeros sobre el punto que se habían propuesto sostener, que era probar que la Iglesia romana era la prostituta de quien habla San Juan en el Apocalipsis y que la persecución y crueldad son inseparables del catolicismo romano. Insinuóme que quería alguno que le ayudase por no presentarse solo, oponiéndose a sus compañeros, y deseaba que yo fuera a tomar parte en la discusión. Repitióme varias veces que sus intenciones eran puras, que él no quería engañarme y que podía creer que aunque no convenía conmigo en punto a dogmas, tampoco podía convenir con sus compañeros en la absurda interpretación que daban al texto del Apocalipsis. Víme tan hostigado por sus instancias y me pareció tan mal que él creyese que no quería o no podía defender la causa de la Iglesia católica, que al fin consentí en acompañarle.

Llegado el día, fui a la hora señalada a una de sus Iglesias, en que debía tenerse la discusión, y el ministro presidente de ella anunció, o, como se dice aquí, me introdujo al concurso, diciendo: «Señoras y caballeros, el señor Varela, de la Iglesia católica.» Sin embargo, que yo sabría el poco respeto que tienen a sus templos (porque parece que saben que no son templos) no pude menos de extrañar aquella introducción como si estuviésemos en una tertulia y ya inferí cómo seguiría el negocio. No es del caso referirte los pormenores de la discusión y solo anotaré lo relativo al punto en que nos ocupamos. Después de haber hablado uno de los ministros protestantes en contra de la Iglesia católica, me concedió la palabra el presidente para contestarle. Yo procuré conservar en la memoria los argumentos o mejor dicho las equivocaciones del orador, entre las cuales, puedes suponer que no debía faltar la de atribuir a la Iglesia católica, como exclusivamente suya, la doctrina de que fuera de su gremio no hay salvación. Empecé a contestar las dudas en el orden en que se habían propuesto y apenas había hablado dos minutos cuando el Presidente, faltando a todas las reglas de la discusión (que una de ellas era que cada orador hablase un cuarto de hora sin ser interrumpido) y a todas las del decoro y de la política, me interrumpió, diciéndome: «vamos al punto de la salvación fuera de la Iglesia romana».

Este fue un ardid de que se valió para prevenir los ánimos y acaso para hacer seña a su gente para que procediesen del modo poco decoroso en que procedieron. Quiso darles a entender con esta interrupción que yo trataba de evitar la dificultad pasándola por alto. El resultado fue un palmoteo general de más de seiscientas personas que formaban el auditorio celebrando la oportuna ocurrencia y agudeza del Presidente, quien, según creían, me había desconcertado manifestando mi trama. Por consiguiente, dichos signos de aplauso, respecto de él, lo eran de mofa y vituperio respecto de mí, pero yo tomé el asunto con frescura, crucé mis brazos y guardé silencio hasta que se cansaron de burlarme, y entonces, dirigiéndome al Presidente de la discusión, le dije: «He ido respondiendo a los argumentos en el orden en que fueron presentados, y el que usted acaba de mencionar fue uno de los últimos. No he hablado más de dos o tres minutos y apenas he tenido tiempo de resolver la primera duda. No creo, pues, haber dado motivo a que se sospeche que quiero evadir la dificultad a que usted alude. Si usted hubiera tenido la bondad de esperar unos cuantos minutos se hubiera evitado esta interrupción; mas ya que parece está usted ansioso de que tratemos sobre el punto de la salvación fuera de la Iglesia, entraré a discutirlo anticipándolo e invirtiendo el orden que naturalmente debía seguir mi discurso.» Volviéndome entonces al concurso y los demás ministros protestantes, continué diciendo: «Espero que mi respuesta os agradará, pues que será la vuestra, y vuestra conducta será la norma de la mía. Este es un punto en que no discordamos. Advierto vuestra sorpresa, mas lo repito, no discordamos. Para demostrarlo os quiero conceder cuanto pueden desear unos acusadores que es constituiros mis jueces. Sabéis que soy un sacerdote católico y aquí me tenéis en vuestra presencia como en un tribunal: juzgadme según vuestros principios religiosos. Os pregunto: ¿puedo yo salvarme? Si respondéis que sí; ya habéis negado vuestra doctrina; si respondéis que no; ya habéis confesado la mía. Yo os dejo la elección. Según vuestros principios, yo soy un impostor idólatra, que predico idolatría con malicia y ostentación, pues que a pesar de vuestros caritativos esfuerzos y luminosas disertaciones, continúo siendo ministro de la prostituta de quien habla San Juan y vengo a este lugar a defender su inicua causa contra vuestras cristianas y piadosas intenciones; yo estoy obstinado en seguir pervirtiendo al pueblo y separándolo de Jesucristo; en una palabra, yo soy un hombre perversísimo y sin disculpa ninguna para hacerlo. Supongamos que yo muero (como espero morir) firme en estos principios, sin variar de conducta y abominando de la que llamáis Iglesia hasta el último suspiro de mi vida. Os pregunto ahora de nuevo: ¿puedo yo salvarme? Si respondéis que sí, os digo nuevamente que no creéis ni una palabra de nuestra doctrina, pues si la creyéseis no podríais decir que un hombre perverso y obstinado en su perversidad, un enemigo de Cristo que muere sin arrepentirse de serlo, entrará en su reino; y si me respondéis que no, resulta que mi creencia me separa del reino de los cielos, solo porque no estoy en vuestra Iglesia. He aquí confesada por vosotros mismos mi doctrina, esto es, que fuera de la Iglesia no hay salvación; y la diferencia solo está en que vosotros creéis que la Iglesia protestante es la Iglesia de Cristo, y yo creo firmemente que este divino Señor no tiene otra que la católica, apostólica, romana. Repito que en cuanto a la necesidad de estar en el gremio de la Iglesia para salvarse, todos convenimos, y la cuestión solo puede ser sobre cuál es la verdadera Iglesia y quiénes están fuera o dentro de ella.» «Permitidme —continué— permitidme que os siga preguntando: ¿se condenarán todos los católicos? ¿Perecerán todos los que permanecen en esa Babilonia de la que habéis salido para no ser envueltos en su ruina? Ya me parece que sigo vuestra respuesta. Sin duda, me diréis que el Dios de inocencia nunca castigará sino a los culpados y que las personas de un corazón recto, que sin malicia y mucho menos con obstinación, se hallan equivocadamente en el seno de la Iglesia católica, seducidos por mí y por otros impostores semejantes, deben considerarse como personas simples pero ignorantes, mas no como herejes; que así serán salvos, no por virtud de la Iglesia romana sino por la aplicación de los méritos de Cristo, que puede efectuarse, sin embargo, del error, sirviendo de disposición la inocencia. Lo mismo me diréis de los niños que pertenecen a familias católicas. Esta es, sin duda, vuestra respuesta, a menos que no querráis condenar a eternas llamas a todos los católicos sin distinción alguna y entonces incurriréis en el mismo error que queréis combatir. Ahora bien, variad el nombre de Iglesia católica y poned en su lugar Iglesia protestante y daos vosotros mismos la respuesta. Os juzgo como vosotros me juzgáis; disculpo a las almas sencillas y rectas que equivocadamente están entre vosotros, como vosotros disculpáis a los católicos que equivocadamente se hallan en la Iglesia romana. ¿De qué os quejáis?, ¿qué derecho tenéis para quejaros? ¿Por qué reprendéis en la Iglesia romana lo que aplaudís en la vuestra? ¿Por qué disimuláis vuestra creencia y no habláis como nosotros, firme y francamente?» Era presidente de la discusión el doctor Brownlee, ministro de la Iglesia reformada holandesa, que es una de las varias clases de presbiterianas, hombre astuto y que conoce muy bien las teclas que debe tocar cuando quiere excitar a los suyos y escaparse de los ataques de los ajenos y que sobre todo posee el talento de hacer reír, afectando, sin embargo, que conserva su dignidad. Nunca ha demostrado más su carácter que en aquella ocasión. En el momento en que percibió por el silencio del auditorio que mis razones daban algo que pensar y que habían cesado las risas, los gestos y los insultos, tomó por camino muy distinto, que fue el de aplaudirme presentándome como una excepción entre los presbíteros católicos. Púsose en pie y empezó su discurso, o sea ensarta de chistes, congratulándose de haber oído un lenguaje tan liberal de los labios de un sacerdote de la Iglesia romana, pero enseguida dijo: «mas el señor Varela expresa sus sentimientos, mas no la doctrina de la Iglesia romana, y si lo cogieran en Roma lo quemarían vivo; él habla así porque está en América.» Dijo todo eso con tantos gestos y con tanta socarronería que consiguió hacer reír al auditorio y confieso que hasta yo mismo no pude contener la risa. Otro de los ministros que habló inmediatamente, dijo con mucho acaloramiento. «Estoy seguro que este caballero (aludiendo a mí) no durará veinticuatro horas en su ministerio sin ser suspenso por su obispo.» Luego que les vi tirar tales patadas conocí el mal de que adolecían y que todo su objeto era evitar la cuestión en que habían entrado y conseguir, por otra parte, su intento presentándome como un hombre astuto que no pudiendo sostener mi doctrina, o la de mi Iglesia, había tomado el partido de disfrazarla; es decir, que me acusaban del crimen que ellos cometían. Pedí la palabra y dije: «Alégrome mucho de que la cuestión de principios haya pasado a ser cuestión de hecho. Ya no se niega que mi doctrina es exacta, sino se pretende que no es la doctrina de la Iglesia católica. Un pasaje de la historia eclesiástica moderna me hace augurar un feliz resultado de esta discusión. Cuando el célebre Bossuet escribió su incomparable Exposición de la Doctrina Católica, el ministro calvinista Claude, que leyó el manuscrito, dijo que Bossuet no escribía la doctrina de Roma y que era como la paloma que no encontrando dónde pararse en el tiempo del diluvio volvía al arca; en una palabra, que Bossuet venía ya para la Iglesia de Cristo, esto es, para la protestante. Publicóse el libro y no hubo un solo católico que no leyese en él la doctrina de su Iglesia. Así sucederá con esta discusión: vosotros los imprimiréis, los católicos la leerán y si mi doctrina no es la suya expresarán su indignación; mi obispo me suspenderá y acaso no faltará quien e acuse hasta el mismo Papa y su Santidad no verá con indiferencia mis errores. Los hechos van a hablar y nuestra discusión sobre este punto está terminada. Mas yo estoy cierto —dije volviéndome al auditorio— que vuestros ministros solo han tratado de buscar un refugio y que yo permaneceré en mi Iglesia sin que nadie me perturbe».

Tales o semejantes fueron mis expresiones en aquella discusión, que no pude conservar a la letra porque los taquígrafos (sin duda de acuerdo con los ministros protestantes) apenas hicieron uno u otro apunte, y habiendo yo hablado dos o tres veces hicieron una mezcla de todos los pequeños discursos, tomando una idea de éste y otra de aquél, de modo que las notas casi no presentaron sentido alguno. En este estado me las mandó tres o cuatro días después de la discusión uno de los ministros que tomaron la palabra y que era editor del papel en que debía publicarse. Agregó a este insulto el de acompañar las notas con una esquela al parecer muy política, en que me suplicaba hiciese las correcciones que tuviese por convenientes en el término de tres horas. Era Viernes Santo por la tarde y en mi concepto calcularon sobre esta circunstancia para ver si las ocupaciones de mi ministerio en la Iglesia no me permitían corregir o me hacían precipitar en la corrección, para, o no publicar mi discurso dando por causal mi demora, o publicarlo incorrecto y a su modo. Como yo conozco a fondo a esta gente, no pudieron engañarme. Dejé la Iglesia a cargo de mi compañero, el teniente de cura, llamé a un amanuense y me puse a escribir lo que había dicho en la discusión según podía acordarme. En el término de las tres horas que me habían concedido, concluí mi trabajo y lo remití acompañado de una carta abierta, para que el portador, que debía en todo caso servir de testigo, pudiese certificar su contenido. En ella contesté que mi discurso debía imprimirse todo y sin alteración, cual yo lo mandaba, o debería suprimirse enteramente. El editor respondió que lo imprimiría todo, mas no cumplió su palabra, pues solo imprimió la introducción hasta llegar al punto en que fui interrumpido, pero sin decir que lo fui y mucho menos lo que continué diciendo. Desde entonces no trajeron más taquígrafos a las discusiones. ¿Has visto mayor superchería? Algún tiempo después de concluídas las discusiones, volvieron los ministros protestantes con su tema, y en un periódico que redactaban varios de ellos, empezaron nuevamente a censurar la Iglesia católica por la doctrina de que fuera de ella no hay salvación. Yo creía que las explicaciones que tuvimos sobre esta materia hubieran bastado y que ya nos entenderíamos, pero la experiencia me ha convencido de que el sistema de esta gente es seguir adelante repitiendo lo que una vez han dicho sin cuidarse de explicaciones. No sé cómo me vi en la necesidad de responder y de hacerlo en su mismo papel, de modo que se abrió entonces una pequeña controversia por escrito, que sirvió para que se manifestase mucho más que yo no me había equivocado en decirles que, en punto a salvación fuera de la Iglesia, piensan como los católicos, y así es que quieren convertirnos para que abandonemos nuestros errores y nos salvemos. Oye, Elpidio, las palabras con que terminaron su artículo en contestación al mío: «Hablando de los católicos como sociedad cristiana tenemos la pena de decir que por los errores y herejías que defienden desesperamos enteramente de su salvación, a menos que no se conviertan y abandonen sus errores. Deseamos sinceramente y rogamos fervorosamente por la conversión de los católicos romanos; y llenaría nuestros corazones de gozo el saber que el Dios de gracia y verdad había traído al señor Varela a tal conocimiento y creencia de la verdad, que pudiese terminar en la salvación de su alma inmortal.» Ya ves, Elpidio, que quieren que me convierta, que conozca la verdad, que deje de ser católico, y ¿para qué? ¡Para que pueda salvarme! Después de estos hechos, ¿qué hay que decir? No se trata aquí de un individuo particular que se hubiese expresado como un fanático en estos términos, sino de una reunión de ministros protestantes que con toda reflexión trataron de contestar a su adversario en un artículo, que sin duda discutieron y premeditaron. Después de su publicación no hubo un solo ministro que saliese impugnándolo, como era su deber, si el artículo atribuye a la Iglesia protestante una doctrina que no es suya. Los periodistas todos guardaron silencio, sin embargo, de ser innumerables por periódicos religiosos en este país y de estar unos en observación y los otros para atacarse, y nunca se perdonan. ¿Qué prueba esto sino que la doctrina protestante es que fuera de su Iglesia no hay salvación y que por consiguiente no la hay para mí que no tengo disculpa alguna para permanecer en la Iglesia católica y mucho menos para ser sacerdote de ella? ¡Qué fácil es quitar la máscara a esta familia y qué simples son los que los creen solo porque están enmascarados! Dirásme, mi Elpidio, que he abusado de tu paciencia ocupando por largo tiempo tu atención con las historias de mis jaranas con los protestantes, pero la amistad es indulgente y en nada debe serlo tanto como en sufrir las majaderías de los amigos. Volviendo, pues, a la cuestión principal debemos concluir que la tolerancia teológica solo puede ser aparente, pero en realidad ni existe ni puede existir. Consta igualmente que ésta es una doctrina general, admitida no solo por la verdadera Iglesia sino por todas las sectas, aunque sus secuaces aparenten lo contrario. Consta, mi Elpidio, que esta es también la doctrina de todos los impíos, aunque pretenden horrorizarse al oírla; pero en realidad, no admitiendo la existencia teológica, por decirlo así, de ninguna religión, mal pueden admitir la verdadera tolerancia, que necesariamente supone la existencia de las cosas toleradas. No se hubiera disputado tanto sobre esta materia si hubiera habido una verdadera tolerancia de sentimientos, quiero decir, si hubiera habido más caridad y menos soberbia. Créeme, Elpidio, que el argumento más fuerte contra la tolerancia es el mero hecho de disputarse tanto acerca de ella. Proviene también este mal de falta de lógica, al paso que casi todos los disputadores se creen eminentes en dicha ciencia. Pasemos a considerar la tolerancia religiosa, civil o social.

Esta no es más que una consideración política y como tal es toda aparente y solo se guarda por no alterar la paz y hacer desagradable la sociedad. Búrlanse mutuamente los hombres al paso que se hacen mil cumplidos y a veces protestan que llevan a bien que cada cual proceda como guste en punto a religión y que todo cuando se practique es bueno siempre que lo sea la intención. No hay tal cosa Elpidio, hablemos claro: esta es por lo regular una mentira detestable más que ninguna otra, porque es fruto de la más refinada hipocresía. Muy pocos son los que efectivamente piensan de este modo por haber meditado o porque tienen una verdadera indiferencia en materias de religión, lo cual equivale a no tener religión alguna. La tolerancia religiosa social nunca pasa de una medida de prudencia, sugerida por la necesidad y acompañada de compasión y a veces de desprecio hacia los que profesan otra creencia. Dicha medida es guardada con exactitud por muy pocos y la generalidad solo la observa cuando no puede infringirla. Vamos a los hechos que es lo que importa.

La historia nos prueba que los pueblos, lejos de mirar con indulgencia a los enemigos de su culto, los han perseguido con más o menos furor y crueldad, pero siempre, con el mismo empeño. El gentilismo hizo correr la sangre de los cristianos; los herejes, por su parte, no han sido menos crueles y la impiedad los ha excedido a todos. Omitiendo otros muchos pasajes bástanos recordar los tiempos de Nerón y Diocleciano; los horrores y crueldades que cometieron los arrianos en el siglo IV, los iconoclastas (o enemigos de las sagradas imágenes) en el siglo VIII bajo la protección de los emperadores León el Isaurio y su hijo Constantino Coprónimo, y en el siglo IX bajo los emperadores León Armenio, Miguel el Beodo y Teófilo; los excesos de los luteranos por el mismo odio a las imágenes al principio del Siglo XVI, excesos que el mismo Lutero condenó, llevando a mal el fanatismo de los nuevos iconoclastas; las crueldades de los anabaptistas, no solo contra los católicos sino contra las sectas; los estragos causados por los calvinistas, que también quemaron hombres vivos, y sirva de ejemplo Servet; las crueles persecuciones a que se entregó el pueblo inglés bajo los reinados de Enrique VII y de la sanguinaria Isabel; las atrocidades de los puritanos y del execrable Cromwell y las que hicieron los mismos puritanos en la nueva Inglaterra, que es decir, en la parte más ilustrada de este país, de donde salieron las famosas leyes azules, de que te incluyo copia; y por lo que hace a la impiedad, basta para probar su intolerancia el recordar que en la Revolución

Francesa bastaba para perder la vida el presentarse como creyente. La historia ofrece hechos posteriores que confirman esta aserción, pero bien conoces, Elpidio, que no es prudencia tocarlos. Baste observar que cuando los herejes y los impíos declaman contra la Inquisición, que nunca salió de España, Portugal e Italia, y cuando nos recuerdan en la historia de Francia el memorable San Bartolomé o la cruel y alevosa matanza de los hugonotes en el reinado de Carlos IX, proceden con ignorancia de su historia o con una imperdonable hipocresía. Bastárales observar que la sabia Inglaterra ha sido el país más degradado en punto a persecuciones, pues todos los demás han cedido a las luchas del siglo, al paso que aquella nación solo ha cedido algún tanto por mero temor que la ha inspirado el hombre del siglo, el verdadero hombre grande que ha hecho temblar el poder británico sin auxilio de sociedades secretas, sin ninguna intriga y sin más arma que su lengua y su pluma. Sin duda percibes que hablo del Demóstenes moderno, del incomparable O'Connell.

En cuanto a este país, me es doloroso decir que solo existe una tolerancia legal, pero no social, por lo menos respecto de los católicos, pues las sectas entre sí se guardan más consideración. Hablen los hechos y pues que son innumerables refiramos unos cuantos de los más públicos. Hace cuatro años que quemaron un convento de monjas Ursulinas en Charlestown, pueblo inmediato y aun diré contiguo a la ciudad de Boston. Las circunstancias de este hecho son muy notables. El convento, según la naturaleza del instituto, era una casa de educación, situada sobre un collado hermosísimo, y lo habitaban no solo las monjas sino un gran número de niñas, las más de ellas de padres protestantes, universalistas y unitarios. Tenían las monjas gran cuidado en no catequizar sus discípulos ni tocar puntos de religión que podían comprometer la buena armonía con los padres, que todos se demostraban satisfechos de la conducta de las religiosas, y en prueba de ello conservaban sus hijas en el establecimiento. Sin embargo, tal es el odio a los católicos en la Nueva Inglaterra, que a medianoche vino una gran multitud del pueblo y dio fuego al convento, causando enfermedades y aun muertes en las monjas y en las inocentes niñas que dormían tranquilas. Dos días antes anunciaron en las gacetas que iban a hacerlo, mas se tuvo por imposible y no se tomaron precauciones algunas para impedirlo.

Al día siguiente empezaron a salir artículos en casi todos los papeles protestantes, llenando de improperios a los crueles incendiarios, y este rejuego de papeles duró muchos meses, saliendo de todas partes de los Estados Unidos. Muchos de los católicos se alucinaron creyendo que efectivamente los protestantes sentían y detestaban el hecho, mas yo tengo el placer de no haberme nunca contado en este número, pues no hay papel que más sienta hacer que el de engañado. Yo no veía operaciones y solo leía gacetas. Díjele, pues, a un amigo mío: «esta gente nos paga con cumplimientos de periódicos para que nos descuidemos y para evitar el oprobio que su acción debe causarles, pero están prontos a repetirla». No me engañé, Elpidio, el tiempo ha probado que no fue una mera sospecha. Dicen, ahora, que vuelven las monjas a Boston y que esperan que el tesoro público indemnice las pérdidas que sufrieron, pues hay nueva ley que lo previene para casos semejantes, pero yo aun sospecho que el suyo será una excepción por ser establecimiento católico.

La experiencia probó, mi Elpidio, que los sentimientos de la ciudad de Boston eran contrarios a la religión católica y muy ajenos a esa tolerancia de que tanto se habla y tan poco se practica. Un incendio siempre excita compasión y mucho más cuando viene acompañado de circunstancias como las que acabo de referir; mas los bostonianos se contentaron con sus lamentaciones de gaceta y no creyeron que debían hacer algo por una casa de educación reducida a cenizas por un odio religioso, que de este modo se probó que era casi universal. Aun los pocos que verdaderamente deseaban el restablecimiento de una academia en que sus hijas habían recibido una educación escogida, no se atrevían a presentar la cara y hacer una suscripción, porque conocían muy bien el sentimiento público o modo de pensar respecto a los católicos. Reflexiona, Elpidio, que se trata de un país en que cada cual es libre para creer y operar como quiere en materias religiosas; y así es más notable que la opinión y solo la opinión cerrase las puertas a la caridad, a la justicia y a la utilidad pública. Diré más, ni siquiera se animó a los católicos para que sin temor reedificasen su academia y todo se redujo a imprecaciones contra los incendiarios, como se hacían en otro tiempo contra los ladrones de Sierra Morena; pero sin asegurar que el pobre que la pasase no estaría en riesgo de dar materia para nuevos lamentos. Si los bostonianos tuviesen un verdadero espíritu de tolerancia universal, luego que vieron atacado este principio filantrópico por un hecho público tan degradante, se hubieran aprovechado de la ocasión para consolidar su doctrina, extendiendo una mano caritativa a los católicos tan injustamente perseguidos; pero sin duda pudo más en ellos el principio religioso que dirige su conciencia y no pudieron determinarse a proteger a unas monjas para un establecimiento católico. ¿Creerás que los culpo? No, mi amigo. Siempre lamentaré su obstinada ceguedad, pero supuesto que están ciegos, no extraño que operen como tales y aunque hacen mal en quemar y destruir, hacen bien en no cooperar contra su conciencia fomentando la propagación de una creencia que ellos detestan. Yo solo culpo en ellos, mi caro Elpidio, la abominable hipocresía de fingir que tienen una tolerancia que no tienen.

Lo más gracioso de todo fue el procedimiento judicial contra los incendiarios. En un país como éste, en que todo se averigua y jamás se escapa un delincuente, no se pudo averiguar cosa alguna acerca del incendio; solo se encontró culpable un muchacho de trece o catorce años, porque sabían que su corta edad lo sacaría en bien, y así es que los mismos católicos dieron pasos para que se le pusiese en libertad. Los demás que se aprehendieron todos se encontraron inocentes. Hallábame en Boston cuando llegó la noticia de la libertad de los presos por haber tomado parte en el incendio del convento, y fue tal el regocijo en el pueblo de Charlestown (que, como ya he dicho, es casi una continuación de la ciudad de Boston), que hasta se dispararon fusiles y cañones por las calles como en las grandes fiestas. Si esto lo hubiesen hecho meramente por el placer que causa a toda alma caritativa el ver que los hombres que eran considerados como criminales se encontraban inocentes, podría llevarse a bien, aunque siempre parecería excesiva la demostración de júbilo; pero el objeto solo era indicar que habían conseguido una victoria contra los católicos, y así es que de la alegría pasaron al furor y gritaron: «La cabeza de los sacerdotes católicos.» Yo estaba cenando con el señor obispo de Boston y varios de sus beneméritos eclesiásticos, cuando oímos los tiros cuyo objeto no podíamos conjeturar, hasta que entró uno de los eclesiásticos y nos dio la buena noticia. Nadie se alteró y yo tuve el placer de observar tanta firmeza. Solo dijimos: «¡He aquí la tolerancia religiosa!» Contáronme entonces varios hechos, que todos confirmaban la idea que teníamos de la animosidad con que somos mirados por los protestantes. Entre otros casos, me refirieron que viniendo en procesión para la Iglesia las niñas católicas de la escuela dominical, conducidas por las hermanas de la caridad y varias señoras, tuvieron algunos bárbaros la crueldad de pisarles los pies y echarles humo de tabaco en la cara, para ver si aquellas inocentes se dispersaban atemorizadas. En otra ocasión, les echaron vino tinto desde una ventana, bajo la cual pasaban, mas acertaron a manchar a una de las señoritas conductoras, cuyo padre tomó el partido que debía, que fue averiguar quién fue el agresor y presentarse contra él, no como católico, por el ultraje que había sufrido en el ejercicio de su religión, sino como padre de la muchacha que había sido insultada y como propietario del vestido que ella llevaba. El tribunal mandó que el marchante pagase doscientos pesos. Durante mi estada en Boston hubo otro caso, que pudo tener consecuencias muy funestas si el señor obispo no hubiera procedido con su acostumbrada prudencia. El día de Pentecostés, poco antes de la misa mayor, hallándose un gran concurso a la puerta y cercanías de la iglesia esperando que fuese tiempo de empezar la fiesta, echaron por una ventana de la casa de enfrente una cruz atada al cordel por medio del cual la hacían subir y bajar, jugando con ella a su antojo. En el momento que los católicos conocieron la burla entraron a preguntar al señor obispo qué harían: «Venerad —les dijo— esa cruz que echan por esa ventana, por más que se empeñen en profanarla, y suplicad a esos señores que ejerzan todo su influjo para que se ponga una cruz en cada puerta de las casas de Boston.» Con esta prudente respuesta se calmaron los católicos, que estaban dispuestos a entrar en la casa y hacer pasar un buen susto a los de la sacrílega jarana.

    Dos o tres años después del incendio del convento de Ursulinas de Charlestown, viendo los enemigos de la religión católica lo bien que habían salido en su escandalosa fechoría, quisieron hacer otra en esta ciudad de Nueva York, quemando nuestra iglesia catedral. Para preparar los ánimos a tanto atentado empezaron los ministros protestantes a predicar casi diariamente que los católicos queremos someter este país al Papa y que teníamos establecida la Inquisición, cuyos calabozos estaban en la bóveda de nuestra Iglesia catedral. Por absurdas que fueren estas aserciones fueron creídas, por el deseo que tienen los protestantes de encontrar motivo para atacarnos, y efectivamente, se decretó el incendio de nuestra Iglesia; y como empresas de esta clase requieren manos puramente ejecutoras, que siempre se encuentran entre la gente de poca educación, parece que se valieron de los carniceros entre los cuales no sé si existe algún católico. No fueron tan precavidos que no tuviesen una conversación entre sí en la plaza del mercado y una de las vendedoras que es católica la oyó y vino inmediatamente a darme cuenta, porque pertenecía a mi congregación. Yo, en otras circunstancias, no hubiera hecho caso, pero recordando lo acaecido en Boston y sabiendo la agitación de los ánimos contra los católicos en consecuencia de los caritativos sermones de sus ministros, creí de mi deber el dar aviso a los trustees o administradores de la iglesia catedral, que siendo seglares y estando en contacto con nuestra gente, muy pronto corrieron la noticia para tenerlos alerta.

La noche en que temíamos el ataque se reunieron alrededor de la Iglesia catedral más de quinientos católicos y prontamente vino el Gobernador de la ciudad, o porque tuviese aviso de lo que se intentaba o porque llamó su atención esta inesperada concurrencia de los católicos, que sin abrir su iglesia permanecían alrededor de ella. Vinieron los incendiarios en número de más de doscientos o trescientos a la hora señalada. Pero ¡cuál fue su sorpresa cuando al volver la esquina de la calle en que está nuestra iglesia la vieron rodeada de tanta gente! Enviaron inmediatamente los católicos un individuo que dijese a los asaltantes que se retirasen, porque estaban por su parte determinados a defender su propiedad. Esta intimación y acaso la noticia de que el Gobernador de la ciudad tomaría providencias contra ellos les hicieron retroceder y retirarse. Sin embargo, los católicos temieron que volviesen, y así estaban determinados a pasar toda la noche alrededor de la catedral. Entonces el Gobernador de la ciudad le dijo al señor don Tomás Levins, presbítero católico (que había sido cura de la misma catedral), que procurase subirse a un lugar elevado y arengase a los católicos diciéndoles que el gobierno era responsable y pagaría cuanto destruyese el pueblo, pero que no había temor alguno porque los ministros de la policía quedaban al tanto para impedir todo desorden. Así lo hizo el señor Levins, y los católicos se retiraron inmediatamente. ¿Qué te parece, Elpidio? ¿Qué dices de la tolerancia? El año próximo pasado hicieron en la ciudad de Baltimore otra tentativa atacando un convento de monjas Carmelitas (que si no me engaño es el único de dicha orden en este país), pero el asunto no fue tan serio aunque tuvieron el bárbaro placer de consternar sobremanera a aquellas pobres religiosas. Sin embargo, es preciso confesar que en los estados del Sur no hay tanta animosidad contra nosotros como en los del Norte; y principalmente en Maryland son muy indulgentes con nosotros, por la memoria de Lord Baltimore, que era católico y de quien toma su nombre la ciudad principal, y por el ilustre Carroll, que fue uno de los que firmaron el acta de la independencia de este país y el último que murió entre los firmantes. Su familia, sumamente querida y respetada, tiene gran influjo en aquel estado y a ella pertenecía también el señor Carroll, primer Arzobispo de Baltimore.

Otro de los casos bien notables es el acaecido con el Colegio que el señor obispo de esta Diócesis estaba fabricando, y aun diré que había fabricado en Nayack, que es un paraje distante treinta millas de esta ciudad de New York. Desde que compró el terreno empezaron los protestantes, principalmente los presbiterianos, a dar guerra. Uno de los ministros, el doctor Brownlee, fue tan celoso contra los otros que dio un viaje para predicar a los vecinos de aquel lugar que de ningún modo permitiesen que los católicos se situasen allí, pues iban a corromper toda la comarca. No contento con esto, él y sus amigos se presentaron al Congreso del Estado para que no se le concediese al obispo católico el charter (que es el título concedido por el gobierno, que constituye un cuerpo moral con todos los derechos civiles), para demorar la fábrica; pues nadie quería dar dinero para el Colegio sabiendo que había oposición y dificultades para su establecimiento. La representación de los presbiterianos era descabellada, mas no podía dejar de oírse, y esto cuando le llegase su turno; y como había muchos negocios que tratar en el Congreso, no pudo verse este asunto hasta las próximas sesiones, que es decir al año siguiente. El señor obispo continuó la edificación del Colegio, pues para ello no necesitaba licencia de nadie, y todo el mal que podía esperar era no conseguir el charter; mas luego que vieron los presbiterianos su determinación empezaron a atacar al nuevo Colegio casi abiertamente. Recibiéronse informes fidedignos de que se intentaba quemarlo, pues ya estaba casi concluido; y el señor obispo se vio en la necesidad de apelar al Gobernador del Estado, quien contestó de un modo muy satisfactorio, diciendo que daría órdenes a los ministros de la policía para que vigilasen e impidiesen todo atentado. Nada sucedió por lo pronto, ni tampoco me atreví yo a decir positivamente que la desgracia posterior fue obra de los presbiterianos, pero el Colegio empezó a arder a las doce o la una del día y nadie vino a ayudar a apagarlo, de modo que se redujo a cenizas. Dicen que el fuego resultó de un descuido de un carpintero que encendió lumbre y puso a cocer unos huevos en un paraje en que había muchas astillas y virutas, mas el tal carpintero unas veces decía que puso agua para cocer unos huevos y otras que puso a calentar la cola, con que pensaba pegar ciertas piezas. Estos dos objetos son tan distintos que hacen sospechar. En lo que no hay duda es que los protestantes querían destruir el Colegio para dar una prueba de su tolerancia. El señor obispo tuvo a bien vender el terreno por no exponerse a nuevas persecuciones, y han conseguido los presbiterianos que no haya colegio católico en Nayack.

Aunque digas que siempre refiero cosas personales mías, permíteme que te dedique un párrafo de esta carta con dos anécdotas en el hospital de esta ciudad. Habrá ocho años que dando la comunión a un enfermo se propuso burlarme uno de los protestantes, y para ello empezó a tocar con las tenazas contra la estufa (pues era en invierno) como se toca la campanilla en nuestra Iglesia al tiempo de dar la comunión. Una señora católica que había ido conmigo a visitar al enfermo, notó el insulto como yo, y ambos compadecimos a aquel grosero miserable. Otra ocasión fui al Hospital de Marina a visitar a un enfermo que me había mandado llamar y apenas entré en el cuarto cuando vino tras de mí un caballero, que al principio no pude conocer que tuviese cargo alguno eclesiástico. Suplicándole yo que saliese del cuarto para poder hablar al enfermo, me dijo una porción de pesadeces, a las que contesté, que no era tiempo de discutir los puntos de mi religión y que el enfermo, que pertenecía a mi Iglesia, me había mandado llamar. Entonces, para insultarme de todos modos, me dio a conocer que no creía en mi palabra y dirigiéndose al enfermo le preguntó si era cierto que me había mandado llamar. El pobre moribundo le contestó que sí, con cuya respuesta ya no tenía derecho alguno por los reglamentos del hospital para permanecer allí, pues era claro que el enfermo quería hablarme en privado y él no tenía que saber lo que le hablaba. Yo conocí su embarazo, y aunque pude haberle dicho mucho, me contenté con suplicarle nuevamente que saliese del cuarto. Entonces, con un aire de arrogancia, me dijo que no sabía por qué había de salir y que no saldría. Yo veré, le dije, si en este establecimiento mi religión es protegida, o si debe sujetarse al capricho de usted. «Su religión de usted —me contestó— será respetada, pero no su superstición, no su romanismo.» Lo veremos, le dije, saliendo del cuarto donde nada podía hacer con aquel majadero, y dirigiéndome a la habitación del Director del hospital; pero advirtiendo que él también había salido del cuarto, pues verdaderamente solo entró en él para mortificarme, volví para atrás, confesé y olié al enfermo (pues ya sabrás que aquí siempre llevamos en el bolsillo una cajita de plata con los óleos) y fui prontamente para mi iglesia a traer el sacramento; mas, aunque me tardé muy poco, cuando volví, ya estaba muerto el enfermo. Reflexioné entonces sobre el daño que me hubiera hecho aquel majadero si no hubiera salido del cuarto o si yo me hubiera empeñado en ir a disputar el punto ante el superior del hospital. Sin embargo, consultándome con el señor doctor Power, eclesiástico esclarecido, convenimos en que no debíamos dejar el asunto de la mano y fuimos al hospital a tiempo que tenían su junta los trustees. Anunciáronles que queríamos hablarles, diéronnos entrada, y debo confesar que nos trataron con mucha política y consideración. Oída nuestra queja, expresaron lo sensible que les era y prontamente averiguaron quién era la persona que había tenido el altercado conmigo y resultó ser uno de los funcionarios de la iglesia bautista. Dieron orden para que se le hiciese entender que ningún ministro de ninguna religión debía ser molestado en el hospital y que si volvía a infringir la regla se le prohibiría la entrada. Observa, Elpidio, que cuando se trata de leyes y de reglas todo va bien, pero en los sentimientos no hay tolerancia.

Un caso semejante le había sucedido en el mismo hospital a un eclesiástico benemérito, el señor Malou, quien dejó un crucifijo en manos de un enfermo, y luego que éste murió, empezó una criada a burlarse de la imagen, haciendo mil juegos con ella. Dieron aviso al señor Malou de lo que pasaba en el hospital y fue para allá prontamente; increpó a la impía profanadora y a los que con ella se habían burlado de la imagen de su Redentor; dio las quejas a los superiores y obtuvo una completa satisfacción. Ya otro eclesiástico había sido tratado de impostor en el mismo hospital por una señora que creo es esposa de uno de los principales de aquel establecimiento. En fin, los casos no son tan raros como algunos creen.

Hace poco más de un mes que una pobre me pidió un certificado de su conducta para que en vista de él (según creía) no dudasen en entregarle sus hijos, que sin anuencia suya habían sido puestos en la casa de pobres. Presenté el documento, y el señor Regidor, Palmer, que parece era el principal de la comisión encargada de aquel establecimiento, luego que vio mi firma, dijo en alta voz, con gran risa y desprecio: «¿cree usted que voy a hacer caso de la firma de un clérigo católico? Con más consideración miraría la de un cargador de basura. El hombre que ha puesto esta firma le perdonará a usted todos sus pecados por medio real, y ¿quiere usted que le crea cosa alguna que diga?» Reflexiona, Elpidio, que se trata de un funcionario público, en un país legalmente tolerante, y que el motivo que alegaba para despreciarme era precisamente mi religión y ministerio, lo cual equivalía a un desprecio a todos los católicos; y para que no quedase duda, continuó exponiendo sus sentimientos al decirle a la mujer que aunque viniese allí a recomendarla todos los romanistas, a ninguno haría caso. ¿Qué tal, mi Elpidio? Puesto que va de anécdotas, vaya una más notable aunque no personal mía. Dos oficiales del ejército de Bonaparte, luego que éste cayó, se retiraron del servicio y al fin vinieron a esta ciudad donde han establecido uno de los mejores colegios que tenemos. Salió en venta una posesión de campo y quisieron comprarla para su establecimiento, mas habiendo ocurrido uno de ellos al amo de la finca, le respondió redondamente que no se la vendía a ningún católico, sin duda porque no pusiese el colegio en ella; sin embargo de que dichos señores reciben alumnos de todas las sectas y a ninguno molestan en punto a creencias, aunque ellos y sus familias (pues están casados) no profesan otra religión que la católica. Puedes inferir la furia de un militar francés, ítem más, de Napoleón, al recibir semejante insulto, pero afortunadamente es hombre de talento y buscó un medio racional de castigar tanta osadía. Valióse de un amigo suyo, quien se presentó a la compra y luego que firmaron la escritura le dijo al vendedor: «ya está su finca de usted en manos de un católico».

Pero basta de casos particulares, cuya serie podría extender fácilmente y llenar volúmenes; quiero, sí, presentarte un hecho que puedo llamar universal por comprender infinitos particulares innegables, porque son tan notorios que no puede ignorarlos ninguno que haya tenido que intervenir en negocios de familias en este país o que haya querido informarse. Sabes que, por costumbre, casamos a los protestantes con los católicos, quedando el impedimento de disparidad de cultos reducido, como enseñan universalmente los teólogos, al bautizado con el no bautizado; y no poniendo en práctica (por ser imposible) otras disposiciones canónicas, que hacen de la herejía un verdadero impedimento impediente. Así es que jamás se pide dispensa para estos matrimonios y todo lo que se averigua es si la parte protestante está bautizada en su secta. De aquí inferirás que dichos matrimonios son muy frecuentes y puedo asegurarte que lo son mucho más de lo que podría esperarse al ver la prevención que hay contra los católicos. Ahora bien, mi Elpidio, a pesar de todas las promesas que hacen los protestantes de no oponerse a que la parte católica continúe en el libre ejercicio de su religión, de ciento hay uno que cumpla la palabra y muchas veces no se pasan quince días sin que haya un rompimiento. Por lo menos, puede decirse que el primer hijo es la piedra de escándalo, pues inmediatamente empieza la disputa sobre si se bautizará en la Iglesia a que pertenece el padre o en la de la madre y hay niños que están por mucho tiempo sin bautismo porque los contendientes no pueden avenirse.

Estoy cansado de oír casi diariamente las quejas de las mujeres perseguidas por los maridos protestantes, lamentándose de que no cesan de ridiculizar la Iglesia católica, y muchos de ellos les prohíben absolutamente que siquiera entren en nuestros templos. Ha habido infeliz que ha muerto afligida por no poder recibir los sacramentos, porque el marido lo ha estorbado, y desgraciadamente no ha habido entre los que entraban a verla persona alguna que conociese bien los derechos que le daban las leyes del país, por las cuales, a pesar de la resistencia del marido, hubiera entrado cualquier ministro de cualquier religión que la enferma hubiera llamado. Yo tengo en mi congregación algunos casos muy semejantes y entre otros el de una señora convertida a la Iglesia, que era de las más fervorosas, y desgraciadamente tuvo la sencillez de creer a un protestante y se casó con él bajo la promesa de no ser molestada en punto a religión. Hace cuatro o cinco años que contrajo tan desgraciado matrimonio y desde entonces le fue prohibido el venir a la Iglesia, aunque me asegura que su fe no se ha alterado. No hay criado o criada, no hay aprendiz, no hay costurera que pueda vivir en paz teniendo que sufrir a todas horas las burlas, los insultos y denuestos de las personas de quienes dependen. A cada paso se les dice que son unos fanáticos, supersticiosos, que los clérigos católicos somos unos pícaros y nuestra doctrina una idolatría y apostasía detestables, en una palabra, cuanto puede decirse para atormentar a unas personas, simples y sin educación. ¡Qué dices de la tolerancia! Por último, mi Elpidio, se han valido los protestantes del teatro para perseguirnos, poniéndonos en ridículo. ¡Quién lo creyera, que en un país que se presenta como la norma de la tolerancia sirviese el teatro para ridiculizar la religión de millares de sus habitantes y que el público aplaudiese tales insultos! Nuestras misas cantadas se representan con todos los ornamentos en aire burlesco; y para sancionar y propagar sus calumnias, hacen los cómicos varias exclamaciones que expresan las doctrinas que nos atribuyen, y dicen por ejemplo: «Nosotros te adoramos, María Santísima» y otras blasfemias por este estilo. Vuelvo, mi Elpidio, vuelvo a preguntarte, ¿qué dices de esta tolerancia? Ya sigo tu respuesta: que no la hay para los católicos, y que por consiguiente, no es tan universal ni tan perfecta como se pretende; y que si no fuese por las leyes que nos protegen, el pueblo nos perseguiría con tanto o más furor que sus padres los ingleses.

En cuanto a la tolerancia legal no puede negarse que es perfectísima en este país, pues a excepción de algún caso muy extraordinario, que puede mirarse como un fenómeno, jamás se encuentra un juez ni un jurado que no proceda con imparcialidad y firmeza cuando se trata de asegurar la libertad de conciencia sancionada por la constitución; y en esta parte no podemos quejarnos los católicos. No creo que haya otro país en que esto se observe con tanto rigor, y de aquí depende su tranquilidad. Es claro, pues, que la tolerancia legal perfecta no es una quimera.

Debo sin embargo advertir, que también son intolerantes entre sí mismos, aunque no con tanta furia como la que tienen contra los católicos. Los presbiterianos son los menos tolerantes, y los que están más dispuestos a hacer lo que censuran en los católicos. Tienen un gran deseo de que su religión sea la dominante en el país, aunque procuran disimularlo. Habrá ocho años que uno de los ministros presbiterianos se atrevió a manifestar desde el púlpito las intrigas de su secta, prenunciando que dentro de poco tiempo su religión sería la dominante y la del Estado. Alarmó las otras sectas, y no dejaron de atacar al ingenuo aunque imprudente ministro. Hubo con este motivo varios encuentros privados, y entre otros, me acuerdo haber oído a un caballero que pertenece a la iglesia anglicana o episcopal, que un presbiteriano muy rico, viéndose estrechado con las reconvenciones que le hacía, contestó al fin con mucho enfado: «así será, a pesar de todos nuestros enemigos, y tenemos muchos millones de pesos para conseguirlo». Poco tiempo después uno de los periodistas de la misma secta imprimió una contestación a sus acusadores, y en ella dijo claramente y sin rodeos que establecería la iglesia presbiteriana, aunque fuese preciso inundar el país con olas de sangre. Puedes inferir que en el momento salieron los demás periodistas como unas furias, y esto sirvió para que el hecho fuese más notorio.

Yo se lo eché en cara a los presbiterianos en algunas de nuestras disputas y en sus artículos de contestación pasaban por alto este punto, como si nada hubiera yo escrito acerca de él, que es la táctica favorita de esta gente.

Ya advierto, Elpidio, que va siendo tan larga esta carta sobre la tolerancia, que me expongo a que falte la tuya y así debo poner término a mis observaciones con una interesantísima, y es que la piedra de toque de la verdad es la oposición de los errores, y que éstos no la toleran porque no puede amalgamarse con ellos. He presentado hechos constantes, notorios, innegables y mis inferencias de ellos han sido tan pocas, tan naturales y evidentes, que mi entendimiento me dice que he demostrado. Sin embargo, la experiencia que tengo del corazón humano me anticipa que mis pruebas pasarán por delirios de un interés religioso, porque mi lenguaje es distinto del que se encuentra en los libros de mero cálculo político; y del que usan muchos que creen conocer este país, solo por haber paseado las calles de algunas de sus ciudades y haber asistido a una u otra tertulia.

Espero de tu buen juicio, que si esta carta te inclina a creer que soy intolerante, me des una lección de tolerancia, disimulando mi franqueza. Tolérame, Elpidio, pues que solo he intentado desenmascarar a los tolerantes nominales, llamar la atención de los irreflexivos y establecer la verdadera tolerancia evangélica, que sin transigir con los errores, jamás falta a la caridad, que es el alma del cristianismo. Si por decir la verdad me atraigo el odio, he aquí un nuevo estímulo para continuar diciéndolo; y así espera otra serie de cartas, en las cuales no sé lo que escribiré, mas infiero que no han de ser cosas muy suaves, porque pienso tratar del fanatismo.

Terminaré, pues, mis reflexiones sobre el funesto influjo de la superstición en la sociedad, asegurando que ha perdido el culto divino y encadenado los hombres, que solo pueden ser verdaderamente libres cuando están animados del verdadero espíritu evangélico; pues, como dice el Apóstol a los Corintios, Donde está el Espíritu del Señor, allí hay libertad.[15] Qué bien entendió esta divina máxima del Apóstol el enérgico, franco y apostólico San Ambrosio cuando escribía que: «ni es propio de un emperador el negar la libertad de hablar ni de un sacerdote el no decir lo que siente. La diferencia que haya entre los buenos y los malos príncipes es que los buenos aman la libertad y los

---

15 Ubi autem spiritus Domini, ibis libertas (2 ad Corini, III, usted 17).

perversos la servidumbre».[16] ¡Qué tal, mi Elpidio! ¿Necesitaba San Ambrosio tomar lecciones de liberalismo o podía darlas a los alucinados que creen que son incompatibles la libertad y la religión? Pero ya voy entrando nuevamente en materia, pues el alma se agita y la pluma se desliza. Concluyo, pues, con un «adiós, mi Elpidio».

Adición a la carta IV Después de impresa la Carta IV, ha venido a mis manos una papeleta, que prueba la evidencia la fácil entrada que tiene la superstición en este país tan ilustrado; y he creído necesario publicar tan importante documento, que se reparte por las calles por muchachos pagados al efecto para buscarle clientes a un Astrónomo Judiciario!!! Dice, pues, la escandalosa papeleta: J. Nelson, que vive en la calle de Weester n.º 202, ofrece sus servicios para hacer cálculos sobre los nacimientos, para responder a las preguntas sobre el éxito de los pleitos, sobre los amores, los casamientos, las especulaciones, profesiones, viajes, etc., etc. Estoy seguro que Mr. J. Nelson vivirá de su profesión de astrónomo judiciario, con más abundancia que un verdadero astrónomo, y esto en la gran ciudad de New York.

---

16   Neque imperiale est libertatem dicendi denegare, neque sacerdotale quod sentiat non dicere. Hoc interest inter bonos et malos principes, quod boni LIBERTATEM amant, SERVITUTEM improbi (Ambros. Ep. 40, alias 29).

Apéndices

Autoridades que prueban que los protestantes admiten la necesidad de estar en el seno de la Iglesia para conseguir la salvación.

I. Lutero

«Sé que en estos últimos quince años muchos han opinado que cualquiera puede salvarse en su creencia; extraño es el descaro y la imprudencia de los Zuinglianos, que se atreven a avanzar semejante doctrina y a cubrirla con mi autoridad y ejemplo.» (Lut. Com. 47).

MELANCTON «No hablamos de la Iglesia, como de una idea platónica, sino la demostramos en el sentido de las palabras: Dilo a la Iglesia. Debemos entender la Iglesia visible.» Después pregunta si es necesario unirse a esta Iglesia parta salvarse, y responde. «Es del todo necesario.» (Melanet in examine ordinand. Tit. De Ecclesia). Sabido es que Melancton fue el más célebre de los discípulos de Lutero.

CALVINO «Fuera de la comunión de la Iglesia no debe esperarse perdón de los pecados ni salvación; de modo que la separación de la Iglesia siempre produce muerte.» (Cal., lib. 3, Inst., Cao. I, Lec. 4).

BEZA «Siempre ha habido y siempre habrá una Iglesia fuera de la cual no hay salvación». (Tit. Al cap. 5 de la confesión de Fe).

CASAUBON «No tienen esperanzas de salvación los que están separados de la Iglesia Católica o de su comunión.» (Respuesta al Cardenal du Perron). Debe advertirse que Casaubon, siendo protestante, no entendía por Iglesia católica la romana.

CATECISMO DE LOS HUGONOTES

«Nadie obtiene perdón de los pecados sin estar primeramente incorporado en el pueblo de Dios y sin perseverar en la unidad y comunión del cuerpo de Cristo, siendo miembro de su Iglesia». (Art. 10).

PEARSON, OBISPO PROTESTANTE «La necesidad de creer en la santa Iglesia católica, se demuestra primeramente porque Cristo la ha establecido como el único camino para la vida eterna». (Expos. Del Credo, Art. 9.) HOBART, OBISPO PROTESTANTE «La unión con la Iglesia es el medio señalado (por Cristo) para salvarnos.» (Candidato para la confirm., pág. 36.) Es de advertir que Hobart fue obispo de Nueva York y murió habrá dos años, de modo que escribía según la doctrina actual de la Iglesia Episcopal Americana.

BISCKERSTETH «Es nuestro deber anunciar la ira de Dios contra los que se unen a la Iglesia Romana.» (Sermón predicado en 4 de octubre, 1836). El orador

continúa declamando contra el espíritu moderno de infidelidad impropiamente llamado liberalismo, que considera como una falta de caridad el condenar a tantos millones de almas. Infiérese, pues, que según el orador se condenan todos los católicos. (Véase Dublin Review, Dec. 1836).

CONFESIÓN DE FE DE LA IGLESIA ESCOCESA

«Detestamos altamente las blasfemias de los que dicen que todos los hombres que operan con equidad y justicia se salvarán, sean de la religión que fueren.»

LA IGLESIA DE INGLATERRA

Podemos decir que toda la Iglesia de Inglaterra o Episcopal expresa su opinión, así en Europa como en América (pues la Iglesia Episcopal Americana es una ramificación de la Europea), cuando en su ritual o libro de rezo público, expresamente dice: «Oh ¡Dios misericordioso! ten piedad de los judíos, de los turcos, de los infieles y de los herejes; separa de ellos toda ignorancia, dureza de corazón y desprecio de tu palabra y tráelos a tu rebaño para que puedan salvarse.» (Common Prayer Book, collect. For Good Friday).

¿Nos dirán todavía los protestantes que solamente los católicos enseñan que fuera de la Iglesia no hay salvación?

II

Autoridades que prueban que es doctrina católica que muchos se salvan sin estar unidos al cuerpo visible de la Iglesia, cuando esta separación no es culpable, y por otra parte se hallan unidos en espíritu o al alma de la Iglesia.

SAN AGUSTÍN «Si me pareciese, Honorato, que es lo mismo un hereje que un hombre que cree a los herejes, dejaría de hablar y de escribir sobre esta materia. Pero habiendo una gran diferencia entre estas dos cosas, pues en mi opinión es hereje el que da a luz o sigue opiniones falsas y nuevas por alguna utilidad temporal, principalmente por la gloria y superioridad; mas el que cree a estos hombres, solo es un iluso por cierta imaginación de verdad y piedad», etc., etc. (Si mihi Honorate, unun atque ídem videretur esse haereticus, et credens haereticis homo, tam lingua, quam stilo in hac caussa conquiescendum esse arbitrarer. Nunca vero cum inter haec duo plurimum intersit: quando quidem haeretics est, ut mea fert opinio, qui alienius temporalis commodi, et maxime gloriae et principatus sui gratia, falsas ac novas opiniones vel gignit vel sequitur; ille autem qui hujusmodi hominibus credit, homo est imaginatione quadam veritatis ac pietatis illuus, etc., etc. Aug., De Utilitate credendi, cap. I.) Qui sententiam suam falsam atque perversam nulla pertinaci animositate defendunt, praesertim quam non audatia praesumptionis suae pepereunt, sed a seductis et in errorem ductis parentihus acceperunt, quaerunt autem cuneta socitudine veritatem, corrigi parati cum invenerint; nequaquam sunt inter haereticos reputandi. (Aug., epist. 43, alias 162). «Los que no defienden su opinión falsa y perversa por una animosidad pertinaz, mayormente cuando no la han dado a luz por una audacia de su presunción, sino que la recibieron de sus padres seducidos e inducidos al error, mas buscan la verdad con todo empeño, y están dispuestos a corregirse luego que la encuentren: de ningún modo se han de numerar entre los herejes.» «Ipsa» (Ecclesia) «general, et per uterum, suum, et per uteros ancillarum ex eisdem sacramentis... Sed qui susperbiunt, ei legitimae matri non adiunguntur, similes sunt Ismaëli, de que dictum est ejice ancillam et filium ejus», etc., etc. (Aug., lib. I cont. Dont, cap. 10. Vide tom, 12, pág. 114). «La misma» (esto es la Iglesia) engendra en su útero, y en los úteros de sus sirvientas (o criadas) por medio de los mismos sacramentos... Mas si algunos (de los nacidos) se ensoberbecen, y no se unen a la madre legítima, son semejantes a Ismael, de quien se dijo expele la criada y a su hijo».

Después de hablar san Agustín, nada más debe desearse, y parece inútil citar autor alguno. Sin embargo, para que se vea que los teólogos de tiempos modernos han seguido la doctrina de aquel luminar de la Iglesia, agregaremos algunas autoridades.

PATUZZI «Pudiéndose ignorar sin culpa todos los misterios de la fe católica, si alguno realmente los ignorase inculpablemente, no se condenaría porque no creía, sino por el pecado original o por otros pecados, si Dios no lo convierte por su misericordia.» Cumomnia fidei misteria inculpabiliter ignorari possint si ita reapse ab aliquo inculpabiliter ignorentur, damnabitur quidem nom propterea quod non crediderit, sed nisi misericordia Dei illum praevenit, atque converterit damnabitur propter originale peccatum te propter alia. (Patussi, tom, VI, pág. 51).

DELAHOGUE «Una cosa es decir que fuera de la verdadera Iglesia no debe esperarse salvación, y otra es decir que se condenan todos los que no vivieron en el seno visible de la verdadera Iglesia, o no pertenecieron a su cuerpo. Todos los teólogos numeran en las sociedades heréticas y cismáticas, muchos que pertenecen al alma de la verdadera Iglesia; lo cual se ha de entender no solo de los párvulos, sino de los adultos que por ignorancia invencible están unidos a una sociedad herética o cismática, los cuales se salvarán en la herejía o en el cisma, si no lo impiden otros delitos.. Aun en cuanto a los que parecen inexcusables en su adhesión a una sociedad herética o cismática, y que mueren en ella; como nadie sabe cual fue su afecto, ni la disposición de su corazón en el último momento, no podemos decir con certeza que están en el número de los réprobos.» Aliud est dicere extra veram ecclesiam nullam sperandum essa salutem, aliud dicere eos omnes qui dum in vivis essent non fuerunt in sinu visibili verae ecclesiae, vel de ejus corpore esse damnandos. Namque omnes teologos numerant in societatibus haereticis, et schismaticis, qui ad animan ecclesiae pertinent, quod quidem non tantum accipiendum est de pueris, sed etiam de adultis, qui haereticae aut schismaticae societati ex invincibili ignorantia adhaerent, qui proinde in haeresi si vel schismate salvabuntur, nisi alia obstent corum deluta... Quo ad illos etiam quorum ahaesio haereticae aut schimaticae societati vedetur excusari non posse, qui in illa moriuntur, cum nemo in terris cognoscere possit quis fuerit illorum internus mentis affectus, quaenam interna cordis dispositio in ultimo instanti, quo extremum spiritum reddiderunt, certo dicere non possumus eos esse e sreproborum numero. (Delahogue, Trat. De Eccl., pág. 41 et. 42).

NICOLE «Es cierto, según todos los teólogos católicos, que hay gran número de miembros vivientes y verdaderos hijos de la Iglesia en las comuniones separadas de ella: supuesto que hay tantos niños, y acaso algunos adultos, aunque no llaman su atención, porque no los conocen.» (Nicole, Sobre la Unidad, tomo I., cap. 3)

La universidad de París
«Los niños y los ignorantes no participan ni de la herejía ni del cisma, están excusados por una ignorancia invencible, Dios no les imputa los errores a que están adheridos por una ignorancia invencible, y así pueden pertenecer al alma de la Iglesia por la fe, la esperanza y la caridad.» (Censure de l'Emile).

DUCLOT
«Para hacer odiosa esta máxima (que fuera de la Iglesia no hay salvación) suponen los incrédulos y los demás enemigos de la Iglesia católica que, según nuestra doctrina, los que se hallan en la herejía o en el cisma por una desgracia de nacimiento, o por una ignorancia invencible, sin culpa suya, están excluidos de la salvación. Esto es falso. Todos los que no han participado de la herejía o del cisma —dice Nicole— por su propia voluntad y con conocimiento de causa, forman parte de la verdadera Iglesia. Así lo enseñan San Agustín, San Fulgencio (de fide ad Petrum, cap. 39) y San Salviano (de Gub. Dei, lib. 5, cap. 2); si algunos teólogos se han expresado de otra manera, su opinión particular nada prueba.» (Du Clot, La Sainte Bible venge, tomo III., pág. 487. París 1837).

SANTO TOMÁS
Si aliquis in sylvis vel inter bruta nutritus ductum naturalis rationis saqueretur in appetitu boni et fuga mali, certissime est tenendum quod ei Deus vel per internam inspirationem revelaret ea quae sunt ad salutem necessaria, vel

239

aliquem fidei praedicatorem ad eum dirigeret sicut missit Petrum ad Cornelium. (De Veritate 9, 14, art. II, Vide Cellet Insti. Theology, tomo II, pág. 10). «Si uno que ha vivido siempre en las selvas siguiese los dictámenes de la razón natural, en seguir el bien y evitar el mal, ciertísimamente creo que Dios o le revelaría por una inspiración las cosas necesarias para la salvación, o le enviaría algún predicador como envió a Pedro a Cornelio.»

III

Algunas de las Leyes Azules del Estado de Connecticut. (Llámanse así porque la primera impresión de ellas se hizo en papel azul).

Ley 10. Ninguno será hombre libre o tendrá voto a menos que no se convierta y sea miembro en perfecta comunión de alguna de las Iglesias permitidas en estos dominios.

Ley 12. Ningún cuáquero o disenciente de la Iglesia establecida en estos dominios tendrá voto en la elección de magistrados o de otro oficio alguno.

Ley 13. No se ofrecerá comida ni alojamiento a ningún cuáquero, adamita, o hereje.

Ley 14. Si alguno se vuelve cuáquero será desterrado, y si vuelve al país, sufrirá la pena de muerte.

Ley 15. Ningún sacerdote católico habitará en estos dominios, serán desterrados, y si vuelven, sufrirá pena de muerte.

Ley 16. Todo sacerdote católico puede ser aprehendido sin mandamiento de juez alguno.

Ley 18. Nadie podrá correr en domingo, o pasearse en su jardín o en otro paraje cualquiera, y solo se permitirá ir y venir con reverencia al templo.

Ley 19. Ninguno podrá viajar, cocinar, hacer las camas, barrer la casa, cortarse el pelo, o afeitarse en domingo.

Ley 20. Ninguna madre podrá besar a su hijo en domingo. Ley 28. Ningún ministro (del culto) será maestro de escuela.

Ley 29. Todo el que se niegue a pagar su cuota para mantener al ministro de la ciudad o parroquia, será multado en 62 libras, pagando además 4 libras por trimestre hasta que pague lo que debe contribuir para el ministro.

Ley 30. Todo el que guarnezca sus vestidos con oro, plata o encaje que valga más de dos reales la vara, será presentado por el Gran Jurado y los individuos electos le harán pagar trescientas libras.

Ley 31. Nadie leerá libros comunes de rezos (common prayer boocks) ni guardará como festivo el día de la Navidad ni otro alguno determinado; nadie hará pasteles de carne, bailará, jugará a las cartas, o tocará instrumento alguno de música, a excepción del tambor, la trompeta y el arpa judía.

Ley 36. Ningún ministro del Evangelio puede casar. Solo tienen facultad para ello los magistrados, que pueden hacerlo con menor escándalo de la Iglesia.

Ley 46. Todos los hombres se cortarán el pelo alrededor según el gorro (esto es, a manera de cerquillo).

IV. Extractos de las actas, de la asamblea de Escocia

A.D. 1643 «Los reyes de Escocia al tiempo de su coronación deben jurar, entre otras cosas, abolir todas las religiones falsas (como opuestas a la presbiteriana) gobernar los pueblos según la verdadera religión (presbiteriana) y extirpar todas las herejías».

Del mismo modo deben jurar que procurarán extirpar el papismo (esto es, el catolicismo romano, derivando la voz papismo de Papa) y toda prelacía, superstición, cisma, herejía y profanación.

«Con la autoridad que Dios nos ha concedido defenderemos y conservaremos las reformas que se hicieron y conservaremos la paz contra todas las herejías, las sectas (perteneciendo a una de ellas —¡buena tolerancia!—) y cismas que se levantaren».

«La asamblea, considerando la propagación de los errores por la independencia y separación del reino de Inglaterra, nuestro vecino, y que esto puede ser para nosotros como una gangrena, porque se introducirán los mismos errores, herejías, cismas y blasfemias esparciendo sus libros erróneos, sus cuadernos y cartas; ha determinado que se tomen todas las precauciones para impedir su propagación y en virtud de la presente acta se manda a todos los presbiterianos y a todos los sínodos: que juzguen y procedan contra los transgresores de estas disposiciones o de cualquiera de ellas. La asamblea recomienda seriamente a los magistrados civiles que asistan a los ministros y a los presbiterios para la ejecución de esta acta.» «Los magistrados civiles deberán contener por medio de castigos corporales a los que difundan herejías o fomenten el cisma.»

V. Extractos del Código penal de Inglaterra

Se prohíbe bajo pena de inhabilitación y privación de todos los derechos civiles, el mandar una persona a educarse fuera del reino, en la religión papística, ya sea en seminarios públicos o en familia privada, y el enviarle cosa alguna para su mantenimiento.

Se prohíbe mandar a ninguna persona menor de 21 años fuera del reino, a no ser en calidad de marinero, de aprendiz o de artista; y los jueces obligarán a los padres y tutores a presentar la persona que se eche de menos, y si no lo hicieren en término de seis meses, serán castigados según las leyes.

Los protestantes convertidos del papismo educarán sus hijos menores de catorce años en la religión establecida, y de lo contrario, perderán todos sus derechos.

Cuando uno de los padres es protestante, el Canciller hará que los hijos se eduquen en la religión protestante, determinando el modo con que debe ser educado y la persona que debe educarlos, pagando el padre los gastos.

El Canciller puede separar los hijos del padre o madre católica. Ningún papista puede ser maestro público, ni tampoco en causas privadas, sino en las de su familia, bajo la pena de multa o prisión.

Todo papista que se atreva a enseñar pública o privadamente, aun como auxiliar de un maestro protestante, será considerado como un clérigo papista convicto, y sufrirá las penas como tal; esto es: 1.º, será preso; 2.º, transportado; 3.º, si volviese será tratado como traidor, esto es, arrastrado y ahorcado, y se le cortará la cabeza y será descuartizado, quedando los miembros a disposición de la reina.

Si una mujer protestante se casa sin previo certificado de que el marido es protestante, perderá toda herencia; y asimismo se considerarán como muertos todos los herederos papistas. El marido será preso y pagará diez libras.

Si un protestante se casa con una mujer que no pruebe serlo, pagará todos los derechos y quedará inhabilitado para todos los oficios civiles y militares.

Si un presbítero papista administra matrimonio, sabiendo que una de las partes es protestante, quedará sujeto a las penas que un ministro papista regular o establecido; esto es, será preso, desterrado, y si vuelve, ahorcado, etc.[17] Por

---

17 Esta ley como las anteriores no está totalmente abrogada, aunque de vergüenza no se pone en ejecución. Sin embargo, habrá poco más de un año que un excelente cura católico de Irlanda, prevalido de la costumbre casó a un caballero protestante con una

leyes de Jorge I y Jorge II, se extienden estas penas a todos los casos en que case un presbítero católico, aunque ambos contrayentes sean protestantes.

Si un convertido fuese juez y actuase como tal, mientras que su mujer es romanista o sus hijos se educan en aquella religión, pagará 100 libras de multa y quedará inhabilitado.

Todos los curiales que se casen con una católica y no la conviertan en el término de un año, y presenten un certificado de este hecho en la Cancillería, quedarán inhabilitados.

Toda mujer que se convierta en vida de su marido tendrá una tercera parte de sus bienes raíces aunque sea contra la voluntad del marido.

Todo hijo que quiera convertirse a la religión protestante puede presentarse contra su padre, y se obligará a éste a que lo mantenga y le asigne cierta herencia. Puede también obligar al padre a que declare sus bienes bajo juramento toties quoties. (De aquí se infiere que puede robar a su padre y hermanos siempre que le parezca).

Si el hijo mayor se convierte puede despojar a su padre de todos sus feudos, dejándole solo el usufructo de ellos, y después de la muerte del padre la obligación de mantener los hijos menores con una cantidad que no exceda al tercio de los productos.

Los hijos de los papistas educados en la religión protestante hasta la edad de doce años, si se les viene asistir a vísperas o a maitines serán tratados como convertidos que vuelven a apostatar.

ABOLICIÓN DEL CATOLICISMO EN EL CONTINENTE DE EUROPA
Zuinglio prohibió en Zurich el ejercicio de la religión católica en 1523. La religión fue abolida en Berne en 1528.
También fue abolida en Ginebra en 1535.

---

señora católica, y los parientes del marido trataron de que se le castigase según esta ley, y no tuvo más remedio que escaparse y venir a esta ciudad de Nueva York; pero siendo un hombre de gran mérito, y teniendo buenos amigos en Irlanda, consiguieron que la parte ofendida cesase de la querella y volvió para Irlanda.

VI. Intolerancia enseñada por Voltaire

«¿Será permitido a cada uno creer lo que su razón le dice ya sea recta o erróneamente? Sin duda, con tal que no perturbe el orden, porque no depende del hombre el creer, pero sí depende el respetar los usos de su patria.» (Volt. Mel., tomo XXIX, pág. 102.) Prescindiendo de los errores dogmáticos que contienen estas líneas, es claro que Voltaire no defendía la tolerancia civil cuando se oponga a los usos de la patria. ¿Y cuando no se opone? Digamos, pues, que Voltaire defiende abiertamente la intolerancia civil, dejando solo una libertad intelectual. El siguiente pasaje es mucho más claro. «Para que un gobierno no tenga derecho de castigar los errores de los hombres es necesario que estos errores no sean crímenes, y lo son cuando turban la sociedad, y la turban cuando inspiran el fanatismo. Es preciso, pues, que los hombres empiecen por no ser fanáticos si quieren merecer la tolerancia». (Volt. Mel., tomo 29.)

Tenemos, pues, que el gobierno debe castigar a los fanáticos por un crimen intelectual, y si éstos piden con igual derecho que se castigue a los impíos como Voltaire, por otro crimen intelectual, aunque de distinta naturaleza, tendremos castigos abundantes y se acabó la tolerancia; los impíos acusarán a los fanáticos de perturbar el orden, y éstos a aquéllos. Hablemos claramente, Voltaire y los suyos quieren, como dicen algunos chuscos españoles, establecer la ley del embudo lo ancho para mí, y lo estrecho para ti, y cúmplase sin réplica.

VII. Tolerancia enseñada por Santo Tomás

Pregunta Santo Tomás (Q. Q. que., 10, art. 11) si se deben tolerar los ritos de los infieles y responde afirmativamente, empezando su prueba por una autoridad de San Gregorio que se encuentra en los Decret., dist. 45., cap. Qui sincera, acerca de los judíos. Dice: tengan libre facultad de observar y celebrar todas sus festividades como la han tenido hasta aquí, así ellos como sus antepasados por largo tiempo. Después continúa Santo Tomás su artículo diciendo: «respondo que el gobierno humano se deriva del divino y debe imitarlo. Mas Dios, sin embargo de ser Omnipotente y sanamente bueno, permite que se hagan algunos males en el Universo que podría prohibir, y esto para evitar que, quitándolos, se destruya mayores bienes, o se sigan mayores males. Del mismo modo, pues, en el gobierno humano los que mandan, toleran algunos males con justicia para no impedir otros bienes, o para no causar mayores males. Así, pues, aunque los infieles pecan en sus ritos, pueden tolerarse por algún bien que de ellos resulte, o para evitar algún mal.

«Los ritos de los infieles que no contienen nada de verdad ni de utilidad, no deben tolerarse sino para evitar el mal, esto es, el escándalo, o la disensión, o para remover un impedimento a la salvación de los mismos infieles, que, tolerándolos, de este modo se convierten poco a poco a la fe. Por esta razón ha tolerado la Iglesia algunas veces los ritos de los paganos y de los herejes, cuando había gran multitud de ellos.» «Sed contra est quod in decret, dist XIV cap. qui sincera, dicit Gregorius de judoeis. Omnes festivitates suas, sicut hactenus ipsi et patres eorum per longa colentes tempora tenuerunt, liberant habeant observandi celebrandique licentiam. Respondeo dicendum, quod humanum regimen derivatur a divino regimine, & ipsum debet imitare. Deus autem quamois sit omnipotens & summe bonus permittit tamen aliqua mala fieri in universo, quae prohibere posset; ne eis sublatis majora bona tollerentur, vel etiam majora mala sequeruntur. Sie ergo & in regimine humano illi qui praesunt, recte aliqua mala tolerant, ne aliqua bona impediantur, vel etiam ne aliqua mala pejora incurrantur... Sic ergo quamvis infideles in suis ritibus peccent, tolerari possunt vel propter aliquod bonun quod ex eis provenit, vel propter aliquod malum quod vitatur.» «Alliorum vero infidelium ritus qui nihil veritatis aut utilitatis alferunt non sunt aliqualiter tolerandi, nisi forte ad aliquod malum vitandum, scilicet ad vitandum scandalum, vel disidium, quod ex hoc posset provenire, vel

247

impedimentum salutis corum, qui paulatim sic tolerati convertuntur ad fidem. Propter hoc enim haerctieorum et paganorum ritus aliquando ecclesia toleravit, quando erat magna infidelium multitudo».

VIII. Persecución de los católicos por los calvinistas en Francia

Para que se forme un juicio imparcial en punto a persecuciones y no se hable solamente de las que han sufrido los protestantes de parte de los católicos, presentaremos algunas de las innumerables que éstos han sufrido de los calvinistas.

En 1559 destruyeron la Abadía de San Ligario en la Diócesis de Saintes y en 1560 destruyeron la de San Cipriano en Poitiers y la de Bellevaux en la Diócesis de Nerves, matando en esta última a todos los religiosos, y destruyendo el edificio hasta no dejar piedra sobre piedra. Expelieron de Montauban todos los clérigos y las personas principales entre los católicos; robaron las iglesias y monasterios prohibiendo enteramente el culto católico. En Pamiers, no solo destruyeron la catedral sino la casa episcopal y las de los canónigos, y además, dos hospitales y otros muchos edificios. En 18 de diciembre del mismo año entraron a la fuerza en la Catedral de Amiens, e hicieron correr en ella la sangre de los católicos. En Maux destruyeron las imágenes, profanaron el Santísimo Sacramento y robaron las iglesias.

En 1552, habiendo tomado el Almirante Coligny la villa de Montagne, dio muerte a casi todos los sacerdotes católicos. Arnold Ronald, gobernador de la ciudad de Angely, robó la Abadía de San juan y desterró a todos los religiosos. En Maxène, destruyeron los calvinistas todas las iglesias católicas y robaron cuanto pudieron, pisoteando además las reliquias de los santos y las imágenes. En Poitiers, quemaron la Abadía de l'Étoile. En 16 de marzo del mismo año los calvinistas se apoderaron de Beziers, robaron la Catedral, profanaron los sepulcros y convirtieron el templo en un establo. En San Giles, destruyeron las Iglesias y conventos con todas las librerías que contenían preciosos manuscritos. Convirtieron la ciudad de Usus en un teatro de sangre, pues entraron a degüello, mientras que el Barón de Adretz destruía el convento de St. Espirit. Profanaron la Catedral de Montpellier y mataron varios canónigos. En esta ciudad y sus inmediaciones fueron destruidas cuarenta y seis iglesias por los calvinistas.

El Almirante Coligny entró en Orléans y prometió la libertad de conciencia, pero luego que recibió un refuerzo de tropas, se quitó la máscara y abolió la religión católica, destruyó las iglesias y cometió las mismas crueldades que en Montagne. Coligny recorrió toda la Diócesis de Orléans robando y destruyendo

249

cuanto pertenecía al culto católico. Las abadías de Isaro y de Haritirelliers fueron de las robadas y destruidas. En Coutances los calvinistas, no contentos con robar y profanar las iglesias, para demostrar su odio al episcopado, sacaron al obispo por las calles montado en un asno con la cara vuelta hacia la cola del animal. En la misma provincia destruyeron las abadías de la Valasse de San Esteban, de la Trinidad, de Autunay Savigni, Ivry, de San Martín, de San Pedro, y otras muchas iglesias. En Castres demolieron no solo las iglesias sino tres hospitales.

En 1569 hicieron una horrible mortandad en Condom. También cometieron atentados en Angouleme, y en Saintes. Pocos años después saquearon la Catedral de Piregueux, también entraron en la ciudad de Salart y mataron muchos eclesiásticos. Muchas fueron las crueldades del Barón des Abretz en Laguedoc, en el Delfinado y en Provenza; pero fueron rivalizadas por las cometidas por Monthrum, Mirabel, y Montgomery. Este último entre otras atrocidades cometió la de haber matado a sangre fría tres mil católicos en Orthies. En 1562 celebraron los calvinistas un tratado con Isabel de Inglaterra, y en consecuencia le entregaron la ciudad de Havre, que es como la llave de la Francia. ¡Qué buenos muchachos![18]

---

18   Estos datos se han sacado de la obra titulada *Essai historique sur l'Influence de la Réligion en France pendant le Dixseptième siècle* par M. Ficet, 1824. Véase también doctor Heylin's: *History of Presbyterianism*, y asimismo Laing's *Account of the Episcopaliam persecutions in Scotland*. Véase igualmente *Catholic Diary of New York*, 8th of October, 1835.

Tercera parte
Escritos, documentos y cartas de Félix Varela (1835-1852)

Epistolario de Félix Varela (1835-1839)

Carta a José de la Luz y Caballero Nueva York
2 de junio de 1835
  Ya tenía yo en mi Scrap book la noticia necrológica sobre el que usted llama muy bien sin igual Caballero, y ya por algunas expresiones había conocido al autor. Sin lisonja, digo a usted que ha escrito muy bien, pero se le escapó muchísimo que ha debido entrar en el ligero bosquejo que usted ha formado. La dirección del Colegio estuvo tres veces en sus manos, si lo hubiera querido, pues Mendoza no hubiera hecho oposición, si Caballero hubiera consentido en ser Director. Tampoco dijo usted que el señor Espada, que a nadie chiqueaba, siempre que vacó alguna canongía, le hizo hablar o habló directamente para que aceptase, hasta que se convenció que era inútil proponerle dignidad alguna. Debió usted haber dicho que Caballero fue uno de los hombres de gran mérito, con gran influencia y en constante ejercicio de ella, que han vivido 72 años y han muerto sus enemigos. Aquí está, querido Luz, aquí está el gran prodigio y el mayor elogio que pueda hacérsele al incomparable Caballero. Debe agregarse que con un carácter semejante al de San Ambrosio, atacaba sin reserva cuanto creía injusto, y tal era su dignidad, tal la idea que todos formaban de su alma grande, que todos sus golpes, lejos de desviar, atraían a los heridos. Jamás buscó la popularidad, antes procuró ahuyentarla, mas ella le persiguió siempre y reclamándole como su natural objeto. ¡Cuánto podría yo decir! Vamos a lo que ahora debemos hacer para que Caballero viva, no solo en la indeleble memoria de sus virtudes, sino en el saludable influjo de su doctrina. Me vengaré con usted y no le escribiré ni una sola carta, si se contenta con publicar una lista de los escritos de Caballero. Debe hacerse una edición completa, sin dejar absolutamente nada, en la inteligencia de que todo es oro. Costará trabajo entender algunos manuscritos, mas no por eso deben desecharse, sino hacer una junta de sus discípulos para descifrarlos. A la verdad es difícil encontrar mejor escrito y peor escribiente.
  Félix Varela

[*Revista Bimestre Cubana*, La Habana, julio-diciembre de 1942.]

Carta a Tomás Gener

(1835)

Mi estimado compañero: Mi primo Agustín entregará a usted esta carta en que me tomo la libertad de suplicar a usted se interese por encontrarle una colocación. Sabiendo usted todos los antecedentes no creo que debo escribir más, y solo puedo asegurar a usted que sería un gran consuelo para (mí) ver a mi primo colocado. El está pronto a trabajar y va prevenido a no entrar en las ideas vanas del país, sino aceptar con gratitud cualquiera clase de acomodo que se le proporcione.

Mis expresiones a la señora y niños, un beso a la chiquita, memorias a Merced, y usted no olvide ni dude del afecto de Félix Varela[19]

[*Revista Bimestre Cubana*, La Habana, julio-diciembre de 1942.]

Carta a José del Castillo señor don José del Castillo

New York 18 de junio de 1835

Mi estimado amigo: he recibido el dinero para la impresión de la obra que espero estará en La Habana a principio de noviembre.[20] Panchito escribe a su madre con esta fha. Mas no sé si tendrá tiempo para escribir a V aunque se lo he encargado. El Señor Llaget ha salido para Francia de donde creo que pasa a Roma. Está muy viejo y temo que no vuelva en lo cual haremos una gran pérdida.

El que lleva esta carta suplirá cuanto en ella omito, por falta de tiempo. Es de usted su afmo Félix Varela

[Archivo Nacional de Cuba. Fondo Donativos y Remisiones, caja: 421, signatura o número: 15.]

Carta a Dña Guadalupe del Junco de Gener

New York septiembre 3 de 1835

---

19 Al pie dice, con letra al parecer de Tomás Gener: «Recibida el 11 de junio de 1835». (Nota de la edición anterior.) La carta está dirigida al S. don Tomás Gener, Matanzas. (Nota de la edición anterior.)

20 Se refiere a la impresión del 1.º tomo de las *Cartas a Elpidio*.

Sra. Da. Guadalupe Junco de Gener. Muy señora mía: Infiera usted el dolor con que he recibido la infausta noticia de la muerte de mi irreparable amigo,[21] y permítame usted que no me extienda en expresar sen timientos que renueven los de usted y su familia.

Creo sin embargo de mi deber manifestar a usted que mi apreciable amigo vive en mi pecho, y que cuantos le pertenezcan tienen un derecho a mandar en cuanto gusten al que es de usted at. y sego. Ser.

Félix Varela

[*Revista Bimestre Cubana*, La Habana, julio-diciembre de 1942, págs. 61-72.]

Carta a José del Castillo

New York
January 16 1836

S. don José del Castillo Mi estimado amigo: la aprobación del señor obispo conservando un ejemplar de mis *Cartas a Elpidio* confieso que me ha causado una agradable sorpresa. Con todo temo que algún buen intencionado aconseje al Cap general que detenga la obra, o que esta no sea recibida según la pura intención conque ha sido escrita.

Yo no me he atrevido a mandar ni una línea del 2.º tomo a la imprenta hasta no saber si cuento con recursos, los que en caso de obtenerse espero me remita U cuanto antes. Los pobres tenemos que andar con todas estas precauciones.

He hablado a Suárez sobre colocación para nuestro Panchito y no perderemos momento.

Es de U su aftmo Félix Varela

[Archivo Nacional de Cuba. Fondo Donativos y Remisiones, caja 364, signatura o número 19.]

Carta a sus hermanas

New York 12 de abril de 1836

---

21 Tomás Gener, a quien se refiere Félix Varela, cuando dice «irreparable amigo», falleció en Matanzas el 15 de agosto de 1835.

Mis queridas hermanas: Después de las fatigas de mi ministerio en la Semana Santa me hallo perfectamente bueno y con ánimo para emprender nuevos trabajos. No pueden ustedes figurarse lo fuerte que estoy.

En cuanto a novedades mi vida es monótona y nada tengo que noticiar y acaso será porque no me apuro por saber lo que pasa en el mundo, seguro de que no es más que lo que yo sé que debe pasar según la perversidad y miseria de los hombres.

El señor obispo me ha entregado otra Iglesia en lugar de la que se quemó. El título es La Transfiguración, y así cuando me escriban pongan el sobre en los términos siguientes: Rev. Félix Varela Pastor of Transfiguration Church Chamber Street New York. Hago esta advertencia porque voy a mudarme el mes entrante y no me acuerdo ahora del número de la casa, pero en dirigiendo las cartas a la Iglesia llegarán a mis manos.

Memorias a toda la familia y con especialidad a tu amanuense. No hay que olvidarse de Félix

[*Revista Bimestre Cubana*, La Habana, julio-diciembre de 1942.]

Carta a sus hermanas

Nueva York, enero 20 de 1839

Mis queridas hermanas: Sin duda me habrán ustedes cortado muchos vestidos por mi silencio, pero yo los he usado todos y ya están rotos, sirviendo de indicante esta carta.

He visto en papeles de esa ciudad que se corrió en ella la noticia de mi muerte.

Es la segunda vez, y dicen que a la tercera va la vencida. Sin embargo yo me hallo mejor que nunca, y no sé en qué pudieron fundar semejante noticia.

Nada sé de Carlota ni de sus hijos, y así me alegraría que me diesen alguna noticia de ellos.

Esperando carta de ustedes las recuerda con invariable cariño su hermano Félix Varela

[*Revista Bimestre Cubana*, La Habana, julio-diciembre de 1942.]

Carta a José de la Luz y Caballero

(5 de abril de 1839)

Mi estimado Luz: Esperan esta carta por momentos. Solo tengo tiempo para dar a U las gracias por los clérigos y suplicarle (como buen pedigüeño) que me mande un ejemplar de su Memoria sobre la enseñanza de la lógica antes de la Física. Cuanto deseo que publique U sus comentarios sobre [ilegible] Vengan, vengan, vengan...

No he recibido carta alguna ni papeles remitidos por Ariosa (aunque U me los anuncia) y creo que se habrán perdido. Sin embargo un pasajero ha dicho aquí que están de venta las *Cartas a Elpidio*, eso es cuanto sé de ellas.

Queda de U su afmo Félix Varela

[Archivo Nacional de Cuba. Fondo Donativos y Remisiones, legajo 604, signatura o número 41.]

Carta a José de la Luz y Caballero

Nueva York 5 de junio de 1839

S. don José de la Luz. Mi estimado amigo: Cuando vino Justiz me escribió usted que él me informaría acerca de mis *Cartas a Elpidio* y mis aparatos para los hospitales, y el informante dijo que no había recibido informes y que nada sabía: últimamente me escribe usted recomendándome al señor Santurio y advirtiéndome que dicho señor me informaría, pero él dice como Justiz que nada sabe. Me insinúa usted que procurará mover a los doctores para otro ensayo; mas si el primero no ha correspondido, no es probable que corresponda el segundo (como acaso se habrá usted desengañado) y así agradeciéndole a usted el empeño que ha tomado, y pidiéndole me dispense tanta incomodidad le suplico que haga pedazos los tarecos o sean aparatos y punto concluido. Me ha faltado el acierto mas no el deseo de ser útil a la humanidad doliente.

En cuanto a las desgraciadas *Cartas a Elpidio* le suplico a usted encarecidamente que vea cuanto antes al doctor Suárez por si acaso no ha recibido una carta que le escribí hace muy pocos días, y que le diga que sin pérdida de momento me mande todos los ejemplares para ver si puedo venderlos en otra parte o quemarlos, para sacar cualquier cosa con que pagar los gastos de impresión. Estoy apuradísimo (como usted no puede figurarse) y es justo castigo de mi tontería en meterme a escritor, y lo que es más a editor sin fondos. De veras que si hubiera de escribir el tercer tomito que debía tratar del fanatismo me bastaría observarme a mí mismo, pues soy el primer fanático, puesto que casi siempre me he lanzado a hacer el bien sin tener medios para ello. A los cuatro meses o más de haber mandado mi obra a La Habana nada se de ella! Esto me hace creer que ha tenido mala suerte.

No he acabado de leer la Memoria[22] aunque hace dos o tres días que la he recibido, y ella no es muy larga. Tantas han sido mis ocupaciones! En otra carta manifestaré lo que pienso acerca de ella, pues que usted así lo quiere. Solo puedo anticipar que lo poco que he leído me ha gustado mucho, como todas las obras de usted, y que acaso convenimos en opinión, mas por razones muy distintas, sin embargo de reconocer la fuerza de las que usted alega. No me deje usted a oscuras sobre Cousin. Mándeme siquiera un extracto de sus observaciones sobre la doctrina de ese ideólogo moderno.

Es de usted como siempre su afmo.

Félix Varela

[*Revista Bimestre Cubana*, La Habana, julio-diciembre de 1942.]

Carta a José de la Luz y Caballero

New York 18 de julio de 1839

S. don José de la Luz

Mi estimado amigo por fin sé ya la desgraciada suerte de mis *Cartas a Elpidio*, y espero que usted tenga la bondad de noticiarme los pormenores de este negocio. Hállome como usted puede inferir en el mayor compromiso para pagar los gastos de la impresión. Si me quedasen amigos en La Habana me atrevería a suplicar a usted que promoviese una suscripción como por vía de limosna para hacer más llevadera la suerte de un autor derrotado, pero acaso sería un esfuerzo inútil. Es claro que si yo tuviese un número de amigos capaz de favorecerme, no hubiera sido tan desgraciado mi pobre librito; pues sabiendo mi situación lo hubieran comprado aunque fuese para arrojarlo al fuego.

Yo continuaré escribiendo a usted y a un corto número de personas que no ha variado, pero suplico a usted que jamás diga que recibe cartas mías, ni miente mi nombre para cosa alguna. Yo escribí cediendo a mil instancias de mis

---

22 Se refiere al trabajo titulado: *Filosofía. Cuestión de Método. Si el estudio de la Física debe o no preceder al de la Filosofía. Contestación-Habana 18 de junio de 1838*. Este fue el primer artículo, que escribió Luz sobre el tema, apareció en las *Memorias de la Sociedad Patriótica de La Habana*, tomo VI, Habana 1838, págs. 328-333 y 333-352.

amigos, que me hicieron creer que casi había un clamor popular pidiendo el 2.º tomo de mis cartas.

En vez de ese clamor me encuentro con un testimonio público de desaprobación popular; y después de un golpe tan tremendo no debo presentarme más en el público habanero. Me retiro como escribí a usted en esa mi anterior, sí, me retiro del campo literario por lo menos del habanero y por tanto si acaso me determino a escribir algo (que espero no llegara el caso) lo haré en términos que todo el mundo conozca que no intento escribir para La Habana.

Cuidado mi amigo, pues según el adajio cuando veas afeitar las barbas de tu vecino hecha las tuyas en remojo. A mí me han hechado a empellones conque cuidado, cuidado...

Siempre es de usted su afmo.

Félix Varela P:D: Cuando llegó el 2.º tomito de mis aburridísimas *Cartas a Elpidio* me escribió que Ariza pensaba escribirme, agregando que tendría la bondad de mandarme una guía de forasteros —si llegó a efectuarlo dígale que no ha llegado a mis manos, y que hace más de 6 meses que no tengo carta suya.

He dirigido al Joven García al Colegio de los Jesuitas de Georgetown dándole al S. de Solan una carta para un íntimo amigo que tengo en otro establecimiento.

[Archivo Nacional de Cuba. Fondo Donativos y Remisiones, legajo 604, número 41.]

Carta a José de la Luz y Caballero

Nueva York 23 de agosto de 1839

Mi estimado Luz: He recibido los 300 pesos que usted colectó y llegaron a tiempo que una demora de pocos días me hubiera puesto en un terrible compromiso. Gracias mi amigo, sí, una y mil veces gracias.

El censor no despacha el artículo porque es mío, la materia de que trata es de tal naturaleza que en nada puede comprometer las regalías ni la tranquilidad pública. Tenga usted la bondad de recogerlo, si como supongo, no lo ha despachado. Si hubiera de imprimirse yo le suplicaría a usted que le hiciera una corta adición para presentar un hecho que ignoraba, y es que el año pasado sufrieron martirio en China un misionero francés de la Diócesis de Portier y un catequista chino. Presentáronles una Cruz exigiendo de ellos que la pateasen en presencia de los jueces, y habiéndose negado a tanta impiedad, les hicieron sufrir muchos tormentos, y al fin les dieron muerte y dividieron sus cadáveres en cuatro partes que arrojaron a grandes distancias en la dirección de las cuatro partes del mundo para impedir que resucitasen como ellos decían que resucitó Jesu-Christo.

Suplico a usted que me diga con franqueza por qué han sido mal recibidas mis *Cartas a Elpidio*. ¿Es por las doctrinas que contienen? ¿Es por el modo de presentarlas? ¿Es por mero odio al autor? En este último caso quisiera saber la causa de un odio tan inesperado en vez del aprecio con que me honraban mis paisanos. El Juez eclesiástico ha aprobado la obra, el Gobierno la ha permitido pues de otra suerte no se atrevería Suárez a venderla, y sin embargo la venta no se anuncia en los papeles, y aunque bien pública por otros medios, no se consigue sino en un corto número de ejemplares. Yo no sé cómo entender este negocio, y le estimaría que usted se sirviese explicármelo.

Al fin, el desprecio con que han sido miradas mis *Cartas a Elpidio*, que contienen mis ideas, mi carácter, y puedo decir que toda mi alma, es un exponente del desprecio con que soy mirado. ¿Y por qué cree usted que le escribo esto? ¿Por vía de duelo o de queja tonta? No mi amigo, yo reconozco en los pueblos una inmensa superioridad sobre los individuos, y un derecho a preciarlos, o a negarles su aprecio sin reclamo alguno. Diríjase, pues, mi observación a un objeto muy distinto y es manifestar la gran ventaja que he sacado de este acaecimiento. En primer lugar he adquirido el inestimable tesoro del desengaño, y en segundo un complemento de libertad de que carecía. Yo siempre he creído que las circunstancias en que el hombre se halla le imponen un deber de hacerlas valer en cuanto pueda para su propio bien y el de sus semejantes; y así es que mientras creía tener algún influjo para hacer el bien en ese país, siempre me parecía que hacía poco, y no teniendo otros momentos que consagrarle que los de mi reposo, me privaba de éste para cumplir una obligación. Dicho influjo se ha visto que era quimérico, y si en algún tiempo fue real, ya no existe, y heme aquí totalmente libre, y sin lazos particulares con ningún país de la tierra, sí, heme aquí entregado a un egoísmo justo y racional pues consiste en dar gusto a mis semejantes que así lo quieren. Yo soy mi mundo, mi corazón es mi amigo, y Dios mi esperanza.

Mándeme usted aunque sean unos ligeros apuntes que contengan sus ideas sobre la doctrina de Cousin.

Mientras usted no me dé gusto en esto, no se verá libre de que le mortifique repitiendo mi petición.

Nunca he llegado a saber si llegó la caja de letras de imprenta que por encargo de usted remitó al señor Palma. Santos Suárez me dice que sin duda se ha recibido, pero no ha tenido informe expreso sobre la materia.

Es de usted su afmo.

Félix Varela

[*Revista Bimestre Cubana*, La Habana, julio-diciembre de 1942.]

Carta a José de la Luz y Caballero

15 de octubre de 1839.

Nv York J. don José de la Luz

Mi estimado amigo: don Carlos Hernández me trajo la carta que U me remitió para su hermano don Rafael al cual no he visto. En dicha carta ofreció usted informes, y advierto que es la cuarta promesa. He recibido los ejemplares de mis *Cartas a Elpidio* que me devolvio Suárez. Tenga usted la bondad de decírselo por si no recibe carta mía.

Yo ignoraba que usted es Director de la Sociedad y vine a saberlo por un artículo de las Memorias. Como tal podrá usted informarme sobre el proyecto de la catedra de Mecánica aplicada a la Agricultura, pues advierto que ha sido objeto de uno de los programas. Los programas qué bueno! Le aseguro a U que he tenido el mayor placer al leerlos. —Deseo y espero que los aspirantes a los premios llenen las intenciones de los proponentes.

Materialmte espera un individuo que yo concluya esta carta para llevarla al que debe conducirla y así debo terminarla ofreciendo a usted nuevamente el buen afto de su invariable Félix Varela

[Archivo Nacional de Cuba. Fondo Donativos y Remisiones, legajo 604, signatura o número 41.]

Carta a José de la Luz y Caballero

Nueva York 12 de noviembre de 1839

S. don José de la Luz. Mi estimado amigo: Cuidadito a quien da usted cartas de recomendación... Yo me atrevería a aconsejarle que no diese algunas a no ser para algún muchacho que venga a educarse. No puedo decir más, pero crea usted que tengo razón para hacer esta advertencia. Yo sentiría sin embargo que usted pensase mal de algunos de sus recomendados en particular. Al fin el punto es delicado.

Suplico a usted encarecidamente que si conserva los manuscritos del doctor Caballero busque en ellos una disertación sobre varias misas y entre ellas la de Santa Verónica. Yo la tengo copiada pero desgraciadamente se me han perdido las últimas hojas. Si usted me remitiese una copia completa me haría un gran servicio, y yo lo espero de la amistad de usted que siempre ha sufrido mis majaderías.

Quedo de usted su afmo.

Félix Varela

[*Revista Bimestre Cubana*, La Habana, julio-diciembre de 1942.]

Polémica filosófica

Carta a José de la Luz y Caballero

New York, mayo 1. 1840

S. don José de la Luz Mi estimado amigo aun no he tenido tiempo para leer los impresos en que se contiene la discusión de V con Valle. Este nunca me ha escrito sobre la materia, y mal pudiera usted creer que deseaese mi intervención, cuando su empeño es desterrar mis *Lecciones de Filosofía*

Al fin los (roto) sirven para purificar la atmósfera.

Coba me dice que su hermano que es librero en esa ciudad propuso comprar todos los ejemplares de las *Cartas a Elpidio*, y que no se las vendieron porque se esperaba sacar más ventaja. Como ya está visto que no tienen salida me atrevo a incomodar a V suplicándole que se vea con Suárez para que si no tiene otro inconveniente se las venda a cualquier precio, pues estoy seguro de que Coba las hará correr que es mi objeto.

Visto que quieren que yo escriba un tratado de religión para el uso de las escuelas lo escribiré cuanto antes, pero temo los resultados, por más que Hernández se ha empeñado en desviar mis sospechas.

Queda de V su afmo.

Félix Varela.
[Archivo Nacional de Cuba. Fondo Donativos y Remisiones, legajo 604, signatura o número 41.]

Carta a José de la Luz y Caballero

N. York, 21 de octubre de 1840

Mi estimado Luz: Al pobre de Cousin no le queda hueso sano, pero es la verdad que hubiera querido que fuese menor el número de las fracturas, principalmente las que tienen por objeto demostrar su pasión contra Locke. Sin embargo, usted me dirá que cuando se trata de dar una paliza, más vale darla por completo, para que no quede duda.

No quisiera que tomase usted con tanto empeño las cuestiones, pues aunque usted dice en una de sus notas que está determinado a combatir hasta la muerte; sus amigos, que somos todos los amantes de su patria, no estamos resignados a que usted acelere el término de su interesante vida, y esto lo queremos más por nosotros que por usted mismos. Deseo sin embargo ver concluida la obra que usted ha empezado y cuyo primer cuaderno ha tenido la bondad de remitirme, pero se entiende sin menoscabo de su salud.

Advierto que se ha vuelto usted muy médico y que funda usted casi todo en la fisiología. Creo que es terreno arenoso, según el reconocimiento que de él han hecho sus peritos propietarios; así creo que tendrá usted que cavar mucho para echar buenos cimientos. Lo que no comprendo es cómo quiere usted (y lo mismo vuestro amigo Hernández) hacer la religión fisiológica ¡Un dios fisiológico! Una trinidad fisiológica! Una eucarística fisiológica! Una gracia fisiológica! No lo comprendo! Aunque hablásemos solo de los medios de conocer estos misterios, no alcanzo qué conocimiento fisiológico pueda conducirnos al conocimiento de la Trinidad, de la Eucarística, ni de la Gracia. Aun en cuanto a la moral, estoy seguro que todos los fisiólogos del mundo no enseñaron una moral más sana que la de los padres de la Iglesia y ninguno de ellos fue fisiólogo, ni quiera Dios que la moral tenga por maestros a los fisiólogos que no se entienden a sí mismos y varían la ciencia casi cada año.

Y ya ve usted como se ha corrido la pluma. Estoy por romper la carta, pero vaya, pues la amistad de usted lo dispensará todo, no dudando del buen afecto de constante amigo de Félix Varela

[*Revista Cuba y América*, junio de 1899.]

Carta a Anastasio

Nueva York octubre 22 de 1840

Mi querido Anastasio: Viejecito: te incluyo la carta[23] que te ofrecí, para que hagas de ella el uso que quieras, reteniéndola o dejándola como según creas conveniente. Debo advertirte que tengo sospechas de que teniendo que valerme de amanuense, o mejor de copiante, han sacado otra copia y mandándola a La Habana sin consentimiento mío. Eso no es más que una sospecha. Poco importa pues si al fin la imprimen, solo sabrán cómo piensa un hombre arrinconado y nada más.

Tuyo F. Varela.

[*Revista Bimestre Cubana*, La Habana, julio-diciembre de 1942.]

Carta a un discípulo sobre su posición ante la polémica filosófica

Nueva York, 22 de octubre de 1840

Querido A: Mi silencio respecto a las cuestiones filosóficas que hace tiempo llaman la atención del público en esa isla, no es más que una medida prudente. Toda intervención de mi parte podría mirarse como un reclamo de mi antiguo magisterio, que si nunca hice valer cuando casi todos esos contendientes recibían mis lecciones, mal podría pretender ejercerle cuando se hallan a la cabeza de la enseñanza de que yo me he separado. Mas tus instancias son tales y tan repetidas, que al fin voy a manifestarte lo que pienso.

Tres son los puntos controvertidos: 1.º Si la enseñanza de la Filosofía debe empezarse por la Física o por la Lógica; 2.º Si debe admitirse la utilidad como principio y norma de las acciones; 3.º Si debe admitirse el sistema de Cousin.

En cuanto al primer punto, reflexiona que las ciencias pueden considerarse en sí mismas, o en el método de enseñarlas; y aunque este debe fundarse en las relaciones de aquellas, es vario en el modo de aplicarlas. Siendo la Lógica la ciencia que dirige el entendimiento para adquirir las otras, es claro que debe precederlas, o por lo menos acompañarlas, pues lo contrario sería lo

---

23 Debe referirse, sin duda, a la de igual fecha, dirigida a un discípulo suyo, relativa a la polémica sobre el colectivismo de Cousin, que publicó por primera vez José Manuel Mestre en su discurso De la Filosofía en La Habana el año 1862, y que reprodujo José Ignacio Rodríguez en su *Vida del presbítero don Félix Varela*, Nueva York, 1878.

mismo que aplicar la medicina, cuando ya el enfermo está sano, o traer una antorcha para alumbrar el camino cuando ya el viajero ha llegado a su término. Por consiguiente, los que defienden que debe empezarse por la Lógica han considerado las ciencias en sí mismas, y su argumento es incontestable. Mas las relaciones de la Lógica con las demás ciencias pueden irse aplicando a un objeto determinado, o enseñar de un modo práctico, lo cual equivale a enseñar la Lógica simultáneamente con otra ciencia, aunque el discípulo no perciba el arte con que es conducido. Entonces se aplica la medicina por grados, según lo requiera la enfermedad, y la antorcha acompaña al caminante y alumbra el campo aunque no es percibida. Por consiguiente, los que quieren que se empiece por la Física no pretenden que ésta se enseñe antes que la Lógica sino con el auxilio de ella, como un mero ejercicio lógico en que el entendimiento es guiado sin sentirlo, y adquiere un hábito que luego le facilita la inteligencia de los preceptos lógicos, o la ciencia lógica formada en sistema por los hombres.

No hay duda de que además de la Lógica natural de que siempre se ha hablado, y que consiste en la facilidad de percibir los errores por luz de razón, hay otra que podemos llamar de educación, social y científica, y que es el resultado de una continua rectificación del espíritu por experiencia propia, y por las indicaciones de los otros, que al fin viene a producir un hábito de acertar. Sucede lo mismo que con la Gramática, que puede uno aprender a hablar perfectamente, sin estudiar sus reglas, si tiene quien le corrija todos los defectos; pero nunca hablará bien sin conformarse a ellas, aunque el mismo no perciba esta conformidad. Propiamente hablando, no diríamos que aprendió sin reglas, sino que aprendió las reglas, sin saber que las aprendía, por no haberlas recibido en un orden sistemático. Por tanto, la cuestión no debe presentarse preguntando, si se ha de enseñar la Física antes que la Lógica, sino si la Lógica debe enseñarse junto con la Física, de un modo práctico, y meramente preparatorio, sirviendo los objetos físicos para los ensayos lógicos.

Bien advertirás que ya estamos en un campo muy diferente y que de un golpe nos hemos desembarazado de todos los argumentos deducidos de la naturaleza de la Lógica, ora para que preceda en el orden de estudios por ser la antorcha de las ciencias, ora para que se posponga por ser abstracta y menos agradable. En realidad no se anticipa ni se pospone, aunque los sistemas científicos, o cuerpos de doctrina formados por los hombres, se anticipen, o se pospongan.

Es también claro que la Lógica, aun como sistema filosófico, o conjunto de reglas y observaciones, puede enseñarse con toda perfección, antes de enseñar Física u otra ciencia alguna, pues el profesor, si sabe enseñarla, encontrará mil objetos sensibles y de fácil comprensión que le sirven de ejemplo en sus explicaciones y de ejercicio a sus discípulos. Nunca podría establecerse como regla, que el que no estudia primeramente la Física, no puede estudiar Lógica, o no puede por lo menos estudiarla con facilidad. Por esta razón, en las Universidades y otros institutos en que se enseña la Lógica después de la Física, no se exige certificación de haber estudiado ésta para empezar el estudio de aquella. En muchas partes se enseñan simultáneamente; y si no estoy equivocado, aun nuestro don José de la Luz lo practicó así, y acaso lo practica. Acuérdome que cuando me escribió que enseñaba la Física antes que la Lógica, le contesté que encontraba en ello una ventaja, y es que los estudiantes prefieren el estudio de la Física por ser más agradable, y así se les forma el gusto, enseñándoles al mismo tiempo la Lógica sin que lo perciban. Luego venimos al último resultado, y es que no yerran los que enseñan la Lógica antes que la Física, ni los que enseñan aquella sirviendo ésta de ensayo; y he aquí terminada la cuestión.

En cuanto a las obras elementales, creo que debemos pensar de un modo diferente, pues ésas, aunque se destinen al uso de las escuelas, deben escribirse como si el estudiante no tuviese otra guía, y por consiguiente deben seguir el orden que en sí tienen las ciencias, empezando por la Lógica. Y he aquí por qué yo no he alterado el orden de mis *Lecciones de Filosofía*, dejando a los profesores que hagan el uso que quieran de ellas, posponiendo si les parece el primer tomo, y empezando por el segundo.

La segunda cuestión queda resuelta luego que se analizan sus términos. Trátase de encontrar la primera norma de la moralidad que mide y arregla y no es medida ni arreglada, pues en tal caso no sería primera: luego la utilidad que es medida y arreglada no puede ser la norma que buscamos, y solo es el resultado de la comparación de las acciones con dicha norma, siendo la utilidad verdadera o aparente, según que se conforma o se opone a ella.

Advierte que los defensores del principio utilitario responden a las objeciones, diciendo que todas provienen de confundir la utilidad ilegítima con la verdadera; luego ha de haber una norma para evitar esta confusión, y dicha norma es la primaria. La idea de la utilidad de un objeto, es el resultado de un análisis y una síntesis, y viene a ser como el producto en una multiplicación.

¿Diría un matemático que los productos verdaderos, o bien sacados, son la norma de la multiplicación? Seguramente que no. Antes diría que aplicando la norma o regla sacamos los productos y averiguamos si son exactos; pues lo mismo debe decirse de la utilidad. Sin embargo, como siempre operamos por una razón de bien, o por una utilidad, es cierto que nuestras acciones se dirigen por ella, y que es la norma inmediata o secundaria, que no sirve de prueba de la moralidad sino en cuanto conviene con la norma primaria. Para valerme nuevamente de un ejemplo sacado de los matemáticos, compararé la que llamo norma secundaria con las tablas de logaritmos, que efectivamente sirven de norma en los cálculos para abreviar las operaciones; pero están formadas por otra norma, y son el resultado de otras operaciones que forman el verdadero fundamento de los cálculos.

Creo que ha dado ocasión a la disputa el haber confundido la norma primaria con la secundaria, y que examinando la materia con tranquilidad, podrían avenirse los contendientes. Siempre se ha dicho que el hombre opera según alguna razón de bien; que éste es real, si se conforma con la naturaleza de las cosas, y por consiguiente con la voluntad divina, que es el origen de ella, y aparente si se la opone, siendo también por la misma razón contrario a aquella: y que las acciones que tienen por objeto un bien real son justas, y las que se dirigen a un bien aparente, viciosas. También se ha dicho siempre, que para graduar la bondad de los actos debemos considerarlos en todas sus relaciones, y que cualquiera equivocación en este punto nos hará tener por buenas las acciones malas, y al contrario.

Jamás ha habido un filósofo que se atreviese a negar que un bien real es una utilidad verdadera, y que un bien aparente es una utilidad falsa.

Si oímos a los defensores del sistema utilitario, nos dirán que la verdadera utilidad no depende del capricho de los hombres, ni del vil interés, sino que se deduce del examen de la naturaleza de los objetos, y siempre es conforme con la voluntad divina; y que la verdadera utilidad es un bien real, y por esta razón, y no por otra, la presentan como la norma de las acciones, pues como filósofos están bien lejos de oponerse al bien real, o querer mal para los hombres. Por consiguiente, en sustituyendo la palabra utilidad a la palabra bien, o al contrario, todos los contendientes expresarán unos mismos pensamientos, auque el lenguaje sea diverso.

Mas por desgracia la cuestión ha tenido un objeto imaginario y se ha hecho interminable. Los que atacan el sistema utilitario dan por sentado que la utilidad se gradúa al capricho, o según un interés puramente individual; pero los defensores de dicho sistema responden que eso es una equivocación. Mas estos mismos acusan a sus contrarios de proceder neciamente fingiendo deberes imaginarios, sin consultar la verdadera utilidad, esto es, sin contemplar la naturaleza de los objetos; y a su turno reciben por respuesta que eso es también una equivocación. Y he aquí como unos y otros están dando palos al aire.

Sin embargo, de que estoy persuadido de que es una misma la doctrina de ambos partidos, debo confesar que no me ha gustado la introducción del término utilidad, que dejando las cosas como estaban les ha dado un aspecto sospechoso. Creo que la experiencia justifica mi aserción. Expresando las palabras bien real y utilidad verdadera una misma idea, convendría no usar las últimas que producen confusión, y aún si se quiere, expresan doctrinas contrarias. Francamente digo, que es absurda la que dé el nombre de verdadera a una utilidad que sea contraria al bien real. Pero estoy seguro de que ninguno de los defensores del sistema utilitario en La Habana está en este último caso; y así creo que la disputa es de palabra.

En cuanto al sistema de Cousin, creo que también puede haber un acomodamiento, si prescindimos de los errores particulares que puede tener el autor, como nos sucede cuando prescindimos de los gravísimos que cometió Aristóteles, a quien puede considerarse como el padre del sensualismo. El panteísmo de Cousin se deduce de algunas proposiciones de este autor esparcidas en sus obras; pero no es hijo de su sistema, que solo viene a ser un espiritualismo, lo cual seguramente no es cosa nueva. No puedo menos de admirarme de que Cousin haya hecho tanto ruido, cuando no ha hecho más que repetir lo que otros han dicho; pero al fin debo ceder a la experiencia y confesar que hay nadas sonoras. Redúcese, pues, toda la cuestión a dejar que Cousin y sus partidarios defiendan las ideas innatas, o las puramente intelectuales que no son innatas, pues su objeto no se representa por imágenes sensibles. A cualquiera de estos dos sistemas que se reduzca el cousinismo, debe desecharse, según mi opinión; pero no debemos alarmarnos porque otros lo sigan.

Puede decir que cuando estudié Filosofía en el Colegio de San Carlos de La Habana era cousiniano, y que antes lo fueron todos los discípulos de mi insigne maestro el doctor don José Agustín Caballero, que siempre defendió las ideas puramente intelectuales, siguiendo a Jacquier y a Gamarra. El Señor O'Gaban que le sucedió, y con quien acabé mi curso de Filosofía, varió esta doctrina, admitiendo la que ahora con un terminito de moda llaman sensualismo. Y yo que le sucedí en la Cátedra, siempre lo enseñé, aunque sin tanto aparato. Hubo, pues, una época en La Habana en que se enseñaba en la Universidad el sensualismo absoluto, en el Seminario el sensualismo que podemos llamar moderado, porque admitía algunas ideas puramente intelectuales, y en el Convento de San Agustín las ideas innatas, porque seguían a Purchot. Ya ves que la cuestión no es nueva.

Distingamos a Cousin de los cousinianos, y no atribuyamos a éstos los errores de aquél, así como no atribuimos a los aristotélicos los errores de Aristóteles. Sea o no panteísta Cousin, estoy seguro de que lo serán muy pocos, y acaso ninguno de los cousinianos. Si por desgracia llegan a admitir un error tan funesto, atáqueseles con firmeza, como panteístas, mas no como cousinianos.

En cuanto al sistema en sí mismo, repito que debe reducirse a un innatismo, o a un espiritualismo; pues, o quiere Cousin que todas las ideas estén en el alma, y ésta las despliegue, por decirlo así, según las Circunstancias, y he aquí el innatismo; o pretende que, sin estar las ideas previamente en el alma, ésta las forma sin imágenes sensibles, y he aquí el espiritualismo. No concibo un término medio, a no ser que se admita el sensualismo y se destruya todo el sistema cousiniano. Ahora bien, te suplico que recuerdes lo que escribí en mi primer curso filosófico[24] sobre la cuestión acerca del origen de las ideas, e infe-

---

24   No sé si tendrás algún ejemplar de este curso. Escribí la Lógica y la Metafísica en Latín, según la costumbre de aquel tiempo, y debía servir para el Seminario de la diócesis de Santo Domingo, cuyo Arzobispo el Señor Varela me encargó el trabajo. Imprimióse en La Habana, en la imprenta de Gil, en 1812, con el título de «Institutiones Philosophiae eclecticae» sin nombre de autor. Después enseñé por ella cuando obtuve la Cátedra del Seminario de La Habana, y entonces escribí el tercer tomo en castellano, por habérmelo permitido el Illmo. Espada.

rirás cuán inútil la considero. Estoy tan convencido de su inutilidad, que en mi segunda obra (pues como tal considero mis *Lecciones de Filosofía*) ni siquiera me detuve en ventilarla, porque me pareció que el mayor servicio que podía hacerle a mis discípulos, para quienes únicamente escribía, era conservarlos en la ignorancia de semejante cuestión, o mejor dicho delirio, que ni dirige el entendimiento, ni rectifica el corazón. Acuérdate de la regla de mi Lógica, que siempre he observado, y es, que toda cuestión que, resulta afirmativa o negativamente, de un mismo resultado en la práctica, debe desecharse. Lo mismo dirige el entendimiento para la adquisición de las ciencias un innatista que un sensualista, y así no importa mucho decidir cuál de los dos sistemas es verdadero, y la cuestión debe considerarse como objeto de una curiosidad filosófica. Sin embargo, en el primer curso la resolví estableciendo la siguiente proposición: Todos los filósofos deben convenir acerca del origen de las ideas, o todos defienden un absurdo.

Para probarla, supongamos que se presenta un cartesiano y dice: «Hay ideas que se adquieren naturalmente y sin estudio.» Un lockiano concederá esta proposición, y también lo hará cualquiera defensor de las ideas puramente intelectuales. Venga ahora un lockiano y diga: La idea de Dios se adquiere por los sentidos, porque ellos nos excitan a su formación», y el cartesiano lo concederá, porque él enseña que las ideas, aunque innatas, se excitan o despiertan por los sentidos; y tampoco lo negará el que admite ideas puramente intelectuales, pues por ellas nunca ha entendido que no puedan excitarse por los sentidos, sino que no pueden representarse por ellos. Supongamos ahora que viene un defensor de este último sistema y afirma que la idea de Dios no puede representarse por imagen corpórea, y que en este sentido es puramente intelectual; y el cartesiano, y el lockiano convendrán en ello. Resulta, pues, que todos están de acuerdo en que «hay ideas evidentes que se adquieren sin trabajo; que hay ideas cuyos objetos no pueden representarse por imágenes corpóreas, pero que podemos excitarnos a formarlas por la acción de los sentidos». He aquí una conclusión formada de lo que cada partido afirma y los otros conceden: he aquí todos los filósofos de acuerdo.

Pero supongamos que un cartesiano dice que la idea de Dios siempre ha estado presente en nuestra alma desde el momento en que fue creada, o que dicha idea estaba como escondida en el alma, y solo se manifestó cuando fue excitada, esto es, que estaba y no estaba. He aquí un absurdo. Supongamos que un lockiano dice que la idea de Dios se puede pintar por imagen corpórea: he aquí otro absurdo. Luego, resulta que todos sostienen un absurdo, así que se desvían de la proposición en que todos convienen. Luego, queda probada la primera proposición, esto es, que todos los filósofos convienen acerca del origen de las ideas, o todos defienden un absurdo. Debemos, pues, dejarlos en paz, o como defensores de verdades evidentes, o como apasionados que no perciben absurdos tan palpables. Creo que estas reflexiones bastan para que no nos ocupemos del cousinismo como sistema; y por lo que hace a los errores de Cousin dejárselos en su entendimiento, y si alguno los defiende bastará para confutarlos repetir las sólidas impugnaciones que en todas épocas han recibido, pues seguramente no venimos ahora a impugnar por primera vez el panteísmo, o el sistema de emanación en lugar de la creación. No son los ateos bichos nuevos en el campo aparente filosófico, aunque en el real no se cree que hayan jamás existido. De aquí no infieras que atribuyo estos enormes errores a Cousin, sino que está, justa o injustamente, acusado de ellos, y allá se las parta: yo no quiero constituirme su acusador, ni su defensor, ni su juez.

También ha llamado la atención Cousin reviviendo el principio de autoridad filosófica y reuniéndolo con el eclecticismo, siendo enteramente contrarios, pues el que cede a una autoridad no tiene elección. Sin embargo, sospecho que ha empleado estos términos en muy distinto sentido, y que al fin es un juego de voces. Indúceme a formar este juicio una proposición de mi amigo y discípulo don Manuel González del Valle, que dice: Como no hay progreso sin tradición doctrinal de los que nos han antecedido en la historia de la ciencia, la autoridad es el lazo que nos une con el pasado. Sé que Valle se ha entregado por mucho tiempo al estudio de las obras de Cousin, y que es su partidario acérrimo, por cuyo motivo debo creer que la proposición es enteramente cousiniana. De ella, sin embargo, se infiere claramente que la autoridad filosófica solo tiene por objeto certificar lo que han escrito los filósofos, mas no obligarnos a admitir sus doctrinas, pues entonces no podría haber progreso como supone la proposición, sino que por el contrario tendríamos una Filosofía estacionaria.

Aunque convengo en que la tradición doctrinal puede servir para el progreso de las ciencias, no me parece que es absolutamente necesaria, pues la mayor parte de las invenciones y los mejores sistemas no se han fundado en doctrinas precedentes. Sirvan de ejemplo de atracción de los cuerpos y el movimiento de la tierra. Me persuado, pues, que mi amigo Valle no quiso presentar su proposición como universal, aunque los términos en que está concebida pueden inducirnos a creer que lo es, sino que habla de lo que generalmente sucede. Mas supongamos que Cousin quiere que no haya progreso alguno, sino que solo aprendamos a repetir: supongamos que quiere establecer el Magister dixit pitagórico, y al mismo tiempo un eclecticismo monstruoso que consista en amalgamar todas las doctrinas que nos transmite la historia filosófica, ¿crees, querido amigo, que semejantes absurdos merecen refutarse? Y si Cousin no los ha enseñado, y sus discípulos no los enseñan tampoco, ¿para qué fin atribuírselos? No más de Cousin.

Ocupémonos ahora de los contendientes habaneros, y he aquí una de las pocas veces que me he ocupado de personas; pero conozco su gran mérito, los amo tiernamente, y más que a ellos amo a mi patria, y por tanto quisiera que el raudal de sus conocimientos corriese más lentamente para que regase y no destruyese las hermosísimas flores que en el campo de la juventud cubana han producido y producen sus desvelos. Desearía que mutuas y sencillas explicaciones produjesen una reconciliación filosófica, o que si desgraciadamente continuase la disputa, no continuase por lo menos el espíritu que hasta ahora la ha conducido. Pero al fin éstos no son más que los votos de un pobre clérigo que a lejana distancia se complace en pensar en lo que convendría a su patria.

Escribiendo a un discípulo mío, creo poder concluir esta carta refiriendo algunas anécdotas de mi carrera filosófica que dieron origen a la aversión que tengo a las disputas e investigaciones especulativas. Mi discípulo don Nicolás Manuel de Escobedo, que tenía entonces 15 o 16 años, me leía diariamente, y notando algunas cuestiones especulativas (que generalmente son el fundamento de los partidos) me preguntó con su natural candor y viveza: padre Varela ¿para qué sirve esto? Confieso que me enseñó más con aquella pregunta que lo que yo le había enseñado en muchas lecciones. Fue para mí como un sacudimiento que despierta a un hombre de un profundo letargo. ¡Qué imperio tienen las circunstancias! Nada más me dijo, y me hizo pensar por muchos años.

Poco después formé un elenco en que aún tenía varias proposiciones semejantes a las que llamaron la atención de Escobedo, bien que yo no percibía su semejanza, y cuando se le presentó al Señor Espada, le dijo éste a su secretario:

Este joven catedrático va adelantado, pero aun tiene mucho que barrer; y le hizo notar como inútiles precisamente las proposiciones que yo creía más brillantes. Tomé, pues, la escoba, para valerme de su frase, y empezé a barrer, determinado a no dejar ni el más mínimo polvo del escolasticismo, ni del inutilismo, como yo pudiera percibirlo. Acaso esta manía de limpiar que he fomentado por tantos años, influye en el juicio que formo del estado de la Filosofía en La Habana; pero según mi costumbre, lo expresaré con franqueza, y es que en el campo que yo chapeé (vaya este terminito cubano) han dejado crecer mucha manigua (vaya otro); y como no tengo machete (he aquí otro) y además el hábito de manejarlo, desearía que los que tienen ambos emprendieran de nuevo el trabajo.

Basta de carta, que ya es larguísima; pero ten paciencia y no olvides a tu afectísimo,

Félix Varela P. D.

¿Eres frenólogo?

Pregúntolo porque parece que por allá está en moda. También lo estuvo aquí; mas va pasando como todas las modas. Advierto que mis amigos don José de la Luz y Caballero y don José de la Luz Hernández han entrado en ella. Yo me quedo fuera, y acaso serviré de ejemplo frenológico, pues tal vez tendré algún malhadado chichón antifrenológico, o de incredulidad frenológica, sumamente desenvuelto. Lo peor es que nunca lo sabré por experiencia, a menos que no pierda el juicio, pues jamás permitiría yo que un adivino frenológico me pusiese las manos sobre la cabeza para contar las prominencias de mi cráneo, y decir por ellas las pasiones de mi alma, si ya no es que lo haga para divertirme con los dictámenes frenológicos, como lo ha hecho el doctor Belford; pero ni aun a esa diversión estoy inclinado. Los papeles franceses nos anuncian que un profesor de medicina acaba de demostrar que las cavidades internas del cráneo no corresponden a sus prominencias exteriores, y que no hay locación de órganos, sino que el cerebro tiene un continuo movimiento. En una palabra ha destruido los fundamentos de Gall. La Academia de Ciencias y la de Medicina de París, han examinado los trabajos de dicho profesor, cuyo nombre me parece que es Neivil, y ambas corporaciones los han declarado concluyentes. Siendo esto así, mal están los examinadores de cráneos, y es menester que se despidan de Gall.

Varela

[José Manuel Mestre, «De la Filosofía en La Habana», *Obras*, Editorial de la Universidad de La Habana, La Habana, 1965.]

Ensayos filosóficos
Distribución del tiempo. Máximas para el trato humano.
Prácticas religiosas

Distribución del tiempo

La distribución del tiempo depende de circunstancias personales y de familia, por cuyo motivo debe ser obra de la persona interesada. Sin embargo, pueden darse algunos consejos generales:

1.º No formar plan en que se ocupen todos los momentos del día, sino aquellos que probablemente puede esperarse que serán ocupados. Muchos por aspirar a una ocupación continua, pasan la vida en una ociosidad constante y laboriosa. Es cierto que toda persona que vale algo, tiene pocos momentos desocupados; pero esto debe ser efecto de circunstancias, mas no de plan premeditado.

2.º La constancia en la observación del plan de vida que nos proponemos es una garantía para el buen resultado; por cuyo motivo, si tal hora se destinó por ejemplo para la lectura, debe leerse en aquella hora aún cuando se halla leído muchas horas antes.

3.º No desanimarse por la interrupción que sufra la observancia del plan propuesto.

4.º Aspirar a la perfección, pero contentarse con la medianía. El desagrado con que ésta se mira es efecto de vanidad, por más que se cubra con títulos más honrosos.

MÁXIMAS PARA EL TRATO HUMANO

«Pensar bien de todos los hombres, mientras no nos conste que son malos; pero precaverse de ellos, como si efectivamente lo fueran. La gran prudencia social consiste en no manifestar estas precauciones que ofenderían, y evitar el escollo de la hipocresía, o falso carácter. No debemos, pues, negar nuestras ideas, pero tampoco debemos manifestarlas sin necesidad.

El medio de evitar el ofendernos por las malas acciones de los hombres es considerarlos como enfermos. Esta máxima es conforme a la doctrina de San Agustín. El mundo es un gran hospital, donde se hallan unos que buscaron y aumentan sus enfermedades, y otros que enfermaron por accidente; mas todos necesitan igual cura, y de ninguno debe hacerse caso cuando habla poseído del mal».

Prácticas religiosas

1.º Rezar poco y bien. No por esto crea usted que me opongo a la práctica de muchos rezos, si es que hay tiempo y disposición de espíritu para hacerlos con propiedad. Mas no siempre se consigue esta perfección; y así es que muchos de los grandes rezadores son grandes pícaros, y detrás de un chorro de rezos mecánicos, echan un chorro de maldiciones, o quitan el crédito a todo el mundo. En el rezo deben ir las palabras acompañadas con el sentimiento del corazón, y entonces el efecto es infalible.

2.º No debemos afligirnos por las distracciones en el rezo, a menos que sean voluntarias; y así conviene no repetir los rezos, pues en la segunda vez será mayor la distracción que en la primera. Tengamos presente que las oraciones son para consuelo, y no para tormento.

3.º No usar otros rezos que los aprobados por la Iglesia; para esto no basta que se hallen impresos con la aprobación de algún obispo, pues muchas de estas aprobaciones son fingidas, y de esto tenemos pruebas innumerables: otras son sacadas sin propio examen; y otras son dadas por obispos que acaso más le convendría a la Iglesia que no lo fueran. Muchos de los libros de piedad están llenos de blasfemias por exageraciones ridículas. Si por desgracia da usted con alguno de estos libros, lo mejor que puede hacer es no leerlo; pero si, por otra parte, contiene cosas muy buenas y usted encuentra consuelo, acuérdese usted que las palabras tienen el significado que queremos darles; y así, atienda usted a la sana intención del autor, y a la de usted, cuando pronuncie las palabras, y no hay peligro. Sin embargo, confieso que querría ver quemados semejantes libros.

4.º En cuanto a las oraciones, recuerdo a usted que Jesucristo estableció una a la cual debemos dar la preferencia. Aconsejo a usted que diga fervorosamente el padre nuestro antes de salir de su casa, y siempre que usted prevea que puede presentarse alguna tentación, y sobre todo siempre que usted se proponga hablar a alguna persona para aconsejarla, o producir algún buen efecto en gloria del Señor.

5.º Aconsejo a usted que al entrar en la Iglesia, repita las que ella usa tomadas de la Escritura: Aquí no hay otra casa sino la casa de Dios y la puerta del cielo. Gen. C. 28 v. 27. Enseguida, repita usted las palabras del salmo 137. v. 1 y 2: En presencia de los ángeles te alabaré.
[José Ignacio Rodríguez, *Vida del presbítero don Félix Varela*, Imprenta Arellano y Cía, La Habana, 1944.]

Ensayo sobre la doctrina de Kant[25]

La inventomanía, deseo desordenado de inventar, es uno de los mayores males, tanto en las ciencias como en la religión, y es mucho más peligrosa que las demás ilusiones humanas, puesto que se pone en el lugar de la pasión más noble y del rasgo más distinguido de la naturaleza humana, con el que pretende identificarse, a saber: el justo deseo de adelanto. La ideología moderna, o, mejor, actual, nos presenta un triste ejemplo de esta verdad en el sistema del progreso o école du progrès que a tantos, principalmente en Francia, ha fascinado; y poco antes, en el sueño filosófico de Kant, que ha embotado y sumido en profundo sopor a una multitud de brillantes talentos y ha corrompido a muchísimos corazones generosos y buenos.

La ideología, en nuestra opinión, es la ciencia menos susceptible de invenciones, y, por desgracia, es precisamente aquélla en que los hombres más se complacen en inventar, por lo mismo que sus monstruosos aportes no están sujetos a inspección física y a comprobación imparcial, sino que siempre vienen envueltos en abstracciones y rodeados de la nube de misterio de una especial fraseología en que estriba siempre la parte principal de la invención. Así introdujo Kant en el mundo científico su filosofía trascendental y su razón pura con varios otros términos (y solo términos) del mismo cariz, tan ridículos como la jerga escolástica del siglo XIII. A no ser por los errores a que induce su doctrina, más valiera no darse por enterado de las fantasías del filósofo romántico; pero la experiencia nos advierte la necesidad de poner en guardia contra éstas a los amantes de la verdad. Abordaremos el kantismo en su aspecto ideológico y en su aspecto religioso.

---

25 Publicado en *The Catholic Expositor* (1841), tomo II, pág. 294 y sigs, por el Muy Rvdo. Doctor Félix Varela, don don Traducción directa del inglés por el doctor Luis A. Baralt Zacharie, profesor de Teoría del Conocimiento, Lógica y Estética de la Universidad de La Habana.

El kantismo considerado ideológicamente. Ante todo debemos confesar nuestra perplejidad y rogar al lector nos excuse si no acertamos a dar una idea clara y correcta del sistema kantiano, pues se nos antoja que ni el propio Kant lo entendió. Mas, a juzgar por las explicaciones de sus doctrinas dadas por varios autores, podemos inferir que, según este sistema, la experiencia no es el origen de la verdad ni su criterio, ni puede hallarse meramente en la actividad mental ni en nuestra razón, sea la que fuere su forma de operar. Por consiguiente, tanto la razón como la experiencia tienen que estar sostenidas por otro principio: y a este sublime principio tenemos que trascender o elevarnos, a fin de considerar la razón pura, libre de las imágenes de los sentidos y de las ficciones del razonamiento. Este principio eminente está compuesto de ciertas formas espirituales que radican en nuestra alma y que se manifiestan como resultado de la acción de nuestros sentidos o de la fuerza de nuestra razón. Pero estas fuerzas ¿qué son? Dudamos que Kant lo haya sabido jamás o que ninguno de sus discípulos lo haya comprendido nunca —por nuestra parte al menos nos confesamos ignorantes.

Si preguntásemos a los kantistas si por estas formas o por este principio hay que entender las ideas innatas de Descartes, contestarían: no, de ninguna manera: porque tal cosa despojaría al sistema de su novedad y al inventor de su fama. ¿Radica en Dios este principio? Lo negarán por temor a evidenciar demasiado la tendencia de su sistema al panteísmo; ya que, por fuerza, ese principio, sea lo que fuere, ha de residir en el alma; y si estuviese en Dios, el alma también estaría en Dios y Dios en el alma, o tendrían que ser la misma sustancia, ya que la naturaleza divina no admite en sí ninguna otra sustancia. ¿Será este principio algo distinto del alma, pero unido a ella? Entonces ¿de qué modo? ¿Es una sustancia? El conocimiento de ella ha de adquirirse por el alma, ya sea mediante la sensación, o por el razonamiento, o al menos por el sentido íntimo o conciencia. Pero Kant pretende que los sentidos, la experiencia, el razonamiento, la conciencia, y cuanto se le asemeje, son insuficientes para llegar a la verdad, y no pueden por tanto probar la existencia de ese principio misterioso que es la razón pura.

Acaso piensen algunos de nuestros lectores que falseamos la doctrina de Kant, al afirmar que no establece la experiencia como el criterio de la verdad; pero les rogamos adviertan que aunque Kant dice explícitamente que su sistema se basa en la experiencia, y que ésta ha de ser tanto la guía como el origen de la certidumbre, no queda duda, a poco que examinemos su doctrina, que la experiencia a que se refiere Kant es de naturaleza muy distinta y tiene un significado muy otro. La divide en objetiva y subjetiva, o más bien afirma que la experiencia se compone de estos dos elementos: el objetivo, que concuerda con el objeto en la naturaleza, y el subjetivo en el intelecto, que es el sujeto que recibe y capta este elemento. Pero estos elementos subjetivos carecen de todo valor a no ser comparativamente con los objetivos; y los objetivos mismos no pueden captarse por los sentidos ni por el mero razonamiento. De aquí que la experiencia resulta en realidad nula, aunque se hable de ella a menudo en los escritos de Kant, quedando todo a la razón pura, que podríamos llamar el ideal o más bien la ficción.

Nuestro filósofo soñador no toma en cuenta las sensaciones sino la sensibilidad, que él distingue de aquéllas, como si la sensibilidad no fuese meramente una abstracción de las sensaciones, sino cosas de naturaleza muy distinta, aunque él nunca pudo señalar la diferencia; y enseña que no tenemos idea del objeto en la naturaleza, sino que nosotros todo lo vemos en nuestra alma. Si esto quiere decir que en los cuerpos no hay nada semejante a nuestras ideas (puesto que éstas son espirituales) o que las más aproximadas representaciones (si se nos permite la palabra) que el alma tiene de los objetos son las ideas, no habrá ninguna dificultad, ya que todos los filósofos dirían y han dicho lo mismo; pero, según parece, Kant enseña otra cosa. Pero ¿qué es lo que enseña? Quizá lo sepa él, pero estamos seguros de que no tuvo tan clara idea de la cuestión como la que tenemos nosotros de su ilusión. A este respecto afirma que podemos estar seguros de nuestra sensación, pero no de su objeto en la naturaleza, y que todo se reduce al egoísmo o conocimiento que tenemos de nosotros mismos. He aquí de nuevo la doctrina de Malebranche, y si Kant no dice nada más, no es su sistema acreedor a que se le llame invención o doctrina nueva en Ideología. Sin embargo, por decir algo nuevo, incurre en un gran error al admitir el escepticismo en lo tocante a la razón pura, pero no en cuanto a la razón práctica, en virtud de la cual todos sabemos lo que es menester para alcanzar el fin que perseguimos, que es nuestra felicidad. Es por esto, según afirma, que admitimos la existencia de Dios y de una vida futura. El profesor de filosofía del Colegio de La Propaganda —cuyo libro de texto cayó accidentalmente en mis manos y cuyo nombre ignoro— dice atinadamente que puede definirse el kantismo como un idealismo trascendental y un empirismo real.

El kantismo examinado desde el punto de vista de la religión. Si la razón pura, que según Kant es la verdadera guía y norma de la verdad, nos lleva al escepticismo ¿cómo puede la razón práctica, regulada como está por la razón pura, tener certeza de nada? ¿Cómo podremos propiamente creer, reflexionar? Los defensores de tal sistema, muchos de los cuales están lejos de percatarse de su tendencia, harían bien en reflexionar que sin alguna forma de certidumbre en la correspondencia de los objetos con las ideas o con esas formas que Kant admite o inventa, la fe se reduce a una mera palabra; y además, la existencia misma de nuestra alma, como substancia dotada de la facultad de percibir distintos objetos, sería indemostrable, al no haber evidencia de que los objetos existen, pues tal conocimiento de nuestra alma acaso probaría lo contrario, a saber, que es un engaño. Los sentidos, según Kant, nada enseñan al alma; tampoco es capaz de hacerlo la razón. ¿Quién entonces podrá enseñar a nuestro intelecto y convencernos de que nuestra existencia no es una mera ficción? Ni podríamos nunca adquirir siquiera la idea de ficción, que supone la de realidad. ¿Dónde está entonces la certidumbre de la religión? ¿De qué sirve predicar si cuando la razón práctica nos asegurase que el predicador dice verdad, la razón pura argüiría: «No hay evidencia siquiera de que tal hombre está predicando, ni de que los objetos de que habla existan o no?» ¿Qué se ha hecho, pues, de la religión? —repetimos.

En 1764 Kant llamó la atención con un libro pequeño, pero pernicioso, titulado: «El único fundamento posible para demostrar la existencia de Dios». Este fundamento era, según Kant, el sentido íntimo. Descartaba, por consiguiente, toda otra demostración, y dejaba la creencia en Dios al mero capricho de exclamar: «Mi conciencia me dice que hay un Dios.» Él mismo se percató muy pronto del escándalo que había producido su obra y de que por ella se perjudicaba su nombre, y, como observa el autor de *Mémoires pour l'Histoire Ecclésiastique du 18me Siècle*, en escritos posteriores Kant mismo contradice y destruye ese pensamiento principal, al pretender solamente explicarlo; de manera que puede considerársele refutado por su propio autor. Entonces escribió la crítica de la razón pura y la religión dentro de los límites de la mera razón, que llamó la atención de Alemania, más por la propensión de aquel país a los sistemas abstractos y torturadores que por el mérito real de las obras, a no ser que se entienda por mérito el trabajo, la dificultad, la incomprensibilidad y la afectada novedad. Desdichadamente varias universidades adoptaron la nueva doctrina que, por consiguiente, comenzó a ponerse de moda en el mundo científico.

En cuanto a las doctrinas mismas, o más bien a las aplicaciones que de ellas hizo Kant en sus principios peregrinos y visionarios, bastará para refutarlos con transcribir sus propias palabras, ya que confiamos en que ninguna inteligencia imparcial dejará de percibir el absurdo que envuelven. «La moral –dice– o sea, un ideal de virtud reconocido por la razón pura, es el fundamento de la verdadera religión, y ella sola constituye la idea de una religión universal, fuera de la cual no hay más que error, o por lo menos superfluidades (¡abajo la religión revelada!) Hay en el hombre un principio del mal, que lo hace malo por naturaleza, aunque sea esencialmente bueno. Estos dos principios lucharán entre sí hasta que se establezca el imperio de Dios sobre la Tierra (luego no está establecido y no hay Iglesia); y entonces se decidirá la victoria entre el bien y el mal. La imagen de este imperio es la Iglesia, que solo debe admitir devoción moral, sin oraciones, ofrendas, sacrificios ni ceremonias» (¡qué bonito!).

«La naturaleza humana tiene tres raíces: la animalidad, que es la fuente de las virtudes y vicios naturales, de la rudeza y la brutalidad; la humanidad, de donde nacen las virtudes sociales y los vicios que acercan al hombre a los seres infernales; y la personalidad (totalmente incomprensibles) que manifiesta a la razón y al corazón la voz de la conciencia y de la divinidad». Prosigue diciendo que «El principio del bien de la humanidad es una cosa ideal; que esta cosa ideal, es, en relación con su origen, el único hijo de Dios (esto, hasta donde se llega a comprender, es una impiedad), que es el Verbo, ligado al mundo, que es su criatura; que sea la que fuere la naturaleza del fundador del cristianismo, ha venido a producir, por su vida y su muerte, la realidad de aquel ideal que nos es dado imitar; que todos los hombres están llamados a constituir una sociedad civil con Dios como legislador; que el ideal de esta sociedad será la iglesia visible; que el creer en esta iglesia invisible o ideal será la fe pura de la religión pura de la razón pura. Esta fe será de dos clases: la fe de la iglesia visible o fe eclesiástica, depositada en un libro sagrado, y la fe religiosa, intérprete del anterior y de su libro –que aquélla no es sino la introducción de ésta entre las gentes, y que cuando se identifiquen, todos los hombres gozarán de una felicidad infinita en la tierra—; que a la razón pura no le conciernen la historia, los hechos, los milagros ni las pruebas de la revelación».

Las anteriores conclusiones sacadas por el propio Kant de sus principios, bastan para demostrar cuán absurdo e impío es su sistema. Acaba con la religión, salvo aquella incierta e insuficiente religión que tiene la esperanza de establecer, que a él se le antoja llamar religión moral. Pero aun ésta, en nuestra opinión, es totalmente inconsistente con su doctrina, que hace recaer toda incertidumbre en los elementos subjetivos, como él los llama, es decir, en esos principios intelectuales o formas que él supone existen en nuestra alma. ¿Cómo conocerlos? La experiencia, según la doctrina de Kant, no nos lleva al conocimiento de la verdad misma, salvo gracias a la dirección, o como dijéramos, la acción de esos elementos. Son independientes de la experiencia, y ésta nada puede enseñarnos acerca de ellos, sino que, por el contrario, la experiencia misma se nos da a conocer por dichos elementos. Por tanto, no podemos aprender esa religión moral de la experiencia y la observación de la naturaleza de los objetos, a fin de dar a cada uno de ellos lo suyo, sino que toda nuestra sabiduría a este respecto ha de ser subjetiva, es decir, ha de existir en el sujeto de las formas o nociones que están en el alma. Hemos de ver, pues, en nuestra alma la divinidad de los principios de la religión pura y verdadera, que ha de ser enteramente subjetiva. Esto nos conducirá al panteísmo y por consiguiente a la destrucción de toda religión, o a un estado de incertidumbre igualmente incompatible con todo sistema religioso.

Confiamos en que nuestros lectores no esperarán que nos detengamos en el tema del panteísmo, ya que su deformidad es tan evidente que ningún hombre sensato, a no estar descarriado por la vanidad filosófica, se dejará convencer por él; y en cuanto a la tendencia de la doctrina kantiana a este error resulta obvia al decir que todo lo observamos en nuestra alma como en la divinidad, si tenemos en cuenta que ello solo podría ser por una emanación, lo cual equivaldría al panteísmo. Limitemos nuestras observaciones a la incertidumbre de tal moral religiosa, de acuerdo con los principios mismos de su sistema. Temiendo comprender mal a Kant, ya que, como hemos dicho, tenemos motivos para creer que él mismo no se comprendía, transcribiremos de la excelente obra del sabio Galluppi la explicación de algunas de sus doctrinas. «La filosofía trascendental —afirma— despoja a la noción de lo absoluto de toda realidad. Si los elementos objetivos de nuestro conocimiento solo adquieren valor objetivo por la síntesis, por la que se forman los objetos de la experiencia, ¿cómo puede, según esta filosofía, haber valor objetivo en lo absoluto, que no entra en la síntesis de ningún objeto sensible? Los elementos que entran por síntesis a formar un objeto, pueden separarse por el análisis; pero si se intenta analizar un objeto sensible, nunca se obtendrá como resultado lo absoluto, que se reduce, por tanto, según esa filosofía, a una simple idea de nuestra razón, sin realidad alguna». (Galluppi. Elementi di Filosofia, vol. 2, pág. 168.) Por consiguiente, la religión moral basada en esta filosofía trascendental, no sería más que una simple idea de nuestra razón, sin realidad alguna, es decir, no sería tal religión. El fundamento mismo de la religión, que es la existencia de lo absoluto, a saber, Dios, no puede demostrarse más que como mera idea; ¿cómo podrá entonces demostrarse de otra manera la religión misma? De aquí que, según observa Galluppi, admita Kant la existencia de Dios, pero por otros motivos y razones. ¿Puede darse una prueba más clara de que él mismo reconocía que su razón pura —su filosofía trascendental—, en una palabra, su abstracto y extraordinario sistema, no nos ofrece una demostración del fundamento mismo de su imaginaria religión? Poco beneficio han derivado las ciencias de los sistemas, y mucho ha sufrido a manos de ellos la religión. Todo sistema aporta un determinado plan y una invención, frutos de la razón humana, rara vez basados sobre la verdadera observación. Aun cuando lo están, se corre grave riesgo en la aplicación de los principios, y cuando la mente humana se propone hallar una uniformidad fantástica, cae por fuerza en el abismo de las abstracciones, suplantando una naturaleza imaginada en lugar de la obra magnífica del Creador Omnipotente. A veces ocurre que se construye un sistema sobre algunas observaciones aisladas, aunque correctas, y luego se invoca a la naturaleza en apoyo suyo; de esta manera el hombre usurpa el puesto al Creador, aunque solo pretenda explicar sus obras y seguir los dictados de esa luz de la razón, dada en prenda de su alto destino. En religión no puede haber ningún sistema, pues la obra divina ha sido planeada por el Todopoderoso mismo; verdad que no hay que investigar sino recibir, ora de las evidencias de la naturaleza, ora de la revelación, y al hombre solo le queda creer según los hechos y dogmas evidentes, y meditar sobre la correspondencia y alcance de las verdades ya sabidas, en lo que consiste el estudio profundo de la religión. Los sistemas son sus enemigos, y la historia de las herejías lo confirma. Mientras Kant se limitó a soñar, no era más que un soñador, tenido como tal por todos los que no se dejaron engañar por prejuicios filosóficos y religiosos contra la doctrina generalmente aceptada de la introducción a partir de las sensaciones; pero en cuanto comenzó a aplicar sus sueños a la religión, su doctrina se hizo peligrosa. Quiso encontrar su razón pura en la palabra revelada, y al no lograr su propósito, desdeñó lo que se le oponía, a saber: la revelación. De aquí nació la fantástica religión civil y moral que él esperaba surgiese en un futuro que él no pudo determinar.

No hay otro sistema tan apto para producir y aumentar el fanatismo; y para que ningún lector crea que estamos influenciados por motivos particulares, daré la razón en que me fundo. El fanatismo es un estado de excitación del intelecto humano, que le hace incapaz de percibir un objeto más que por un lado, y lo lleva a sobrestimar ora las cosas mismas, ora los medios para obtenerlas, y a defenderlas con ese imprudente celo tan frecuente en cuestiones religiosas; de aquí que el hombre se haya tomado de esa falsa inspiración que los adoradores de Fan pretendían recibir en sus templo o Fanum, por virtud de la cual solían salir de él perturbados y hasta enfurecidos. Por lo tanto, aquellas doctrinas que versan sobre materias de importancia y son de índole abstracta, son las más aptas para provocar esta excitación, porque la actividad de la mente se endereza precisamente a concentrar nuestras ideas en un solo orden de cosas, y abarca, si se me permite la palabra, las operaciones todas de nuestro intelecto. Referimos así todos nuestros deseos y placeres a tales objetos, sintiendo aversión hacia cuantos los contradicen. A esto se deben los numerosos estudios del kantismo, emprendidos y continuados por hombres cuyo talento les hubiese hecho percatarse de las deformidades del monstruo que estaban alimentando, a no ser por la fuerza del fanatismo que se había entrado a hurtadillas en sus mentes para acabar dominándolas. Así la filosofía se allegaba a la religión no como servidora sino como dueña; y en pocos tiempo los dogmas de la divina revelación se convirtieron en meras emanaciones, que no otra cosa podemos llamar a los principios y formas del kantismo. El afán de descubrimiento tenía sobrada justificación en entregarse a un desacostumbrado fanatismo, y los que en realidad estaban desfigurando y hasta destruyendo las cosas más sagradas, se creían estar prestando un gran servicio a la filosofía y a la religión. La oposición de este sistema al materialismo ganó para aquél el sufragio de muchas personas piadosas, entristecidas ante el atroz espectáculo de la inmoralidad que aquella horrible doctrina acarrea naturalmente, y todo nos induce a creer que tal es el caso de muchos kantistas, que, más que percibir la verdad de la doctrina, quisieran creer en ellas. Por desdicha, no observaron sino un solo lado del objeto y así lo abrazaron sinceramente y a conciencia como un don del cielo y como una inspiración que destruía el materialismo. Mas iay! perseguían una apariencia de verdad que tomaban por un dios, y su desengaño no será menor que el de aquel infeliz que creyendo tener entre sus brazos a Juno, abrazaba solo su sombra.

Ensayo sobre el origen de nuestras ideas[26]

I

En el capítulo de las Veladas de San Petersburgo inserto en nuestro último número, el lector puede advertir que el conde de Maistre admite las ideas innatas, y trata con gran severidad a los defensores de la doctrina que la nueva escuela de espiritualistas llama sarcásticamente sensualismo. Ni yo ni el ilustrado traductor de ese trabajo debemos ser considerados como solidarios en la defensa de todo lo que contiene, ya que ningún traductor está obligado a ello, y mucho menos el editor del periódico en que se publica un trabajo; por lo tanto no creímos necesario haber hecho observaciones de ninguna clase. No obstante, y después de meditarlo, creo necesario hacer algunas observaciones personales expresivas de mi sentir sobre la cuestión, no sea que alguien sospeche que ya no mantengo el criterio que hice patente en mis *Lecciones de Filosofía*, y que me he convertido en innatista.

Tal cosa es ajena al mi modo de pensar. ¿Cómo puedo creer que hay en la mente humana una innumerable multitud de ideas, que no son conocimiento o que son conocimiento desconocido? Esto sería como concebir un círculo cuadrado. Pero supongamos que existen tales ideas no ideas, y que éstas son excitadas o se manifiestan (se hacen conocidas) cuando la ocasión lo requiere, a voluntad de los defensores de tal sistema. En tal caso ¿por qué agente son excitadas? ¿Por Dios? Tal excitación no puede ser sino una verdadera produc-

---

26 Publicado en *The Catholic Expositor* por Félix Varela, D. D. en enero y febrero de 1842. Traducción directa del inglés por Roberto Agramonte.

ción de ideas, y por consiguiente no han sido producidas con anterioridad, esto es, no han sido innatas. En verdad ¿qué cosa puede ser esta excitación? Si fuera solo mover o excitar al alma a formar las ideas sin dar la noción del objeto ¿cómo puede el alma formarla o darse a sí misma el conocimiento no solo de esta misteriosa afección previamente desconocida, sino también el de su correspondencia con el objeto exterior? Si la excitación fuera una producción de las ideas ¿con qué objeto se hallan éstas almacenadas previamente en el alma? ¿No bastaría con producirlas en la ocasión pertinente? ¿Necesita Dios ese almacenamiento de ideas o más bien esas semillas de ideas, como si fuesen meras plantas? Supongamos en cambio que el alma es excitada por los sentidos para formar o, más bien, para conocer las ideas (ya existentes, al ser innatas) ¿darán los sentidos la noción al alma? Tal asunción llevaría a estos filósofos a donde ellos no quieren ser llevados, y ello probaría, por otra parte, la inutilidad o al menos la falta de necesidad de las ideas innatas. Pero si los sentidos no dan ninguna noción ¿cómo pueden éstos encauzar tal excitación o señalar una determinada idea existente en el alma, con la cual no tienen conexión ni similaridad? El sistema de las ideas innatas me luce a modo de una mera serie de aserciones sin otra prueba que el temor a que el sistema opuesto pueda conducir al materialismo. Semejante temor carece de motivos y se funda en razonamientos harto improcedentes, a saber: que los sentidos originan las ideas; de aquí que los sentidos forman las ideas, y que existen, en fin, realidades materiales. Todos los materialistas enseñan que las ideas proceden de los sentidos, y gran número de los que sostienen esta doctrina se convierten en materialistas; de aquí que esta doctrina conduzca al materialismo. Por ridículos que puedan ser estos razonamientos, son el fundamento de toda la alarma de los innatistas. Supongamos que les decimos que los sentidos dan existencia a las ideas innatas que estaban como muertas; y de ello concluimos que los sentidos las forman, las encauzan y las conocen, y que todo esto conduce al materialismo, o, más aun, es puro materialismo. Los innatistas pensarían que estamos demasiado atados al prejuicio, o más bien se reirían de nuestro razonamiento y de nuestro temor. Nosotros les respondemos con el mismo argumento, y nos sorprendemos de que los innatistas no pretenden probar que los objetos materiales que nos rodean no tengan influencia alguna en nuestras ideas, razonando de análoga manera, de acuerdo con su lógica, y diciendo que si los objetos materiales influyesen en nuestras ideas, ellos serían en alguna medida su origen, y siendo su origen formarían ideas, y habría cualidades materiales.

¡Quizá Malebranche razonó de esta manera, cuando llegó a la conclusión de que no podemos conocer la existencia de los cuerpos circunstantes sino a virtud de una operación de Dios equivalente a la revelación! Vayamos un poco más lejos en la investigación del sistema de las ideas innatas almacenadas, como observé, en nuestra alma que es una sustancia espiritual— ¡Sin lugares ni escondrijos! Si así fuera, parece que Dios surte de un modo muy diferente a estos almacenes espirituales, o que un gran número de los artículos carecerán totalmente de uso. En verdad, los objetos presentados a un hombre durante su vida son muy diferentes a aquellos presentados a otro hombre, y en consecuencia las excitaciones son muy diferentes, y las ideas innatas de los objetos, que no han de ser vistos por un hombre, le serían totalmente inútiles.

Este sistema presenta otra dificultad relativa a las operaciones de la imaginación. Si aquéllas no proceden originariamente de los sentidos sino que son innatas, o al menos sus partes materiales o constitutivas son tales, ¿de dónde proceden? No puede decirse que son excitadas o sugeridas por Dios, de acuerdo con las actividades de los sentidos, porque éstos no están en actividad ni lo han estado en la operación imaginada. Ellas no son excitadas tampoco de acuerdo con la voluntad de nuestra alma, porque el alma no puede tener voluntad con anterioridad al conocimiento del objeto. De aquí que aquellas deben o bien ser excitadas por Dios sin ocasión ni participación alguna de nuestra alma, o bien deben ser excitadas por el alma de acuerdo con las impresiones recibidas anteriormente de los sentidos, y como consecuencia de nuestra voluntad de crear sin que conozcamos todavía qué habría de ser el producto de nuestra creación. La primera posición no es más que una aserción sin fundamento, que por otra parte convierte a Dios en autor de muchos crímenes que el hombre no habría cometido, si las ideas no le hubieran sido comunicadas sin su participación; y la segunda posición destruye de inmediato el sistema de las ideas innatas, puesto que tal sistema supone que el alma ni produce tales ideas sino que éstas son obras de Dios y el alma es meramente pasiva con relación a ellas.

Los defensores de este sistema no tienen en mente otra cosa que sustraerse al materialismo y sentirse satisfechos con esto, siéndoles imposible explicar

285

cómo las ideas son excitadas por los sentidos, o cómo pueden ser derivadas estas acciones espirituales de fuentes materiales. En lo que respecta a ese temor deben asimismo eliminarlo, con considerar que la fuente de una cosa no es siempre de la misma naturaleza que dicha cosa; así los movimientos son causados por el alma y el alma no es movible; y tocante de la dificultad de explicar los efectos debieran considerar que ningún sistema está debidamente fundamentado si no cuenta con otra prueba que la dificultad de explicar los efectos sin él, porque éstos nunca llegarían más que a una mera probabilidad, la cual a menudo es destruida totalmente (como en el presente caso) por algunas otras dificultades insuperables.

Hablando de los defensores del sistema, sarcásticamente llamado sensualismo, el conde de Maistre expresa, con más acritud que prudencia, esto: «¿Te ha ocurrido alguna vez, bien por accidente, bien por debilidad, hallarte en mala compañía? En este caso, como sabes, no cabe más que decir una cosa: «¡Déjala!», pues mientras te mantengas allí tenemos el derecho de reírnos de ti, por no usar un término más duro». El conde puede reírse cual le plazca, pero le garantizará el mismo derecho a los demás; y por consiguiente, por vía de consejo, transcribiré lo que sigue, tomado de la Revista de Dublín, del artículo titulado Simonismo, publicado en enero de 1838, página 147: Pero durante la restauración la incredulidad asumió una nueva forma, porque la nueva generación, cansada y disgustada por la obscena inmoralidad del siglo XVII, fue adoptando gradualmente, bajo la dirección de M. M. Royer Collard, Benjamín Constant, Guizot y Cousin, un sistema de espiritualismo más elevado si no menos hostil. Era criterio unánime que era imposible gobernar a ninguna nación sin valerse de algo semejante a una doctrina religiosa, y ciertamente llegaron al extremo de asegurar que su gran objeción, aunque no la única, a la religión católica, consistía en que sus dogmas ya no se ajustaban a los deseos, hábitos y cultura de la generación actual. Ellos expresaron prontamente un deseo de ver el advenimiento de una religión más en armonía con la civilización moderna; y fueron más lejos aun al predecir que el intelecto humano descubriría una doctrina independiente de toda revelación y demostrable como una verdad matemática, en la cual el hombre encontraría una norma para su creencia y su moral que estaría más conforme que el Evangelio con el progreso del intelecto moderno. Dos cosas han de notarse particularmente en los escritos de ese período. En primer lugar, de acuerdo con los hombres eminentes que hemos mencionado, la utilidad práctica de una doctrina moral y religiosa debe considerarse como criterio adecuado de su propia verdad; de modo que el mismo culto puede ser verdadero durante ciertas épocas y dejar de serlo en otra posterior, cuando ya no existía la conformidad con los intereses bien entendidos del género humano. En segundo lugar, la incredulidad, aunque excelente cuando sirve para destruir una religión que ha finiquitado, es, no obstante, lo que Robespierre, La Revilleire, Lassaux y Napoleón habían creído que era: una inevitable causa de destrucción para el país donde esa incredulidad cundía.

Considerando que es ridículo (por no decir otra cosa) calificar de mala compañía la de los sensualistas, cuando Santo Tomás es tenido por sensualista, el sapiente conde de Maistre se esfuerza en hacernos creer que el doctor Angélico enseñó que nuestras ideas no proceden de nuestros sentidos. ¡Extraña pretensión! Para que nos percatemos de tal falacia, bastará con que dediquemos unos breves instantes a razonar de manera imparcial. El estilo de Santo Tomás es notable, como nos dice el propio conde de Maistre, debido a su perspicuidad, precisión, fuerza y laconismo. Por tanto, es imposible creer que sus discípulos, por espacio de unos siete siglos, no lo hayan entendido ni lo entiendan. Ahora bien, no ha habido ni hay un solo tomista que no hubiese creído ni crea, de acuerdo con la doctrina de su maestro, que todas nuestras ideas proceden de nuestros sentidos; y por ende esto es lo que podemos llamar una demostración moral de que Santo Tomás profesó tales doctrinas. Si no las profesó ¿por qué Descartes atrajo tanto la atención, cuando revivió la doctrina de Platón sobre las ideas innatas? Las pruebas que el conde de Maistre aporta para persuadirnos de que Santo Tomás no enseñó que nuestras ideas proceden de nuestros sentidos, son en realidad muy extrañas; de tal manera que debo confesar que apenas podía creer que estaba leyendo una obra escrita por una de las lumbreras de nuestro tiempo, cuando pasaba la vista por el siguiente párrafo: «Él (Santo Tomás) vacila en no aceptar que el intelecto, en nuestra condición presente, comprenda nada sin una imagen». ¿Es esto congruente con las ideas innatas? Pero oigámoslo disertando acerca de la mente y las ideas: «Él distingue cuidadosamente el intelecto pasivo, o sea, la facultad que recibe las impresiones del intelecto activo, del intelecto propiamente dicho, que razona sobre las impresiones. Los sentidos no conocen más que lo individual: solo el intelecto se eleva a lo universal...» Los sentidos no entran para nada en esta operación (de generalizar); ellos reciben las impresiones y las trasmiten al intelecto (esto es exactamente lo que los sensualistas dicen), pero solo el intelecto puede hacerlas inteligibles. Los sentidos son extraños a toda idea espiritual, y aun son ignorantes de sus propias operaciones; no siendo la luz capaz de verse a sí misma, ni de ver que ve.

A causa de que Santo Tomás distinguió el intelecto pasivo del activo, no creyó que nuestras ideas procediesen de nuestros sentidos. ¡Qué conclusión! ¿No es la que saca el conde de Maistre? Por lo contrario, Santo Tomás denomina al uno intelecto pasivo, porque recibe la impresión de los sentidos, y el intelecto activo generaliza y razona. Esta es precisamente la doctrina de los sensualistas. ¿Quién ha dicho acaso que los sentidos conocían algo o que razonan o que generalizan? Solo se ha dicho lo que el conde de Maistre al fin afirma, a saber: que los sentidos transmiten las impresiones al intelecto. Ciertamente éstos no forman las ideas, pero son como la luz, que no ve, pero que es necesaria para que podamos ver. Y no otra cosa ha sido enseñada por los sensualistas, que consideran justamente a Santo Tomás como su patrono.

De lo que antecede el lector pensará sin duda que soy sensualista. Y en efecto, lo soy, en tanto en cuanto no puedo admitir las ideas innatas, al menos como éstas suelen ser explicadas. Mas no soy defensor de ningún sistema en la cuestión del origen de nuestras ideas, puesto que estoy convencido de que todos los filósofos o tienen que estar de acuerdo sobre el punto o enseñar todos ellos un error evidente; al menos para cualquier hombre cuyo punto de vista sea el sentido común y no esté influído por un prejuicio filosófico. Probaré esto en el siguiente número, al considerar la cuestión de acuerdo con los tres sistemas principales admitidos entre los filósofos.

II

Preguntemos a un innatista qué significa ser innatista. Si contesta que significa creer que todas nuestras ideas estaban previamente en nuestra alma, pero eran desconocidas para nosotros, tal cosa es un absurdo, como ya hemos probado. Si dice que nuestra alma recibe estas ideas, sin ningún conocimiento de ellas, esto es otro absurdo, como también hemos probado. Mas si dice que hay algunas ideas tan evidentes, y adquiridas de modo tan fácil, que se encuentran en todo intelecto humano, como por una inspiración universal de la naturaleza, todo hombre razonable estará de acuerdo con él.

Otros filósofos rechazan ciertamente las ideas innatas, pero admiten algunas ideas que no proceden de nuestros sentidos, y por esto les place el denominarlas «puramente intelectuales» —pure intellectuales—. ¿Qué significa esto? «Que existen algunas ideas de objetos espirituales, cuya imagen los sentidos no pueden nunca producir». Esta es una verdad evidente admitida por todo filósofo; y ninguno ha pretendido nunca decir que nuestros sentidos pueden darnos la imagen de Dios o la de nuestra alma. ¿Quiérese dar a entender que no podemos venir, por medio de algunos razonamientos, de las cosas sensibles al conocimiento de las espirituales? Esto es con toda evidencia absurdo, y lo prueba la voz de la naturaleza, proclamando la existencia de Dios; y si no fuera porque solo me propongo considerar esta materia en su aspecto filosófico añadiría que las Escrituras prueban lo absurdo de tal aserción.

Supongamos ahora que un sensualista nos dice que los sentidos forman las ideas. Esto es absurdo. Supongamos que nos dice que el objeto espiritual puede ser representado por medio de imágenes sensibles. Esto es asimismo absurdo. Pero si dijese que los sentidos causan que el alma forme las ideas, y que las de los objetos materiales, aunque no representadas por medio de imágenes sensibles, pueden ser formadas por medio de alguna conclusión derivada de los objetos sensibles, tal aserción debe ser admitida por toda mentalidad exenta de prejuicios; porque aun los mismos innatistas afirman que las ideas son desconocidas para el alma hasta el momento en que los sentidos las excitan, o al menos dan ocasión a su excitación, de acuerdo con el sistema de las causas ocasionales generalmente mantenido por los cartesianos.

De lo que antecede concluimos que todos los filósofos deben estar de acuerdo, y en efecto lo están, en la siguiente proposición: La idea de Dios y algunas otras ideas son tan evidentes por sí mismas que las adquirimos muy fácilmente; no están representadas por ninguna imagen, pero nosotros podemos ser excitados a formar, a partir de ellas, la observación de los objetos sensibles. El apartarnos de algún modo de esta proposición nos conducirá a algunos de los errores contenidos en las siguientes aserciones: La idea de Dios ha estado siempre presente en nuestra mente, desde el momento en que nuestra alma fue creada, y nosotros no supimos nada acerca de ello, porque las ideas están «escondidas» en nuestra alma como el fuego bajo las cenizas, y se ponen de manifiesto cuando son excitadas por los sentidos, como el fuego se hace visible cuando las cenizas se remueven. Podemos representar adecuadamente las sustancias espirituales por medio de imágenes. Las sustancias espirituales afectan a los sentidos. Estos pueden «producir» ideas. El mundo no puede conducirnos al conocimiento de su Creador. Debemos por ende concluir que o bien todos los filósofos están de acuerdo sobre el origen de nuestras ideas o todos incurren en errores evidentes.

Después de todo, la cuestión acerca del origen de nuestras ideas me parece de una importancia imaginaria, y por ello no ha arrojado luz en el campo de la filosofía, a pesar de que ha desazonado bastante a los filósofos. Desde hacía largo tiempo yo la había abandonado, y no la hubiera vuelto a tomar en consideración en este artículo, si no hubiera sido obligado por las circunstancias, y con la esperanza de derivar la utilidad de poner de manifiesto su inutilidad. Hablando con justeza, no hay más problema acerca de esta cuestión que el causado bien por prejuicio, bien por carencia de reflexión. El lector pensará quizás que es sumamente raro que yo niegue la utilidad de una investigación que ha sido considerada de gran importancia por los filósofos más eminentes, pero no puedo pensar de otra manera; y espero que la franca y cándida expresión de mis sentimientos sea considerada tan solo como ejercicio del derecho que tiene cada hombre de manifestar sus ideas, dejando a los demás el derecho de juzgarlas.

Supongamos que sabemos que todas nuestras ideas son innatas. ¿Esto nos llevará a adquirirlas? Supongamos que sabemos ciertamente que no son innatas. ¿Nos guiará este conocimiento hacia su adquisición? En manera ninguna. La cuestión, por consiguiente, es totalmente inútil. En realidad, las mismas reglas de la lógica son seguidas por los innatistas y por los sensualistas, y nunca fue aclarada ninguna dificultad sobre atípico alguno, aplicando los principios de un sistema u otro. En ambos lados hay hombres eminentes, y ellos no pueden atribuir el acierto de sus respectivos intelectos a su propia doctrina sobre el origen de nuestras ideas. También han reconocido errores los defensores de ambos sistemas, sin que hayan sido originados por estos últimos. En una palabra, ninguna perfección, como ningún defecto intelectual, han derivado nunca de uno u otro sistema. ¿Dónde está, pues, su utilidad? Si reflexionamos imparcialmente acerca de este asunto, nos convenceremos de que todas las ciencias y todas las artes pueden adquirirse con la misma perfección, seamos innatistas o sensualistas, y que ambos partidos pueden gloriarse de contar con hombres eminentes de todas las profesiones. Es más, estos hombres ilustrados confesarían cándidamente, si llegara el caso, que el sistema que ellos estudiaron en su juventud, relativo al origen de nuestras ideas, nunca les sirvió en lo más mínimo durante su carrera científica. A veces hasta olvidan lo que aprendieron en los colegios, o por lo menos conservan una noción muy vaga de ello, y nunca sintieron la necesidad de estudiar de nuevo lo que antes les fue enseñado.

No se diga que es necesario conocer el origen de nuestras ideas para juzgar su naturaleza, puesto que esto nos llevaría a creer o que ellas son cualidades materiales, o que no son representaciones de objetos materiales. Tanto los innatistas cuanto los sensualistas creen que las ideas son cualidades espirituales y que en consecuencia no son producidas por los sentidos, pero éstas (o al menos la mayor parte de éstas) son representaciones de objetos sensibles. Todos los filósofos en verdad, excepto las materialistas, piensan lo mismo sobre la naturaleza de nuestras ideas, y ésta es otra prueba de la inutilidad de la cuestión acerca de su origen. Existen muchas reglas formuladas por los ideólogos para la corrección de nuestros sentidos, que no dejan nos extraviemos, y tales reglas son admitidas y aplicadas tanto por los innatistas cuanto por los sensualistas, de tal modo que en la práctica —que es lo que interesa— todos están de acuerdo, y la disputa es solo de cariz especulativo, más bien enderazada a atormentar que a instruir al filósofo.

Existen muchas cosas en las ciencias que comenzamos a creer que conocemos solo porque a menudo las hemos repudiado; y creemos que otras son de gran importancia porque nunca fueron dejadas de tratar. Desde tiempo inmemorial la cuestión del origen de nuestras ideas ha ocupado la mente de los filósofos y ha sido el tema de muchos de sus escritos. Los lógicos han considerado esencial entrar en ella, de tal modo que es rara la obra de lógica en que el punto no se examine. De aquí la opinión universal tocante a la importancia y aun a la necesidad de tales investigaciones. Por mi parte debo confesar que yo me embarqué en ella durante muchos años, pero también han pasado muchos años desde que la abandoné, considerando tal material como una de aquellas cuya ignorancia constituye gran parte de la verdadera ciencia, según la famosa sentencia de Sócrates: Aliqua ignorare est magna pars sapientiae.

Carta de un italiano a un francés sobre las doctrinas de M. Lamennais[27]

La desafortunada defección de Lamennais ha sido el tema de muchos escritos, pero en nuestra opinión ninguno ha sido tan justo, a pesar de su severidad, como el que vamos a reseñar. Parece que en París algunos italianos dieron su expresa aprobación a las doctrinas de Lamennais, pretendiendo hacerlas pasar como doctrinas que expresaban el modo general de sentir en Italia; y tal afirmación, carente de fundamento, motivó la carta de Gioberti, que por ello publica como carta de un italiano a un francés.

No hemos de seguir al autor en sus frecuentes disgresiones en que ataca, de una manera indirecta y sarcástica, los principios del gobierno republicano, y alaba la monarquía, pues ello sería inmiscuir a nuestro periódico en el campo de la política; pero nos apena cuando él en la página 56 nos dice que preferiría vivir en Constantinopla a vivir en Richmond, Virginia. El pobre hombre nunca ha estado en ninguno de estos dos lugares, y se deja llevar por su imaginación. Sin embargo, en materia de gustos está en el derecho de preferir el suyo.

Nuestras observaciones girarán en torno a Lamennais y su sistema.

Tocante a la nueva doctrina ideológica de Gioberti, la cual éste más bien insinúa que explica en una de sus digresiones, la consideraremos después de pasar revista a la propia obra suya a la que se refiere, a saber, a la Introduzione allo studio della Filosofía. Debemos confesar cándidamente, sin embargo, que como queda explicado en la carta que reseñamos, nos parece aquel sistema un absurdo extraordinario y peligroso.

En habiendo sido los amigos del autor del *Essai sur l'indifference dans matier de religion* más prudentes en exagerar sus verdaderos talentos, y menos falaces con respecto a la ficción de los que en realidad no posee, nunca habría escrito el *Esquisse*, pero nuestra naturaleza es tan corrupta que el halago se abre paso siempre en nuestros corazones y los encadena completamente. El empeño en

---

27 Artículo publicado en *The Catholic Expositor*, bajo el título «Carta de un italiano», etc., o *Lettre d'un italien à un français, sur les doctrines de M. De Lamennais*, París, Lagny Frères, 1841, por el Muy Rvdo. Padre Félix Varela, D. D., julio, 1842, n.º 4. Versión directa del inglés por Roberto Agramonte.

demoler es generalmente resultado del amor a la fama, porque con nada se atrae el hombre más la notoriedad que con la destrucción de objetos venerados por largo tiempo. Por eso vemos que las herejías han sido casi invariablemente hijas del orgullo contrariado. Cuando un hombre orgulloso se ve imposibilitado de hacerse notar en los cauces ordinarios de la vida, intenta lograrlo por uno extraordinario, y el más fácil es poner en duda las más conspicuas y arraigadas doctrinas. La historia de la impiedad presenta un notable ejemplo de esta verdad en el caso de Rousseau, cuando éste se decidió a escribir contra las artes y las ciencias considerándolas perjudiciales a la humanidad, tan solo porque el malicioso Duclos creyó era atinado aconsejarle defendiese la tesis negativa en el programa propuesto por la Academia de Dijon, acerca de «Si las ciencias son beneficiosas a la sociedad». Para decidir a Rousseau a abandonar la tesis afirmativa, que ya estaba determinado a sostener, y a convertirse en un enemigo de la cultura, fue suficiente la simple observación hecha por Duclos de que todos los demás escritores sostendrían de fijo la tesis afirmativa; y que el que defendiese la tesis negativa llamaría la atención a causa de su singularidad.

El caso de Lamennais es muy semejante. Este no pudo llamar la atención por más tiempo, de una manera exclusiva, sino por medio de su elocuencia, y por ello recurrió a otros medios sin reparar mucho en la naturaleza de éstos. El sabio autor de la carta que reseñamos describe muy bien el carácter de Lamennais con decir que «él pertenece desafortunadamente a una clase de escritores —harto numerosa en nuestros días— que creen que el arte de escribir puede suplir la carencia de ciencia, y que el escritor tiene que pensar más que en combatir justamente en combatir duramente. Esta es la causa de extravíos de toda clase: ésta es la causa de su incapacidad para juzgar con tino a hombres y cosas, para distinguir las realidades de las quimeras y los planes reales de los imaginarios: éste es la causa de los continuos y estupendos cambios que han afligido a menudo a sus admiradores y discípulos».

El autor está de acuerdo con nosotros con respecto a la semejanza entre Lamennais y Rousseau, que expresa en los siguientes términos: «De acuerdo con el criterio de sanas mentalidades, no le sería favorable una prueba que se hiciese de sus ideas paradójicas, que le hacen, de manera singular, semejante a Rousseau. Los hombres de paradojas pueden fácilmente llamar la atención de su tiempo, atraerse a la multitud y adquirir una fama más rápida que durable y que tan solo tiene de la gloria verdadera la apariencia. Estos hombres pueden producir un inmenso mal y destruir in grand, pero carecen de fuerza creadora. La causa de esa debilidad, disfrazada por diversas apariencias, es que no tienen la verdadera fuerza —la fuerza creadora— que solo es posible encontrarla en la verdad».

No podemos encarecer lo bastante la profundidad de juicio que el amor patentiza en este pasaje. Una paradoja no es más que una prueba de ignorancia, porque una verdad conocida no puede menos que ser simple e indisputable. Las nociones paradójicas no pueden nunca satisfacer a la mente, a pesar de que puedan mantenerla en constante actividad, con miras a la satisfacción de la curiosidad. Leibnitz y Malebranche nos han dejado tristes ejemplos de los males entrañados en las paradojas cuando se convierten en sistemas —que nada hay tan ridículo ni tan peligroso. Los brillantes talentos y el profundo conocimiento de las ciencias de éstos, producen, tocante al positivo adelanto de las ciencias (sus escritos son en su mayor parte científicos) muy poco, al menos comparativamente, con respecto a lo que debe esperarse de ellos.

El escritor que nos ocupa continúa de la manera más notable el paralelo entre Rousseau y Lamennais. Los presenta como la atracción de las mujeres y de la juventud, haciendo amable el vicio al mismo tiempo que pretenden predicar la virtud, y destruyendo la fe, al par que pretenden fundamentar la libertad. Desafortunadamente, la experiencia demuestra que no hay severidad en esta observación, pues hemos visto que la elocuencia de Lamennais, como antes la de Rousseau, ha seducido y descarriado a toda clase de personas. Sin embargo, consuela a los amantes de la verdad advertir que ambos han corrido la misma suerte: esto es, han logrado el aplauso por sus talentos y el desprecio por sus errores.

Empero —observa nuestro autor— Lamennais carece de esa facultad de captar los asuntos en su totalidad y de presentarlos con precisión y con todos sus matices. Él no posee una verdadera riqueza de pensamientos, y por ello trata de ser rico en imágenes y figuras retóricas, a fin de ocultar su verdadera carencia de poder intelectual. Por esta razón nunca llegará a crear una verdadera escuela, porque en la esfera del error se necesita verdadera fuerza, y el sofisma jamás reemplazará a la verdad. Un mélange de verdad y falsedad, de descubrimiento y negación, echados en un mismo molde por una imaginación poderosa, pero descarriada, constituye, como lo observa el autor, el genio de un innovador y a la vez destructor –que es el más terrible de todos los genios. No conozco ningún filósofo moderno a quien esto pueda aplicarse mejor que a Spinoza, a Kant y a Hegel; esto es, al triunvirato de la heterodoxia racionalista producida por el cartesianismo.

No enumero a Hume entre estos hombres que hicieron estragos en el reino de la inteligencia, porque es, por así decirlo, demasiado negativo. Un escéptico nunca hará nada, porque no podrá dejar tras de sí sus errores. Las ruinas no se reedifican. Lo más que un escéptico puede hacer es preparar el camino de un error dogmático; esto es, de un error mezclado con verdad, posesionándose de todas las bellezas predominantes, y esto constituye la esencia de la heterodoxia positiva. Tal fue el róle del escritor inglés, hijo de Locke y nieto de Descartes. Dio nacimiento a Kant, un escéptico moderado, un semidogmático, autor de un maravilloso sistema formado de la confusión de diferentes elementos, y del cual ha emanado el panteísmo germánico. Estamos perfectamente de acuerdo con el autor de esta observación, y si no fuera por el carácter de esta reseña que no permite que ampliemos el tema acerca de la doctrina fanática de Kant, consagraríamos algunas páginas a probar la justicia de la observación.[28] Cualquiera que haya sido la severidad de los reparos hechos a Lamennais, debe confesarse que sus doctrinas, si no su intención, son un tanto favorables al panteísmo, a pesar de que él hace patente que lo detesta. «Este fenómeno –dice Gioberti– no es para que asombre en una época en que encontramos tantos panteístas contra su propia voluntad, y, lo que es más curioso, algunos panteístas que refutan el panteísmo. Todo el mundo teme, sin embargo, a este horrible sistema, y la mayoría de los filósofos lo profesan, ora con pleno conocimiento de causa, ora en contra de su voluntad. Obsérvese los esfuerzos de Cousin por permanecer alejado de él; pero sus esfuerzos son en vano, porque tiene que pasar por él. Me refiero a sus primeros escritos, pues es de esperarse que un hombre de tan gran talento y noble carácter habrá modificado ya las opiniones de su juventud. Este fenómeno, que presenta la más antigua teoría, y la más extendida –a excepción de la verdadera ortodoxia– en el más absurdo sistema, se origina de la

---

28 Consagraremos nuestro próximo artículo a Kant y su sistema desde nuestro punto de vista.

295

necesidad de caer en el panteísmo tan pronto como rechazamos escuchar la palabra divina del exterior.

Podemos decir con justeza que el panteísmo ha sido el único error filosófico en el mundo y el padre de todas las herejías.

Después de la admirable obra de Maret *Essai sur le panthéisme dans les sociétés modernes*, muy poco puede decirse acerca del tema, ya que él ha demostrado palmariamente que todos estos misticismos filosóficos que Alemania lanza, no son en verdad más que panteísmo, que, con apariencia de espiritualidad, identifican a Dios mismo con el mundo material. Apenas nos apartamos de aquellas fuentes naturales que guían a la humanidad en el conocimiento de la naturaleza, y de aquellas verdades divinas, obtenidas solo por medio de la Revelación, caemos necesariamente en el materialismo, que, a más de ser detestable, horroriza; y el hombre trata de desfigurar sus propios sentimientos para hacerlos gratos a sí mismo, admitiendo palabras que pueden sonar a espiritualismo, pero que están muy lejos de corresponder a la verdadera noción del espíritu.

En lo tocante al sistema de Lamennais, bien podemos con justeza aplicarle la bien conocida expresión: pessima est corruptio optimi, o sea, que la corrupción de lo mejor es lo peor. El consenso común o la voz de la humanidad en el consenso general de toda la humanidad, ha sido y será considerado siempre por todos los filósofos y teólogos como uno de los motivos o principios fundamentales de la certidumbre; pero Lamennais, corrompiendo y envenenando de esta guisa las más sanas doctrinas, pretende que sea el único. Él cree que nuestros sentidos no pueden ser una fuente de certidumbre, porque cada uno de éstos participa en abusar de nosotros por medio de vanas ilusiones y unos sentidos convencen a los otros de impostura. ¿Quién pensaría que un hombre como Lamennais habría de presentar con tanta impavidez un argumento que podría ser contestado por un estudiante de lógica, pues se halla contestado en todas las obras elementales? Él debe ser el último en usar tal argumento, que, en verdad, daría al traste con todo su sistema, pues que nosotros podríamos decir también que cada hombre participa en abusar de nosotros por medio de vanas ilusiones, y los unos convencen a los otros de impostura; y que por consiguiente el consenso u opinión comunes de la humanidad no pueden ser una fuente de certeza. A pesar de que nuestros sentidos están sujetos a error, cada vez que en todos ellos, al menos en aquéllos que pueden percibir el objeto, se produce un acuerdo atingente al mismo, su testimonio combinado produce la evidencia, y la falibilidad de cada uno de dichos sentidos, individualmente considerados, lejos de disminuir, aumenta el valor del testimonio, pues que la misma dificultad en que tal acuerdo se produzca potencia más el acuerdo cuando se produce. Razonamos de la misma manera con respecto al consenso común o testimonio universal de la humanidad.

Es verdaderamente risible leer las enfáticas sentencias de Lamennais, quien al hacer ostentación de poseer un gran conocimiento de ideología, habla en la misma forma en que Pirrón hablaría, con decir: «¿Qué es sentir? ¿Quién lo sabe? ¿Estoy seguro yo de que siento? ¿Qué prueba tengo yo de mi sensación?... El Sí y el No tienen su semejanza, y aquel que demostrare que la vida entera no es más que un sueño y una quimera indefinible, haría ciertamente más de lo que los filósofos han hecho hasta ahora». Debemos pensar que Lamennais estaba realmente durmiendo o en estado sonambúlico cuando escribió lo que precede. Le deseamos salud perfecta, mas si acaso sufriera de algún dolor, su médico podría bromear con él, y conversarle, como a Pirrón su médico, cuando se le fracturó la pierna. El médico, a fin de probarle cuán ridículo era su sistema, le dijo: «Quizás tu pierna no esté fracturada; quizá no sientas dolor; quizá no tengas pierna; quizá yo no estoy aquí y no me estás hablando». Al fin el paciente le dijo: «Cúrame, doctor, y después discutiremos».

Lamennais no admite el sentimiento de evidencia como regla de certidumbre, por el hecho de que podemos encontrar falso mañana lo que creemos cierto hoy; «y nosotros no estamos más seguros de nuestros sentimientos de lo que estamos de nuestras sensaciones, y nuestro ser se escapa, y no podemos retenerlo. Estimamos que es justo decir: "Yo juzgo", y "Yo soy", pero nos quedamos en nuestra eterna impotencia para demostrar que nosotros juzgamos y que somos —tan presionados estamos nosotros por todos lados por la nada». Después de leer estas palabras, nada puede decirse sino que si existieran manicomios para filósofos, Lamennais se ganaría un lugar en cualquiera de ellos.

El general de los jesuitas dictó una orden en 1827, prohibiendo a los miembros de esa sociedad enseñar ninguno de los errores de Lamennais. Fue concretada en pocas palabras como sigue:

«1.º No hay otro criterio de verdad que el consenso común.

2.º Solo la fe produce la certidumbre.

3.º La existencia de Dios es la primera verdad que nosotros conocemos ciertamente.

4.º La existencia de un ser contingente no puede ser inferida de la existencia del Ser necesario, que es Dios; porque es un razonamiento incorrecto decir: "Yo existo — luego Dios existe".

5.º Un intelecto limitado, por la misma razón de estar limitado, está siempre, y en todas las cuestiones, expuesto a error.

6.º En las escuelas cristianas han prevalecido sistemas falsos que tienden al ateísmo y a la destrucción de la religión.

7.º Un hombre, sin el consenso común, no puede tener la certeza de su existencia y de sus pensamientos».

En 1832 trece obispos de Francia extrajeron cincuenta y seis proposiciones de las obras de Lamennais, igualmente objetables, y pidieron a la Santa Sede que fuesen condenadas; y en 1834 Su Santidad Gregorio XVI, en su encíclica sobre la obra de Lamennais titulada Palabras de un creyente, reprueba y condena expresamente su sistema. A virtud de ello se estableció en Italia un juramento para ser tomado a todo individuo antes de ordenarse, de acuerdo con el cual acepta y obedece la encíclica de Gregorio XVI, reprobando este nuevo sistema de filosofía. Véase Institutiones Phillosophicae, auctore J. B. Bouvier, página 198.

Cerramos esta reseña con una obvia y sencilla observación, que según nuestro modo de ver muestra la justicia de la crítica de Gioberti y la improcedencia del sistema de Lamennais. El consenso común no puede ser nuestra regla a menos que nosotros lo conozcamos. Pero ¿cómo podemos conocerlo? Con seguridad, oyendo o leyendo. Luego el conocimiento viene de los sentidos. Si ningún conocimiento adquirido por medio de los sentidos puede ser evidentemente cierto, como afirma Lamennais, ¿dónde está entonces el valor del consenso común de los hombres? Si nosotros no podemos estar evidentemente seguros de que oímos, de que leemos, ¿para qué sirve oír o leer? Una verdad nunca destruye a la otra, y por consiguiente la verdadera filosofía enseña que del testimonio de los sentidos podemos llegar al conocimiento de la verdad, como también a virtud del consenso común y de algunas otras fuentes.

Epistolario personal (1842-1848)

Carta a su hermana Nueva York 30 de diciembre de 1842

Mi querida hermana: Solo puedo contestar a tu carta melancólica recordándote nuestro deber de conformarnos con la voluntad de Dios. Mi separación de mi patria es inevitable, y en esto convienen mis fieles amigos. Acaso yo he tenido la culpa por haberla querido demasiado, pero he aquí una sola culpa de que no me arrepiento.

En cuanto a nuestro sobrino debo informarte que son tales las ocupaciones de mi ministerio que estoy muy pocos momentos en casa y cuando escribo tengo que hacerlo a medianoche. Puedes inferir que en tales circunstancias se le haría un daño al muchacho, y yo en conciencia no podría hacerme cargo de una educación, que por absoluta necesidad tendría que descuidar. Otros jóvenes que han estado en mi caso han tenido que pagar maestros, y eso que mis ocupaciones no eran numerosas como al presente.

¿Conque quieres mi retrato? Te lo mandaré cuando pueda costearlo, y en miniatura porque nunca tendré medios para más. Habrá tres o cuatro años que mandé uno a las monjas carmelitas porque un amigo de ellas lo costeó, pues de lo contrario nunca hubiera ido. Querida hermana, lo mismo [cortado el papel] un mono grande que pequeño, y no tengas cuidado que hallarás cuando menos lo pienses mi retrato en tus manos, pero bajo la condición de que no salga de ellas.

Memorias a Pancha, y a tu amanuense que me alegro esté tan adelantado en sus estudios.

Siempre tuyo tu hermano Félix Varela

[*Revista Bimestre Cubana*, La Habana, julio-diciembre de 1942.]

Carta a su hermana Nueva York 26 de julio de 1844

Mi querida hermana: Acaso sabrá que hemos sufrido los católicos no tanto en esta ciudad como en Filadelfia, pero consuélate que ya ha pasado, y solo ha servido para aumentar el número de los convertidos a la Iglesia.

Yo estoy perfectamente, mas sin embargo voy a pasar unos cuantos días en Saratoga donde hay aguas minerales que siempre me han aprovechado mucho.

He tenido un fuego muy cerca de la Iglesia, pero la actividad de los apagadores impidió que se comunicase y escapamos. Sin embargo pasé un buen susto.

La seca que se sufre en ese país es sin duda alarmante, y en La Habana no es lo peor, pues por cartas de Nuevitas sé que aun ni llueve y que se paga la pipa de agua a veinte reales. Lo más particular es que en Venezuela que no dista mucho ha sido todo lo contrario, pues se han perdido los frutos por las inundaciones, en consecuencia de las abundantísimas lluvias.

Espero que Pancha y toda la familia continúen sin novedad y que no olvides a tu hermano que siempre está a tus órdenes Félix Varela (Está dirigida a la Sa. Da. María de Jesús Varela, Habana.)

[*Revista Bimestre Cubana*, La Habana, julio-diciembre de 1942.]

Carta a su hermana Nueva York 12 de marzo de 1845

Mi querida hermana: Son las diez de la noche y por la mañana sale el barco. Debo pues limitarme a una carta de aviso de que lejos de estar muerto me hallo más fuerte que nunca. Creo que voy a ser como dicen por allí un viejo revencudo. La nieve y el frío tienen a tus hermanos encerrados según supongo en Norwich, pero no dudo que están buenos y pronto tendré el gusto de verlos.

Ya que mis sobrinas no quieren escribirme no dejes de decirme siempre algo acerca de ellas y de su madre, a quien nunca olvido.

Queda siempre a tus órdenes tu hermano Félix Varela.

[*Revista Bimestre Cubana*, La Habana, julio-diciembre de 1942.]

Carta a su hermana San Agustín de la Florida 20 de julio de 1848

Mi querida hermana: Estoy casi seguro de que no ha llegado a tus manos ninguna de mis cartas, y así me valgo de la Madre Natividad para que por su conducto recibas esta si es que llega a recibir la que le escribo, pues de todas maneras suelo verme chasqueado.

Yo estoy casi bueno y pienso permanecer aquí hasta que me fortalezca en términos de no tener recaídas. El paraje es muy agradable para mi por ser muy retirado, pues parece una ciudad separada del resto del mundo. Hay un continuo silencio por la poca población y porque las calles no están empedradas sino cubiertas de arena. En fin el que padezca de la cabeza puede venir a curarse a este buen clima y en esta silenciosa ciudad.

Bien puedes inferir por la descripción que he hecho, que nada tengo que decir, pues aquí nada ocurre, sino que dés memorias a toda la familia, principalmente a Pancha, y que no olvides a tu hermano que te ama.

Félix Varela

[*Revista Bimestre Cubana*, La Habana, julio-diciembre de 1942.]

Reflexiones sobre la enseñanza de la filosofía en Cuba (1845)

Crítica al Programa Oficial de Estudios de la Facultad de Filosofía de la Universidad de La Habana

Nota introductoria escrita por Joaquín Santos Suárez

Un antiguo catedrático, cuyo voto puede formar autoridad en materias de estudios y de enseñanza, nos ha dirigido las siguientes observaciones acerca del programa oficial que la facultad de filosofía en esta Real Universidad ha hecho recientemente publicar. Como documento científico destinado a marcar la época de la reforma universitaria y precisamente sobre el punto más importante del saber humano, por cierto que no merecía pasar como inapercibido, por más desfavorable que sea la opinión de los que no contemplan el tiempo presente oportuno para la filosofía y sobre todo para la verdadera y trascendental filosofía. Haciendo más justicia al siglo en que vivimos y al estado de nuestra civilización, nos aventuraremos a entrar en ese campo, que de seguro nos estaría vedado a no cubrirnos bajo la égida protectora de nuestro amigo. Antes de hacerle hablar y de cederle de una vez la palabra nos permitiremos algunas observaciones más sobre la primera indicación; porque tratándose del título con que la facultad ha publicado su folleto nos ha parecido que haciéndolo así, lo poco que digésemos podría servir de introducción a aquel trabajo y ser bastante para explicar nuestros motivos.

El opúsculo ha salido a luz bajo el título de «Programa oficial de las materias concernientes a las distintas asignaturas de filosofía en esta Real Universidad». Que haya una instrucción oficial, sea en éste o en cualquier otro ramo, es una cosa de que no dudaríamos, siempre que por la época fuera lo que se hubiese establecido o mandado establecer en la Universidad; pero que se nos dé un programa oficial únicamente de materias en la totalidad de las asignaturas de que se componga una facultad y que en él no se omita ni una sola opinión ni que contenga la menor enunciación de doctrinas; he aquí lo que positivamente en la pobreza de nuestros alcances, no acertamos a concebir. Comprendemos muy bien cuando el ministerio publica un programa que va con él envuelta la implícita profesión de su fe y sus creencias en las cuestiones de política interior y exterior que se propone resolver. Todo esto se deja naturalmente entender, mas no así cómo pueda aplicarse aquel título, si no se violenta su sentido, al simple índice de los capítulos en que haya de dividirse una doctrina que tanto podrá tratarse de esta como de la otra manera, y que por su parte dos escuelas opuestas podrían a su vez desempeñar de muy diferente modo. Que esa sencilla designación de materias se nos ofrezca como un programa, todavía queremos ser bastante indulgentes para consentirlo; pero que merezca además el carácter de oficial es hasta donde no puede llegar nuestra condescendencia, porque desdice de la autoridad cuyas funciones algo más importan que las de formar un nuevo catálogo de materias.

Pasando del título a ocuparnos de la cosa misma, notamos desde luego, o que se da un sentido ilimitado a la palabra filosofía, ampliando su dominio hasta extenderlo a asignaturas que propiamente no le corresponden, tales como la literatura, las matemáticas y lengua griega; o qué a la inversa peca por demasiadamente restricto, pues que no abraza la totalidad del saber humano, si la filosofía ha de ocuparse como se supone, de Dios, del mundo y de los hombres.

En calidad de ciencia la respetaríamos como la más fútil e insignificante de todas si ambiciosa de ensanchar demasiado sus límites quedase incircunscrita y sin la prefijación de su fin y objeto especial. El carácter más notable de toda filosofía es la especificación de su objeto y su dominio, y casi puede decirse que de esta primera solución dependen todas las demás.

A este término conspiran todas las escuelas, bien que ninguna lo haya alcanzado todavía de la manera completa y absoluta que se propusiera: entre los varios dogmatismos que aun se disputan el imperio de la opinión, ninguno puede gloriarse todavía de haber llegado a esa altura y aunque todos pretenden la superioridad no hay sin embargo quien la haya merecido. La escuela sensualista, buscando el origen de nuestros conocimientos, cree haberle encontrado en la sensación y en la reflexión: a su vez la Escocesa, que más bien que enemiga es su aliada natural, y que en medio de ser religiosa es al mismo tiempo antipática a todo misticismo, ha definido la filosofía como la historia natural del espíritu humano, o sea el estudio experimental de los fenómenos de la vida intelectual y moral, manifestados en la conciencia y generalizados después en leyes del pensamiento. Aun el mismo Coussin no vio que proclamándose el conciliador universal de todas las opiniones por su método ecléctico, perjudicaba sin advertirlo a su propia doctrina; porque no eximida está de la influencia de aquel principio disolvente, y sujeta como los otros a la ley de error y de exclusividad, impuesta por él como condición indispensable de todo sistema filosófico, semejante doctrina lejos de ser el tratado de paz definitivo hecho para conciliarlos mutuamente, ha contribuido más bien a aumentar el número de los partidos beligerantes y echar en vez de olivo un enemigo más en el campo de batalla.

Sea cualquiera la escuela que se adoptase, y sin entrar en el estudio crítico de sus respectivas doctrinas, lo que sí nos parece de todo punto incontestable y que no se podrá contradecirnos, es que la literatura, la lengua griega, y mucho más aun las matemáticas, salen evidentemente del resorte y comprensión de la filosofía. No ignoramos que el árbol de los conocimientos humanos, como lo ha dicho el ilustre Jovellanos, es uno y único en sí mismo, aunque inmensamente ramificado; y que si bien todos fructifican por el efecto de una común vegetación, son sin embargo y a pesar de ese vínculo de confraternidad muy diferentes entre sí. Un idioma particular, por más sabio que se le suponga, y hasta la misma literatura, cualquiera que sea su elevada categoría, jamás podrá confundírsela con aquella: ramas distintas tienen cada una y reconocen su linde y jurisdicción particular. Pero aun son si cabe mucho más específicas las diferencias que median entre la filosofía y las matemáticas, para no admirarnos de que se las coloque como partes de un mismo todo y se haga de las últimas una simple asignatura de la primera.

Difieren ambas esencialmente por la materia de que tratan, por el objeto y fin a que se dirigen, y por el modo también de considerarles. En cuanto a lo primero, bien sabido es que la materia de las matemáticas se funda en el razonamiento necesario, así como el razonamiento contingente es la base de la filosofía: descansan las primeras en hipótesis de que ni siquiera pueden darse razón: toman principios prestados que tampoco aciertan a discutir; construyen en una palabra en terreno ajeno, mientras que la filosofía edifica en su propio suelo y nada pide a nadie. Por su objeto las ciencias matemáticas se circunscriben a relaciones de cantidad, o para ser más exactos, a la cantidad mirada bajo la sola relación de igualdad o desigualdad; a medida que la filosofía se distiende y dilata, sin conocer otros límites que los que están asignados a la existencia real en sus diversos modos y accidentes, ni conoce más términos que los de la misma inteligencia humana.

En sus fines, si bien ambas se proponen la verdad, la buscan, sin embargo, por caminos muy distintos; la una bajo la protección de principios dados, que la otra tiene que expurgar y establecer: estos principios son a la vez formales y materiales para la una, mientras que para la otra se limitan a los primeros. En matemáticas toda la ciencia está de antemano contenida en los hechos, puede decirse que es puramente explicativa: en filosofía, al contrario, sus principios nos guían y sostienen, son el medio de la investigación y no la investigación misma; y en la marcha a que nos conducen de una absoluta ignorancia a un conocimiento progresivo, su proceso es realmente ampliativo. Para el matemático no hay causas y la causalidad es el primer motor del filósofo.

En el modo de considerar su objeto el matemático busca lo general en lo particular, y las nociones de la filosofía son todas, a excepción de unas pocas, generalizaciones de la experiencia: esto a la inversa de su rival carece del socorro y la garantía de una lengua formada, y en sus comunicaciones tiene que apelar a la vulgar: la primera es en fin demostrativa, cuando la última solo puede aspirar a una certidumbre probable. Pudiera aún llevarse más lejos este contraste, pero como no nos hemos propuesto tratar de propósito la materia, que antes que nosotros ha agotado con admirable habilidad el crítico y filólogo inglés Mr. Hamilton, nos parece que bastarán estas pocas indicaciones para deslindar las distintas genealogías de ambas ciencias y para acreditar con cuánta equivocación se las ha colocado en una misma facultad.

Quizás si se hubiese tratado de una lucha de amor propio o de una vana cuestión de literatura, nos hubiéramos abstenido de tomar parte en la discusión; pero versando ésta sobre filosofía, que la vemos ya con placer en el rango que la corresponde, no hemos dudado en acometer una empresa para lo cual no estábamos preparados.

Mas ahora oigamos a nuestro amigo.[29] Joaquín Santos Suárez

Texto de Félix Varela

Confieso, que el título me ha llamado la atención. Acaso lo habrá dado o aprobado la Facultad y por eso será oficial; pero de todos modos no me agrada el tal título y mucho menos cuando examinando el cuaderno encuentro un tratado de lengua griega!! otro de bellas letras y otros varios de casi igual natu-

---

29 El Pbro. don Félix Varela.

raleza, que sin duda no pertenecen a la facultad de filosofía a no ser que ésta quiera extender su dominio a todos los conocimientos, porque todos pueden ser el resultado del amor a la sabiduría. Puedo equivocarme, pero me parece que la facultad de filosofía de esa Universidad no ha sido muy feliz en la elección del título que ha dado a su cuaderno.

En cuanto a las doctrinas, bien poco puedo decir, porque bien poco dice el programa, aunque llena un cuaderno de 50 páginas en 8.º mayor. Repare usted que es un índice de materias y no de doctrinas, pues nada se afirma o se niega, y así son muy pocas las doctrinas, aunque son muchas materias que se tocan. Supongo que en el examen se presentaron las doctrinas, mas para los que no han estado presentes no pueden formar idea de ellas y solo lean el programa como leerían el índice de una obra sobre cada ramo científico de los contenidos en el dichoso Programa oficial.

Advierto que han conseguido entrada y su antigua posesión las reglas silogísticas y las señoras categorías que yo había desterrado. Entren enhorabuena, pues que yo estoy fuera de casa. Vuelve la cuestión sobre el criterio de la verdad, y se insinúa que hay riesgo en advertir alguno con exclusión de los demás. Yo hubiera escrito hasta la palabra alguno y hubiera omitido con exclusión de los demás.

Acaso estoy equivocado, porque ya casi nunca trato materias filosóficas; pero me parece que en la proposición 7 del Tratado de Física, estaría mejor la palabra potencia o fuerza del movimiento, que son dos cosas bien distintas. Usted que seguramente tiene las ideas más frescas, verá si me equivoco.

Lo que se trata en el programa sobre la religión es muy bueno, pero lo que omite es muy necesario. Ya que se considera la Biblia en tantas relaciones, debió no haberse omitido la principal, que es el medio para obtener su inteligencia. Es cierto que en tal caso se hubiera entrado en una cuestión teológica de suma importancia, pues forma la base del catolicismo o del protestantismo, según se resuelva; pero las materias de esta naturaleza, deben no tocarse, o tratarse completamente. El programa como está puede ser defendido por un católico o por un protestante. De ninguna manera quiero que se crea que sospecho mala intención en el profesor que ha formado esta parte del programa, pero sí aseguro que inocentemente ha presentado la materia como la desean los protestantes, quiero decir, probada la inspiración de la Biblia y sin indicarles a los jóvenes que para su inteligencia necesitan más que su estudio y propio talento como en los demás ramos que contiene el Programa oficial. Este es el que llama espíritu privado, independiente de la autoridad de la iglesia. Repito que yo no supongo que esta sea la intención, pero es el resultado; y estoy casi seguro que si se le pregunta a cualquiera de los estudiantes examinados ¿qué necesita para entender la Biblia? responde, leerla con atención y buen espíritu. No le ocurrirá que debe oír a la Iglesia, a quien únicamente corresponde juzgar del sentido de la Escritura; y tiene usted acaso que de facto piensan como protestantes sin percibirlo ni quererlo. No entiendo y deseo que usted me explique la proposición 26 de dicho tratado. Como usted ha oído a esos señores, sabrá lo que quieren decir.

Las proposiciones 4.ª y 5.ª empiezan con un imperativo y terminan con un interrogante. Confieso que es la primera vez que lo veo y no puedo formar sentido en su lectura.

Tampoco me agrada que Manin, o sea el doctor Valle, Decano de la Facultad, nos diga que Descartes en su aparente entinema traía la afirmación de que no hay atributo sin substancia. Es un galicismo o por lo menos un español bien raro esa de TRAHER una afirmación en un entinema.

Nuestro amigo Poey se ha lucido por la abundancia y variedad de materias, aunque en cuanto a esta le aconsejaría que fuese más parco. Paréceme que muchas de las doctrinas son ajenas a su cátedra, si bien puede hacerse venir a ella. Estoy seguro que nuestro amigo Hernández podría servirse de la parte que Poey ha escrito de la Historia natural en general y que sería un excelente programa para el examen de sus discípulos de Anatomía, si es que aun tiene clase de esta ciencia. Yo creo que la historia de la naturaleza está sujeta a las mismas leyes que la de los pueblos y que no debe ser un tratado de ciencia alguna, si bien casi todas pueden, y a veces deben tocarse accidentalmente por vía de ilustración. Si los catedráticos se limitasen con rigor a las materias exclusivas de sus asignaturas, serían más breves y más abundantes al mismo tiempo sus lecciones; y la instrucción general o conjunto de ramos de enseñanza, sería más clara, no entretejiéndose por decirlo así, los unos con los otros.

Cuando hablo de abundancia no me refiero a las lecciones de Poey, que como ya he observado, son abundantísimas, y tanto que por efecto de mi imaginación me han hecho temblar, y permítame usted que para exponerle la causa de esta afección le refiera un pasaje o anécdota de mis primeros años.

Sabe usted mi poca confianza en la memoria y en los conocimientos que dependen de ella. Este sentimiento que fomenté como profesor lo tuve siempre como estudiante, y aun en mis primeros años nada me afligía tanto como aprender lecciones de memoria; pues parece que tenía un instinto de su inutilidad. Pusiéronme a estudiar la gramática latina en ese Seminario (del cual nunca fui alumno, pero nunca salí de mi patria), y cuando llegué a los que llaman nombres compuestos entraron, o mejor dicho se aumentaron mis aflicciones; y entre otros días en que solía subir a la azotea de mi casa para llorar mis cuitas, me sorprendió una vez mi buen tío don Bartolomé Morales cuando me hallaba pronunciando entre sollozos una de aquellas listas de nombres de que abunda dicho tratado, cuyo horror conservo y cuyas ideas pasaron cuando cesó el deber escolástico, sin que me hagan mucha falta. Era mi tío un militar bien instruido en su carrera, pero no había hecho otros estudios; propúsome sin embargo tomar parte de mi aprendizaje, y como hombre de gran paciencia y buen juicio me dirigió con tanto acierto y dulzura que al fin me sabía, o creí que me sabía de memoria la lista descomunal, y salí de casa para el Colegio muy consolado.

Cuando ya había terminado mis estudios solía mi tío recordarme aquel día de mis lágrimas y de su cariño, diciéndome: —Félix, ¿cómo era aquello de calx, Lanz, etc.? Pues ahora bien, mi querido Ruiz, al leer las numerosas y larguísimas listas del Programa de Poey me vinieron a la memoria mis nombres compuestos y produjeron casi el mismo efecto que en mi primera edad. Decíame a mi mismo: si fuese muchacho y me agarrase Poey con estas listas creo que no subiría a la azotea para llorar, sino que emprendería la carrera hasta las múcaras de San Lázaro para hacerlo más a mi salvo.

¿Cree usted que ha terminado esta pesadísima carta? Pues no señor mío, aun tiene usted que leer algo más, y si le disgusta, rompa usted la carta, que acaso sería lo mejor. Agrádame mucho la parte que trata de la Literatura, mas no lo apruebo. Buena contradicción! me dirá usted. Entremos en explicaciones y verá usted que no hay alguna. Repito que me agrada, porque contiene materias interesantes, bien escogidas y presentadas con brevedad; pero de manera que el lector entrevé que los estudiantes tienen en sus manos las llaves de un magnífico palacio soberbiamente adornado, y esta idea le incita a suplicarles que le permitan la entrada. No apruebo sin embargo el programa, porque no es de literatura aunque dice serlo. La 1.ª parte es un breve tratado de Ideología, Retórica y Poesía, o mejor dicho de algunas materias pertenecientes a estos ramos del saber.

La 2.ª, no trata de Literatura, sino de su historia, que son cosas bien distintas, y nos encontramos por último sin más que la promesa que se hace en el número 6 de decirnos qué es literatura, y cuál es la etimología de este nombre. Aun esta promesa no viene a tiempo, pues no se halla al principio del tratado, sino en la parte que está bajo el título Poesía, como si la definición que se promete debiera contraerse a la Poesía, en cuyo caso todo lo que anteriormente contiene el tratado bajo el título general Literatura no la pertenece, y dicho título está fuera de su lugar, y del todo imperfecto.

Paréceme como a Marmontel[30] que es literato el que está provisto y sabe hacer uso de un gran número de modelos del buen gusto, sacados de las composiciones escritas antiguas y modernas: que el erudito le da noticia de las obras donde puede encontrarlos, y por último el hombre de genio literario, que Marmontel llama hombre de letras, le presenta otros originales con que pueda aumentar su tesoro. Infiérese pues que la literatura es como la práctica de la Retórica y Poesía, no en composiciones propias, sino en el conocimiento y uso de las ajenas, y que no la componen ni las reglas de que se vale para calificar los modelos, ni la historia de los hombres que las han empleado en diversos tiempos con el mismo fin, obteniendo diversos resultados.

He aquí por qué he dicho que el programa nada contiene de Literatura sino el título, a mi ver mal aplicado.

Tiempo es ya de terminar esta pesadísima carta, y lo hago suplicándole me dispense el mal rato que le he dado en su lectura.

Félix Varela noviembre 11 de 1845

[*Revista Cuba y América*, 5 de octubre de 1900.]

---

30 Marmontel. «Litérature» Elementos de Literatura. Oeuvres complètes, tomo 14, pág. 679.

Varela visto en sus últimos años

Entrevista con Varela (Alejandro Angulo) (1850)

Entre mis recuerdos de viaje figuran, como de los más interesantes, las entrevistas que tuve con el buen patriota y virtuoso sacerdote cubano don Félix Varela, autor del texto de filosofía por el cual cursé esa asignatura en el colegio-seminario de San Carlos, siendo catedrático de ella el Pbro don Francisco Ruiz, y suplente el licenciado, don Manuel Costales.

Sentía yo entonces que aquel sabio estuviera en los Estados Unidos, porque deseaba conocerlo personalmente, debido ese deseo a la atmósfera de admiración que me rodeaba respecto a aquel maestro, y a la fama que ganó con haber hecho en español lo mismo que al abate Condillac hizo en francés; sacudir y desechar el escolasticismo de la Edad Media. Yo era por aquellos días un imberbe que en esas honduras calzaba tan pocos puntos que no veía muy mas allá de mis narices, y por consiguiente carecía de la capacidad necesaria para comprender que ya era tiempo de optar por otro texto, acorde con el progreso de los estudios filosóficos. Podría haber dicho con propiedad, que mi respeto y admiración por el Pbro. Varela culminaban en cariñosa adhesión a un desconocido físicamente, pero a quien veía con los ojos del alma: amaba al sabio y patriota consecuente condenado al ostracismo.

•••

En 1850 fui a Charleston, Carolina del Sur, y allí tuve el placer de estar en diario contacto con Cirilo Villaverde, Miguel T. Tolón, Juan Manuel Macías (que acompañó a Narciso López en su expedición a Cárdenas) y Leopoldo Turla; este último y Villaverde eran amigos míos desde años atrás, y a Tolón no le había visto y hablándole más que una vez, aquí, en el café de Escauriza, hoy parte del Hotel Inglaterra. Era pues, Macías el único de ese inolvidable grupo de patriotas a quienes entonces vi por primera vez, pero pronto nos quisimos fraternalmente, es decir con el mismo afecto que yo sentía por Villaverde, Tolón y Turla.

A principios de 1851 estábamos en Sahavanna, de regreso de Macon, Turla, Macías y yo, a quienes dije un día que era posible que fuese a San Agustín por conocer al padre Varela (según la corriente manera de llamarle); tanto así era mi anhelo de verle y oírle.

Pues sucedió que una mañana di con Macías en un parque a que yo acostumbraba ir de paseo, y de buena a primera me dijo al acercárseme:
—¿Sabe usted quién está aquí?
—¿Quién?
—El padre Varela.
—¿Dónde? Me dio las señas de la casa de una familia católica en la que el respetable sacerdote se había alojado, despedíme de Macías, y acto continuo me dirigí a satisfacer mi viejo deseo. La señora de la casa, de como cincuenta años de edad, y de expresión bondadosa, tomó mi tarjeta para llevarla a mi deseado, y me brindó asiento en la sala. Su ilustre huésped no se hizo desear; abrió la puerta de cristales y cortinas de damasco rojo que me quedaba enfrente, y al ponerme de pie se presentó aquel, un hombre de mediana estatura, trigueño muy delgado, vestido de levita, pantalón y chaleco de paño negro y con el correspondiente cuello azul y blanco a modo de corbata.

La modestia tiene un reflejo especial que no puede ocultarse, y la de aquel excelente varón me impresionó al pasear la mirada rápidamente por su semblante. Y ese reflejo me recordó mi pequeñez; quedé vencido ante una superioridad que había buscado anhelosamente, pero ignorado que habría de dominarme por lo mismo de no ser altiva; pocos minutos después vi que ella, bajando, se elevaba hasta ser rayana de la humildad.

La grandeza intelectual no necesita más que exhibirse para conquistar voluntades; es lo mismo que la virtud.

He aquí nuestro diálogo:
—Siéntese usted —me dijo con suave acento.
Hícelo cuando él ocupaba ya un sillón frente a mí y le dije:
—Perdone usted que venga yo a distraerle de sus ocupaciones, porque al saber hace pocos momentos que usted está aquí, no he podido diferir el vivo deseo que tenía desde años atrás de conocerle personalmente, y ponerme a sus órdenes.
—Gracias, señor; ese deseo me honra mucho.
—¡Oh, no padre! El honrado soy yo.
—¿Es usted de los Angulos de Matanzas?
—Sí, señor, soy sobrino de ellos.
—¿Y es usted también abogado?

—Sí, señor.

—Dígame usted, ¿qué es de mi amigo y compañero el presbítero Francisco Ruiz? ¿Estudió usted filosofía con él?

—Sí, señor, pero hace ya más de ocho años que dejó de ser catedrático de esa asignatura, es decir, desde que se puso en ejecución el nuevo plan de estudios superiores.

—Vamos, por eso he dejado de recibir sus elencos, pues él fue siempre consecuente en enviármelos, y en su amistad.

Hizo una breve pausa, mirando hacia el piso alfombrado, y después me preguntó:

—¿Y qué cambios trajo ese nuevo plan de estudios?

—Varios, y algunos muy sensibles. Mientras que en Madrid los cursos no pasan de ocho meses, desde 1843 son de diez en La Habana, la matrícula, que sabe usted solo costaba un peso, la elevaron a seis onzas de oro; para recibir el grado de licenciado en leyes, se requieren siete cursos, y si en medicina, ocho, y como se ha aumentado mucho el número de los catedráticos, y a los exámenes de grados asiste, además, un delegado de la comisión regia de instrucción pública, esos grados cuestan mucho; el de leyes, por ejemplo, inclusive los derechos de la audiencia para obtener el título de abogado, llega a quinientos pesos, por lo que no pudieron continuar sus estudios algunos jóvenes, condiscípulos míos, por falta de recursos al efecto.

—¡Qué lástima! —exclamó con expresión de profundo pesar.

—Uno de esos era un joven mayor que yo, muy aplicado, y de buena conducta. Pues ya siendo yo abogado, nos encontramos en la calle de la Muralla, en rumbos opuestos y en una misma acera; él conducía un rollo de cuero del que usan los zapateros para suelas, y andaba sin corbata. Al verme, bajó la vista, y se introdujo en un almacén de víveres. Sin duda era zapatero quien pudo ser un buen abogado.

Al oír esa corta relación, el piadoso y sensible sacerdote bajó la vista, guardó silencio de como medio minuto, y después mirándome con semblante triste y voz reveladora de profunda pena, me dijo:

—Es, señor que en Cuba hay dinero para todo, menos para lo que debiera haberlo. Va allí una bailarina, da algunas funciones de piruetas, y al retirarse registra en la caja de ahorros veinte mil pesos;[31] y para socorrer una desgracia como la de ese joven, ¡nadie abre la bolsa!

Antes de ponerme de pie para retirarme, le dije:

—En una nota del texto de filosofía, dice usted, que preguntando uno de sus alumnos, en un examen preparatorio: ¿qué es sensación? contestó: sensación es sensación. ¿Recuerda usted quién fue ese alumno? Fijó la vista en el suelo, evidentemente apelando a su memoria, y pronto me contestó:

—¡Ah! sí, ese fue Santiaguito Bombalier.

Caminando hacia el hotel Pulaski donde tenía yo mi habitación, fui recitando mentalmente aquel diálogo, y cuando entré en aquélla lo primero que hice fue escribirlo, gracias a mi admirable memoria.

Dos días después volví a visitar al ilustre maestro, le entregué el álbum indicado, y entramos en conversación.

Yo quería saber dos cosas: primera, si él ideaba dar a luz pública una segunda edición de sus *Lecciones de Filosofía*, y la otra, por qué no acabó de publicar sus *Cartas a Elpidio*.

—¿No ha preparado usted —le pregunté— otra edición de filosofía?

—Sí, señor, en eso estoy hace ya algún tiempo, pero lo hago con mucha lentitud, porque ya el pulso no me acompaña.

—Si usted hubiera de quedarse aquí, yo, con mucho gusto sería su escribiente, para que concluyera usted esa obra.

—Agradezco a usted su bondadoso deseo, pero dentro de tres días me volveré a San Agustín.

—¿Querría usted decirme por qué no termina sus *Cartas a Elpidio*? Miróme con algo así como de quien oye lo que hubiese deseado no oír, y en estilo exclamatorio dijo:

—¡Ah, señor, usted pone el dedo en una herida abierta aún! A esas palabras siguió un corto silencio y después, fijándome la mirada en los ojos, continuó de este modo:

—Yo supongo que usted es de los que viajan con cartera a la mano, ¿no es así?

—Sí, señor, y seré franco con usted: le oigo con tanta atención, y tengo tan buena memoria, que antes de ayer escribí, palabra por palabra, todas las de

---

31   Aludía a Fanni Elsler.

usted usadas en nuestro diálogo. Y ahora mismo podría recitárselas a usted al pie de la letra.

—Pues bien, voy a complacerle, pero suplicándole que no haga uso público de lo que le diré ahora, sino después de mi muerte. Y será usted el único depositario de un secreto penoso y de bastantes años.

Tras una breve pausa, en que al parecer escogía el comienzo de su explicación, continuó así

—En esas cartas, yo me propuse combatir una errónea creencia relativa a éste país. Mis compatriotas creen que aquí existe una completa tolerancia religiosa, lo que no es verdad, y en prueba de ello, le citaré a usted dos casos. Una señorita protestante de Nueva York quiso convertirse, y efectivamente se convirtió, al catolicismo. Cuando su padre lo supo, se llenó de ira, fue a verse con el cura que efectuó aquella conversión, y le dijo que como volviera a bautizar a otro miembro de su familia, lo mataría, y el sacerdote le contestó: —Yo no busqué a la señorita hija de usted para hacerla católica, ella vino voluntariamente. Si alguien más de la familia de usted viniera a mí con la misma idea de convertirse a mi religión, yo le aceptaré cumpliendo mi deber; y si por eso usted me matare, usted será ahorcado, y yo iré al cielo. ¿Y qué cree usted? El asunto concluyó por haberse convertido otra hija de aquel señor, su esposa, y al fin él mismo, habiendo actuado con todos ellos, el mismo cura que bautizó a la primera señorita.

Vea usted, pues, si es o no cierto que aquí no existe la tolerancia que se pondera y se elogia. Pues porque yo empecé a combatir ese error, mis paisanos se desagradaron, y lo supe por varios conductos. Me censuraron por eso!...¿A qué, pues, continuar con mis *Cartas a Elpidio*? Me hirieron, señor, mis compatriotas, cuando con muy sana intención hacia ellos comencé aquella obrita.

Yo me limité a decirle que era sensible no terminara la obra en referencia, evitando así hasta la sombra de un rozamiento de ideas sobre aquel delicado punto. Enseguida hablamos de cosas sin interés digno de ser conservado en mi cartera, y me despedí de mi benévolo interlocutor. Caminando en rumbo del hotel Pulaski, iba yo repitiendo para conmigo las últimas palabras del virtuoso Varela, y pensé esto: ¡Cómo le ofusca su celo religioso! He aquí lo que escribió en mi álbum: Pensamientos: Así como una sola estrella guía al navegante a quien las otras extraviarían una sola religión guía al creyente a quien extraviarían las diversas incorrectas sectas.

No hay más que una desgracia, y es separarse de Dios, por lo cual son felices todos los justos, y desgraciados todos los perversos.

La libertad sin virtudes es el mayor castigo de la soberbia, que pronto se avergüenza y se arrepiente de sus errores.

La superstición, el fanatismo y la impiedad, son los tres grandes martirios del alma.

Aquí he visto, me parece que fue en Cuba y América un retrato de Varela, y debo decir que no se le parece; en él tiene ojos redondos, algo saltones, al contrario de los suyos; y una mirada que contrasta con su impresión penetrante pero suave, mejor dicho, era su alma.

Alejandro Angulo Guridi

[*El Fígaro*, Año 20, n.º 22, La Habana, 10 de julio de 1904.]

Carta de Lorenzo de Allo al señor Francisco Ruiz Saint Augustine, Fla. Diciembre 25 de 1852

Señor Presbítero don Francisco Ruiz, Habana Mi respetable amigo y Señor: Hoy he llegado a esta ciudad, y uno de mis primeros deseos fue visitar a nuestro amigo y virtuoso maestro el Señor Varela. Como a las diez de la mañana me dirigí a la iglesia de San Agustín. Se comenzaba en ella una misa cantada, y calculé que él oficiaría en ella; pero no fue así. Concluida la misa, me dirigí hacia el patio de la iglesia, donde hallé una negra, quien me guió a la morada de nuestro maestro.

A los pocos pasos hallé un cuarto pequeño, de madera, del tamaño igual, o algo mayor, que las celdas de los colegiales. En esa celda no había más que una mesa con mantel, una chimenea, dos sillas de madera y un sofá ordinario, con asiento de colchón. No vi cama, ni libros, ni mapas, ni avíos de escribir, ni nada más que lo dicho. Solo había en las paredes dos cuadros de santos, y una mala campanilla sobre la tabla de la chimenea. Sobre el sofá estaba acostado un hombre, viejo, flaco, venerable, de mirada mística y anunciadora de ciencia. Ese hombre era el padre Varela.

Le dije quien era, y le pedí a besar la mano. Por el pronto no me conoció; pero luego me recordó perfectamente. Me preguntó por usted, por Casal, por

Bermúdez, por Luz, y por casi todos los colegiales y catedráticos de su tiempo, y por algunos estudiantes seculares. Me causó admiración que, al cabo de treinta y un años, pudiera conservar ideas tan frescas, aun de las cosas más insignificantes.

Cuando entré en su cuarto, se hallaba el padre extendido sobre el sofá, manteniéndose con cierta inclinación por medio de tres almohadones. A instancias mías conservó la misma posición. Dijo que así tenía que estar constantemente; que tenía tres o cuatro enfermedades; que no podía leer, ni escribir, no solo por razón de sus males, sino porque tampoco veía las letras; y que vivía en aquel cuarto, porque se lo había destinado el padre Aubril, sacerdote francés, y cura de la parroquia, quien lo tenía recogido, y sin cuya bondad habría ya perecido.

Cuando me hablaba del Colegio, y de sus amigos y discípulos, mostraba tal animación que no parecía estar enfermo. Al pintarme su estado, había tanta conformidad en su fisonomía, palabras y ademanes, que cualquiera lo hubiera creído un hombre muy dichoso.

Usted no puede figurarse las impresiones que yo experimentaba, viendo y oyendo a nuestro maestro, ni las alusiones que hacía en mi interior al mundo de los libros y al mundo de los hombres. No me parecía posible que un individuo de tanto saber y de tantas virtudes estuviera reducido a vivir en país extranjero, y a ser alimentado por la piedad de un hombre que también es de otra tierra. ¿No es verdad que es cosa extraña que entre tantos discípulos como ha tenido Varela, entre los cuales hay muchos que son ricos, no haya uno siquiera que le tienda una mano caritativa? Varela no puede vivir mucho tiempo. ¿No podrían sus discípulos, al menos los que tienen fortuna, asignarle una corta mesada, por los pocos meses que le quedan de vida? ¿No podrían siquiera hacerle una corta suscripción? —¡Ay! el alma se parte al ver un santo perecer sin amparo. Nunca he sentido tanto como hoy mi pobreza. El conde de Santovenia, don José Fresneda, don Anastasio Carrillo, don Marcelino de Allo, don Francisco Hevia, y otros discípulos y amigos de nuestro padre, bien podrían hacer corto sacrificio en su obsequio. ¡Cuál obra más meritoria del aplauso de Dios y de los hombres! Varela conserva sus cabellos, su dentadura, y no ha perdido sus modales y movimientos cubanos. Su fisonomía no toma la expresión inglesa, sino cuando habla inglés, idioma que posee lo mismo que el suyo. Todo el mundo lo celebra y lo ama; pero nadie, sino el padre Aubril, le tiende una mano amiga. ¡Cuán incomprensible es este montón de tierra que se llama mundo! Varela moribundo sobre un jergón habla a mi alma, que Sócrates tomando la cicuta, o Mario descansando sobre los escombros de Cartago. Cuando existieron Sócrates y Mario reinaba el paganismo; y esos hombres debieron su desgracia a la calumnia, o a los excesos, mas Varela no se encuentra en ese caso. Hoy, alumbra al mundo la Religión santa de Jesucristo; la calumnia ha respetado a Varela; y en vez de excesos su vida presenta una serie no interrumpida de virtudes. ¡Y Varela, sin embargo, se encuentra en una situación más infeliz que la de aquellos desgraciados! ¡Cuánto he lamentado su situación! Me costó trabajo no prorrumpir en llanto al verlo y al oírlo.

Nosotros, como un deber, por el buen nombre, y hasta para librarnos del epíteto de ingratos, estamos obligados a dirigir una mirada piadosa al hombre benéfico que fue nuestro maestro, y que tanto nos ama. Ese hombre me dijo entre otras cosas, que había tenido el mayor gusto hablando conmigo, porque durante nuestra conversación se había creído en La Habana, de donde hacía muchos años que nadie le escribía, y de donde no había recibido ninguna noticia. Me dijo también, «antes, solía recibir algunos elencos de los exámenes que había en las clases, y tenía un placer singular en leerlos; pero hace muchos años que no tengo ni aun ese gusto».

¡Pobre sacerdote! Su vida es padecer y vegetar. Sus palabras son de paz, de amor, de religión: si se imprimieran, ensancharían el campo de la ciencia y de la moral. Su cabeza nada ha perdido; pero su talento gigante solo serviría para hacerle más horrible su situación, si no fueran más gigantes su religión y sus virtudes.

Atrévome, Señor Ruiz, a hacerle a usted dos indicaciones a favor de nuestro amigo y maestro: 1.ª formar una suscripción entre unos pocos de sus discípulos para asignarle un mesada, o hacerle un presente pecuniario; 2.ª y que usted ni yo sonemos para nada, sino que el obsequio aparezca como obra espontánea de los hombres piadosos que socorran al abandonado padre Varela. Creo muy recomendable esta segunda indicación, para evitar que padezca su delicadeza al saber que damos este paso, y para que la espontaneidad del servicio sea a sus ojos más satisfactorio. Puede usted enseñar esta carta a los discípulos suyos que antes he mencionado. Él los recordó con amor, y con gusto, lo mismo que a otros de sus discípulos y amigos, lo que estoy persuadido de que no les será desagradable pues sé que lo estiman y quieren.

Perdone usted padre Ruiz, si me he extendido demasiado en esta carta; y sírvame de excusa el interés que me inspira nuestro muy amado maestro.

Páselo usted bien, y ordene en cuanto crea útil a su apasionado amigo y seguro servidor Q. B. S. M.

Lorenzo de Allo P. S. —El 1.º del entrante me voy a Charleston, donde me ofrezco a las órdenes de usted. —Vale.

[José Ignacio Rodríguez, *Vida del presbítero don Félix Varela*, Imprenta Arellano y Cía, La Habana, 1944.]

Libros a la carta

A la carta es un servicio especializado para
empresas,
librerías,
bibliotecas,
editoriales
y centros de enseñanza;
y permite confeccionar libros que, por su formato y concepción, sirven a los propósitos más específicos de estas instituciones.

Las empresas nos encargan ediciones personalizadas para marketing editorial o para regalos institucionales. Y los interesados solicitan, a título personal, ediciones antiguas, o no disponibles en el mercado; y las acompañan con notas y comentarios críticos.

Las ediciones tienen como apoyo un libro de estilo con todo tipo de referencias sobre los criterios de tratamiento tipográfico aplicados a nuestros libros que puede ser consultado en Linkgua-ediciones.com.

Linkgua edita por encargo diferentes versiones de una misma obra con distintos tratamientos ortotipográficos (actualizaciones de carácter divulgativo de un clásico, o versiones estrictamente fieles a la edición original de referencia).

Este servicio de ediciones a la carta le permitirá, si usted se dedica a la enseñanza, tener una forma de hacer pública su interpretación de un texto y, sobre una versión digitalizada «base», usted podrá introducir interpretaciones del texto fuente. Es un tópico que los profesores denuncien en clase los desmanes de una edición, o vayan comentando errores de interpretación de un texto y esta es una solución útil a esa necesidad del mundo académico.

Asimismo publicamos de manera sistemática, en un mismo catálogo, tesis doctorales y actas de congresos académicos, que son distribuidas a través de nuestra Web.

El servicio de «libros a la carta» funciona de dos formas.

1. Tenemos un fondo de libros digitalizados que usted puede personalizar en tiradas de al menos cinco ejemplares. Estas personalizaciones pueden ser de todo tipo: añadir notas de clase para uso de un grupo de estudiantes, introducir logos corporativos para uso con fines de marketing empresarial, etc. etc.

2. Buscamos libros descatalogados de otras editoriales y los reeditamos en tiradas cortas a petición de un cliente.

www.ingramcontent.com/pod-product-compliance
Lightning Source LLC
Chambersburg PA
CBHW030851170426

43193CB00009BA/563